**Deniz Yücel
Agentterrorist**

Deniz Yücel

Agentterrorist

Eine Geschichte über Freiheit
und Freundschaft,
Demokratie und Nichtsodemokratie

Kiepenheuer & Witsch

Verlag Kiepenheuer & Witsch, FSC® N001512

1. Auflage 2019

© 2019, Verlag Kiepenheuer & Witsch, Köln
Alle Rechte vorbehalten. Kein Teil des Werkes darf in irgendeiner
Form (durch Fotografie, Mikrofilm oder ein anderes Verfahren)
ohne schriftliche Genehmigung des Verlages reproduziert
oder unter Verwendung elektronischer Systeme verarbeitet,
vervielfältigt oder verbreitet werden.
Umschlaggestaltung: Barbara Thoben, Köln
Umschlagmotiv: © Kay Nietfeld/dpa/picture alliance
Foto vordere Klappe: © Veysel Ok
Autorenfoto hintere Klappe: © Urban Zintel
Gesetzt aus der Minion und der Helvetica
Satz: Buch-Werkstatt GmbH, Bad Aibling
Druck und Bindung: CPI books GmbH, Leck
ISBN 978-3-462-05278-7

Inhalt

Ein Angebot, das ich nicht ablehnen soll 9
Traumjob mit Handicaps 25
Ein paar E-Mails 42
Bei Tayyip um die Hecke 54
»Wir haben Sie schon erwartet« 78
Kennst du den, Herr Staatsanwalt? 102
Sittich in Gangsterhand 118
Block B, Reihe 6, Zelle 54 132
Beste Kampagne wo gibt (und mieseste) 167
So von Erpresser zu Erpresser 208
Von schweren Tagen und wie wir sie leichter machen 238
Für schmutzige Deals stehe ich nicht zur Verfügung 271
Unter Folter 309
Unter Freunden 327
Danach 351

Dank 371
Chronologie 375
Abkürzungsverzeichnis 385
Personenverzeichnis 387

Für meinen Vater
Ziya Yücel

Ein Angebot,
das ich nicht ablehnen soll

»Nein, ich kann das nicht machen. Ich kann diese Bedingungen nicht akzeptieren. Ich hoffe, du verstehst das«, sage ich zu meiner Frau, Dilek Mayatürk.

Es ist Donnerstag, der 15. Februar 2018, gegen 19 Uhr. Wir sitzen in einer Besucherkabine, zwischen uns eine fingerdicke Glasscheibe. Reden können wir nur über die Sprechanlage. Es ist wie telefonieren, nur dass man sich dabei sieht, ohne sich berühren zu können.

Dilek hat für dieses Gespräch eine Ausnahmegenehmigung erhalten. Das ist ihr zweiter Besuch in dieser Woche, eigentlich ist unsere feste Besuchszeit montags zwischen neun und zehn Uhr vormittags. Zwei Besuche innerhalb einer Woche sind sonst unvorstellbar. Und um diese Uhrzeit finden normalerweise gar keine Besuche statt. Aber normal ist an diesem Abend im Hochsicherheitsgefängnis Silivri Nr. 9 so manches nicht.

Dabei hat dieser im Jahr 2008 eröffnete Knastkomplex in seiner recht kurzen Geschichte schon einiges erlebt. Während der Prozesse gegen die angebliche Putschistenorganisation Ergenekon und den Folgeverfahren saßen hier führende Militärs, von 2012 bis 2014 auch der vormalige Generalstabschef Ilker Başbuğ. Und erst vor ein paar Tagen sah ich beim Gespräch mit meinem Rechtsanwalt Veysel Ok in der Kabine nebenan Hüseyin Avni Mutlu. Während der Gezi-Proteste im Frühjahr 2013 war er Gouverneur von Istanbul und damit Dienstherr der Polizei und des hiesigen Wachpersonals. Nun ist er Insasse dieses Gefängnisses.

Nach dem Putschversuch vom Juli 2016 wurde Mutlu, so wie Tausende andere Beamte, unter dem Vorwurf der Mitgliedschaft in der Organisation des islamischen Predigers Fethullah Gülen verhaftet. Außerdem sind oder waren bis vor Kurzem hier eingesperrt: Politikerinnen und Politiker der prokurdischen Demokratischen Partei der Völker (HDP), liberale Intellektuelle wie Ahmet Altan oder Şahin Alpay, linke Journalisten wie Ahmet Şık, Murat Sabuncu und andere Mitarbeiter der Tageszeitung *Cumhuriyet*. »In Silivri sitzt heute das Istanbul, das es nicht mehr gibt. Dort triffst du mehr Journalisten und Intellektuelle als in Beyoğlu«, sagen Oppositionelle. »Wir sind ein VIP-Gefängnis«, sagen die Aufseher mit hörbarem Stolz. »VIP-Knast« bedeutet irgendwie auch: »VIP-Aufseher«.

Am Tag vor Dileks überraschendem Besuch, am Mittwoch, dem 14. Februar, haben wir das einjährige Jubiläum meiner Festnahme gefeiert. Ich still in Silivri, der Freundeskreis FreeDeniz laut mit einem Autokorso in Berlin, mit roten Ballonherzen, welche die Teilnehmer an ihre Autos und Fahrräder banden. Eine Idee meiner Berliner Freundin Maria Triandafillidu. War ja Valentinstag. Abends wurde im Festsaal Kreuzberg mein Buch *Wir sind ja nicht zum Spaß hier* vorgestellt, eine Sammlung aus überarbeiteten alten und einigen neuen Texten. Der Herausgeberin, meiner besten Freundin Doris Akrap, und mir war es gelungen, die Briefzensur auszutricksen und an den Texten zu arbeiten. Nun erwiesen mir Hanna Schygulla, Herbert Grönemeyer, Anne Will und viele andere die Ehre, aus dem Buch zu lesen, dazu spielten Künstler wie Igor Levit oder Aynur.

Zur selben Stunde sendete die ARD ein Interview, das die *Tagesthemen*-Moderatorin Pinar Atalay mit dem türkischen Ministerpräsidenten Binali Yıldırım geführt hatte. Gleich zum Einstieg fragte Atalay: »Seit genau einem Jahr ist Deniz Yücel im Gefängnis. Wann kommt er frei?« Atalay begann mit dieser Frage, obwohl sie vermutete, was Yıldırım antworten würde: dass die Ermittlungen andauerten, dass die Regierung die Entscheidungen der Gerichte nicht beeinflussen könne, dass die türkische Justiz unabhängig sei, solche Sachen halt. Ungefähr so klang es zuvor bei Außenminister Mevlüt Çavuşoğlu und anderen Regierungspolitikern. Nur Staatspräsident Recep Tayyip Erdoğan hatte sich gleich selber zum Ankläger aufgeschwungen und mich mehrfach als »Agentterrorist« beschimpft. Im türkischen Original *ajan terörist*, mit zischender Betonung auf der letzten Silbe.

Yıldırım aber griff nicht auf die gewohnten Phrasen zurück. Stattdessen sagte er: »Ich hoffe, dass er in kurzer Zeit freigelassen wird. Ich bin der Meinung, dass es in kurzer Zeit eine Entwicklung geben wird.« Auf die Nachfrage der sichtlich überraschten Journalistin, wie er zu dieser Einschätzung komme, fügte der Ministerpräsident hinzu: »Zumindest wird er vor Gericht kommen. Und jede Verhandlung ist eine Chance, damit er freikommt.«

»Mir schien, als habe Yıldırım auf diese Frage nur gewartet«, erzählte mir später Cemal Taşdan, ein langjähriger Mitarbeiter des ARD-Studios Istanbul, der bei dem Interview in Yıldırıms Heimatstadt Erzincan dabei war. Yıldırıms Sprecher hingegen meinte danach zu Pinar Atalay: »Jetzt haben Sie schon wieder die Hälfte der Zeit mit diesem Jungen verbracht.«

Diese Kommentare bestätigen einen Eindruck, der bei mir in den vorangegangenen Wochen und Monaten entstanden war: Die türkische Regierung wollte ihre Beziehungen zu Deutschland wieder verbessern. Das aber war nicht möglich, solange ich in Haft saß. So mehrten sich seit Mitte Oktober 2017 Anzeichen dafür, dass ich in absehbarer Zeit freikommen würde; erst zaghaft und unbestimmt, dann immer deutlicher. Das schönste dieser Anzeichen: Anfang Dezember wurde nach neun Monaten die Einzelhaft aufgehoben. In meiner neuen Zelle saß ich weiterhin allein, teilte mir nun aber tagsüber einen Hof mit dem Fernsehjournalisten Oğuz Usluer.

Von den Gesprächen, die der deutsche Außenminister Sigmar Gabriel in meiner Angelegenheit mit Staatspräsident Erdoğan geführt hatte, sollte ich erst viel später erfahren. Doch auch so war es offensichtlich, dass man sich dazu entschlossen hatte, am Tag vor Yıldırıms Besuch bei Bundeskanzlerin Angela Merkel eine baldige Lösung in Aussicht zu stellen. Dieses Interview gab mir die letzte Gewissheit: Das hier ist bald vorbei.

»Für den Verkauf deines Buches wäre es besser, wenn sie dich noch ein bisschen hierbehalten würden«, witzelte Oğuz, als am Mittwochnachmittag das Yıldırım-Zitat als Vorabmeldung im türkischen Fernsehen lief. Und am Donnerstagmorgen, bei der Zustellung meiner Tageszeitungen, war der zuständige Wärter mit den stahlblauen Augen, einer der freundlichsten unter den Wachleuten, noch fröhlicher als sonst: »Sie kommen bald frei, ganz sicher«, rief er, als er mir den Zeitungsstapel durch die Klappe in der Zellentür reichte.

Jetzt konnte es nicht mehr lange dauern, bis die Staatsanwaltschaft endlich ihre Anklageschrift vorlegte. Vermutlich würde das Gericht die Anklageschrift zügig annehmen und mich mit der Annahme der Anklageschrift auf freien Fuß setzen. Und wahrscheinlich würde man den Verhandlungstermin möglichst weit in die Zukunft legen, vielleicht in vier, fünf Monaten, in der Hoffnung, dass das Verfahren dann weniger Aufmerksamkeit erregen würde. Ganz sicher würde man, so wie bei der deutsch-türkischen Journalistin Meşale Tolu und fast allen entlassenen politischen Gefangenen, zunächst ein Ausreiseverbot erlassen.

Und man würde, jede Wette, ein, zwei Wochen warten. Aber was waren schon zwei Wochen? Zweimal Bestellungen im Knastladen. Zweimal Wäschetag. Oder einmal mit Dilek telefonieren. »Nachdem ich 27 Jahre gewartet hätte, könne ich ohne Weiteres noch einmal sieben Tage warten«, erinnert sich Nelson Mandela in seiner Autobiografie *Der lange Weg zur Freiheit* an das Gespräch, in dem er das Angebot der südafrikanischen Apartheidregierung zu seiner sofortigen Freilassung abgelehnt hatte. Nun ist Zeit absitzen in Silivri nicht das Gleiche wie Steine klopfen auf Robben Island und ein halbes Leben im Gefängnis zu verbringen nicht das Gleiche wie gerade einmal ein Jahr eingesperrt zu sein. Doch das genügt bereits, um zu lernen, dass zwei Wochen ein Wimpernschlag sein können. Die Karenzzeit, die sich die türkischen Machthaber nehmen würden, um den Schein von Rechtsstaatlichkeit zu wahren, würde jedenfalls im Nu vergehen.

Am Donnerstagvormittag wurde ich zum Anwaltsgespräch gerufen. Donnerstag war Refik-Tag. Refik Türkoğlu war ein adretter

Rechtsanwalt von 64 Jahren, der beinah sein ganzes Berufsleben lang das deutsche Konsulat in Istanbul vertreten hatte. Mit seinen perfekt sitzenden Anzügen und den stets passenden Krawatten, Hosenträgern und Brillengestellen wirkte er bei seinen Besuchen so, als hätte er auf dem Weg zum Dinner mit einer russischen Fürstin die falsche Ausfahrt genommen und wäre aus Versehen an der Frittenbude am Schrottplatz gelandet. Doch Refik war nicht nur Gentleman, er hatte auch eine Mischung aus Lausbübischem und Altväterlichem, was ihm half, diese Situation zu meistern. Trotz der langen Fahrt aus der Stadtmitte und der vielen Sicherheitskontrollen schaffte er es stets, um zehn Uhr in der Gesprächskabine zu sitzen. Danach konnte man die Uhr stellen. Und wenn es donnerstags mal später wurde, dann nur, weil er sich durch eine seiner jungen Mitarbeiterinnen vertreten ließ, die sehr nett, aber nicht ganz so perfekt organisiert waren.

Die Treffen mit den Anwälten fanden in rundherum verglasten Kabinen von jeweils fünf Quadratmetern statt. Das Interieur: zwei Gartenstühle aus Plastik auf der Seite der Anwälte, einer auf der Seite der Gefangenen. Dazwischen keine Trennscheibe, sondern nur ein bauchhohes Pult aus Sperrholz. So einladend wie eine Raucherzelle im Flughafen, in der man nicht mal rauchen darf. Für mich aber das Tor zur Welt.

Doch an diesem Donnerstag wurde ich erst mittags zum Anwaltsgespräch gebracht. Und auf der anderen Seite des Pults wartete nicht Refik oder jemand aus seinem Team, sondern Veysel Ok, mein Hauptverteidiger.

Veysel war 34 Jahre alt und stammte aus dem kurdischen Diyarbakır, was man seinem Akzent anhörte. Ein schlaksiger, gut aussehender Lederjacken-Typ, der sich trotz seiner jungen Jahre einen Namen als Medienanwalt gemacht hatte. Gleich an mehreren Verfahren gegen bekannte Journalisten war er beteiligt; die Klagen der Brüder Ahmet und Mehmet Altan und einige weitere Verfahren vor dem Europäischen Gerichtshof für Menschenrechte, in denen es um Meinungs- und Pressefreiheit ging, trugen seine Handschrift.

Neben seiner fachlichen Qualifikation zeichnete Veysel noch etwas aus: eine unglaubliche Gelassenheit. Bei allen Konflikten, die ich mit den engsten Menschen um mich herum gelegentlich hatte – am häufigsten Dilek, manchmal mit meinem Chefredakteur Ulf Poschardt und dem *Welt*-Kollegen Daniel-Dylan Böhmer, seltener mit meiner Schwester Ilkay Yücel oder Doris Akrap und Imran Ayata vom Freundeskreis –, versuchte Veysel stets, Druck von mir fernzuhalten und zu vermitteln.

Derlei Konflikte sind in einer solchen Extremsituation fast unausweichlich; soweit ich die Geschichten der türkischen Kollegen besser kenne, die in derselben Zeit inhaftiert waren, stritten sich alle immer wieder mit ihren Leuten, manche auch mit ihren Anwälten: über die Verteidigungsstrategie, über das Leben danach, über irgendwelchen Kram.

Natürlich hatte Veysel es auch leichter. Dilek sah ich nur eine Stunde in der Woche, die anderen gar nicht. Mit Veysel hingegen saßen wir manchmal vier, fünf Stunden am Stück auf engstem Raum zusammen. Er wusste am besten, was ich dachte und wie es mir ging, und wir mussten nicht befürchten, dass wir abgehört werden. Selbst die schlimmsten Neuigkeiten erzählte er in Ruhe, oft mit Witz und stets mit Blick auf den nächsten und übernächsten Schritt. Kurz: Auf Veysel konnte ich mich immer verlassen.

Doch an diesem Donnerstag war er so aufgewühlt, wie ich ihn noch nie gesehen hatte. »Da läuft etwas«, erzählte er. »Das deutsche Konsulat hat gestern Nacht Dilek angerufen und ihr gesagt, dass sie sich heute früh bereit machen soll. Sie sollte sogar ihren Reisepass mitnehmen.« Dilek sei schon am frühen Morgen mit dem stellvertretenden Generalkonsul Stefan Graf nach Silivri aufgebrochen. Ihn hätten sie erst verständigt, nachdem Dilek mit Außenminister Gabriel gesprochen habe. Dilek und Graf würden draußen warten, vielleicht würde später noch Generalkonsul Georg Birgelen kommen. Der hatte mich bei dieser Geschichte von Anfang begleitet und mich regelmäßig in Silivri besucht. Derzeit befinde sich Birgelen mit seiner Frau Sibylle im Skiurlaub in Österreich, sei aber von Gabriel angewiesen worden, sofort nach Istanbul zu fliegen.

Die Prognosen, zu denen ich nach dem Yıldırım-Interview vom Vortag gelangt war, waren also obsolet. Als Journalist ist man darin geübt, politische Voraussagen abzugeben. Mal liegt man richtig, mal nicht. Im vergangenen Jahr musste ich mich daran gewöhnen, Prognosen in eigener Sache abzugeben. Da war jeder Irrtum schmerzlicher. Jetzt hatte ich mich wieder geirrt, wenngleich zu meinen Gunsten. Soviel hatte ich verstanden. Aber was genau war los?

Veysel wusste es auch nicht. »Es könnte sein, dass du heute noch vor Gericht erscheinen musst«, sagte er. »Und wie es aussieht, könnten sie dich freilassen. Aber vielleicht musst du dann sofort ausreisen. Gleich kommt Graf, der weiß mehr.«

Der stellvertretende Generalkonsul hatte kurzfristig eine Besuchserlaubnis erhalten. Das allein genügte, um zu begreifen, dass die türkische Staatsführung eingeschaltet war. Denn ich wusste, dass Birgelen unmittelbar nach jedem Treffen mit mir seinen nächsten Besuch beantragte – für einen Termin in vier Wochen. Manchmal ließ das Justizministerium diese Frist verstreichen. Nun hatte man über Nacht eine Genehmigung erteilt.

Mit Stefan Graf hatte ich vorher einige Male zu tun gehabt, kannte ihn aber nicht so gut. Ein freundlicher Mann Anfang 60, der zuvor als deutscher Botschafter in Gabun gedient hatte und sich, so schien es mir, erst daran gewöhnen musste, dass das bilaterale Verhältnis zwischen Deutschland und der Türkei um einiges mehr im öffentlichen Licht stand.

Meine Treffen mit den Diplomaten fanden in einem kleinen Büroraum gleich neben der stählernen Drehtür statt, durch die Besucher und Anwälte das Gefängnis betreten – ein Bereich, der Gefangenen sonst verschlossen ist. Ein schwerer Schreibtisch, ein Bürosessel, zwei einfache Metallstühle. Auch dieser Raum hatte eine große Glasscheibe, aber immerhin war diese abgedunkelt. Für andere Zwecke schien dieser Raum nicht genutzt zu werden. Wenn ich mit dem Generalkonsul, einige Male auch mit dem aus Ankara angereisten deutschen Botschafter Martin Erdmann, hier saß, kam uns der Gedanke, dass wir abgehört werden könnten. Vielleicht war das Paranoia. Doch wenn wir sehr vertrauliche Informationen austauschten, schrieben wir diese sicherheitshalber auf einen Zettel oder sprachen nur in Andeutungen.

Vom Treffen mit Veysel brachte mich ein Aufseher in diesen Raum. Die Übersetzerin, die die Diplomaten sonst begleitete, war diesmal draußen geblieben. Drinnen saß nur Stefan Graf. Er war nervös. »Sie können sofort raus«, sagte er. »Aber es könnte sein, dass Sie sofort das Land verlassen müssen. Die Bundesregierung steht mit der türkischen Seite in Kontakt. Und sie wird Ihnen ein Flugzeug schicken.«

Ich verstand immer noch nicht. Wer forderte, dass ich sofort ausreise? Die Bundesregierung? »Nein.« Die türkische Regierung? »Auch nicht.« Aber wer dann? Und warum? Und war das eine Bedingung für meine Freilassung? »Es könnten Umstände entstehen, dass Sie das Land verlassen müssen.« Hä, bitte was?

So ging das vielleicht 20 Minuten lang. War Graf selber nur halb im Bilde oder versuchte er – wenngleich etwas ungeschickt – mich langsam an eine Wahrheit zu gewöhnen, von der er vermutete, dass sie mir unangenehm sein musste?

Inzwischen war es gegen 15 Uhr nachmittags, in wenigen Stunden würden Yıldırım und Merkel in Berlin ihre Pressekonferenz abgeben. »Es könnte sein, dass die türkische Seite auf Ihrer sofortigen Ausreise besteht«, sagte Graf schließlich. So war das also: meine Freilassung als Gastgeschenk. Tolle Idee. »Ich habe die Anweisung, Sie hier rauszuholen und zum Flughafen zu bringen«, fuhr Graf fort. Es war sein erster eindeutiger Satz – und der Moment, an dem die ganze Aufregung aus mir herausplatzte: »Der Außenminister ist nicht mein Dienstherr!«, rief ich.

In den letzten Jahren war es in der Türkei zu einer Art Volkssport geworden, Botschafter anderer Länder einzubestellen – ein Zeichen dafür, wie sehr sich diese Regierung international isoliert hatte, und zugleich, wie sehr sie auf Krawall gebürstet war. Unangefochtener Spitzenreiter auf der Liste der Einbestellungen war die deutsche Botschaft in Ankara. Zwischen März 2016 und Oktober 2017 wurden der Botschafter Martin Erdmann bzw. sein Stellvertreter Robert Dölger ganze 18 Mal ins türkische Außenministerium bestellt, im Schnitt fast einmal im Monat. Manchmal trank man dabei freundlich einen Tee und übermittelte die Protestnote quasi nebenbei, manchmal wurde es richtig laut.

An diesem Februarnachmittag in Silivri war es nun ich, der sich im neuen türkischen Volkssport Diplomaten-Anpflaumen übte. Nach meinem ersten Ausfall hielt ich inne: »Herr Graf, Sie haben mir in schwierigen Situationen geholfen, darum tut mir das hier sehr leid. Nehmen Sie es bitte nicht persönlich«, sagte ich leiser, aber mit immer noch bebender Stimme. »Aber Sie können gerne nicht nur den Wortlaut, sondern auch die Tonlage nach Berlin übermitteln.«

Und dann brach aus mir der ganze Ärger heraus, der sich in den vergangenen Monaten angestaut hatte: »Außenminister Gabriel, der mal darüber sinniert, dass man meinetwegen ja nicht in die Türkei einmarschieren könne, und ein andermal irgendwelche Rüstungsgeschäfte in einem Satz mit meinem Namen nennt; das Justizministerium, das man dazu tragen muss, mir diese eine konkrete Hilfe zu gewähren und meine Klage in Straßburg zu unterstützen. Der Vertrauensmann der Kanzlerin, der der Gegenseite für mich extrem brisante Interna ausplaudert, die Erdoğan bei der erstbesten Gelegenheit in die Welt hinausposaunt ... und, und, und. Ich bin diesen Quatsch leid.« Das war weit mehr als der kalkulierte Wutanfall, den ich beabsichtigt hatte.

Atemlos fuhr ich fort: »Die Bundesregierung hat mir keine Anweisungen zu erteilen. Und wenn sie mir jetzt ihre Unterstützung entzieht, dann ist es halt so. Dann kann Steffen Seibert demnächst auf der Bundespressekonferenz erklären, warum die deutsche Regierung mich fallen gelassen hat. Viel Spaß dabei!« Der letzte Satz klang nach einem Erpressungsversuch im Stile des türkischen Staatspräsidenten. Und ich muss gestehen: Es war nicht das erste Mal, dass ich einen solchen Satz formulierte. Zu viel Umgang mit solchen Leuten färbt ab.

Graf, ganz Diplomat, hörte zu, ohne mich zu unterbrechen. Erst als ich ausgepoltert und Luft geholt hatte, sagte er im sanften, aber auch leicht verunsicherten Ton: »Wissen Sie, ich bin Praktiker. Und für mich lautet die Frage: Wie kommen wir hier weiter?«

Mir wäre es lieber gewesen, er hätte zurückgebrüllt. So aber schämte ich mich. Ich war unfair zur Bundesregierung. Wenn man über eine so lange Zeit für eine gemeinsame Sache kämpft, kann man sich zuweilen streiten, es kann auch etwas schieflaufen. Aber die Bundesregierung hatte sich zweifelsohne für mich eingesetzt. Und ich war, das merkte ich, auch ungerecht zu diesem Menschen, der mir helfen wollte, auf dem offensichtlich der Druck seiner Vorgesetzten lastete und der in eine Situation hineingeraten war, in der er vor allem eines machte wollte: nichts falsch.

Also setzte ich noch einmal an:»Herr Graf, ich will ja auch nach Hause, so wie Peter Steudtner nach Hause wollte«, begann ich in Anspielung auf den deutschen Menschenrechtsaktivisten, der im Juli vorigen Jahres unter haarsträubenden Vorwürfen verhaftet worden war, drei Monate hier in Silivri verbrachte, ehe er – nach Protesten in der Türkei und der Vermittlung des früheren Bundeskanzlers Gerhard Schröder – freigelassen wurde. Peter flog sofort nach Deutschland.»Aber schauen Sie, ich lebe seit zwei Jahren in Istanbul«, sagte ich.»Ich habe meine Wohnung hier, meine Arbeit, meine Katze, meine Freunde. Aus diesem Leben wurde ich mit Gewalt herausgerissen. Auch ich will mein Leben zurück. Aber anders als bei Peter ist mein Leben *hier*.« Ich dachte, eine solche persönliche Argumentation würde Graf besser verstehen – oder seinen Vorgesetzten im Auswärtigen Amt leichter erläutern können.

»Ich kann das nachvollziehen«, antwortete Graf.»Aber ich weiß nicht, ob das so möglich ist.« Seinen Einwand ignorierend, nahm ich meinen Faden wieder auf:»Das Einzige, das mich zweifeln lässt, ist, dass sich die Stadt ändert«, sagte ich.»Ich hatte Istanbul mit den Gezi-Protesten für mich neu entdeckt. Jetzt wird die Stadt zerstört. Waren Sie schon einmal in Kıyıköy? Das liegt am Schwarzen Meer, etwas westlich von Istanbul. Dorthin haben Dilek und ich unseren ersten Wochenendausflug gemacht. Jetzt soll da ein Kohlekraftwerk gebaut werden. Oder kennen Sie den Maçka-Park? Der liegt zwischen dem deutschen Konsulat und meinem Viertel Beşiktaş. Dort saß ich im Sommer gerne mit Freunden und trank Dosenbier. In diesem Sommer wurden im Maçka-Park Frauen von Mitarbeitern der Stadtverwaltung attackiert, weil man sie für zu freizügig angezogen hielt. Jeden Tag wird ein Stück meines Istanbul zerstört. Und mehr und mehr Menschen verlassen das Land, auch viele meiner Freunde. Ich frage mich also: Kann ich überhaupt in mein voriges Leben zurück, wenn mein Istanbul aufhört zu existieren?«

Der Dialog hatte sich in ein Selbstgespräch gewandelt. Hier konnte der stellvertretende Generalkonsul nicht mehr folgen; jedenfalls schien er nicht zu verstehen, was das mit unserem aktuellen Problem zu tun hatte. Und er hatte ja recht, das führte wirklich zu weit weg.

So kehrte ich zum Thema zurück: »Abgesehen von alledem – ich lasse mich unter keinen Umständen mit einem Regierungsflugzeug ausfliegen. Dann könnten die nämlich sagen: ›Jetzt haben die Deutschen ihren Agenten abgeholt.‹«

Üblicherweise durfte ich mit den Diplomaten eine Stunde lang sprechen. Nun waren anderthalb Stunden vergangen, ohne dass uns jemand unterbrochen hatte. Aber die Argumente waren ausgetauscht.

Zum Abschluss las ich noch einmal die Notiz, die Dilek Graf mitgegeben hatte: »Liebster, es ist bald vorbei. Ich habe meine Arme geöffnet und warte auf dich. Ich liebe dich sehr und umarme dich.« Ich kritzelte auf die Rückseite: »Liebste, wir werden das gemeinsam durchstehen. Und dann werden wir nach Neuseeland fahren. Ich liebe dich auch sehr.«

Ich fasste mich kurz, weil ich wusste: Das würde das Schwierigste werden. Die Bundesregierung, meine Zeitung, meine Freunde und meine Familie abzuweisen, war nicht einfach, aber machbar. Ungleich schwieriger war es, mich Dilek zu erklären. Ihre Notiz klang so, als hätte sie diesem Plan – Freilassung gegen sofortige Ausreise – zugestimmt. Ich würde ihr darlegen müssen, warum ich dieses Angebot ablehnte. Vielleicht konnte Veysel helfen. Wie oft war er als Familientherapeut eingesprungen, selbst wenn wir über Dinge stritten, die nichts mit der Haft zu tun hatten und unter anderen Umständen gewöhnlicher Beziehungsknatsch gewesen wären.

Gleich nach dem Gespräch mit Graf wurde ich erneut in die Anwaltskabine gebracht. Veysel war noch aufgewühlter als vorher. Und er brachte wichtige Neuigkeiten mit: Die Staatsanwaltschaft hatte ihre Anklageschrift fertiggestellt, die Sache lag nun bei der 32. Istanbuler Strafkammer. Er selber habe die Anklageschrift noch nicht gesehen, aber Refik – jener Anwalt, dessen Besuchstag heute eigentlich gewesen wäre – sei zum Gericht gefahren und versuche, dem Richter Informationen zu entlocken. »Ich warte auf Anweisungen«, habe der Richter gesagt.

»Es liegt jetzt an dir«, sagte Veysel aufgeregt. »Aber die Deutschen sagen: Das ist die letzte Gelegenheit. Wenn du das nicht akzeptierst, dann war's das.«

Bei unseren Treffen sprachen wir nicht allein über meinen Fall. Ich erzählte oft von meiner Arbeit als Korrespondent, Veysel von seiner Arbeit als Anwalt. Und oft diskutierten wir die aktuelle politische Situation der Türkei, gerne mit Bezug auf meine Lage. Dass wir an diesem Tag aufgebracht waren, war kein Grund, es anders zu halten.

»Ich glaube, die halten es für eine freundliche Geste an Deutschland, pünktlich zum Yıldırım-Besuch meine Freilassung zu verkünden«, sagte ich. »Weißt du, woran mich das erinnert? An den G-20-Gipfel Ende 2015 in Antalya, als sie für jeden Staatsgast einen Bademantel herstellen ließen, mit dem jeweiligen Namensschriftzug und der Nationalfahne auf der Brust. Ausgerechnet den für Angela Merkel haben sie vorab der Presse gezeigt. Die hielten das wirklich für eine freundliche Geste. Und jetzt bin ich eben der Bademantel.«

»Mag sein«, antwortete Veysel. »Jedenfalls ist das ein Punkt, an dem ich als Jurist nichts mehr machen kann. Das ist Politik. Und es ist deine Entscheidung. Ich muss los, wenn alles klappt, kommt Dilek, später vielleicht Birgelen. Aber sprich mit niemandem darüber.« Dass Veysel mit solcher Bestimmtheit eine Empfehlung erteilte, war ungewöhnlich – ebenso die Bestimmtheit, mit der ich sie ablehnte. »Tut mir leid, ich muss nachdenken. Und wenn ich nicht mit dir ausführlich darüber reden kann, dann werde ich das mit meinem Nachbarn Oğuz besprechen.« Veysel nickte. Ungläubig fragte ich noch mal: »Und Dilek wird wirklich heute kommen?« »Wir versuchen es«, sagte Veysel.

Am Ende dieses Gespräches schrieb ich einen längeren Brief an Dilek: »Wenn die türkische Staatsführung sich etwas davon verspricht, mich zu verhaften, werde ich verhaftet. Und wenn sie sich etwas davon verspricht, mich freizulassen, komme ich raus. Und dazu soll ich nichts sagen? So lasse ich nicht mit mir umspringen. Ich will nichts tun, wofür ich mich einmal schämen werde. Was können sie denn machen? Mich einsperren? Das haben sie schon. Weißt du, nach einem Jahr im Gefängnis macht mir die Aussicht auf ein paar Monate Knast mehr keine Angst. Wenn ich heute nicht rauskomme, dann morgen durch ein Urteil des Europäischen Gerichtshofs für Menschenrechte. Wir stehen auch das zusammen durch. Aber versteh bitte, dass ich mich auf so etwas nicht einlassen kann. Sonst wäre ich nicht der Mann, den du liebst.«

Ich ahnte, was Dilek antworten würde: dass ich unsere gemeinsame Zukunft zerstöre; dass ich nur an mich selber und weder an sie noch an die vielen Menschen denke, die sich für mich den Hintern aufreißen; dass meine Einwände sinnloser Radikalismus sind. Enttäuschung, Wut, das ganze Programm. Wenn sogar Veysel mich nicht verstand, bestand keine Hoffnung, dass Dilek dies tun würde.

Nach gut fünf Stunden, die ich mit Veysel, Graf und abermals Veysel verbracht hatte, wurde ich zurückgebracht. Oğuz hatte wie immer, wenn ich bei der Essensausgabe nicht in meiner Zelle war, mein Abendessen entgegengenommen. Ich nahm die Blechtöpfe nicht einmal in die Hand. Essen konnte ich nicht. Aber reden musste ich. Draußen war es schon dunkel, die Tür zum Hof wurde in dieser Jahreszeit gegen 17.30 Uhr verschlossen.

Ich öffnete das Fenster zu unserem gemeinsamen Hof, klammerte mich an die Stahlgitter und bat Oğuz, an sein Fenster zu kommen. Kettenrauchend fasste ich die letzten Stunden zusammen. »Mache ich gerade Unsinn?«, fragte ich zwischendurch. »Du machst das alles richtig«, antwortete Oğuz.

Im Laufe dieses Gesprächs kam mir folgender Gedanke: Das muss alles mit Erdoğan abgestimmt sein, er hat nur Yıldırım vorgeschickt, weil er, wie man im Türkischen so schön sagt, nicht auflecken möchte, was er ausgespuckt hat. Dass das Regime mich jetzt freilassen will, steht in einem großen Zusammenhang: die außenpolitische Isolierung der Türkei, der Krach mit den USA, die schlechte Wirtschaftslage ... im Verhältnis zu alledem ist es nur eine Winzigkeit, ob ich ausreise oder nicht. Und selbst wenn die türkische Seite eine solche Bedingung aufgestellt hat, ist das nur ein Bluff. Daran wird es nicht scheitern.»Klingt vernünftig«, sagte Oğuz.»Und wenn nicht, dann bleiben wir halt noch ein paar Monate zusammen«, rief ich.

Durch das offene Fenster kroch Kälte in die Zelle. Doch nur so konnten wir uns unterhalten. Zugleich war ich mit halbem Ohr an meinem Fernseher. Die Nachrichtensender würden die Pressekonferenz von Merkel und Yıldırım übertragen. Und die wollte ich auf keinen Fall verpassen.

Kurz bevor die beiden Regierungschefs vor die Presse traten, erschienen zwei Aufseher an meiner Zellentür.»Familienbesuch! Bist du fertig?«»Gleich«, rief ich und schrieb hastig den Vornamen eines AKP-Politikers auf einen Zettel. Soweit es in seiner Macht stand, hatte er uns einige Male geholfen. Aber was sollte diese Notiz? Sollte Dilek den Mann fragen, ob die Regierung meine Freilassung tatsächlich mit einer solchen Bedingung verknüpft? Abgesehen davon, ob der Mann einer solchen Bitte nachkommen würde, und abgesehen davon, ob man ihm die Wahrheit sagen würde – den Namen auf einen Zettel zu schreiben, war eine reine Übersprunghandlung.

»Haben Sie irgendwelche Notizen in der Tasche?«, fragte mich bei der obligatorischen Lcibesvisitation einer der Beamten. Eine solche Frage hatte man mir nie zuvor gestellt. Und ich hatte zwar oft Notizen aus meiner Zelle geschmuggelt. Aber nie tat ich das heimlich, sondern immer so, dass die Aufseher die Dinge sahen, aber nicht verstanden. Das beste Versteck ist immer das offensichtliche.»Nein«, antwortete ich flüchtig. Doch der Beamte zog den Papierfetzen mit dem Namen aus meiner Tasche.»Wer ist das?«, fragte er und nahm mir den Zettel ab.»Keine Ahnung, muss ich in meiner Tasche vergessen haben«, murmelte ich.

Unter normalen Umständen hätte ein solcher Vorfall mindestens eine Anhörung und einen Aktenvermerk nach sich gezogen. Und ich hätte mich furchtbar über einen so unnötigen Fehler geärgert. Stattdessen musste ich grinsen: Was für eine sinnlose Aktion! Aber das war jetzt egal.

Zwei Beamte begleiteten mich. Ich hätte erwartet, dass sie einen Besuch um diese Uhrzeit kommentieren würden. Doch sie schwiegen. Sie wussten vermutlich besser als ich, wie ungewöhnlich das Ganze war – und was das bedeutete: Das kam von oben, ganz weit oben. Also taten sie, als sei alles ganz normal, und hatten dabei dieselbe Sorge wie der stellvertretende Generalkonsul: bloß nichts falsch machen.

Schweigend liefen wir den Gefängniskorridor entlang, der wie immer um diese Zeit fast leer gefegt war. Keine Gefangenen, die auf den Korridoren telefonierten oder zu Treffen mit Anwälten oder Angehörigen gingen, kaum Aufseher, nur das Surren der Leuchtstoffröhren. Und in mir ein Gedanke. Ich muss mir diese bescheuerte Sache mit dem Zettel als Warnung nehmen: Du musst cool bleiben, unbedingt cool bleiben, auch wenn Ruhe zu bewahren nicht gerade zu deinen Stärken gehört.

»Wir lassen Sie bis kurz vor der Abendzählung hier, danach müssen Sie zurück«, sagte der Aufseher, bevor er hinter mir die Tür zum Besucherraum abschloss. So außergewöhnlich die Situation war, die Zählung, wohl in jedem Gefängnis der Welt ein heiliger Akt, sollte also unberührt bleiben. Absurd, aber irgendwie beruhigend.

Dilek saß schon hinter der Trennscheibe. Ich nahm den Hörer ab und gab meine PIN-Zahl ein. Aber es funktionierte nicht, auch nach mehrmaligen Versuchen. Wir setzten uns in die Nachbarkabine – in einem Raum waren drei Kabinen nebeneinander. Wieder kein Ton. Schließlich rief ich die Wärter. »Wir kümmern uns darum«, sagte einer. Kurz darauf kam ein anderer, ein Mann mit gewellten Haaren und Hornbrille, ich hatte ihn nie zuvor gesehen. »Jede PIN-Zahl ist nur einmal in der Woche für eine Stunde freigeschaltet«, erläuterte er. »Sie hatten diese Woche schon Familienbesuch, darum funktioniert Ihre Zahl nicht. Ich gebe Ihnen eine neue.«

Wir hatten weniger als eine Stunde. Und zehn Minuten dieser knappen Zeit hatten wir mit diesem Quatsch verplempert. Während des Durcheinanders um die Freischaltung hatten Dilek und ich uns zwar immer wieder angelächelt. Aber das war aus Verlegenheit, wie bei einem Candle-Light-Dinner, für das man alles genau geplant hat und dann merkt, dass die Streichhölzer feucht sind.

Als die Verbindung endlich funktioniert, sage ich: »Nein, ich kann das nicht machen. Ich kann diese Bedingungen nicht akzeptieren. Ich hoffe, du verstehst das.«

Und Dilek? Sie sagt gar nichts. Schweigend legt sie die Hand auf die mit Fingerabdrücken verschmierte Trennscheibe. »Diejenigen, die ihre Liebsten im Gefängnis besuchen, werden das kennen«, hatte sie einmal im Interview mit der *Cumhuriyet* erzählt. »Sie wissen, wie viele Fingerabdrücke auf den Glasscheiben sind, die uns von unseren Liebsten trennen. Diese Fingerabdrücke, das sind wir.«

Daran musste ich oft denken, wenn wir in der Besucherkabine saßen – und daran, dass Dileks elegante, lange Finger mir gleich bei unserer ersten Begegnung aufgefallen waren. Schon damals wollte ich sie berühren. Jetzt will ich das noch viel mehr. Aber zwischen uns ist diese verfluchte Trennscheibe. Also drücke ich meine Hand gegen die Stelle, an der ihre Hand liegt, als könnten wir uns durch das Glas berühren. Wir blicken uns eine Weile in die Augen. Dann unterbricht Dilek das Schweigen. »Ich verstehe, mein Herz«, sagt sie. »Ich verstehe dich.«

Traumjob mit Handicaps

Begonnen hat diese Geschichte drei Jahre zuvor. Anfang 2015 fragt mich Ulf Poschardt, damals stellvertretender Chefredakteur der *Welt*, ob ich als Korrespondent nach Istanbul gehen möchte. Ich möchte ihm am liebsten um den Hals fallen und in Jürgen-Klopp-Manier »Geil, Wahnsinn, supergeil!« brüllen. Doch ich versuche, Contenance zu wahren: hier ein bisschen Bedenkzeit, dort ein paar Forderungen, bloß nicht anmerken lassen, dass das für mich weit mehr ist als ein reizvolles berufliches Angebot. Es ist ein Traum, der wahr wird!

Istanbul ist ein Sehnsuchtsort, gerade für viele Deutschtürken, die nie dort gelebt haben. Eine aufregende und schöne Stadt – und die einzige der Welt, durch die das Meer fließt. Zudem habe ich eine schmerzhafte Trennung hinter mir, auch in privater Hinsicht kommt dieses Angebot wie bestellt.

Und natürlich ist die Türkei journalistisch hochinteressant – eng mit Deutschland verwoben, mal brutal, mal rührend, oft verrückt und immer für eine Überraschung gut. Der einstige demokratische Hoffnungsträger Erdoğan ist dabei, sich zum Autokraten zu verwandeln. Doch der Gezi-Aufstand zwei Jahre zuvor hat gezeigt, dass es noch eine andere Türkei gibt: eine pluralistische und freiheitliche, aufgeklärte und fröhliche. Eine Türkei, die das Potenzial besitzt, die seit der Gründung der Republik im Jahr 1923 lückenhaft gebliebene Demokratisierung zu vollenden. Über eine gefestigte Diktatur zu berichten, also Chronist von hoffnungslosem Leid und ständigem Frust zu werden, würde mich weniger reizen. Doch Anfang 2015 ist der Ausgang der Sache offen.

Mit dem Gezi-Aufstand war ich zum Beobachter dieser Auseinandersetzung geworden – erst mit den Texten, die ich in jenen bewegten Tagen aus Istanbul und Ankara für die *taz* schrieb, dann mit einer sechsmonatigen Recherche für mein Reportagenbuch *Taksim ist überall*. Diese Aufgabe kann ich nun als Korrespondent der *Welt* fortführen.

Mit Chefredakteur Jan-Eric Peters sind wir uns schnell einig – ausgenommen in einer Frage: Er empfiehlt mir dringend, aus der türkischen Staatsbürgerschaft auszutreten. Würde ich als deutsch-französischer Doppelstaatler eine Stelle in Paris antreten, würde er mir nicht nahelegen, den französischen Pass abzugeben. Derlei Sicherheitsbedenken sind Ländern wie der Türkei vorbehalten.

Mit der türkischen Staatsbürgerschaft kam ich 1973 im hessischen Flörsheim zur Welt, die deutsche habe ich 1992, im Alter von 19 Jahren, erworben. Allerdings verweigerte die Türkei damals jungen Männern, die keinen Wehrdienst abgeleistet hatten, die Ausbürgerung. So wurde ich unter »Hinnahme der Mehrfachstaatsangehörigkeit« eingebürgert, wie mir ein Beamter namens Papadimitris aus dem Regierungspräsidium Darmstadt im schönsten Amtsdeutsch schrieb.

Nur den Militärdienst habe ich weiterhin am Hals. Eine Altersgrenze gibt es in der Türkei nämlich nicht, einen Freikauf habe ich aus politischen Gründen abgelehnt und ausgebürgert werde ich nicht, solange diese »vaterländische Pflicht« nicht erfüllt ist. So habe ich es bei Reisen in die Türkei jahrelang riskiert, geschnappt zu werden. Wenn ich mich dauerhaft in Istanbul niederlassen möchte, geht das nicht mehr.

Ich bezahle also die 6000 Euro Freikaufgebühr. Jetzt könnte ich Peters' Rat folgen und mich ausbürgern lassen. Zugleich könnte ich die »Blaue Karte« beantragen, eine Art Staatsbürgerschaft zweiter Klasse, die unter anderem die Niederlassungsfreiheit gewährleistet. Ich entscheide mich dagegen. Der »Blauen Karte« traue ich nicht, nur als türkischer Staatsbürger wäre ich vor einer Abschiebung sicher. Zwar hätte ich im Fall einer Festnahme keinen Anspruch auf konsularische Betreuung. Aber die bedeutet ja bloß, dass mir das Konsulat einen Anwalt vermitteln und die Diplomaten mich im schlimmsten Fall im Gefängnis besuchen können. Doch einen Anwalt könnte ich selber finden. Und die Bundesregierung würde sich auch so für mich einsetzen.

Die damaligen Verhältnisse in der Türkei erscheinen nur aus heutiger Perspektive als halbwegs erträglich. Anfang 2015 wirken sie nicht so. Entsprechend reagieren meine Istanbuler Freunde:»Bist du verrückt? Du kommst freiwillig in ein Land, aus dem alle abhauen wollen?«, fragt eine Freundin im Spaß, aber nicht grundlos.»Genau darum komme ich ja«, antworte ich.

In Deutschland verabschieden mich derweil alle mit demselben Satz:»Pass auf dich auf!« Meistens erwidere ich:»Klar, mach ich.« Nur einmal, bei meiner Abschiedsfeier in der *taz*, rutscht mir im Gespräch mit einer Kollegin eine andere Antwort heraus:»Ich weiß gar nicht, wie das geht: auf mich aufpassen.« Dieser Befund ist treffender, als es mir lieb ist, sodass ich ihn schnell vergesse.

Nicht erst seit Erdoğan droht in der Türkei jedem Journalisten, der seine Sache gut macht, Verhaftung oder gar Schlimmeres. So wurde im Januar 2007 der türkisch-armenische Publizist Hrant Dink von einem Rechtsextremisten erschossen, im Januar 1996 der *Evrensel*-Reporter Metin Göktepe auf einer Polizeiwache totgeprügelt, im Januar 1993 der *Cumhuriyet*-Journalist Uğur Mumcu mit einer Autobombe getötet, im September 1992 der kurdische Autor Musa Anter erschossen. In viele dieser – hier beileibe nicht vollständig aufgelisteten – Morde war der»Tiefe Staat« verwickelt, der sich oft rechtsextremer oder islamistischer Killerkommandos bediente. Kaum eines dieser Verbrechen wurde je aufgeklärt.

Andererseits scheinen die düstersten Zeiten mit Attentaten und»Verschwindenlassen« von Oppositionellen vorbei. Und ich komme als Korrespondent einer großen deutschen Zeitung. Das Schlimmste, womit ich rechne, ist eine Diffamierungskampagne der Regierung und ihrer Medien. Nach den Gezi-Protesten vom Frühjahr 2013 widerfuhr dies der BBC-Reporterin Selin Girit, im Jahr darauf, nach dem schweren Grubenunglück im westtürkischen Soma, bei dem 301 Arbeiter starben, dem *Spiegel*-Korrespondenten Hasnain Kazim. Größeres Kopfzerbrechen bereiten mir andere Fragen: Bislang habe ich für linke Medien – die *taz* und zuvor die *Jungle World* – gearbeitet. Werde ich mit einem traditionell konservativen Haus wie Springer zurechtkommen? Und, da ich in meinen Redakteursstellen immer als Generalist und in den letzten Jahren vor allem als Kolumnist tätig war: Werde ich den Korrespondentenjob schaffen?

Zum Glück bin ich nicht allein. Ebenfalls im Frühjahr 2015 kommt *Zeit*-Redakteurin Özlem Topçu. Sie hat ein Stipendium und will eine Auszeit vom Journalismus nehmen. Stattdessen wird sie faktisch zur Türkeikorrespondentin der *Zeit*, die niemanden mehr in Istanbul hat. Wir sind befreundet, doch jetzt reden wir fast jeden Tag miteinander, beraten uns über Themen und machen oft zusammen Recherchereisen. Später wird sie, nur geringfügig übertreibend, diese Phase so beschreiben: »Wenn ich vormittags anrief und ›Hey, wie geht's?‹ sagte, rollte eine Flut an Information, Geschichten und Aktivitäten auf mich zu, die ich gar nicht so schnell verarbeiten konnte: ›Ich habe schon zwei Texte für Online geschrieben!‹ ›Weißt du, mit wem ich grad gesprochen habe?‹ ›Hast du morgen was vor? Nein? Dann fliegen wir nach Diyarbakır, komm schon!‹«

Wenige Wochen nachdem ich die Korrespondentenstelle angetreten habe, und kurz nach der Parlamentswahl vom 7. Juni, bei der die Partei für Gerechtigkeit und Entwicklung (AKP) erstmals seit 2002 die absolute Mehrheit verloren hat, gerate ich zum ersten Mal in Konflikt mit der Staatsmacht.

Die YPG, der syrische Ableger der militanten Arbeiterpartei Kurdistans (PKK), hat gerade mit Unterstützung der US-Luftwaffe die Grenzstadt Tell Abyad aus der Hand der Dschihadistenmiliz Islamischer Staat (IS) befreit. Die Kurden beschuldigen die türkische Regierung, sie habe es geduldet, dass der IS den Grenzübergang für den Nachschub an Kämpfern und Material genutzt habe; die türkische Regierung wirft der YPG vor, sie betreibe in der mehrheitlich von

Arabern bewohnten Region ethnische Säuberungen. Tausende Menschen fliehen unterdessen nach Akçakale auf der türkischen Seite der Grenze.

Mit Özlem, Pınar Öğünç von der *Cumhuriyet* und einer weiteren Kollegin fahren wir dorthin. Wir schauen uns an, wie die Flüchtlinge untergebracht sind, und kommen mit einigen ins Gespräch. Unvergessen ist mir die 15-Jährige, die mit ihrer Familie unter einem Verschlag Unterschlupf gefunden hat. Freiheit bedeutet für sie, sich die Fingernägel zu lackieren. Unter dem IS war das verboten. Nun zeigt sie uns glücklich ihren türkisfarbenen Nagellack.

Dann hält Izzettin Küçük, Gouverneur der Provinz Urfa, am Grenzübergang eine improvisierte Pressekonferenz. Irgendwann ergreift Özlem das Wort. Sie sagt nicht wie die türkischen Reporter vor ihr »Mein verehrter Gouverneur«. Sie fragt: »Wovor genau flüchten diese Menschen, vor dem IS?« »Nein«, antwortet Küçük. »Sie fliehen vor der PKK und YPG. Und vor den amerikanischen Bombardements.« Ich hake nach: »Die Flüchtlinge, mit denen wir gesprochen haben, haben uns das nicht so erzählt. Woher haben Sie diese Information?«

Es wäre ein Leichtes, dieser Frage auszuweichen. Stattdessen bricht Küçük die Pressekonferenz ab. »Das war's, es gibt hier nichts zu debattieren«, ruft er und wirft mir einen hasserfüllten Blick zu. Auf den Fernsehbildern wird später zu hören sein, wie er auf mich zeigend einem Polizisten in Anzug und bespiegelter Sonnenbrille zuflüstert: »Das Freundchen da.« Hasan Akbaş, Reporter der linken Tageszeitung *Evrensel*, wirft eine Frage ein: »Stellt der IS eine Gefährdung für Akçakale dar?« Auch er ist fällig.

Hasan, Pınar und ich werden auf das örtliche Polizeirevier geführt. Abteilung für Terrorbekämpfung, drunter machen sie es nicht. Özlem und die andere Kollegin werden ebenfalls festgehalten, aber dann laufen gelassen. Auf dem Polizeirevier heißt es mal, wir seien festgenommen, dann wieder, man wolle nur unsere Personalien aufnehmen.

Währenddessen sind wir in den türkischen Medien zum Hauptnachrichtenthema geworden – dass Journalisten nur deshalb festgenommen werden, weil sie Fragen gestellt haben, überrascht damals

29

noch. *Cumhuriyet*-Chefredakteur Can Dündar twittert den ironischen Hashtag #NeSoriyimValime, etwa:»Mein Gouverneur, was soll ich fragen?«, der zu den *trending topics*, also zu einem der am meisten genutzten Hashtags, avanciert. Uns hilft die Aufmerksamkeit. Nach ihrer Wahlniederlage ist bei der AKP die Arroganz der Macht angekratzt. Vermutlich erhält der Gouverneur einen Anruf aus Ankara, nach nur einer Dreiviertelstunde sind wir frei.

Ein paar Wochen nach diesem Vorfall, am 20. Juli 2015, sprengt sich in der Grenzstadt Suruç, 50 Kilometer westlich von Akçakale, ein IS-Selbstmordattentäter inmitten einer Gruppe junger linker Aktivisten in die Luft, die als Aufbauhelfer ins syrische Kobanê wollten – nicht der erste, aber der bislang blutigste in einer langen Reihe von IS-Anschlägen in der Türkei, die sich zunächst gegen linke und kurdische Oppositionelle, dann gegen deutsche Urlauber und schließlich wahllos gegen jeden richten.

Als tags darauf in Ceylanpınar, 110 Kilometer östlich von Akçakale, zwei Polizisten in ihrer Wohnung im Schlaf ermordet werden und eine PKK-nahe Quelle die Verantwortung dafür übernimmt, beschließt die Regierung, nicht allein mit polizeilichen, sondern auch mit militärischen Mitteln zu reagieren.

Der Hintergrund: Im Gegensatz zu AKP-Ministerpräsident Ahmet Davutoğlu will Erdoğan eine Neuwahl. Doch die verspricht nur unter veränderten Bedingungen ein anderes Ergebnis. Den im März 2013 verkündeten Waffenstillstand mit der PKK aufzukündigen, schafft neue Bedingungen.

Später wird die PKK die Verantwortung für diesen Doppelmord zurückweisen. Der anschließende Strafprozess wirft mehr Fragen auf, als er beantwortet, und endet im März 2018 mit Freisprüchen für alle Angeklagten. Da ist es längst zu spät. Der seit 1984 andauernde Konflikt, dem bis dahin mindestens 40 000 Menschen zum Opfer gefallen waren, ist mit aller Brutalität zurückgekehrt. Doch die Rechnung geht auf: Bei der Neuwahl am 1. November 2015 gewinnt die AKP die absolute Mehrheit zurück. Frieden und Dialog haben sich für Erdoğan nicht rentiert, Terror und Krieg schon.

Im August 2015 beginnt offiziell meine Entsendung als Korrespondent. Nun beantrage ich die Akkreditierung, also einen türkischen Presseausweis. In Deutschland sind dafür Berufsverbände zuständig, in der Türkei das Presse- und Informationsamt, eine dem Ministerpräsidenten unterstellte Behörde. Längst nicht jeder türkische Journalist besitzt einen amtlichen Presseausweis. Freie Autoren werden grundsätzlich ausgeschlossen, ebenso Mitarbeiter von Internetmedien. Zudem gibt es sozialversicherungsrechtliche Auflagen, die sich kleinere Häuser oft nicht leisten können und größere zuweilen nicht leisten wollen. Und Mitarbeiter mancher Medien, allen voran der prokurdischen, erhalten aus politischen Gründen keinen.

Allerdings ist eine Akkreditierung selbst für ausländische Journalisten nicht zwingend – anders als etwa im Iran, wo jeder ausländische Reporter, der ohne Akkreditierung auch nur für eine einzelne Recherche ins Land reist, eine Anklage wegen Spionage riskiert. So erging es dem Reporter Marcus Hellwig von der *Bild am Sonntag* und dem Fotografen Jens Koch, die im Oktober 2010 verhaftet wurden und gut fünf Monate unter extrem harten und teils brutalen Bedingungen in einem Sondergefängnis verbrachten. In der Türkei ist die Akkreditierung für ausländische Journalisten nur aus einem Grund unverzichtbar: als Voraussetzung für die Aufenthaltsgenehmigung.

Anfang September 2015 besuchen Özlem und ich den Istanbuler Büroleiter des Presseamtes. Er empfängt uns freundlich, kann aber nur unsere Anträge an die Zentrale weiterleiten. Wir brauchen die Akkreditierung nicht für unseren Aufenthalt. Doch der deutsche Presseausweis wird immer seltener akzeptiert – weder bei offiziellen Anlässen noch an Polizeiabsperrungen bei Demonstrationen. Gerade bei Recherchen in den kurdischen Gebieten wäre es nicht verkehrt, einen türkischen Presseausweis vorzeigen zu können.

Denn nach dem Ende des Waffenstillstands hat die PKK erstmals in ihrer Geschichte den Krieg in die Städte verlagert. In Sur, der historischen Altstadt von Diyarbakır, in der Kleinstadt Cizre und in anderen Orten haben sich Militante hinter Barrikaden und Sprengfallen verschanzt. In einer irrwitzigen Weise glaubt die PKK, die Schlacht um Kobanê wiederholen zu können, als fast die ganze Welt ihre Sympathien für die vom IS bedrängten kurdischen Kämpfer erklärte und in der Türkei Hunderttausende auf die Straße gingen.

Bis zum Jahreswechsel 2015/16 tut sich bei Özlem und mir nichts. Auch die meisten anderen deutschen Journalisten in Istanbul – bis zu 50 Leute, das größte Kontingent an ausländischer Presse im Land – warten vergeblich auf die Erneuerung ihrer Akkreditierungen. Die Kollegen werden nervös. Im Januar 2016 setzen wir auf Initiative des *Spiegel*-Korrespondenten Hasnain Kazim ein Schreiben an den deutschen Botschafter Martin Erdmann auf. Zugleich bitten wir unsere Chefredaktionen, sich in dieser Angelegenheit mit der Bundesregierung in Verbindung zu setzen.

Mitte Januar fliegt Davutoğlu nach Berlin. Angela Merkel spricht das Thema an, kurz darauf erhalten die meisten Kollegen ihre Presseausweise. Anfang Februar kommt die Bundeskanzlerin nach Ankara. Es ist die Zeit, in der sie im Zusammenhang mit dem sogenannten Flüchtlingsabkommen so oft in die Türkei reist, dass ich in einem launigen Kommentar bemerke, es wäre für den deutschen Steuerzahler billiger, wenn Merkel eine Zweitwohnung in Ankara mieten würde.

Natürlich muss man sich auch für diesen Besuch akkreditieren, aber für uns ist die deutsche Botschaft zuständig. Während wir vor der Villa Çankaya, dem Amtssitz des Ministerpräsidenten, in klirrender Kälte darauf warten, dass Merkel und Davutoğlu die Militärformation abschreiten, erhält ein Kollege eine Nachricht: Sein Antrag ist angenommen. Ein Begrüßungsgeschenk. Zwei weitere Anträge werden bewilligt, jetzt sind nur noch Özlem und ich übrig – und Hasnain, dessen Familie ursprünglich aus Pakistan stammt. »Ich habe mehrfach von türkischen Oppositionspolitikern gehört, die Regierung traue sich nur deshalb, so mit uns umzugehen, weil sie denke, wir wären keine ›richtigen Deutschen‹, und daher spekuliere, die Bundesregierung werde sich letztlich nicht konsequent für uns einsetzen«, wird er später in seinem Buch *Krisenstaat Türkei* schreiben.

Allerdings kommt bei Hasnain etwas hinzu: Seit einer Titelseite in deutscher und türkischer Sprache zum Höhepunkt der Gezi-Proteste

Bitte senden Sie uns im Fall einer Besprechung den digitalen Beleg an *kiwi-presse@kiwi-verlag.de* und Printbelege zu Händen *Kerstin Thiesing* in den Verlag.

Vielen Dank

Ihr Presse-Team

ist der *Spiegel* bei der türkischen Regierung verhasst. Özlem und ich dürfen hingegen annehmen, dass das Ausbleiben der Akkreditierung nichts mit unseren Zeitungen zu tun hat. Das ist persönlich. Für den Vorwurf des »Vaterlandsverrats« genügen unsere Namen, ganz gleich, welchen Pass wir besitzen.

Auf der Pressekonferenz der Regierungschefs dürfen, wie bei solchen Anlässen üblich, Journalisten aus beiden Ländern jeweils zwei Fragen stellen. Auf türkischer Seite entscheidet der Pressestab des Ministerpräsidenten, wer was fragen darf, auf deutscher Seite sprechen wir Journalisten uns untereinander ab und informieren die Zuständigen. Heute werde ich als vierter und letzter eine Frage stellen.

Ich erinnere Merkel an die deutliche Kritik, die der damalige Bundespräsident Joachim Gauck bei seinem Besuch im April 2014 am Zustand der Gewaltenteilung und der Pressefreiheit formuliert hatte. Und ich erinnere daran, dass auch sie selber, etwa nach der Niederschlagung der Gezi-Proteste, klare Worte gefunden hatte. Dann komme ich auf zwei zu diesem Zeitpunkt aktuelle Themen: auf Can Dündar und Erdem Gül, Chefredakteur bzw. Ankara-Bürochef der *Cumhuriyet*, die im Gefängnis Silivri Nr. 9 eingesperrt sind. Und auf die Vorgänge in Cizre, wo zum Ende des von der PKK angezettelten Häuserkrieges mindestens 130 Menschen – Militante und Zivilisten – in Kellern Zuflucht gefunden haben und Menschenrechtsorganisationen eine humanitäre Katastrophe befürchten.

»Zu alldem hört man von Ihnen, von der Bundesregierung, nichts«, beende ich meine etwas lang geratene Frage. »Bei vielen türkischen Oppositionellen ist der Eindruck entstanden, dass dieses Schweigen der Bundesrepublik der Preis für die Zusammenarbeit in der Flüchtlingsfrage ist. Was sagen Sie zu diesem Eindruck, dass Europa, dass Deutschland europäische Werte verrät?«

»Ich glaube, dass wir ein Gesprächsformat haben, in dem wir über alle Themen sprechen. Wir haben zum Beispiel über die Frage der Arbeitsbedingungen von Journalisten gesprochen; vielleicht wird der Premierminister auch selber noch etwas dazu sagen«, antwortet Merkel. Ähnlich knapp geht sie auf den Kurdenkonflikt ein – die Bundesregierung habe sich »sehr große Hoffnungen auf den Versöhnungsprozess mit der PKK« gemacht, allerdings habe jeder Staat auch »das Recht, gegen Terrorismus vorzugehen«.

Der Rest klingt, als wollte Merkel besagte Kritik bestätigen: »Natürlich hat sich auch die Problemlage gegenüber vor zwei oder drei Jahren verändert; denn vor zwei oder drei Jahren gab es weder diese schrecklichen Auswirkungen des Syrienkrieges, noch gab es in einem solchen Maße illegale Migration.«

Dann ergreift Davutoğlu das Wort. 42:11 Minuten beträgt der Mitschnitt der Pressekonferenz, 8:20 Minuten, also ein Fünftel, verbringt der Ministerpräsident mit der Antwort auf eine Frage, die ich gar nicht an ihn gerichtet hatte. Ich hätte ein »politisches Statement« abgegeben, behauptet er. »Aber dass man dem türkischen Ministerpräsidenten solche Beschuldigungen hier ins Gesicht sagen kann, ist auch ein Zeichen für die Pressefreiheit in der Türkei.« Im Übrigen sei in seinem Land niemand wegen Journalismus im Gefängnis.

Seine Pointe hebt er sich für den Schluss auf: Ich hatte auf die Rangliste der Pressefreiheit der Organisation Reporter ohne Grenzen verwiesen. Damals belegt die Türkei Platz 149, ich habe versehentlich 159 gesagt, der Simultandolmetscher hat daraus jedoch Platz 195 gemacht.

»Außerdem bin ich neugierig«, endet Davutoğlu triumphierend, »wie die Türkei auf Platz 195 einer Liste sein kann, wo es auf der Welt nur 193 Länder gibt.«

Dieser Disput bleibt nicht in dem mit dunklem Holz vertäfelten Konferenzsaal der Villa Çankaya. Da in der Türkei, wie in jeder Demokratie mit zweifelhaftem Leumund, sämtliche öffentlichen Auftritte führender Politiker von mindestens einem halben Dutzend Fernsehsendern live übertragen werden, hört ein großes Publikum mit. Dass bei diesen Gelegenheiten kritische Fragen gestellt werden, sind die türkischen Zuschauer nicht mehr gewohnt. Viel später werden mir Erdem Gül und Can Dündar erzählen, wie sehr sie sich in ihrer Gefängniszelle gefreut hätten, als sie im Fernsehen meine Frage hörten – und wie sie Merkels Antwort empfanden: als »ungeheure Enttäuschung«, wie Can auch in seinem Buch *Verräter* schreibt.

Umso wütender ist man im Regierungslager. Noch während ich im Presseraum meinen Bericht für die Welt schreibe, erscheinen in den Onlineausgaben regierungsnaher Medien erste Berichte. Zum zweiten Mal bin ich vom Berichterstatter zum Gegenstand von Berichterstattung geworden. Ich bleibe vorerst in Ankara und besuche meine alte Freundin Mehtap. Das scheint mir sicherer als das Hotel. Mehtap war lange Zeit Pressefotografin und arbeitet inzwischen als Anwältin. Vielleicht werde ich ihren Beistand brauchen.

Am nächsten Tag finde ich mein Gesicht auf den Titelseiten der Regierungszeitungen, verbunden mit Etiketten wie »Provokateur« und »PKK-Anwalt«. »Der Agent Provocateur Deniz Yücel ist bekannt für seine antitürkischen Berichte in der Zeitung *Die Welt*«, schreibt etwa *Star*. Zugleich berichten die Regierungsmedien genüsslich von meinem vermeintlichen Fehler. Davutoğlu habe mich »blamiert« und mir »eine Lektion« erteilt.

Wie lebensgefährlich derlei Diffamierungen werden können, hat kurz zuvor der Fall Tahir Elçi gezeigt: Der prominente Menschenrechtsanwalt und Präsident der Anwaltskammer Diyarbakır wurde nach einem Auftritt in einer Talkshow ebenfalls als »PKK-Anwalt« verleumdet. Ende November 2015 wurde er auf offener Straße erschossen; seine Mörder konnten nie ermittelt werden.

Diese Angriffe beunruhigen mich. Doch mehr ärgert mich die Häme. Ich erzähle Kollegen aus oppositionellen Medien von diesem Übersetzungsfehler, einige schreiben darüber. Eine Ehrenrettung, für die ich sehr dankbar bin. Nur Mehtap findet das lustig – und ermutigend: »In deren Erzählung hat Davutoğlu dich zurechtgewiesen. Er hat gewonnen, damit ist die Sache für sie erledigt. Vergiss deinen Stolz.«

Sie hat recht. Am folgenden Tag kommt Davutoğlu erneut auf das Thema zu sprechen: »Gestern wurden wir von einem Journalisten angesprochen, von dem wir später in Erfahrung gebracht haben, dass es sich um einen Türken handelte. Gut, jeder kann fragen, was er will. Aber er bekommt auch die Antwort, die er verdient.« Doch tags darauf legen nur wenige Regierungsblätter nach. Wichtiger: Erdoğan sagt dazu nichts. Die größtmögliche Eskalation bleibt aus.

Trotzdem erhalte ich gegen Mitternacht einen Anruf von Botschafter Erdmann, der mir empfiehlt, das Land »auf unbestimmte Zeit« zu verlassen. Nein, er habe keine Informationen, die ich nicht kenne. Es handle sich lediglich um die Einschätzung der Botschaft, eine Empfehlung aus Fürsorge um deutsche Staatsbürger. Sorgen bereiten ihm weniger die Behörden als Fanatiker, die auf die Idee kommen könnten, mir ebenfalls eine »Lektion« zu erteilen.

Ich unterrichte die Verantwortlichen bei der *Welt*. Die Antwort des neuen Chefredakteurs Stefan Aust: »Bitte sofort nach Berlin kommen. Das ist eine dienstliche Anordnung« – die erste Dienstanweisung seines 50-jährigen Berufslebens. Wenige Tage später verlässt Hasnain die Türkei. Mit seiner Geschichte wird publik, dass die *Welt* mich vorläufig abgezogen hat.

In Cizre kommt es in den folgenden Tagen zur befürchteten Katastrophe. Unter den Toten ist Rohat Aktaş, Reporter der kurdischsprachigen Zeitung *Azadiya Welat*. »Aus den verfügbaren Informationen geht hervor, dass die Sicherheitskräfte vorsätzlich und auf nicht zu rechtfertigende Weise etwa 130 Menschen getötet haben«, wird später Human Rights Watch in einem Bericht schreiben. Auch Seid al-Hussein, der UN-Kommissar für Menschenrechte, wird Anhaltspunkte für ein Massaker erkennen und die türkische Regierung auffordern, die Vorgänge von einer internationalen Kommission untersuchen zu lassen. Vergeblich.

Bald darauf sprengen sich Selbstmordattentäter der »Freiheitsfalken Kurdistans« (TAK) in die Luft – im Februar im Regierungsviertel von Ankara, im März auf dem Kızılay-Platz, dem zentralen Platz der türkischen Hauptstadt. 67 Menschen werden dabei insgesamt getötet, die meisten sind Zivilisten. Dem eigenen Bekunden nach handelt es sich bei der TAK um eine radikale Abspaltung von der PKK. Doch für diese Darstellung spricht nichts – aber umso mehr dafür, dass es sich um eine von der PKK-Führung oder einem Teil derselben gesteuerte Pseudoorganisation handelt, mit der die PKK ihre Verantwortung für Terroranschläge im Westen des Landes zu kaschieren versucht.

Am 18. März wird in Brüssel das Flüchtlingsabkommen zwischen der Türkei und der EU unterzeichnet. Ich sitze in Berlin und fühle mich unnütz.

Sosehr alle mit den Gezi-Protesten und dem Friedensprozess verbundenen Hoffnungen sich zu verflüchtigen beginnen und die Lage im Land mehr und mehr eskaliert, bin ich überzeugt: Ich habe dort einen Job zu erledigen. Nach einigen Wochen frage ich den Botschafter, ob er Entwarnung geben könne. »Entwarnung ja, aber keine Garantie«, meint Erdmann und erteilt mir ein paar Ratschläge: »Immer auf der Hut sein, Wohnungstür verbarrikadieren und stets wechselnde Routen wählen.« Kein Wunder, dass Stefan Aust diese Entwarnung für keine hält. Ich darf vorerst nicht zurück.

Dann setzt mir Özlem einen Floh ins Ohr: »Ich glaube ja, dass die Bundesregierung sich wirklich um dich sorgt. Aber vielleicht ist es ihnen so kurz vor der Unterzeichnung des Flüchtlingsabkommens auch recht, dich so aus dem Verkehr zu ziehen. Du bist doch auch für die ein *pain in the ass*.« Bei meinem nächsten Gespräch mit Aust deute ich Özlems Überlegung an, Aust führt den Gedanken zu Ende. Es klappt. Am 28. März sitze ich im Flugzeug nach Istanbul, wenige Tage später bin ich im internationalen Pressetross, der im Küstenort Dikili den ersten Rücktransport von Flüchtlingen aus Griechenland verfolgt.

Ende April besuchen Angela Merkel und EU-Ratspräsident Donald Tusk mit Ahmet Davutoğlu das Flüchtlingslager Nizip in der Südosttürkei. Diesmal erteilt nicht die Botschaft die Akkreditierungen an deutsche Journalisten, sondern sammelt die Anträge nur ein. Die Entscheidung liegt plötzlich beim Presseamt.

Den Kollegen wird am Tag vor dem Besuch mitgeteilt, dass ihre Anträge bewilligt seien und sie im Pressebüro des Gouverneurs von Gaziantep ihre Ausweise abholen könnten. Nur ich erhalte keine Nachricht. Ich berate mich mit Stefan Aust, Ulf Poschardt und Sascha Lehnartz, ob wir das Ganze öffentlich machen. Auch Springer-Vorstandschef Mathias Döpfner schaltet sich ein. Kann jetzt die türkische Regierung entscheiden, welcher deutsche Journalist den Besuch der Bundeskanzlerin beobachten darf? Die *Welt* und die *Bild* würden das als Skandal behandeln, andere deutsche Medien vermutlich auch. Aber da mein Antrag noch nicht offiziell abgelehnt ist, entscheiden wir, zunächst still zu bleiben. Meine Chefredaktion macht dem Bundeskanzleramt deutlich, wie inakzeptabel wir diesen Vorgang finden, während ich auf gut Glück nach Gaziantep fliege.

Ich checke im selben Hotel ein, in dem alle deutschen Journalisten abgestiegen sind, und bitte meinen *dpa*-Kollegen Can Merey, mich zum Gouverneursamt zu begleiten – als Freund, aber, falls ich abgewiesen werde, auch als Berichterstatter. Vor dem kleinen Büro der Presseabteilung hat sich eine Schlange gebildet, auch die türkischen Kollegen müssen hier ihre Akkreditierungen abholen. Kaum haben wir uns eingereiht, kommt ein Beamter auf uns zu: »Oh, Deniz Bey«, ruft er, die traditionelle türkische Höflichkeitsform benutzend. »Wir haben Sie schon erwartet!«. Dann ein zweiter: »Deniz Bey, es gab da offenbar ein Missverständnis, Ihr Ausweis liegt bereit.« Er schleust mich an der Schlange vorbei. Dann kommt ein dritter Beamter: »Ich bin vom Presse- und Informationsamt in Ankara. Ich lese alle Ihre Texte und übersetze sie.«

Von diesem Empfang bin ich so überrumpelt – es fehlt nur das Schulmädchen, das mit Schleifen im Haar und Blumenstrauß in der Hand ein Gedicht vorträgt –, dass ich es versäume, diesen Beamten um seine Visitenkarte zu bitten. Dabei hat mir noch nie jemand gesagt, dass er alle, wirklich *alle* meine Texte lese. Das muss keine Drohung sein. Kann aber.

Mein Problem hat sich derweil unter den deutschen Kollegen herumgesprochen. Als ich mit der Akkreditierungskarte um den Hals ins Hotel zurückkehre, begrüßen sie mich am Frühstückstisch mit großem Hallo. Sie albern herum, wirken aber auch enttäuscht: Sie hätten wohl lieber über einen neuen Eklat in den deutsch-türkischen Beziehungen berichtet als über Schulunterricht für syrische Kinder. Wäre ich nicht selber betroffen, würde es mir genauso gehen.

Auch wenn ich nach der Nummer in Ankara jede Hoffnung auf einen Presseausweis aufgegeben habe, spricht Merkel das Thema erneut an. Im Gespräch mit Davutoğlu nennt sie Özlem und mich namentlich. Doch es sind Davutoğlus letzte Tage als Ministerpräsident. Im Regierungslager kreidet man ihm die neoosmanische Außenpolitik an, die für die Türkei in Syrien in einem Fiasko geendet hat – als ob Erdoğan diese Politik nicht mitgetragen hätte. Davutoğlus eigentliches Vergehen lautet: Er hatte angefangen zu glauben, dass er tatsächlich als Ministerpräsident die Richtlinien der Politik bestimmen würde. Das entspricht zwar der damals gültigen Verfassung, nicht aber einer Realität namens Recep Tayyip Erdoğan. Binnen weniger Tage wird Davutoğlu öffentlich demontiert. Am 5. Mai erklärt er seinen Rücktritt. Es sei nicht seine Entscheidung, betont er.

Gleich am nächsten Tag erhalte ich einen Anruf vom Presseamt: Mein Antrag sei bewilligt, der Presseausweis werde mir bald zugeschickt. Auf die mündliche Bestätigung folgt eine schriftliche. Mir gefällt die Vorstellung, wie Davutoğlu nach seiner Rücktrittserklärung am Schreibtisch sitzt und alles unterschreibt, was sich dort angehäuft hat. »Mir doch egal, macht doch euren Mist allein«, murmelt er vielleicht.

Als Nachfolger wird, wie es ein Erdoğan-Berater formuliert, »ein Ministerpräsident mit niedrigem Profil« gesucht und in Binali Yıldırım gefunden. Bei mir ist nach zwei Wochen immer noch kein Presseausweis eingetroffen. Nach einigen Telefonaten wird mir schließlich folgende Geschichte erzählt: Der für die Auslandspresse zuständige Abteilungsleiter habe meinen Antrag bewilligt. Doch der für den Druck der Ausweise zuständige Abteilungsleiter habe ein Veto eingelegt. Meine Akkreditierung sei nicht abgelehnt, müsse aber weiter geprüft werden. Dass jemand ein Veto eingelegt hat, glaube ich gerne – aber nicht, dass irgendein Abteilungsleiter es wagt, sich in eine Sache einzumischen, die zwischen Regierungschefs verhandelt wird.

Ich habe schon bald andere Sorgen. Und nicht nur ich. Der blutige Putschversuch vom 15. Juli 2016, dem mindestens 250 Menschen, davon 182 Zivilisten, zum Opfer fallen, wird zwar, nicht zuletzt durch gewaltfreien Widerstand Zehntausender Menschen, niedergeschlagen. Doch danach beginnt eine Hexenjagd gegen echte und vermeintliche

Anhänger der Gülen-Bewegung – und zwar unabhängig davon, ob sie etwas mit dem Putschversuch zu tun hatten. Darüber hinaus nutzt Erdoğan den nun ausgerufenen Ausnahmezustand, um kurdische, linke, liberale und – in geringerem Maß – kemalistische Oppositionelle mundtot zu machen und die letzten Reste von Gewaltenteilung abzuschaffen.

Die Bilanz: 36 Notstandsdekrete, 130 000 Entlassungen an Universitäten, in der Justiz und dem gesamten Staatsdienst, rund 200 geschlossene Medien, Ermittlungsverfahren gegen knapp 170 000 Personen, rund 50 000 Verhaftungen, darunter 16 Abgeordnete und etwa 300 Journalisten, Zwangsverwaltung für fast alle von der prokurdischen HDP geführten Städte und Gemeinden. Wäre der Putsch erfolgreich gewesen, hätte es zum Teil andere Leute getroffen, das Ergebnis aber wäre ungefähr das Gleiche gewesen. Eben eine »Gunst Allahs«, wie Erdoğan den Putschversuch noch in jener Julinacht bezeichnet hat.

Erstmals beschleicht mich ernsthafte Sorge, dass auch ich unter die Räder geraten könnte. Die Türkei zu verlassen, kommt mir dennoch nicht in den Sinn. Denn dieses Land, das gerade mit voller Wucht gegen die Wand fährt, liegt mir am Herzen. Und schwierige Bedingungen erfordern erst recht Journalismus. Ich sage nicht »kritischen« oder »unabhängigen«, weil unkritischer oder abhängiger Journalismus keiner ist. Und dieser braucht keine amtliche Beglaubigung.

Einige Tage nach dem Putschversuch veranstaltet das Presseamt eine Führung für ausländische Journalisten. Sie sollen sehen, welche Schäden die Putschisten angerichtet haben, als sie – vorgeblich im Namen der Demokratie – mit F16-Kampfjägern das Parlamentsgebäude bombardierten. Ohne türkischen Presseausweis darf ich daran nicht teilnehmen. Darauf rufe ich den aus Deutschland stammenden AKP-Abgeordneten Mustafa Yeneroğlu an. Tags darauf werden wir uns in der Talkshow von Maybrit Illner fetzen. Doch an diesem Tag reden wir lange in seinem Büro. Wir streiten uns auch, aber es bleibt freundlich. Schließlich zeigt mir Yeneroğlu Bereiche des Parlaments, die den Kollegen bei der offiziellen Führung versperrt geblieben sind.

Es sind auch solche Dinge, die dieses Land so liebenswert machen: Die schwerfällige Bürokratie kann einen zur Verzweiflung bringen. Doch oft finden sich Wege, sie zu umgehen. Die Akkreditierung wäre im Ernstfall ohnehin nutzlos. Wer unter Terrorverdacht festgenommen wird – nicht einmal verhaftet oder gar rechtskräftig verurteilt –, verliert sofort seinen Presseausweis. So betrachtet ist das Mantra der türkischen Regierung, dass kein Gefangener einen Presseausweis besitze und folglich in der Türkei niemand wegen Journalismus inhaftiert sei, zutreffend: Sofern den eingesperrten Journalisten der Presseausweis nicht zuvor verweigert wurde, wurde dieser im Moment ihrer Festnahme annulliert.

Ein paar E-Mails

»Wie alle Oppositionellen in meinem Land ging ich jede Nacht zu Bett in der Erwartung, dass im Morgengrauen an meiner Tür geläutet werden würde«, schreibt Ahmet Altan, Schriftsteller und bis Ende 2012 Chefredakteur der nach dem Putschversuch verbotenen Tageszeitung *Taraf*, in seinem Essay *Ich werde die Welt nie wiedersehen*. Das Buch beginnt an einem Septembermorgen des Jahres 2016, als die Polizei an seiner Tür läutet und Ahmet Altan seine Freiheit verliert.

Mein letzter Tag draußen beginnt etwa drei Monate danach, ebenfalls im Morgengrauen. Doch es ist kein Klopfen und Brüllen, das mich weckt, es ist ein Kratzen und Jaulen. Und es ist auch nicht die Polizei, die an der Tür steht und Zugang in mein Schlafzimmer verlangt, sondern unsere Katze Şahit Hanım.

Hungrig ist sie nicht. Vielleicht ist ihr langweilig, Katzen tun so etwas. Doch vielleicht will sie kuscheln, weil sie eine böse Vorahnung hat – so wie sie Dilek und mir womöglich deshalb gefolgt ist, weil sie eine Vorahnung von der Virusinfektion hatte, an der sie bald erkranken sollte. Der Veterinär gab diesem mageren kleinen Ding mit den großen Ohren, das im Sauerstoffkäfig nach Luft rang, keine Chance; Şahit Hanım kam trotzdem durch. Allzu realistisch ist das mit der Vorahnung nicht. Aber ich stelle mir das gerne vor, Katzenhalter tun so etwas.

Es ist der 25. Dezember 2016, Weihnachten. Manche Einkaufsstraßen und Schaufenster sind mit Weihnachtsschmuck verziert, der hierzulande als Silvesterdekoration gilt. Weihnachten feiern die Muslime gar nicht und die meisten Istanbuler Christen, also Armenier und Griechen, nach dem julianischen Kalender erst im Januar.

Während ich mit einer Hand die Katze streichle, die sofort in mein Bett gehüpft ist, greife ich nach meinem Mobiltelefon auf dem Nachttisch. Ich hasse das. Aber in den gut zwei Jahren als Türkeikorrespondent habe ich gelernt, dass in diesem Land jederzeit alles passieren kann. So wurde erst vor ein paar Tagen der russische Botschafter Andrej Karlow in Ankara erschossen. Der Attentäter: ein Polizist mit islamistischen Ansichten, die Tat vermutlich eine Reaktion auf das russische Vorgehen in Syrien.

Das große Thema im deutsch-türkischen Verhältnis ist derweil ein *dpa*-Bericht von Can Merey und Constanze Letsch. Eigentlich wollten sie erzählen, wie die liberalen staatlichen Elitegymnasien – das bekannteste: das Galatasaray-Gymnasium, aus dem der gleichnamige Sportverein hervorgegangen ist – auf Linie gebracht werden. Die Sache mit der Weihnachtsfeier an der deutschsprachigen Erkek Lisesi ist da nur ein Beispiel. Doch in Deutschland wird daraus ein riesiger Skandal. »Christen sollen nicht mehr Weihnachtslieder singen. Für mich ist das die schlimmste Nachricht dieser Tage«, schreibt etwa Franz Josef Wagner in der *Bild*. Auch meine Redaktion bestellt einen Kommentar. Ich kann die Kollegen nicht davon überzeugen, dass die *dpa*-Geschichte zwar sauber recherchiert ist, diese Schule aber keine christlichen Kinder besuchen und man aus diesem Vorfall kein allgemeines Weihnachtsverbot ableiten kann. Den Kommentar, den ich ablehne, übernimmt jemand anderes.

Als Auslandskorrespondent neigt man dazu, die Dinge zu sehr aus der Perspektive des Berichtslandes zu betrachten. Aber zuweilen wären die Heimatredaktionen gut beraten, der Einschätzung ihrer Korrespondenten zu folgen. Diese Weihnachtsgeschichte steht hierfür exemplarisch. Zugleich zeigt sie, wie erhitzt das deutsch-türkische Verhältnis inzwischen ist – und dass nicht nur die türkische Seite zu überzogenen Reaktionen neigt.

In der Türkei erregt unterdessen ein über die sozialen Medien verbreitetes Video die Gemüter. Es soll vom IS stammen und die Verbrennung zweier entführter türkischer Soldaten zeigen. Die Regierung bestreitet die Echtheit; die Medien »sollen ja aufpassen«, droht der Regierungssprecher. Darüber will ich berichten, was wiederum meine Redaktion ablehnt: »Wir sollten dieser Untat keinerlei Bühne bieten«, meint der Chef vom Dienst. Er hat recht.

Vor gerade einmal zwei Wochen erschütterte ein anderes Gewaltverbrechen das Land: ein Bombenanschlag in der Nähe der »Vodafone-Arena«, wo Beşiktaş, der Club meines Viertels, seine Heimspiele austrägt. Zur Tat bekennt sich, wie bei den Anschlägen im Februar und März in Ankara, die TAK. 48 Menschen kommen ums Leben; 38 Polizisten, acht Zivilisten und zwei Attentäter.

»Wir sind Angehörige eines Glaubens, der es als höchste Ehre erachtet, die Stufe des Martyriums zu erreichen«, erklärt danach Staatspräsident Erdoğan. Salim Akbaş, Vater des ermordeten Berkay, widerspricht derlei Verklärung: »19 Jahre alt. Medizinstudent im zweiten Jahr«, sagte er mit tränenerstickter Stimme in einem viel beachteten Interview. »Er kam nach seinen Prüfungen für zwei Tage aus Ankara nach Istanbul. Sie wollten sich vergnügen. Sie kamen zufällig im Taxi vorbei. So zufällig, so einfach, so billig. Darum ist er jetzt Märtyrer. Ich möchte nicht, dass man meinen Sohn Märtyrer nennt. Er wurde ermordet.«

In den vergangenen Jahren war ich mehrmals nach Suizidanschlägen an den Tatorten. Etwa im Oktober 2015, als beim blutigsten Terroranschlag der türkischen Geschichte zwei IS-Attentäter inmitten einer Friedenskundgebung von Kurden und Linken in Ankara 101 Menschen mit sich in den Tod rissen und der damalige Ministerpräsident Davutoğlu behauptete, die Behörden hätten keine Handhabe, gegen die IS-Terroristen vorzugehen, solange diese nicht zur Tat schritten – wo in diesem Land sonst ein paar Worte auf Twitter genügen können, um wegen Mitgliedschaft in der PKK verhaftet zu werden. Oder im Sommer 2016, als ein IS-Kommando am Atatürk-Flughafen in Istanbul 45 Menschen ermordete – und die komplette Staatsführung zwei Tage später mit Luftballons und Konfetti die Eröffnung der Osman-Gazi-Brücke über den Golf von Izmit feierte, wobei Erdoğan einmal mehr raunte, der IS und die PKK seien nur Handlanger im Dienst fremder – jedoch nie namentlich genannter – Kräfte.

Doch so nah wie an diesem 10. Dezember 2016 war der Terror noch nie zu mir gekommen. Keine Viertelstunde Fußweg sind es von meiner Wohnung zum Stadion. »Bei uns haben die Fensterscheiben gezittert«, erzählen die Nachbarn. Ich bin an diesem Abend bei Dilek, die kurz zuvor nach München gezogen ist. Andernfalls wäre ich sofort hingeeilt und hätten sich solche Bilder in mein Gedächtnis eingebrannt, die ich nur aus Erzählungen von Überlebenden kenne.

Tags darauf bin ich zurück und schreibe eine Reportage vom Tatort. Sie endet so: »Berkay Akbaş ist das vorläufig letzte Opfer einer Reihe, mit der man den blutigen Niedergang der Türkei erzählen kann. 19 Jahre alt wie er war auch der Student Ali Ismail Korkmaz, der bei den Gezi-Protesten im Frühjahr 2013 in Eskişehir von Polizisten und Erdoğan-Anhängern totgeprügelt wurde. 19 war der Student Ali Deniz Uzatmaz, der im Oktober 2015 auf einer Kundgebung von Linken und Kurden in Ankara von Selbstmordattentätern des IS ermordet wurde – wie sein Freund Ozancan Akkuş, der im März auf dem Kızılay-Platz bei einem Selbstmordanschlag der ›Freiheitsfalken‹ getötet wurde. 19 war Ömer Takdemir, der beim Putschversuch in Ankara von einem Panzer überrollt wurde. Und 19 war Hacer Arslan, die bei den Gefechten in der kurdischen Stadt Cizre zusammen mit anderen in einen Keller geflüchtet war und dort vermutlich von Sicherheitskräften verbrannt wurde.« Es ist einer von acht Texten, die wenig später im Hafturteil auftauchen werden.

In der Weihnachtsnacht aber scheint nichts weiter passiert zu sein. Jedenfalls den Nachrichtenseiten nach zu urteilen. Doch im Postordner finde ich zwei E-Mails. Die eine stammt von der Journalistin Minez Bayülgen, abgeschickt um 4.49 Uhr. »Wichtig« lautet die Betreffzeile. Es geht um ihren Lebensgefährten: »Tunca wurde vorhin festgenommen. Ich würde mich sehr freuen, wenn du mich bei Gelegenheit zurückrufen könntest.«

Mein Freund Tunca Öğreten arbeitet für das Nachrichtenportal *Diken*. Ein exzellenter Journalist und ein gemütlich wirkender, aber ebenso lustiger wie kampflustiger Mensch Mitte 30. Noch am Abend zuvor haben wir miteinander telefoniert. Wir sprachen von dem Dutzend Verfahren, die gegen ihn wegen Beiträgen in *Diken* oder seiner früheren Zeitung *Taraf* laufen: Terrorpropaganda, Präsidentenbeleidigung … das Übliche. Er rechnete damit, verhaftet zu werden. Offenbar hat er eine Liste hinterlegt: Wen kontaktieren, wenn die Polizei klingelt? Ich kenne solche Notfalllisten; ich habe selber eine.

Die andere E-Mail stammt von Dilek, abgeschickt um 4.07 Uhr. »Danke für alles Schöne« steht in der Betreffzeile. Ein Trennungsbrief. Kennengelernt hatten wir uns im Sommer. Sie war da 29, hatte auf einem Gymnasium in Istanbul Deutsch gelernt und zeitweise im österreichischen Klagenfurt studiert. Sie hatte einen preisgekrönten Lyrikband veröffentlicht und arbeitete als Dokumentarfilmerin und Fernsehproduzentin, zuletzt für die BBC. Doch wie viele andere, insbesondere gut ausgebildete jüngere Leute, spielte sie mit dem Gedanken auszuwandern. Und so wie bei vielen anderen wurde spätestens nach dem Putschversuch aus diesem Gedankenspiel Ernst. Ziemlich schnell hatte sie ein Angebot von einer Münchner Produktionsfirma.

Wir dachten, wir würden es trotz der Entfernung schaffen. Vielleicht würde sie ja wieder in die Türkei zurückkehren, wie sie von einem Job in Kuwait zurückgekehrt war. Oder ich würde doch nach Deutschland kommen.

Nun aber schreibt Dilek: »Mein Leben hat sich geändert. Ich habe deine Hilfe erwartet, noch ein bisschen mehr als sonst. Aber du hast meine Hand nicht gehalten. Ich bin erschöpft, dich an mich zu erinnern. Darum trenne ich mich.«

Noch immer liegt die Katze neben mir. Ich muss daran denken, wie Şahit Hanım (»Frau Zeugin«) zu ihrem seltsamen Namen kam: Es war am 10. September, meinem Geburtstag, als Dilek und ich von einer Feier mit Freunden zurückkehrten. Im angeheiterten Zustand setzten wir uns auf die Bordsteinkante vor dem Haus, in dem ich wohne. Zu diesem Zeitpunkt war klar, dass sie die Stelle in Deutschland antreten würde. »Ich werde dieses Mädchen nicht loslassen«, sagte ich im Überschwang. »Egal, ob sie nach München geht oder nach China.« Im selben Moment griff ich nach dem Katzenbaby, das um uns herumschlich und aus dem kleinen Park auf der anderen Straßenseite gekommen sein musste. »Und du, Katze, bist Zeugin: Ich werde dieses Mädchen nicht loslassen.« Die Katze stellte ich danach wieder ab. Uns zu folgen, war ihr eigener Entschluss.

So wurde ihr Name mir zur Mahnung: frühere Fehler nicht wiederholen, der Frau, die ich liebe, niemals das Gefühl geben, ich würde sie ignorieren. Und nun schrieb Dilek, was ich ganz ähnlich von meinen früheren Partnerinnen gehört hatte.

Draußen ist es dunkel, im Licht der Straßenlaternen fällt Schneeregen. Ich werde noch etwas schlafen. Der Tag wird anstrengend. Ein paar Stunden später antworte ich Dilek, wie sehr mir das leidtut, dass ich sie will und immer noch an uns glaube.

Dann werfe ich einen Blick auf die Nachrichtenseiten. Außer Tunca wurden in Istanbul Mahir Kanaat, Mitarbeiter der linken Tageszeitung *Birgün*, und Metin Yoksu, Reporter der prokurdischen Nachrichtenagentur *Diha*, festgenommen, zudem in Diyarbakır deren Chef vom Dienst Ömer Çelik.

In seinem ersten Brief aus dem Gefängnis wird Tunca später erzählen, wie die Polizei ihn und seine Freundin Minez mit gezogener Waffe bedroht und sie gezwungen habe, sich auf den Boden zu legen. Irgendwann habe er seine Angst überwunden und den Einsatzleiter gefragt, was gegen ihn vorliege. »Mitgliedschaft in einer Terrororganisation«, habe der Polizist geantwortet. »In welcher?« – »Könnte es FETÖ sein? Oder MLKP?« – »Nicht bei mir.« – »Welche Organisation fällt Ihnen denn ein?« – »Wie jetzt, ich kann mir aussuchen, bei welcher Organisation ich der Mitgliedschaft bezichtigt werde?«

Der Ausnahmezustand erlaubt es, Verdächtige bis zu 30 Tage lang im Polizeigewahrsam festzuhalten, ehe sie einem Haftrichter vorgeführt werden. In den ersten fünf Tagen dürfen sie keinen Anwalt sprechen. Es wird also dauern, bis Tunca und die anderen erfahren, was ihnen vorgeworfen wird.

So kann sich an diesem Sonntagvormittag keiner einen Reim auf die Festnahmen machen. Es ist nicht einmal klar, ob es einen Zusammenhang gibt. Mir hingegen eröffnet er sich sofort. Ich weiß, auf welcher Liste diese Kollegen stehen: einer Chatgruppe, der ich selber angehört habe. Deren Thema: die E-Mails von Berat Albayrak, Energieminister und Erdoğans Schwiegersohn.

In der zweiten Septemberhälfte 2016 verschaffte sich die linksradikale Gruppe RedHack, die schon mehrfach mit Hacks und geleakten Dokumenten für Aufsehen gesorgt hat und über die nur wenig öffentlich bekannt ist, Zugang zu Albayraks privaten E-Mails. Mit dieser Gruppe, die in der Türkei als Terrororganisation gilt, hatte ich vier Jahre zuvor bei einem schriftlichen Interview Kontakt. Und wie mehrere Hunderttausend Leute folge ich RedHack auf Twitter.

Wenn Sie jemandem auf Twitter folgen, kann der Inhaber dieses Accounts Ihnen persönliche Nachrichten schicken. Oder aus ausgewählten Followern eine Chatgruppe bilden, ohne um Ihre Zustimmung zu fragen. Ende September fand ich mich in einer solchen Chatgruppe. Erstellt von einem RedHack-Account, waren rund ein Dutzend Benutzerkonten hinzugefügt, teils private von Journalisten, teils Benutzerkonten oppositioneller Medien. Ich war der einzige ausländische Journalist in dieser Runde. Über den Gruppen-Chat informierte RedHack über den Albayrak-Hack: knapp 58 000 Mails, 20 Gigabyte.

In einigen oppositionellen Medien erschienen im Folgenden Berichte über die geleakten Mails. Mal ging es um Davutoğlus Absetzung, ein anderes Mal um den Versuch, den Konzern von Aydın Doğan, die letzte große, nicht von der AKP kontrollierte Mediengruppe, zu der unter anderem *Hürriyet* und CNN-Türk gehören, zu beeinflussen. Ein weiteres Thema: die Geschäfte einer Ölfirma, bei der Albayrak eine führende Rolle spielte und die unter Umgehung der Regierung in Bagdad mit der kurdischen Regionalregierung im Nordirak handelte, wenngleich sich daraus nicht der Verdacht erhärten ließ, dass ein Teil des Öls aus den vom IS kontrollierten Gebieten stammte.

All das betraf nicht Albayraks Privatsphäre, sondern war von öffentlichem Belang. Allerdings war nichts dabei, das es wert gewesen wäre, preiszugeben, dass ich selber Zugang zu diesen E-Mails haben könnte, zumal die Staatsmacht fuchsig reagierte: Tagelang wurde in der Türkei der Zugang zu Internetdiensten wie Dropbox oder Google Drive gesperrt, mit denen man relativ große Datenmengen mit anderen teilen kann. Zudem sperrte Twitter einen RedHack-Account nach dem anderen.

So beschränkte ich mich in einem Artikel auf Dinge, über die bereits türkische Medien geschrieben hatten, und berief mich auf diese Quellen. Erst als der gesamte Datenbestand auf Wikileaks hochgeladen und für jedermann zugänglich wurde, schrieb ich einen zweiten Text, der am 11. Dezember 2016 in der *Welt am Sonntag* erschien. Das Thema: die Beeinflussung der sozialen Medien.

Mit fragwürdigen, teils mafiösen Methoden hatte sich das Erdoğan-Regime große Teile der türkischen Medien einverleibt oder gefügig gemacht. Doch die sozialen Medien hatte man unterschätzt, was beim Gezi-Aufstand deutlich wurde. Allen voran der Kurznachrichtendienst Twitter, der in der Türkei sehr viel verbreiteter ist als in Deutschland, wurde zu einem Katalysator der Revolte.

In einem von Ende Juni 2013, also kurz nach dem Abflauen der Proteste, datierten Dokument, das sich in Albayraks Mails findet, zog man daraus Konsequenzen und diskutierte die Gründung einer professionellen Truppe, mit deren Hilfe man die Deutungshoheit in den sozialen Medien erringen wollte. Jeder Troll solle, so heißt es wörtlich, als eine Art »Mikro Vakit« agieren – also als Ein-Mann-Ausgabe jenes islamistischen Krawallblatts, das inzwischen *Yeni Akit* heißt und in Deutschland im Jahr 2005 wegen Antisemitismus und Volksverhetzung verboten wurde. Als Personal wurde veranschlagt: Social-Media-Experten, Fachleute für Zeitgeschichte, Politikwissenschaft und Wirtschaft, pensionierte Armeeoffiziere mit Spezialisierung auf psychologische Kriegsführung sowie Techniker und Grafiker. Das unerwähnte Vorbild: die Troll-Armee des russischen Staatspräsidenten Vladimir Putin.

Bereits Ende 2013 berichteten regierungsnahe wie oppositionelle

Blätter, dass die AKP zur Beeinflussung der sozialen Medien 6000 Trolle eingestellt habe. Das wurde damals nicht dementiert, aber es gab auch keine Beweise. Auch eine ausformulierte Strategie wurde damals nicht bekannt, und es ließ sich nur vermuten, dass das Ganze mit Steuermitteln finanziert werden sollte. Zwar wurde das fragliche Papier nicht eins zu eins in die Tat umgesetzt – so hatte man darin den notwendigen Personalaufwand unterschätzt, aber auch nicht bedacht, wie viele Freiwillige sich einer solchen Troll-Armee anschließen würden. Dennoch kann man es als Gründungsdokument der Erdoğan-Trolle bezeichnen, die sich seither nicht nur in der Türkei, sondern auch in Deutschland für ihr Idol ins Zeug legen.

Bei den Festnahmen dieses Weihnachtstages musste es sich um eine Reaktion auf die Albayrak-Mails handeln. Allerdings scheine ich nicht der Einzige aus diesem Chat zu sein, der keinen Polizeibesuch bekommen hat. Bevor ich mich um mich selber kümmere – und bevor ich versuche, meine Beziehung mit Dilek zu retten –, muss ich ein paar Redaktionen aufsuchen.

Anschließend treffe ich meinen Freund Ahmet Şık von der *Cumhuriyet*. Im März 2011 wurde er zusammen mit zehn weiteren Journalisten wegen Mitgliedschaft in der angeblichen Putschistenorganisation Ergenekon verhaftet. Der Hintergrund: sein zu diesem Zeitpunkt noch unveröffentlichtes Buch *İmamın Ordusu* (»Die Armee des Imam«), in dem er die Unterwanderung der Polizei und der Justiz durch die Gülen-Organisation aufzeigte. Die Ermittlungen führten gülenistische Staatsanwälte, »Manche Bücher sind gefährlicher als Bomben«, kommentierte Erdoğan. Die gesamte Regierungspresse schoss auf die verhafteten Journalisten ein, wobei die *Taraf* unter der Leitung des eingangs erwähnten Ahmet Altan eine besonders unrühmliche Rolle spielte: »Sie wurden nicht wegen Journalismus verhaftet«, zitierte das Blatt in der Schlagzeile Sonderstaatsanwalt Zekeriya Öz. 13 Monate verbrachte Ahmet in Silivri – nicht der Falscheste, den ich in dieser Situation um Rat fragen kann.

»Keine Ahnung, warum, aber ich bin diesmal davongekommen«, sage ich. »Aber ich weiß nicht, wie lange das noch gut geht. Wie ist es bei dir?«»Sie werden mich verhaften, das weiß ich«, antwortet Ahmet. »In der Türkei ist eine Junta an der Macht. Alter, du hast die deutsche Staatsbürgerschaft. Setz dich ins nächste Flugzeug und hau ab.« Ich sage nichts. »Da wusste ich: Der wird nicht abhauen«, denkt sich Ahmet, wie er mir viel später erzählen wird.

Wir laufen noch ein Stück durch die Altstadt von Beşiktaş und umarmen uns zum Abschied. Wiedersehen werde ich Ahmet einige Monate später im Gefängnis Silivri Nr. 9 – als im Korridor hinter mir eine Stimme ruft: »Hey, Agent, alles klar bei dir?«

Ahmet ist der letzte Mensch, mit dem ich spreche, bevor das Unheil über mich hereinbricht. Auf dem Heimweg bekomme ich eine Nachricht von der BBC-Korrespondentin Selin Girit. Gleich darauf ruft ein anderer befreundeter Journalist an. Er will wissen, ob ich eine Nachricht in der Tageszeitung *Sabah* gesehen habe. Es ist dieselbe Nachricht, zu der mir Selin den Link geschickt hat. Seit ihrer Übernahme durch ein regierungsnahes Konsortium ist *Sabah* quasi Zentralorgan der Regierung. An der Spitze der Mediengruppe Turkuvaz stand bis zu seinem Wechsel in die Politik ebenjener Berat Albayrak, dessen E-Mails geleakt wurden; Nachfolger ist sein Bruder Serhat.

Die Polizei habe eine Razzia gegen Propagandisten der »Terrororganisation RedHack« gestartet, berichtet *Sabah*. Fünf Personen seien festgenommen worden, eine sechste werde gesucht. Drei Verdächtige hielten sich im Ausland auf. Alle werden mit vollem Namen genannt, auch ich. Allein: Ich bin nicht im Ausland.

Ich verlasse die Hauptstraße am Bosporus und nehme einen Schleichweg. Vielleicht kann ich es sehen, wenn vor meiner Wohnung Polizei steht. Zu Hause nehme ich die SIM-Karte aus dem Telefon. Ab sofort bin ich nur noch über Internetdienste erreichbar. Bei Dilek melde ich mich nicht. Sie hat auf meine E-Mail nicht reagiert und könnte sagen, dass sie mich oft genug gewarnt habe und sie das nichts mehr angehe. Stattdessen erreiche ich in Berlin meinen *Welt*-Kollegen Daniel-Dylan Böhmer.

So gut kennen wir uns zu diesem Zeitpunkt gar nicht. Aber Daniel gehört zu den wenigen Menschen, denen ich blind einen Text überlassen kann. Wem ich bedingungslos einen Text anvertraue, dem kann ich auch meine Sicherheit anvertrauen. Also: Was tun?

In einem aufgeregten Gespräch beschließen wir, uns an die Bundesregierung zu wenden. Und ich muss verschwinden. Aber Freunde oder Verwandte in Gefahr bringen möchte ich nicht. Mir kommt die Sommerresidenz des deutschen Botschafters in den Sinn. Man hatte mir schon nach der Sache auf der Pressekonferenz angeboten, dort für eine Weile unterzukommen. Das Angebot, das ich damals nicht in Anspruch nahm, dürfte weiterhin gültig sein.

Inzwischen ist es Abend geworden. Ich kann weder in der Botschaft noch im Generalkonsulat einen Verantwortlichen erreichen. Schließlich erwische ich jemanden in Ankara, der aber nicht entscheidungsbefugt ist. Dann erreiche ich meinen Ressortleiter Sascha Lehnartz. Auch er hält es für das Beste, uns an die Bundesregierung zu wenden. Unterdessen wählt Daniel die Notfallnummer des Auswärtigen Amtes.

Während ich auf einen Rückruf warte, packe ich zwei Taschen. Eine mit Wäsche und Zigaretten (ich habe noch eine ganze Stange Dutyfree-Ware), eine zweite mit Computern, Festplatten, USB-Sticks, Notizblöcken. Auch in meinem Bücherregal mache ich eine Art Razzia. Die Ex-Generäle Başbuğ und Pamukoğlu bleiben, PKK-Gründer Öcalan kommt mit. Zudem verteile ich sämtliche Vorräte an Katzenfutter. Als alles getan ist, irre ich immer noch kopflos durch die Wohnung, wobei mein Blick auf den Eingang fällt. Die schwere Eisentür habe ich noch nie von innen verriegelt. Jetzt schließe ich sie ab. Das ist zwar völlig sinnlos, hat aber Folgen: Kaum habe ich den Schlüssel umgedreht, bricht er ab.

Da versuche ich, dem Gefängnis zu entkommen, und sperre mich erst mal selber ein. Wenn jetzt die Polizei käme, würde sie nie im Leben glauben, dass der abgebrochene Schlüssel im Schloss steckt. Doch die Polizei kommt nicht; weder an diesem Abend noch in den folgenden Wochen. Stattdessen kommt der Schlüsseldienst; eine halbe Stunde später ist die Tür geöffnet.

Während der Handwerker zugange ist, ruft Dilek an. Mein Freund Bülent Mumay, früher Online-Chef der *Hürriyet* und inzwischen unter anderem für die *FAZ* tätig, hat sich bei ihr erkundigt, weil er mich nicht erreichen konnte. »Schlüssel, Botschaft, Rückruf«, stammle ich. »Alles gut«, sagt Dilek. »Ich bin bei dir.« Wir werden später weiterreden. Ich muss die Leitung offen halten. Kurz darauf meldet sich der Botschaftsgesandte Robert Dölger. Ja, ich könne in die Residenz fahren; man werde mich an der Pforte erwarten.

Hier gibt es nichts mehr zu tun. Sonst trinke ich fast nur in Gesellschaft Alkohol. Jetzt kippe ich eine ordentliche Menge Laphroaig in ein Glas. Das ist meine Wohnung, mein Leben, das ich zurücklasse. Vielleicht bin ich bald wieder zurück. Vielleicht auch nicht. Der Whisky ist ein Vorwand, um das Unausweichliche hinauszuzögern. Nach dem ersten Glas gönne ich mir noch einen Schluck. Dann befehle ich mir selber: »Los, Abmarsch!«

Bei Tayyip um die Hecke

Die Residenz liegt 15 Kilometer nördlich von meiner Wohnung im Stadtteil Tarabya. Therapeia (»Therapie«) hieß der Ort zu byzantinischer Zeit, und noch immer hat das direkt am Bosporus gelegene Viertel mit seinen vielen osmanischen Villen etwas Idyllisches – und etwas Nobles: In der türkischen *Monopoly*-Version heißt die Parkstraße, die zweitteuerste Straße des Spiels, Tarabya. Im späten 19. Jahrhundert unterhielten die Botschaften vieler europäischer Staaten hier Sommerresidenzen. Übrig davon ist nur die deutsche.

Zum riesigen Areal gehören ein botanischer Garten, ein Soldatenfriedhof sowie mehrere Gebäude, in denen der deutsche Kindergarten, die Kulturakademie und die Deutsch-Türkische Industrie- und Handelskammer untergebracht sind. Als exterritoriales Gebiet gilt nur die eigentliche Residenz des Botschafters. Eine im Stile der Bosporus-Holzarchitektur errichtete zweistöckige Villa, die etwas abseits von den übrigen Gebäuden und nah an der Uferpromenade liegt.

Ein Sicherheitsmann führt mich in die einstige Dienstbotenetage. In jedem der Handvoll Zimmer stehen drei Betten, es erinnert an ein Krankenhaus. Die Räume sind gepflegt, wirken aber nicht so, als würden sie oft genutzt. Ich nehme ein Zimmer mit Balkon und Bosporusblick – nicht das sicherste, aber das schönste. Meine Sachen lasse ich in der Tasche, ich will ja nicht lange bleiben.

Zeit, die Nachrichten zu lesen. Inzwischen wurde eine sechste Journalistin festgenommen: Derya Okatan, Nachrichtenchefin der kleinen linken Agentur *Etha*. Dann bewegt mich eine andere Meldung: George Michael ist tot. Ich überlege, ob ich auf Facebook und Twitter das Video des Duetts posten soll, das er vor 30 Jahren mit Aretha Franklin aufgenommen hat: *I Knew You Were Waiting (For Me)* – für George Michael und als Gruß an Freund und Feind –, lasse es aber.

Derweil haben einige deutsch-türkische Journalisten die *Sabah*-Nachricht über Twitter verbreitet. Besorgte Freunde und Kollegen haben mir geschrieben. Einigen antworte ich knapp, dass es mir gut gehe. Wo ich bin, sage ich nicht, grüße aber mit »Şöne Weihnacht!«. Auf die meisten reagiere ich gar nicht. Auch die *Welt*-Redaktion, eng befreundete Journalistinnen wie Doris Akrap von der *taz* und Özlem Topçu von der *Zeit* und natürlich die Bundesregierung werden mit Fragen überhäuft. Unsere Linie: alles okay. Aber bitte nicht darüber berichten, das könnte eine Lösung gefährden.

Eine ganz ungewohnte Situation ist dies für die Bundesregierung nicht. Bei Entführungen etwa appellieren die Behörden häufig an die Medien, im Interesse des Betroffenen auf die Berichterstattung zu verzichten. Doch hier geht es um eine hochpolitische Sache. Und die Bitte um Zurückhaltung kommt zugleich aus der *Welt* sowie von Freunden aus anderen Redaktionen. Das Ergebnis: Die Medien halten still. Nicht nur die deutschen. Auch unter mir wohlgesinnten türkischen Journalisten und anderen ausländischen Korrespondenten spricht sich unsere Bitte herum. Das ist keine Selbstverständlichkeit, weshalb ich den Kolleginnen und Kollegen dankbar bin. Abgesehen von der Petze Michael Martens in der *FAS* werden die Kollegen auch dann Verantwortungsbewusstsein zeigen, als ich die Residenz bereits verlassen habe.

Interessant ist das Verhalten der türkischen Regierungsmedien. So gerne, wie sie dem westlichen Ausland »Terrorunterstützung« vorwerfen, wäre diese Geschichte für sie ein gefundenes Fressen. Doch sie greifen nicht zu.

Am ersten Morgen finde ich auf der Treppe eine Plastiktüte. Obst, Kekse, abgepackte Sandwiches. Ich freue mich, muss aber grinsen: antike Möbel im teils wilhelminischen, teils osmanischen Stil, die herrschaftliche Treppe mit dem roten Teppich, über den auch die englische Königin wandeln könnte – und abgepackte Sandwiches.

Trotz Weihnachten besuchen mich gleich am ersten Vormittag Generalkonsul Georg Birgelen und seine Frau Sibylle. Er hat kurz nach mir seinen Dienst in Istanbul angetreten. Wir haben uns ein paarmal in größeren Runden unterhalten und uns vorgenommen, in Beşiktaş Fisch essen zu gehen, haben das aber nie geschafft.

Birgelen ist Anfang 60, wirkt mit seiner bunten Hornbrille aber um einiges jünger. Kein Apparatschik, sondern jemand, der mitdenkt und mitfühlt. Der mit kritischer Distanz über »Berlin« sprechen kann, ohne illoyal zu werden. Ein wahrer Diplomat und ein Mensch, den man in einer Notlage gerne an seiner Seite weiß. Die Tüte ist eine Aufmerksamkeit von ihm. Ohne diesen einzuweihen, hat er einen Mitarbeiter gebeten, ein paar Sachen vorbeizubringen. Selber kommt er mit einer Kanne Kaffee, den er nebenan in der Handelskammer gebrüht hat. »Oh, Seine Exzellenz!«, begrüße ich ihn. Birgelen winkt ab. Der Mann spielt in seiner Freizeit Jazzgitarre, protokollarisches Tamtam mag er nicht einmal im Spaß.

Die Bundesregierung wolle, so erzählt er, das Ganze bis Neujahr klären. Aber kurz vor Silvester seien viele im Urlaub, in Berlin wie in Ankara. Neujahr? Das sind ja noch sechs Tage, denke ich. Eine halbe Ewigkeit.

Im Folgenden setzt sich das noch von Frank-Walter Steinmeier geführte Auswärtige Amt mit der türkischen Seite in Verbindung. Auch das Kanzleramt ist sofort eingeschaltet. Unterdessen kann ich meine unterrichteten *Welt*-Kollegen – den neuen Chefredakteur Ulf Poschardt, Auslandsressortleiter Sascha Lehnartz und dessen Stellvertreter Daniel-Dylan Böhmer – davon überzeugen, dass die Bundesregierung kein freies Geleit aushandeln können wird. Die türkische Seite wird versuchen, den Schein zu wahren. Und mir würde die informelle Zusicherung genügen, keine 30 Tage im Polizeigewahrsam verbringen zu müssen. Auch eine Untersuchungshaft möchte ich nach Möglichkeit vermeiden. Mit Ausreiseverbot und Meldeauflagen wäre ich einverstanden.

Die Bundesregierung hingegen ist zuversichtlich, dass sie der Gegenseite nur deutlich machen müsse, welche Bedeutung sie der Sache beimesse. Vielleicht noch ein Entgegenkommen an anderer Stelle, und die Türken würden mich schon laufen lassen. Dafür dürfe das Thema nicht öffentlich werden.

Da mir klar ist, dass ich niemals ohne eine Anhörung vor Gericht freikommen werde, sage ich zu Birgelen: »Ich möchte meinen Anwalt sprechen.« So phrasenhaft, so wahr. Das AA lehnt ab: unnötiges Risiko. Als Gast muss ich mich fügen. Ein paar Tage später kommt aus dem Ministerium eine neue Order: Ich soll mir einen Rechtsbeistand suchen, lieber heute als morgen. Da ich das in dieser Lage nicht selber machen kann, kommt Dilek nach Istanbul. Daniel und Birgelen unterstützen sie bei der Anwaltssuche, die Kontakte zu den Anwälten laufen über sie.

Dabei habe ich eine Vollmacht hinterlegt: bei Tora Pekin, dem Hausanwalt der *Cumhuriyet*. Doch seitdem Anfang November zehn Mitarbeiter der Zeitung verhaftet wurden, ist er völlig überlastet. Viermal pro Woche fährt er da noch nach Silivri, für jeden Besuch 180 Kilometer. Hinzu kommen die mediale Begleitung, der Kontakt zu den Familien sowie die vielen anderen Verfahren gegen die Zeitung. Später wird Tora mich oft im Gefängnis besuchen. Dass er das Mandat ablehnt, bedaure ich, kann es aber nachvollziehen.

Refik Türkoğlu, der Rechtsberater des Konsulats, schaltet sich zwar ein, ist aber weder auf Medien- noch auf Strafrecht spezialisiert. Ich brauche jedoch einen Fachanwalt. Er muss Zeit und Mut aufbringen, diesen Fall zu übernehmen. Ich muss ihm fachlich, persönlich und politisch vertrauen. Aber ich will niemanden, der zuerst Politaktivist ist.

Über 40 000 Rechtsanwälte sind in der 15-Millionen-Metropole registriert. Doch unter ihnen sind vielleicht ein Dutzend, die diesen Kriterien entsprechen. Zwei von ihnen, Akın Atalay und Bülent Utku, wurden als Vorstandsmitglieder der *Cumhuriyet*-Stiftung selber verhaftet. Den anderen ergeht es wie Tora: Sie haben alle Hände voll zu tun. 145 inhaftierte Journalistinnen und Journalisten zählt die türkische Menschenrechtsorganisation MLSA zum Jahreswechsel 2016/17; Reporter ohne Grenzen kommen bei einer konservativen Zählung auf 40 – immer noch Weltrekord.[1] Mit großer Mühe findet Dilek zwei Anwälte, die bereit sind, nach Tarabya zu kommen. Wir verabreden uns für den Silvestervormittag. Auf meine Bitte gestattet das Auswärtige Amt, dass Dilek die Nacht bei mir verbringen darf. »Auf eigene Verantwortung«, wie Robert Dölger von der Botschaft betont.

Treffpunkt ist ein Café am Ufer. Der Mitarbeiter des Konsulats, der die drei dort abholen soll, nennen wir ihn Heinrich, ist gelernter Kriminalpolizist. Im Café bemerkt er, dass an den umliegenden Tischen etwas nicht stimmt. »Sie müssen sofort verschwinden«, flüstert er. Aus der Toilette des Cafés schreibt mir Dilek: »Es ist etwas schiefgegangen. Heinrich wird dir alles erzählen. Ich muss weg.« Die Runde löst sich auf. Und wir werden andere Anwälte suchen und uns ein anderes Vorgehen überlegen müssen.

Das Café kann ich von meinem Fenster aus nicht sehen, wohl aber den benachbarten Parkplatz. In den folgenden Tagen werde ich beobachten, wie dort rund um die Uhr immer an derselben Stelle ein Zivilfahrzeug mit zwei Insassen parkt. Offenbar wollen sie, dass ich sie bemerke. Dieses gescheiterte Treffen ist das erste, aber nicht das letzte Mal, dass sich Dilek meinetwegen in Gefahr begeben hat. Ebenso die Anwälte.

Ich sorge mich, ob Dilek sicher ausreisen kann. Aber das stärkere Gefühl – aus heutiger Sicht kommt mir das egoistisch vor – lautet Enttäuschung. Statt Dilek zu umarmen, sitze ich jetzt mit Heinrich zusammen. »Ich habe mindestens vier Observationsteams gesehen«, erzählt er. »Ich kenne mich mit so was aus, ich habe das selber lange gemacht.« Er ist nervös. Ich verstehe ihn, frage mich aber auch: Was würden die AKP-Propagandisten, die gerne wilde Verschwörungs-

---

1 Diese Angaben weichen bei verschiedenen türkischen NGOs geringfügig voneinander ab, weil es Grenzfälle gibt: Wer ist allein wegen seiner publizistischen Tätigkeit in Haft? Und zählt man den Buchhalter einer Zeitung oder die Bloggerin mit oder nicht?

theorien über angebliche Umtriebe des Bundesnachrichtendienstes in der Türkei verbreiten, wohl sagen, wenn sie uns hören könnten?

Auch unter türkischen Oppositionellen überschätzt man die Möglichkeiten der Bundesregierung, wie die Notiz eines Anwalts zeigt, die Heinrich mitgebracht hat: »Der Rechtsstaat ist außer Kraft gesetzt, wir können Ihnen als Anwälte nicht helfen. Auch für uns selber ist das gefährlich. Wenn Sie einer rausholen kann, dann die deutsche Regierung.«

Dilek ist unbeschadet in München angekommen. Um Mitternacht schickt sie mir eine abfotografierte Seite aus einem Notizheft, welches sie an meinem Geburtstag als *Gedichte an den Mann von 43 Jahren* angelegt hatte. Auf der neuen Seite steht: »Wenn ich dich allein lasse, passieren dir komische Sachen. Dir soll aber nichts Komisches passieren. Darum: Willst du mich heiraten?«

So schön es ist, Dilek an meiner Seite zu wissen, stimmt mich das traurig. Es ist nicht normal, per WhatsApp einen Heiratsantrag zu bekommen, wie es für mich nicht normal ist, Silvester alleine zu verbringen. Ich denke an Dilek, die weit weg ist, und an frühere Silvesterfeiern. Dann reißt mich ein blutiges Ereignis aus der Melancholie.

Kurz nach Mitternacht stürmt ein IS-Mitglied den Nachtclub Reina und schießt alles nieder, was ihm in die Quere kommt. Ein Massaker nach dem Vorbild der Anschläge in den Clubs Bataclan im November 2015 in Paris und Pulse im Juni 2016 in Orlando. Im Reina sterben 39 Menschen. Der Attentäter, ein Usbeke namens Abdulkadir Mascharipow, wird wenige Tage später mit seinen mutmaßlichen Helfern gefasst.

Der Club liegt am Bosporus, etwa auf halber Strecke zwischen meiner Wohnung und meinem Aufenthaltsort. Wenn ich nicht hinkann, will ich wenigstens darüber schreiben. Am Neujahrsmorgen schicke ich meiner Redaktion eine Analyse zur beliebigen Verwendung. Der Text landet bei meinem Vorgänger Boris Kálnoky, der für mich eingesprungen ist. Er arbeitet einige Passagen in seinen Beitrag ein, meine Co-Autorenschaft erwähnen wir nicht.

In der Türkei wurden Silvesterfeiern in den Dreißigerjahren unter Republikgründer Mustafa Kemal Atatürk eingeführt. Die Aversion der moderat islamistischen AKP dagegen ist bekannt, erst tags zuvor hatte die Religionsbehörde in ihrer für alle Moscheen verbindlichen Freitagspredigt, die auch an die knapp tausend Ditib-Moscheen in Deutschland ging, gegen die »verschwenderischen« und »einer anderen Kultur entstammenden« Silvesterfeiern gewettert. Natürlich hat der Attentäter derlei Stimmungsmache nicht gebraucht, und natürlich verurteilt die Regierung den Anschlag. Allerdings hält sich bei vielen im AKP-Milieu das Mitgefühl für die ermordeten Partygäste in Grenzen: Nach dem Anschlag am Beşiktaş-Stadion hatten Staatspräsident Erdoğan, Parlamentspräsident Kahraman und 18 Minister und Abgeordnete den Tatort besucht. Zum Reina kommt ein Präsidentenberater.

Diese Fragen wirft nun der säkulare Teil der türkischen Gesellschaft auf. Die Debatte hat neben der kulturpolitischen Dimension auch eine sicherheitspolitische: Nach diesem terrorerschütterten Jahr waren in der Silvesternacht 17 000 Polizisten in Istanbul im Einsatz. Doch für den größten Club der Stadt hat man nur einen abgestellt. Diese Diskussion wiederum kann ich nicht losgelöst von meinen Erlebnissen des Tages betrachten. Um einen Journalisten zu überwachen, hatten sie ein Dutzend Polizisten übrig, denke ich. Aber nicht, um die Menschen im Reina zu schützen. Ich spüre Wut.

Doch Wut macht, ebenso wie Angst, blind. Heinrich wird sich nicht geirrt haben. Und das Auto auf dem Parkplatz habe ich selber gesehen. Allerdings vermute ich im Rückblick, dass diese Polizeipräsenz nichts mit uns zu tun hatte. Schließlich steht nebenan ein weiteres sicherheitsrelevantes Anwesen: die Villa Huber.

1890, im selben Jahr, als Sultan Abdülhamid II. der deutschen Botschaft das Grundstück in Tarabya schenkte, kaufte der Kaufmann August Huber das Nachbaranwesen und ließ es ausbauen. Huber war Repräsentant des schwäbischen Waffenherstellers Mauser, dem Großlieferanten der osmanischen Armee, dessen Gewehre als *mavzer* Eingang in etliche türkische Volkslieder gefunden haben. Und er vertrat die Firma Krupp, die Artillerie an die osmanische Armee lieferte und mit anderen deutschen Firmen die Eisenbahn von Istanbul über Konya nach Bagdad baute. Der Name Huber blieb, wenngleich nach dem

Ersten Weltkrieg die Besitzer mehrfach wechselten. Mitte der Achtzigerjahre fiel die Villa ans Präsidialamt. Mein Nachbar in Tarabya ist also kein Geringerer als Recep Tayyip Erdoğan.

Ob er sich Silvester 2016 dort aufgehalten hat, ist nicht öffentlich bekannt. Doch auch so dürfte man an besonderen Tagen den Objektschutz verstärken.

Dieser Vorfall hat jedoch weitreichende Folgen. In den ersten Tagen habe ich mit Daniel und Dilek immer wieder eine Frage erörtert: Warum kam die Polizei nicht zu mir? Ich hatte es zwar versäumt, meine Wohnung anzumelden. Aber an anderen Stellen war diese Adresse aktenkundig. Dass ich mich im Land aufhielt, war ebenfalls registriert. Aus dem Fahndungsbefehl vom 26. Dezember geht hervor, dass man bereits frühzeitig meine Personalien ermittelt hatte, was unsere damalige Entscheidung bestätigt, nicht offiziell nachzufragen, ob gegen mich etwas vorliege. Vielleicht hatte die überlastete und infolge der Säuberungswelle personell ausgedünnte Polizei meine Adresse nicht in Erfahrung gebracht und wollte mich zu einem Fluchtversuch provozieren. Vielleicht bezweckte man aber auch das Gegenteil: Um eine diplomatische Krise zu vermeiden, sollte ich ausreisen, womöglich war dies der Grund für das Schweigen der Regierungsmedien. Vielleicht wussten sie auch gar nicht, mit wem genau sie es zu tun hatten. Kein Masterplan, bloß Schlamperei. Sollte ich also zum Flughafen fahren? Nur mit dem deutschen Pass, Augen zu und durch, Atatürk – Tegel, drei Stunden, Happy End?

Von dieser Überlegung nehme ich nach dem Silvestervorfall endgültig Abstand. Dies hat einen weiteren Grund: Die Jagd auf Journalisten geht weiter. Kurz vor dem Jahreswechsel wird Ahmet Şık festgenommen – so, wie er es bei unserem Treffen in Beşiktaş vorhergesagt hatte. Keine Woche ist seither vergangen. Ahmet verbringt eine Nacht in Gewahrsam und kommt in Untersuchungshaft. Der Vorwurf: Propaganda für die PKK und – besonders irre – für die Gülen-Organisation.

Ein paar Tage zuvor hatte die Initiative Ben Gazeteciyim (»Ich bin Journalist«), ein loser Kreis von Journalisten aus verschiedenen

Medien, zu einem Fotoshooting eingeladen. Der Zweck: ein Neujahrsgruß an die verhafteten Kollegen. Denn diese dürfen infolge des Ausnahmezustands keine Briefe und Postkarten erhalten. Aber sie können Tageszeitungen abonnieren. Das Foto soll in den verbliebenen unabhängigen Zeitungen gedruckt werden. Ahmet steht irgendwo in der Bildmitte. Als das Foto an Silvester erscheint, befindet er sich bereits im Hochsicherheitsgefängnis Silivri Nr. 9. Er ist Absender und Empfänger zugleich. Solche Geschichten formen Legenden.

Auch für ausländische Journalisten wird es gefährlicher. Kurz vor Ahmet wird Dion Nissenbaum, Korrespondent des *Wall Street Journal*, festgenommen und nach drei Tagen abgeschoben. Was ihm zur Last gelegt wird, wird er nie erfahren. Seine Vermutung: Er hatte einen Bericht von *AP* über das erwähnte IS-Video mit den türkischen Soldaten retweetet. Fast ein Jahr später räumt der türkische Generalstab dessen Echtheit ein.

Andererseits kommen am Tag von Ahmets Festnahme zwei prominente Häftlinge nach vier Monaten Untersuchungshaft frei: die Schriftstellerin Aslı Erdoğan, die für die inzwischen verbotene prokurdische Tageszeitung *Özgür Gündem* als Kolumnistin tätig war, und die Philologin und Literaturkritikerin Necmiye Alpay, die dem Beirat der Zeitung angehörte. Nach einem guten Monat in Haft folgt ihnen bald der türkisch-syrische Journalist Hüsnü Mahalli.

Ich beginne, solche Meldungen mit anderen Augen zu verfolgen – stets mit Blick darauf, welche Rückschlüsse ich für meine eigene Situation ziehen kann. In den ersten Tagen des neuen Jahres packe ich meine Sachen aus. Saubere Kleidung habe ich keine mehr, sodass ich jetzt mit der Hand Wäsche waschen muss. Ich bleibe in der Dienstbotenetage, in die herrschaftlichen unteren Räume zu wechseln, wäre unhöflich. Einzig für die Badewanne erlaube ich mir gelegentliche Ausnahmen.

Und irgendwie muss ich mir die Zeit vertreiben. Die Beratungen mit Dilek, Daniel und manchmal Özlem dauern mehrere Stunden, füllen aber keinen ganzen Tag. Als ich im Frühjahr 2013 zu den Gezi-Protesten nach Istanbul flog, habe ich mein erstes Smartphone gekauft. Doch nie habe ich die Fotos geordnet, die ich seither – meist bei irgendwelchen Recherche-Reisen – gemacht habe. Nun kann ich mich dieser Aufgabe widmen, die auf meiner ständigen To-do-Liste knapp vor Socken sortieren den vorletzten Platz belegt.

Im Alter von 14 Jahren habe ich meine ersten politischen Flugblätter verfasst und mit 16 mein erstes Redaktionspraktikum absolviert, bei der *Main-Spitze*, dem Rüsselsheim-Lokalableger der *Mainzer Allgemeinen*. Aber an einem Roman habe ich mich noch nie versucht. Auch dafür habe ich nun Zeit und sogar eine Idee. Aber mehr als ein paar Seiten schaffe ich nicht. Viel einfacher als Romane schreiben: Serien gucken. Die letzten Staffeln von *House of Cards* und *Orange Is the New Black* – eine prima zu meiner Lage passende Kombination.

In der ersten Woche war ich ein paarmal auf dem Türmchen des Hauses. Nun verlasse ich erstmals das Haus zu einem Spaziergang durch das Gelände. Istanbul liegt unter einer dichten Schneedecke, im Garten hinterlasse ich tiefe Spuren im frischen Schnee.

Auch den Wachleuten laufe ich über den Weg. Sie arbeiten für eine Fremdfirma und sind nicht eingeweiht. Ihnen muss es seltsam vorkommen, dass da einer seit Tagen in der Residenz sitzt und nie das Anwesen verlässt. Anstatt vollkommen schweigsam zu sein, halte ich es für ratsam, mit ihnen zu plaudern – und dabei mit großer Ernsthaftigkeit und einer Prise Selbstmitleid Wörter wie »Dienst«, »Pflicht« und »Anweisungen« fallen zu lassen. Diesen Trick habe ich mir von meinem Cousin, dem Fotografen Volkan Hiçyılmaz, abgeschaut. Im Grenzgebiet zu Syrien oder bei Recherchen zum Flüchtlingsthema an der Ägäisküste bin ich so durch einige Situationen gekommen, die leicht hätten brenzlig werden können. Die Gendarmen dort hielten mich für einen türkischen Geheimagenten, das Wachpersonal hier glaubt, dass ich für den BND arbeite.

Auf einer Anhöhe am südlichen Rand der Gartenanlage befindet sich der Soldatenfriedhof. Begraben sind hier deutsche Soldaten, die im Zweiten Weltkrieg in Russland ums Leben kamen, vor allem aber Gefallene des Ersten Weltkrieges, insbesondere der Schlacht von

Gallipoli (Çanakkale), wo einst der Stern eines Oberstleutnants namens Mustafa Kemal aufging. Auch die Toten der SMS Breslau liegen hier – jenes Kreuzers, den der deutsche Konteradmiral Wilhelm Souchon zusammen mit der SMS Goeben kurz nach Ausbruch des Ersten Weltkrieges in einem Husarenstück von Messina nach Istanbul führte, wo er beide Schiffe seinen Gastgebern übergab. Damit trug Souchon maßgeblich zum Kriegseintritt des Osmanischen Reiches aufseiten der Mittelmächte bei und wurde bald zum Oberbefehlshaber der osmanischen Kriegsmarine ernannt.

Eines der Einzelgräber gehört Colmar von der Goltz. Der in der Türkei als »Goltz Pascha« verehrte preußische Generalfeldmarschall war Ende des 19. Jahrhunderts mit der Modernisierung der osmanischen Armee beauftragt. Er war es, der deutschen Unternehmen zu einem Monopol bei Rüstungsimporten verhalf, ohne das August Huber in Istanbul nicht ganz so fürstlich hätte residieren können.

Das Gelände seines einstigen Anwesens, das heute der türkische Präsident nutzt, beginnt gleich hinter dem Soldatenfriedhof. Sehen kann ich die Huber-Villa nicht, dafür ist die Hecke zu hoch. Aber ich stelle mir vor, wie Tayyip Erdoğan dort im selben Moment einen Spaziergang macht, mal kurz an die Hecke muss und wir uns plötzlich gegenüberstehen. Quatsch, aber lustig.

Ebenfalls lustig: Manchmal bekomme ich die WLAN-Verbindung der Huber-Villa angezeigt. Ich könnte ja mal versuchen, das Passwort zu erraten. Mein Tipp: »Türkiye2023«, in Anspielung auf Erdoğans »Ziele 2023«. Bis dahin, also zum hundertsten Geburtstag der Republik, so verkündete Erdoğan im September 2012, solle die Türkei zu einer der zehn stärksten Volkswirtschaften der Welt aufsteigen und als Vollmitglied der Europäischen Union angehören. Inzwischen werden die »Ziele 2023« kaum noch präzisiert, sondern dienen lediglich als Beschwörungsformel. Ein daran angelehntes Passwort würde passen. Auch »123456« würde ich nicht ausschließen. Doch ich verkneife mir den Versuch.

Mich auf einen längeren Aufenthalt einzurichten, bedeutet, dass ich ein bislang vernachlässigtes Problem lösen muss: Ein paarmal haben mir Birgelen oder seine inzwischen eingeweihten Mitarbeiter Essenstüten gebracht. Aber Fertigsandwiches und Obst reichen auf Dauer nicht. Da es auf meiner Etage eine kleine Küche gibt, bitte ich, mir etwas zum Kochen zu besorgen. Doch das Ergebnis erinnert an die Schlussszene von *Goodfellas*, in der Mafia-Aussteiger Henry Hill aus seinem deprimierenden Leben im Zeugenschutzprogramm erzählt: »Bekomme nicht mal anständiges Essen. Gleich nach meiner Ankunft hier bestellte ich Spaghetti Marinara und bekam Eiernudeln mit Ketchup.«

Ich möchte über den Lieferdienst Yemeksepeti bestellen. Yemeksepeti ist das erfolgreichste türkische Start-up. Um die Jahrtausendwende gegründet, besitzt die Firma selber keinen einzigen Kochtopf, vermittelt aber zwischen Anbietern, meist Imbissen und Restaurants der unteren und mittleren Kategorie, und täglich 200 000 Kunden. Anfang 2015 wurde die Firma für 589 Millionen US-Dollar an das deutsche Unternehmen Delivery Hero verkauft. Der Firmengründer sorgte für Furore, weil er einen Teil des Gewinns unter seinen Mitarbeitern aufteilte. Dieses Unternehmen wollte ich immer mal porträtieren. Doch die turbulenten, oft blutigen Vorgänge in der Türkei ließen mir kaum Zeit und Raum für solche Geschichten.

Jetzt will ich nicht schreiben, nur essen. Kebab zum Beispiel. Oder Fisch. Die besten Fische des östlichen Mittelmeers, der Blaubarsch und der Bonito, haben Saison. Tagelang diskutiere ich mit Daniel, Ulf, Birgelen und der Botschaft, die wiederum mit mehreren Beamten im Auswärtigen Amt. Ein Referat ist einverstanden, ein anderes widerspricht. Das Ergebnis: keine Lieferdienste. Aber ich kann einem Mitarbeiter des Konsulats, der in der Nähe wohnt, Einkaufslisten geben, sodass ich selber kochen kann. Natürlich bezahle ich das, wie ich vorher alles bezahlt habe. Und dieser Mitarbeiter erledigt den Auftrag in großartiger Weise.

Am 11. Januar, 17 Tage nach meiner Ankunft in Tarabya, schicke ich Daniel und Dilek ein Foto meines Abendessens: Omelett mit Rinderschinken und Tomaten, frisches Brot, ein Glas Rotwein. Dazu zitiere ich Nâzım Hikmet, den großen Erneuerer der türkischen Lyrik.

1961 sitzen Hikmet und Abidin Dino, einer der ersten avantgardistischen Maler der Türkei, in einem Hotelzimmer in Paris. Beide sind Mitglieder der illegalen Kommunistischen Partei der Türkei (TKP) und aus politischen Gründen geflohen. Hikmet schaut seinem Freund bei der Arbeit zu. Dann schreibt er ein Gedicht, dessen Anfangszeile zum geflügelten Wort werden wird: »Kannst du das Glück malen, Abidin?« An diesem Abend schreibe ich Daniel und Dilek: »Ich kann das Glück nicht malen. Aber ich habe es fotografiert.«

Überhaupt, Nâzım Hikmet. In den folgenden Monaten wird er mich begleiten, wie er seit einem halben Jahrhundert ziemlich jeden begleitet, der in diesem Land aus politischen Gründen im Gefängnis landet. Hikmet selber wurde 1938 wegen »Aufstachelung zum Aufstand« zu 28 Jahren Kerkerhaft verurteilt. Der Beweis: einige seiner Bücher, die bei Kadetten und Unteroffizieren gefunden wurden.

Ich wuchs mit seinen Gedichten auf, mein Vater Ziya rezitierte sie liebend gerne. Lyrik ist in der Türkei bis heute beliebter als in Deutschland. Und weil türkische Pop-, Folk- und Rockmusiker immer wieder Gedichte vertonen, gehören etliche Werke der türkischen Dichtung zur Populärkultur.

Vier Tage nach dem Omelett-Glück habe ich meine nächste Begegnung mit Hikmet. Im Sommer 1950 kommt er nach zwölf Jahren Haft frei. Doch schon bald hat er ein neues Problem: Er soll zum Militärdienst eingezogen werden, obwohl er bereits in der Marine gedient hat. Er befürchtet eine Falle: Man könnte ihn im Stillen töten und behaupten, er sei auf der Flucht erschossen worden – ähnlich wie sein Freund und Schriftstellerkollege Sabahattin Ali drei Jahre zuvor vermutlich auf eine Falle des Geheimdienstes reinfiel und an der Grenze zu Bulgarien bei einem Fluchtversuch getötet wurde.

Doch Hikmet wird Tag und Nacht von der Polizei überwacht. Sein Ausweg: Er gewöhnt sich einen minutiös gleichförmigen Lebenswandel an. Jeden Morgen verlässt er zur exakt selben Zeit das Haus und kommt stets zur selben Zeit zurück. Doch an einem Junimorgen 1951 steht er mitten in der Nacht auf. Die Polizisten im Auto vor seinem Haus tun genau das, worauf Hikmet spekuliert hat: Sie schlafen. Ein

Freund hat ein Boot besorgt, zusammen fahren sie den Bosporus hinauf aufs Schwarze Meer, wo sie von einem rumänischen Frachter aufgegriffen werden. In die Türkei wird er nie wieder zurückkehren; das Publikationsverbot wird erst nach seinem Tod 1963 im Moskauer Exil aufgehoben.

Seit einigen Jahren organisiert die sozialdemokratische Bezirksverwaltung am 15. Januar, Hikmets Geburtstag, eine Ehrung an der Stelle, an der der vielleicht größte türkische Dichter des 20. Jahrhunderts sein Land verlassen hat: an der Uferpromenade von Tarabya. Ich kann von meinem Fenster die Menschen am Kai beobachten, wie sie Blumen ins Wasser werfen. Noch Stunden später schwimmen die roten Nelken auf den graublauen Wellen des Bosporus.

Ob ich es Hikmet nachtun soll? Diese Möglichkeit kommt einmal im Gespräch mit Birgelen auf. Es ist kein Vorschlag und klingt, als hätte jemand im Auswärtigen Amt das einmal als Gedankenspiel in die Runde geworfen. Ich bin schon selbst auf diese Idee gekommen, habe sie aber verworfen. Darum sage ich: »Wenn mir die Bundesregierung einen Diplomatenpass besorgt, würde ich darüber nachdenken. Dann würden wir das Risiko teilen. Aber so nicht.« Das wiederum lehnt die Bundesregierung ab. Und die Bootsfahrt ist erledigt, noch ehe sie ernsthaft zum Thema wurde.

Auch bei Springer hat man diese Option ausgelotet. Die Sicherheitsabteilung hat eine im europäischen Ausland ansässige Firma gefunden, die derlei Dienstleistungen anbietet. Die »Big Raushole«, wie Daniel in Anspielung auf ein RAF-Codewort die Aktion nennt, würde nicht per Boot oder Hubschrauber stattfinden, so etwas mache man nur in Kriegsgebieten. Man würde mir nur einen Weg zeigen, den ich selber gehen müsste – und mich auf der anderen Seite der Grenze abholen. Es klingt, als seien Profis am Werk. Ich lehne dennoch ab. Auch der Verlag entscheidet, dass man keinen Rechtsbruch begehen möchte. Vom Kontakt mit diesen Fachleuten bleibt ein James-Bond-mäßiges Kommunikationsgerät, das mir Daniel zukommen lässt und über das wir fortan miteinander reden.

Ich bin nicht in einer Lage wie seinerzeit Nâzım Hikmet – oder wie viele andere, die nach dem Militärputsch von 1980 oder in jüngster Vergangenheit fliehen mussten, weil ihnen viele Jahre Gefängnis oder gar Schlimmeres drohten. Mit einer illegalen Flucht würde ich mehr wagen, als mir im schlimmsten Fall blüht. Wenn man sich mit ein paar Bier ins Auto setzt und dann aus dem vorausfahrenden Wagen eine Polizeikelle winkt, sollte man besser nicht Gas geben und sehr viel mehr riskieren als bloß eine Geldstrafe wegen Alkohols am Steuer.

Bleibt die Diplomatie. Mitte Januar ist Mehmet Şimşek, einer von fünf Stellvertretern des Ministerpräsidenten Binali Yıldırım, zu Gast auf dem *Welt*-Wirtschaftsgipfel, den meine Zeitung jedes Jahr organisiert. Chefredakteur Ulf Poschardt nutzt diese Gelegenheit, um mit Şimşek über mich zu sprechen. Kurz darauf trifft ihn der Springer-Vorstandsvorsitzende Mathias Döpfner auf dem Weltwirtschaftsforum in Davos. Şimşek verweist erwartungsgemäß auf die Unabhängigkeit der Justiz, sagt aber auch: »Ich werde sehen, was ich tun kann.«

Şimşek ist für Wirtschaft und Finanzen zuständig. Ein eloquenter Mensch kurdischer Herkunft, der in England studiert und für internationale Großbanken gearbeitet hat, ehe ihn Erdoğan 2007 mit gerade einmal 40 Jahren in die Regierung rief. Seine Aufgabe: ausländische Investoren ins Land zu locken. Er gilt als letzter liberaler AKP-Minister – aber auch als Opportunist. Drei Monate vor meinem Abtauchen habe ich ihn bei einem Hintergrundgespräch getroffen. Bei dieser Gelegenheit erzählten ihm Özlem und ich, dass unsere Akkreditierungsanträge seit über einem Jahr unbeantwortet seien. Şimşeks Antwort: »Ich werde sehen, was ich tun kann.«

Natürlich müssen wir alles versuchen. Aber von Şimşek erhoffe ich mir nichts, weshalb es mich nicht enttäuscht, dass er alle Nachfragen ignoriert. Aber er ist nicht der einzige Emissär. Wir stehen in Kontakt zu einer Person, nennen wir sie Muzaffer, welche direkten Zugang zu Erdoğan hat. Birgelen schlägt vor, Muzaffer hinzuzuziehen. Bislang hatten Vertreter der Bundesregierung mit leitenden Mitarbeitern des türkischen Außenministeriums und mit Erdoğans Sprecher Ibrahim Kalın geredet. Aber vielleicht bringt es mehr, wenn eine Person seines Vertrauens direkt mit dem Staatspräsidenten spricht.

Irgendwann im Januar ist Muzaffer in einer Runde, die Erdoğan besucht. Sie haben ein paar Minuten unter vier Augen: »Die Deutschen nehmen das sehr ernst«, sagt Muzzafer. »Herr Präsident, ich denke, es wäre in unserem Interesse, die Sache im Stillen zu lösen, bevor das zu einer Riesenaffäre wird.« Erdoğan hört zu und schweigt. »Was soll ich den Deutschen jetzt sagen?«, fragt Muzzafer zum Abschied. »Sagen Sie ihnen, dass Sie mit mir geredet haben«, antwortet Erdoğan. Das Treffen findet in der Huber-Villa statt. Dass ich im selben Moment bei ihm um die Hecke sitze, wird Erdoğan erst später erfahren.

Parallel dazu haben wir Kontakt zu neuen Anwälten aufgenommen: Da sind Veysel Ok und sein Partner Ferat Çağıl, die für die Journalisten-NGO P24 arbeiten und unter anderem die Altan-Brüder sowie Erol Önderoğlu betreuen, den im Sommer kurzzeitig verhafteten Türkeivertreter von Reporter ohne Grenzen.

Ferat, den ich später persönlich kennenlernen werde, ist 32 Jahre alt, noch jünger als Veysel und ebenfalls Kurde. Die beiden ergänzen sich prima: Veysel ist ein Mann für die großen Linien, Ferat einer fürs Detail; Veysel spricht und lacht viel und ist gut darin, andere Leute zu motivieren, Ferat ist ruhiger und ein exzellenter Zuhörer. Veysel arbeitet schon länger als Medienanwalt, Ferat ist relativ neu auf dem Gebiet – aber nicht in politischen Verfahren. Sein erster Fall: sein Vater, ein Mitarbeiter der Stadtverwaltung von Batman, der aus politischen Gründen verhaftet wurde.

Veysel ist stets unrasiert, Ferat trägt Vollbart, beide laufen auch an Werktagen in Lederjacken und Jeans herum. Auf die Springer-Zentrale wirken sie sympathisch, aber nicht gerade wie Anwälte, mit denen man zu arbeiten gewohnt ist. Doch die Reserviertheit ist gegenseitig. Veysel sagt, er sei eigentlich viel zu überlastet.

Ganz anders das Erscheinungsbild einer Kanzlei, nennen wir sie Öztürk, mit der wir ebenfalls Kontakt aufnehmen. Älter, erfahrener, konventioneller. Dort macht man mir keine Illusion: Ich sei »ein sehr schwerer Fall«; sie müssten sofort mit der Arbeit beginnen, andernfalls werde es bis zum Verfassungsreferendum am 16. April keine Lösung geben. Diese Anwälte sind die ersten überhaupt, die meine Lage in einen Zusammenhang mit dem Referendum in Verbindung bringen, mit dem in drei Monaten über die Einführung eines Präsidialsystems entschieden werden soll. So weit hatte ich noch nicht gedacht. Doch einige Andeutungen aus der Kanzlei wecken in mir eine Frage: Will sie etwa mit Bestechung arbeiten?

Ich weiß, dass an türkischen Gerichten manchmal Schmiergelder fließen und ein Teil dieser korrupten Richter von Leuten aus der Staatsführung gedeckt werden, die ihre Anteile kassieren. Selten in Strafprozessen, aber zuweilen in Wirtschafts- oder Verwaltungsverfahren. Ein knappes Jahr später werden türkische Medien berichten, dass ein regelrechter Markt entstanden sei und sich insbesondere Unternehmer mit hohen Summen aus Gülen-Verfahren freikaufen würden. Ähnliche Geschichten werde ich im Gefängnis hören. Allerdings sind diese Berichte stets mit einer Einschränkung verbunden: Bestechung funktioniere nur in Fällen, die nicht im Licht der Öffentlichkeit stünden.

Angesichts der schwierigen Kommunikationsbedingungen bin ich mir überhaupt nicht sicher, ob ich die Kanzlei Öztürk richtig interpretiere. Aber die Frage ist eine grundsätzliche: Einerseits kann man in einem Unrechtsstaat nicht auf rechtsstaatliche Mittel bestehen. Wenn man in der Gewalt von Faschisten ist, zählt im Zweifel nicht, dass man moralisch sauber bleibt, sondern dass man überlebt. Nur dann kann man später zurückschlagen. Andererseits kann es Situationen geben, in denen man sogar den eigenen Tod einem Weiterleben in Unmoral vorzieht – wenn man etwa fürs eigene Überleben andere Menschen ausliefern müsste. Eine Abwägungsfrage: Was droht mir im schlimmsten Fall und wie groß ist das ethische Vergehen, das mir abverlangt wird? Ich beschließe vorsorglich, dass ich keinen Bestechungsversuch möchte. Mein Leben ist nicht gefährdet und meine Freiheit nur ein bisschen. Ich habe immer noch die Wahl.

Ferat hingegen hat uns beim ersten Kontakt wissen lassen, er würde ein bestimmtes Vorgehen als unmoralisch ablehnen. Zwar bezog sich das auf ein anderes Thema. Doch mir gefällt es, dass für ihn und Veysel moralische Kriterien eine Rolle spielen. Für die Kanzlei Öztürk kann ich nichts Gegenteiliges behaupten. Doch gehört habe ich das von ihr nicht. In Absprache mit Dilek und Daniel entscheide ich mich für die beiden Jungs. Dilek leistet bei ihnen Überzeugungsarbeit, Daniel im Verlag. Es ist die beste Entscheidung, die ich in dieser ganzen Geschichte treffen werde.

Am 17. Januar werden die sechs im RedHack-Verfahren festgenommenen Journalisten nach 24 Tagen Polizeigewahrsam dem Haftrichter vorgeführt. Noch immer unterliegen die Ermittlungsakten der Geheimhaltung. Doch aus den Fragen des Staatsanwalts lassen sich Rückschlüsse ziehen.

Im Verhör hat der Staatsanwalt Hasan Yılmaz die sechs nach den geleakten Albayrak-Mails, nach RedHack und dem Chat auf Twitter gefragt. Einige sagen, dass sie ungefragt in diese Chatgruppe hinzugefügt wurden; andere, dass sie zwar verantwortliche Redakteure seien, nicht jedoch die Twitter-Accounts ihrer Medien betreuen würden. Bei der Lektüre der Verhörprotokolle wundere ich mich, wie freimütig die Kollegen über dieses Thema reden.

Jedenfalls wissen die Ermittler ziemlich genau, wer dieser Chatgruppe angehörte. Aber sie zitieren keinen einzigen Satz aus dem Chat. Das bedeutet: Weder hat uns jemand mit Zugriff auf einen der betreffenden Accounts denunziert, noch hat die Polizei eine solche Person festgenommen und dann zufällig auf dessen Telefon oder Computer diesen Chat entdeckt.

Zu diesem Zeitpunkt habe ich den Verdacht, dass Twitter den türkischen Behörden die Liste der Chatmitglieder mitgeteilt haben könnte. Als ich nach meiner Freilassung nachfrage, versichert mir eine Unternehmenssprecherin, dass Twitter solche Informationen prinzipiell nicht weitergebe. Ich glaube dem, zumal ich jetzt von einer anderen Begebenheit erfahre: Ende 2016 verschafften sich nationalistische Hacker Zugriff auf den Account der linken Zeitschrift *Yolculuk*. Sehr wahrscheinlich haben diese Hacker die Chatgruppe angezeigt, es aber versäumt, sich den Inhalt des Chats zu besorgen. Dies würde sich mit der Version der Polizei decken, die einen anonymen Hinweis erhalten haben will.

Allerdings spielt die RedHack-Sache in den Haftanträgen ohnehin nur, wenn überhaupt, eine untergeordnete Rolle. Stattdessen bringt der Staatsanwalt jeden der sechs mit einer anderen Terrororganisation in Verbindung – fast so, wie Tunca bei seiner Festnahme gescherzt hatte. Nur darf er sich seine Organisation nicht selber aussuchen, sondern bekommt eine zugewiesen.

Bei Metin Yoksu von *Diha* und Eray Sargın von *Yolculuk* ist es die PKK, bei Derya Okatan von *Etha* die MLKP. Bei ihnen plädiert die Staatsanwaltschaft auf »Propaganda für eine Terrororganisation«, scheitert aber mit ihrem Haftantrag. Sie werden unter Meldeauflagen freigelassen. Weniger Glück haben Tunca Öğreten, Ömer Çelik und Mahir Kanaat, denen der Staatsanwalt Mitgliedschaft in einer Terrororganisation vorwirft – bei Ömer abermals der PKK, bei Tunca der DHKP-C und bei Mahir der Gülen-Organisation. Die drei kommen in die Haftanstalt Metris, kurz darauf werden sie in die Gefängnisse Silivri Nr. 5 bzw. Nr. 2 verlegt.

Natürlich haben wir uns die Unterlagen besorgt. Verhörprotokolle, Haftanträge, Hafturteile. Unsere Schlussfolgerung: Man will für die geleakten E-Mails Rache nehmen, aber vermeiden, dass dieses Thema erneut Aufmerksamkeit erhält. Darum die willkürlichen Terroranklagen.

Am 23. Januar wird mit dem Notstandsdekret Nr. 683 die maximale Dauer des Polizeigewahrsams, die mit dem Ausnahmezustand von 24 Stunden auf 30 Tage ausgedehnt worden war, auf sieben Tage reduziert. Auf Anordnung der Staatsanwaltschaft kann der Gewahrsam nun einmalig um weitere sieben Tage verlängert werden. Zudem müssen Festgenommene nicht mehr fünf Tage warten, ehe sie einen Anwalt sprechen dürfen.

Am selben Nachmittag bekomme ich nach längerer Zeit Besuch von Birgelen, der mir aufgeregt von dieser Neuigkeit berichtet. Dabei hatte ich noch in der Nacht davon erfahren. Die Notstandsdekrete werden mitten in der Nacht verkündet, so ist der Effekt größer: Als Gökhan Samsa eines Morgens aus unruhigen Träumen erwachte, fand er sich in seinem Bett zu einem ungeheuren Terroristen verwandelt. Mit Tausenden anderer Namen stand er auf einer Entlassungsliste.

Birgelen hat sich die betreffende Passage übersetzen lassen und sogar einen Ausdruck dabei. Die Diplomaten verhalten sich immer noch so, als hätten sie es mit einem deutschen Urlauber zu tun, der in Antalya in eine Kneipenschlägerei geraten ist. Das sage ich aber nicht, weil ich es rührend finde. Stattdessen sage ich: »Na dann ist die Türkei ja reif für die EU.«

Tatsächlich finde ich diese Nachricht gar nicht so unwichtig. Denn ich gehe weiterhin davon aus, dass mich im schlimmsten Fall nur einige Monate Gefängnis erwarten. Die Vorstellung, sagen wir, drei Monate im Knast zu verbringen, bereitet mir aber nicht so viel Unbehagen wie die Aussicht auf 30 Tage Polizeigewahrsam. Mit dem neuen Dekret sieht die Lage schon anders aus.

Bald darauf erfahren wir, dass Angela Merkel in den nächsten Tagen zu einem Arbeitsbesuch nach Ankara kommen wird. Das ist unsere letzte Chance. Wenn Merkel im persönlichen Gespräch mit Erdoğan keine politische Lösung erreichen kann, wird es keine geben.

Daniel, Sascha und Ulf setzen alles in Bewegung, damit die Kanzlerin das Thema anspricht. Wer als Journalist bei der Ausübung seiner – im Dienste der Öffentlichkeit stehenden – Arbeit im Ausland in eine Notlage gerät, ist nicht in derselben Situation wie ein Urlauber, dem ein Unglück widerfährt. Zugleich bin ich als Journalist im Vorteil, weil meine Redaktion, wie jede andere auch, Kontakte zur Regierung unterhält. Das gehört zu unserem Job. Doch die Kollegen treten nicht fordernd auf und orientieren sich stets an den Empfehlungen der Bundesregierung. Wenn hier einer zickig ist, dann ich.

Auch jetzt wieder. Vor dem Merkel-Besuch kontaktiere ich ohne Absprache mit der *Welt* einige befreundete Kollegen in anderen Redaktionen, die man nicht so leicht mit mir in Verbindung bringen kann. Meine Bitte: mal im AA oder im Kanzleramt anrufen und nach mir fragen. Ein bisschen zusätzlicher Druck kann nicht schaden. Ganz fair ist das nicht. Aber informiert uns die Bundesregierung bis in jedes Detail, was sie in meinem Fall unternimmt? Eben.

Nach dem Treffen mit Erdoğan sagt Merkel auf der gemeinsamen Pressekonferenz, sie hätten »sehr ausführlich« über das Thema Pressefreiheit geredet. Sie habe ihn auf die Akkreditierung deutscher Journalisten hingewiesen »und auf verschiedene Fälle, wo wir uns auch durchaus Sorgen machen«. Diesen Satz muss mir keiner übersetzen. Merkel hat über mich gesprochen. Doch was folgt daraus? In den nächsten Tagen hoffen wir auf eine positive Nachricht. Vergeblich.

»Von unserer Seite aus können Sie bleiben, solange Sie möchten«, versichert Birgelen erneut. Ich habe keinen Grund, daran zu zweifeln. Mehr noch: Ich bin mir sicher, dass sehr viele Politiker und Diplomaten mir aus voller Überzeugung helfen. Aber die Bundesregierung kann auch nicht wollen, dass sie öffentlich erklären muss, warum sie einen deutschen Journalisten der türkischen Justiz ans Messer geliefert hat. In der Böhmermann-Affäre hatte Angela Merkel zunächst ihren Sprecher Steffen Seibert mitteilen lassen, dass sie das »Schmähgedicht« des Satirikers »bewusst verletzend« finde, um diese Äußerung, die man als versuchte Einflussnahme auf ein laufendes Verfahren werten konnte, hinterher als »Fehler« zu bezeichnen. Einen solchen Fehler wird sie nicht wiederholen.

Ich war nicht darauf aus, mich zum Posterboy der Pressefreiheit machen zu lassen, und habe eine politische Lösung gesucht. Aber wenn die nicht möglich ist, werde ich diese Sache beenden. Das Beispiel von Wikileaks-Gründer Julian Assange, der, – allerdings aus nicht nur ehrenhaften Gründen – seit Juni 2012 in der ecuadorianischen Botschaft in London lebt, finde ich abschreckend. Die Einsamkeit, die Abhängigkeit vom Gastgeber, das Schweigen – all das ist mir von Tag zu Tag schwerer erträglich. Dann lieber zur Polizei.

Mit Blick auf die anderen sechs aus dem RedHack/Albayrak-Verfahren halte ich die Wahrscheinlichkeit, dass ich verhaftet werde, für fifty-fifty. Ein paar Monate Knast sind immer noch besser, als das hier endlos in die Länge zu ziehen. Ich habe ja kein Verbrechen begangen. Soll alle Welt erfahren, was los ist. Die Bundesregierung nimmt das zur Kenntnis. Dilek und Daniel sind ebenfalls einverstanden. Was sollen sie auch sonst sagen?

Am Donnerstag, dem 9. Februar, nimmt Refik Kontakt zum ermittelnden Staatsanwalt Hasan Yılmaz auf. So bekommen wir erstmals eine amtliche Bestätigung, dass ich zur Fahndung ausgeschrieben bin. Nun kann ich mich nicht mehr herausreden, nichts von der Fahndung gewusst zu haben. Der Countdown läuft.

Refik möchte bewirken, dass ich meine Aussage gleich beim Staatsanwalt machen kann, was dieser jedoch ablehnt. Ich solle mich bei der Polizei melden, er werde mich dort nicht lange warten lassen. Veysel hält es für sehr wichtig, dass ich mich selber stelle. Selbst wenn ich zufällig vor dem Polizeipräsidium in eine Personenkontrolle gerate, könne man dies so auslegen, als sei ich gefasst worden. So stelle ich eine letzte Bitte an die Bundesregierung: Der Generalkonsul möge mich in seinem Diplomatenauto abholen und zum Polizeipräsidium begleiten.

Und noch ein Problem müssen wir klären: Ich habe Zahnschmerzen, rechts oben, jeden Tag ein bisschen mehr. Auch wenn ich glaube, dass ich selbst im Fall einer Festnahme nicht allzu lange in Polizeigewahrsam bleiben werde, will ich dem Worst Case vorbeugen und den Zahn behandeln lassen. Wieder beraten wir mit dem Auswärtigen Amt, dem Konsulat, der *Welt* und den Anwälten. Ich würde gerne auf dem Weg zur Polizei beim Zahnarzt vorbeischauen. Diesmal ist es Veysel, der dringend abrät: Zu gefährlich, meint er.

Doch das Wochenende will ich nicht allein verbringen, sondern Dilek sehen. Und Daniel. Am Samstag begrüße ich Dilek in der Residenz. Ich erwarte sie auf der Treppe mit dem roten Teppich. Seltsam, aber schön. Am Montag kommt Daniel. Es ist gut, nicht allein zu sein.

In den vergangenen Tagen habe ich den Inhalt meines Computers bei einem Datenspeicherdienst hochgeladen. Und geschrieben – für meine Redaktion eine Chronologie der Ereignisse und eine Kurzbiografie, für die Anhörung vor Gericht eine schriftliche Einlassung auf Deutsch und Türkisch. Darin sage ich ein paar Takte zu den geleakten Mails und lege dar, warum ich nichts außer Journalismus gemacht habe. Über weite Strecken ist es jedoch ein emotionaler Text, in dem ich über meine Arbeit als Korrespondent rede und auf die vorsehbaren Terror- und Agentenvorwürfe antworte. Der Schlüsselsatz:»Ich bin hier, weil ich dieses Land liebe.«

Diesen Text schicke ich Özlem zur Veröffentlichung in der *Zeit*. Außerdem habe ich Canan Coşkun (*Cumhuriyet*), Can Merey (*dpa*) und Selin Girit (BBC) kontaktiert und ihnen kurze Interviews gegeben. Wenn ich eingesperrt werde, wird die Gegenseite mich mit Vorwürfen überhäufen. Darum möchte ich zuvor meine Sicht der Dinge darlegen. Im Sinn habe ich dabei vor allem die türkische Öffentlichkeit. Weniger die klaren Regimegegner und erst recht nicht die eingeschworenen AKP-Anhänger, sondern jene dazwischen.

Die Bundesregierung rät davon ab, an die Öffentlichkeit zu gehen. An meinem letzten Tag in relativer Freiheit sprechen Daniel und Ulf mehrfach mit einem Verantwortlichen im Auswärtigen Amt. Irgendwann fordere ich Daniel dazu auf, mir sein Telefon zu geben. Daniel lehnt ab. Er bezweifelt, dass ich den richtigen Ton treffe. »Sobald ich dieses Gelände verlasse, hat mir die Bundesregierung nichts mehr vorzuschreiben«, rufe ich. Daniel antwortet, dass mir Ulf als Chefredakteur eine Dienstanweisung erteilen könne, worauf ich ausraste: »Soll er machen. Aber die Frage, welche Strategie ich für die Verteidigung meiner Freiheit für richtig halte, kann nicht Gegenstand einer Dienstanweisung sein. Und das wird mir jedes Arbeitsgericht bestätigen«, brülle ich.

Dann tut es mir schrecklich leid, diesen Menschen, der sich seit fast zwei Monaten aufopferungsvoll und gewissenhaft um mich kümmert, so anzufahren. Als ich ihm das sage, breche ich in Tränen aus. Letztlich beendet Ulf die Diskussion: »Wenn Deniz das so machen will, dann machen wir das so.« Das AA muss das akzeptieren. Auch im Ministerium ist man nun versöhnlich: »Wir haben in den deutsch-türkischen Beziehungen gerade ein günstiges Zeitfenster.« Na dann.

Doch selbst danach diskutieren wir weiter. Nicht mehr grundsätzlich, sondern über Details in den Interviews. Dilek findet das unnötig, was Daniel und mich nicht davon abhält, bis in den frühen Morgen an den Formulierungen zu feilen. Später werde ich denken: Hätten wir lieber gefeiert, als meine letzten Stunden in Freiheit so zu verplempern.

Der nächste Tag, es ist Dienstag, der 14. Februar, knüpft daran an.

Ich suche ein paar brauchbare Fotos raus und kläre die Bildrechte, überarbeite ein letztes Mal die Texte und schicke kurze Nachrichten an meine Schwester Ilkay und einige Freunde. »Wird schon«, schreibe ich.

Und ich kämpfe mit der Internetverbindung. Ich habe wohl zu viel Daten hochgeladen, jetzt ist das zulässige Volumen erschöpft. Immer wieder laufe ich runter in die erste Etage und schalte den Router aus und an. Was die anderen machen, nehme ich gar nicht mehr wahr. Eine Sache machen wir aber noch: Wir bestellen bei Yemeksepeti Pizza.

Doch großen Appetit haben wir nicht; die Pizzen bleiben fast unberührt auf dem Küchentisch. Ich nehme ein Glas Whisky, dann ein zweites. »Hör auf, du kannst da nicht besoffen hin«, raunzt Daniel. Kurz darauf werden er und Dilek abgeholt.

Jetzt bin ich allein. Einen Happen esse ich nun doch, den ich mit einem Schluck Whisky runterspüle. Ich würde gerne Musik hören, am liebsten einen Knastsong des Pop-Folkmusikers Ahmet Kaya. Aber das Internet ist endgültig aus. Ich sollte aufräumen und abspülen. Doch dann ist mir auch das egal. Eine Viertelstunde später kommen Birgelen und Refik. Der Generalkonsul wirft einen missbilligenden Blick auf den Zustand der Küche, sagt aber nichts. In seinem schwarzen Audi mit getönten Scheiben und grünem Diplomatenkennzeichen fahren wir los.

»Wir haben Sie schon erwartet«

Auf der Fahrt führt Refik ein paar Telefongespräche. Dann sagt er: »Der Polizeipräsident erwartet uns.« Und zum Fahrer: »Wir nehmen den Protokoll-Eingang.« Wofür auch immer ein Polizeigebäude einen »Protokoll-Eingang« braucht – »erwartet uns« war jedenfalls zu viel versprochen. Wir müssen warten. »Der Polizeipräsident ist noch außer Haus«, sagt sein Büroleiter. Man kredenzt uns einen Tee, dann noch einen.

Als uns der dritte angeboten wird, will Birgelen aufbrechen. Schließlich ist die Aufgabe, mich sicher ins Gebäude zu begleiten, erfüllt. Und die politische Message, die er durch seine Anwesenheit demonstriert, dürfte angekommen sein. Oder etwa nicht? Als Refik darauf hinweist, dass der Generalkonsul nicht mehr lange warten könne, wird der Büroleiter nervös: »Oh, Entschuldigung, ich dachte, der Herr sei ein Mitarbeiter des Konsulats.« Ich übersetze Birgelen diesen Dialog. »Pfff, nicht der Generalkonsul …«, sagt er halblaut und zupft am Ärmel seines Businessanzugs. »Wenn schon ein Mitarbeiter das tragen würde, was sollte dann der Generalkonsul anziehen?«

Nach einer halben Stunde erscheint Polizeipräsident Mustafa Çalışkan. Vor rund zehn Jahren tauchte sein Name in den Ermittlungen gegen den angeblichen Geheimbund Ergenekon auf. Diese Organisation, so hieß es, stecke hinter einer Reihe von Anschlägen, darunter den Mord am Publizisten Hrant Dink, mit denen sie die Türkei zu destabilisieren und die AKP zu stürzen versucht habe.

Tatsächlich spielten nach dem Wahlsieg der AKP im Jahr 2002 viele Militärs mit dem Gedanken eines Staatsstreichs, weil sie Erdoğan und seiner aus der islamistischen Milli-Görüş-Bewegung hervorgegangenen AKP misstrauten. Die Generäle verstanden sich als Hüter der Republik Atatürks, in dessen Namen sie bereits viermal interveniert hatten – so im September 1980 mit einem offenen Putsch und im Februar 1997, als sie den islamistischen Ministerpräsidenten und Erdoğans politischen Ziehvater Necmettin Erbakan zum Rücktritt drängten.

Nachweislich existiert in der Türkei spätestens seit Ende der Sechzigerjahre eine als »Tiefer Staat« oder »Konterguerilla« bekannte Struktur – ein, ähnlich wie die Gladio in Italien, ursprünglich mithilfe der CIA aufgebauter Staat im Staate, der oft die Geschicke des Landes gelenkt hat. Durch Mord und Folter, durch Massaker wie auf der 1.-Mai-Kundgebung 1977 am Taksim-Platz in Istanbul oder das Pogrom gegen die alevitische Bevölkerung im Dezember 1978 in Kahramanmaraş. Und eben durch Staatsstreiche.

Als die AKP an die Macht gelangte, verfügte sie über eine Massenbasis, aber kaum über geschultes Personal. Das brachten die Gülenisten mit – hatte Fethullah Gülen doch jahrzehntelang gepredigt: »Baut keine Moscheen, baut Schulen!« Seine Organisation hatte sich darauf konzentriert, Kader auszubilden und den Staatsapparat zu infiltrieren. Nach dem Machtantritt der AKP geschah diese Unterwanderung kaum noch klandestin, sondern gefördert von der Regierung. Hier die Massen, dort die Kader – Grundlage eines Bündnisses, das zehn Jahre lang prima funktionierte.

2007 ging dieses Bündnis in seine größte Schlacht: die Ergenekon-Verfahren, die man als Abrechnung mit dem »Tiefen Staat« anpries. »Die Türkei reinigt ihre Gedärme«, erklärte Bülent Arınç, damals hinter Erdoğan und Abdullah Gül die Nummer drei in der AKP-Hierarchie. Viele linksliberale Intellektuelle und die EU unterstützen diese Verfahren auch dann noch, als sie sich als etwas anderes entpuppt hatten: nicht als Aufräumen mit dem »Tiefen Staat«, sondern als Kampf um dessen Übernahme.

Angefangen mit Sonderankläger Zekeriya Öz gehörten die meisten beteiligten Staatsanwälte, Polizisten und Richter der Gülen-Organisation an. Verhaftet wurden sowohl Militärs, denen man – gerade im Zusammenhang mit Menschenrechtsverletzungen in den kurdischen Gebieten – tatsächlich den Prozess hätte machen müssen, als auch Offiziere, Intellektuelle, NGO-Leute oder Journalisten wie Ahmet Şık, die nichts mit dem »Tiefen Staat« zu tun hatten. Um tatsächliche Verbrechen ging es in den auf manipulierte Beweise gestützten Prozessen kaum. Die Angeklagten standen den neuen Machthabern schlicht im Weg.

Nachdem man den gemeinsamen Gegner – die alten kemalistischen Eliten im Staatsapparat – weitgehend entmachtet hatte, begann das Bündnis zwischen Erdoğan und Gülen zu kriseln und flog im Dezember 2013 krachend auseinander. Auslöser waren Korruptionsermittlungen gegen ranghohe Regierungsmitglieder, die Ermittler größtenteils dieselben wie in den Ergenekon-Verfahren.

Auch hier war die Sachlage kompliziert: Ja, Polizei und Staatsanwaltschaft hatten Beweise für Korruption und mafiöse Machenschaften in der AKP-Regierung gesammelt, auch Beweise gegen Erdoğan und seine Familie. Und ja, diese Ermittlungen waren ein Versuch der Gülen-Organisation, die Regierung zu beseitigen. Schon bei den Gezi-Protesten ein halbes Jahr zuvor hatte Erdoğan einen Putschversuch der »internationalen Finanzlobby« gewittert. Bei Gezi war der Putschvorwurf unsinnig, in der Korruptionsaffäre die halbe Wahrheit.

Nach diesem Zerwürfnis wurden die Ergenekon-Verfahren neu aufgerollt und endeten mit Freisprüchen für alle Angeklagten. Nun hieß es, Ergenekon sei eine Erfindung der Gülen-Organisation, welche plötzlich für den Dink-Mord und alle Taten verantwortlich gemacht wurde, die man zuvor Ergenekon angelastet hatte. Ob es eine Organisation mit diesem Namen und dieser Struktur jemals gab, konnte nie geklärt werden. Dafür wurde im Regierungsjargon nun aus *hizmet* (»Dienst«) oder *cemaat* (»Gemeinde«), wie die Gülen-Organisation bis dahin hieß, die »Parallelstruktur« und nach dem Putschversuch die »Fethullahistische Terrororganisation«, kurz FETÖ.

Unterdessen kehrten die nationalistischen Kräfte zurück auf wichtige Posten im Staatsapparat – der Beginn einer informellen Koalition zwischen Erdoğan und ebendiesen Kräften sowie der rechtsextremen Partei der Nationalistischen Bewegung (MHP). Nach dem Ende des Friedensprozesses mit der PKK im Juli 2015 gewann diese neue Allianz Konturen, seit dem Putschversuch im Jahr darauf ist sie an der Macht.

Mustafa Çalışkan war im Zuge der Ergenekon-Verfahren in die Provinz versetzt worden. Als Erdoğan Anfang 2014 nach dem Korruptionsskandal Tausende mutmaßlich gülenistische Staatsanwälte und Polizeioffiziere versetzen ließ, kehrte er als Leiter des Terrorismusdezernats zurück nach Istanbul und wurde später zum Polizeichef befördert. Er gilt als nationalistischer, aber integrer Polizist.

Der breiten türkischen Öffentlichkeit bekannt wurde er durch Handyvideos aus der Putschnacht: wie er an der Bosporusbrücke versuchte, die Demonstranten zu beruhigen (»Das sind die Kinder von einfachen Leuten, das sind nicht unsere Feinde«). Wie er danach eine Gruppe von schwer bewaffneten Polizisten und unbewaffneten Zivilisten in Richtung der putschistischen Einheit führte, die Soldaten das Feuer eröffneten und einen seiner Leibwächter erschossen.

Nun betreten wir sein Büro. Auf dem Flachbildschirm läuft tonlos der Nachrichtenkanal A-Haber, der schrillste aller regierungsnahen Sender, der wie *Sabah* zur Turkuvaz-Gruppe gehört. Die holzvertäfelten Wände und das meiste Mobiliar sind in Weiß gehalten. Birgelen, Refik und ich nehmen auf der Sofagarnitur Platz, der Polizeipräsident hinter seinem Schreibtisch. Dieser ist in vielen Ländern nicht bloß Arbeitsplatz, sondern Insigne von Macht: je wichtiger sein Besitzer, desto größer und leerer der Schreibtisch. Und je schlechter ein Staat funktioniert, desto größer der Drang von Politikern und Beamten, vor ihrem Schreibtisch Gäste zu empfangen – und sich dahinter fotografieren zu lassen. Çalışkans Schreibtisch ist dunkelbraun, ziemlich groß und ziemlich leer.

Er wirkt höflich, aber verkniffen. Seit der Putschnacht hat er einen neuen Style: Wie Erdoğan und viele andere AKP-Politiker trägt er nun einen getrimmten Schnauzer, »Mandelbart« genannt. Mit Birgelen und Refik führt er Small Talk, ich halte mich zurück. Es ist der Polizeichef, der mich mehrfach einbezieht: »Herr Yücel muss ja für Deutschland sehr wichtig sein.« Oder: »Wir wissen, welchen Wert Frau Merkel auf Herrn Yücel legt.« Und besonders vielsagend: »Deniz Bey, wir haben Sie schon erwartet.«

Auf seine Frage, wo ich in den vergangenen Wochen war, sage ich: »Zu Hause.« Sollen sie mir das Gegenteil beweisen. Als wir nach einer Viertelstunde sein Büro verlassen, weiß ich: Auch für die türkische Seite bin ich ein Politikum ersten Ranges. Draußen verabschiede ich mich von Birgelen. Refik bleibt bei mir.

Putschisten, Terroristen, Journalisten, Gymnasiasten, die auf Twitter etwas Fieses über den Staatspräsidenten posten – in der Türkei fällt vieles unter »Terror«. Entsprechend beschäftigt ist die Antiterrorabteilung, sodass sie manche Fälle delegiert. Gegen mich ermittelt das Dezernat für Organisierte Kriminalität, vor dessen Gebäude Veysel und Ferat uns erwarten. Unsere erste Begegnung. Veysel begrüßt mich lachend und klingt dabei wie der Polizeichef: »Oh, der berühmte Deniz Yücel!« Eine Zigarette, dann gehen wir zu Dezernatsleiter Gaffar Demir.

Dessen Büro ist in dunklem Holz eingerichtet. Vor dem Schreibtisch, an dem Demir sitzen bleibt, sind in Hufeisenform Sessel angeordnet – das klassische Arrangement einer türkischen Chefzimmers. Die zuständige Einheit sei unterwegs, sagt Demir. Also müssen wir noch ein paar Gläser Tee trinken. Wir versuchen, eine typische Istanbul-Konversation zu führen: Ich erzähle, dass meine Großeltern väterlicherseits ein Häuschen mit Blick auf das Goldene Horn hatten, also den Seitenarm des Bosporus, der in den Achtzigerjahren bestialisch stank. »Hat Erdoğan gereinigt«, sagt Demir. Der Verkehr? »War vor Erdoğan viel schlimmer.« Der Dezernatsleiter ist auch ohne »Mandelbart« ganz auf Linie.

Nach über einer Stunde, gegen 17 Uhr, werde ich zum Verhör geladen. Der zuständige Polizist ist um die 40, trägt Jeans und Pullover und raucht in seinem kleinen Büro Kette. Veysel und ich rauchen auch. Obwohl es ernst wird, fühle ich mich wohler als beim Tee mit den Polizeioberen.

Der Beamte will wissen, wie ich in diese Chatgruppe geraten bin und wen ich aus der Gruppe kenne. Wie mit meinen Anwälten abgemacht, wiederhole ich stets, dass ich von meinem Recht auf Aussageverweigerung Gebrauch machen und beim Staatsanwalt aussagen werde. Nach nur vier Fragen, die sich alle um diese Albayrak/Red-Hack-Sache drehen, ist Schluss. Nicht einmal meine *Welt*-Texte zum Thema tauchen auf. Danach telefoniert der Polizist mit Staatsanwalt Yılmaz, mit dem zwischendurch auch Refik spricht. Wir möchten sofort zu ihm, was Yılmaz ablehnt. Es sei spät geworden. Die Polizei solle mich über Nacht behalten, er werde mich am nächsten Tag rufen.

Während der Polizist den Papierkram erledigt, rauchen wir auf dem Flur eine letzte Zigarette. »Vielleicht haben sie nicht alles abgefragt. Aber das ist so dürftig, wir sollten noch nicht an die Öffentlichkeit gehen«, rät Veysel. Über sein Telefon spreche ich mit Daniel und Dilek: »Die haben keine Ahnung, wir ziehen die Interviews zurück«, rufe ich euphorisch. Die Kollegen, die mich am Vorabend interviewt haben, sind nicht begeistert, zeigen aber Verständnis.

Dann verabschiede ich mich von den Anwälten. Die kleine Tasche, die Dilek gepackt hat, gebe ich ihnen mit. Das hier wird nicht lange dauern. Ein Beamter führt mich ins Kellergewölbe, ich werde fotografiert, frontal und im Profil, zudem werden Fingerabdrücke genommen. Dann geht es in den Zellentrakt.

Der Keller des Polizeipräsidiums Vatanstraße: Ich kenne Menschen, die noch in den Neunzigerjahren hier gefoltert wurden. Gonca zum Beispiel, die auf einer Studentendemonstration festgenommen worden war und der noch Jahre später beim Lachen die Brust schmerzte, weil die Wunde nie richtig verheilt war.

Ganz verstummt sind Meldungen über solche Misshandlungen nie. Und nach dem Putschversuch veröffentlichte die staatliche Nachrichtenagentur *Anadolu* Bilder von Putschisten, die nach ihrer Festnahme geschlagen worden waren – nicht als journalistische Enthüllung, sondern im Auftrag der Staatsmacht, um Rachegelüste zu bedienen.

Doch die systematische Folter wurde unter der AKP-Regierung abgeschafft, wie sie es mit ihrer Parole »Null Toleranz für Folter« angekündigt hatte. Ein zivilisatorischer Fortschritt – aber einer mit Kehrseite: Die alte Justiz, auch die Militärjustiz, ließ foltern, weil sie Geständnisse, also Beweise, wollte. Die Gülenisten-Justiz verzichtete auf Folter, weil sie Beweise manipulierte. Die heutige Justiz verzichtet ganz auf Beweise.

Und es sind ja nicht allein die Polizisten: Auf welche Leute werde ich hier treffen, wie werden die auf mich reagieren? Ich habe ein mulmiges Gefühl, als hinter mir die Gittertür ins Schloss fällt.

Die Zelle ist klein und dunkel. Fenster gibt es keins, nur durch die grellen Neonlampen auf dem Korridor fällt ein wenig Licht. Mein Zellengenosse lindert meine Unsicherheit nicht, im Gegenteil. Der Mittdreißiger, ein ehemaliger Polizist der Antiterrorabteilung, wie ich später erfahre, liegt auf einer Matratze und lugt kurz unter der Decke hervor. Eher um mich zu mustern denn zu begrüßen.

Gleich darauf ruft jemand aus der Nebenzelle nach mir. Da die Frontseiten komplett aus Gitterstäben bestehen, kann man sich leicht verständigen. Mein Nachbar ist Anfang 40, Makler und Aktivist der HDP in einer Vorstadt. Er wurde mit rund 25 Mitstreitern festgenommen. Haydar nenne ich ihn hier.

Kaum sind die entscheidenden Stichworte gefallen, fragt er: »Bist du etwa der ausländische Journalist, der Davutoğlu in der Livesendung nach Cizre gefragt hat?« – eine Anspielung auf jene Pressekonferenz ein Jahr zuvor, nach der ich die Türkei verlassen musste. Als ich bejahe, ruft Haydar: »Freunde, wir begrüßen unter uns den Journalisten, der Davutoğlu live nach Cizre gefragt hat!« Donnernder Applaus! Vom Tee beim Polizeichef geradewegs zum Applaus im Polizeikeller – dieses Land hat einen eigenwilligen Humor.

Mit dieser Begrüßung sorgt Haydar dafür, dass sich meine Ängste schlagartig verflüchtigen. Und sie bestätigt mir gleich in den ersten Minuten, weshalb ich hier bin: weil ich meinen Job als Journalist gemacht habe. Ein gutes Gefühl.

Haydar und seine Leute wurden im Vorfeld des 15. Februar festgenommen, dem Jahrestag der Verhaftung von PKK-Gründer Abdullah Öcalan im Jahr 1999, seither ein festes Datum im kurdischen Protestkalender. Haydar ist ein quirliger, asterixhafter Typ, intelligent und sympathisch. Er kümmert sich um seine jüngeren Mitstreiter und besonders rührend um seinen Zellengenossen. Der war schon bei seiner Festnahme krank, nun muss er sich wegen des miesen Essens ständig übergeben. »Die Polizei hatte einen Fahndungsbefehl für meinen Bruder«, erzählt Haydars Zellengenosse. »Wir haben ihnen gesagt, dass er gerade seinen Wehrdienst ableistet. Darauf haben sie mich mitgenommen.« »So etwas wäre zu meiner Zeit nicht passiert«, murmelt der Ex-Polizist neben mir.

Ich rechne damit, am folgenden Tag zum Staatsanwalt gebracht zu werden. An diesem Mittwoch kommen die ermittelnden Polizisten tatsächlich. Aber sie wollen nur wissen, ob der Schlüssel, den sie mir abgenommen haben, zu meiner Wohnung in Beşiktaş gehört. Sie werden eine Hausdurchsuchung machen.

Auch am Donnerstag passiert nichts. Nur Ferat – meine Anwälte wechseln sich täglich ab – zeigt mir ein Foto: ein verstrahlt-kitschiges Motiv, das an Publikationen der Psychosekte Scientology erinnert. Ganz falsch ist dieser erste Gedanke nicht. Es handelt sich nämlich um das Cover eines Buches von Fethullah Gülen. Aber was hat das mit mir zu tun? »Das wurde in deiner Wohnung gefunden.«

Die Wohnung mit dem fantastischen Bosporusblick hatte ich möbliert gemietet. Die Eigentümer hatten vorher selber dort gewohnt. Gefunden wurde das Buch in einer Abstellkammer, die ich nur für meine Koffer und für das Katzenklo benutze. Ich kam nie dazu, die Vermieter zu fragen, ob sie den Krimskrams, den sie beim Umzug dort zurückgelassen haben, abholen möchten oder ich alles wegwerfen soll. Betrachtet habe ich dieses Zeug nie.

Meine Vermieter habe ich als überzeugte Kemalisten kennengelernt, wie so viele Einwohner der säkularen Hochburg Beşiktaş. Dennoch könnte es sein, dass sie oder ihre Kinder mal etwas von Gülen lesen wollten, galt dieser doch als »wertvolle Persönlichkeit«, wie es der damalige Vizeregierungschef und spätere Justizminister Bekir Bozdağ im Jahr 2011 formulierte. Vielleicht lag das Buch auch der Tageszeitung *Zaman* bei, die nur darum zeitweise eine Auflage von mehr als einer Million Exemplaren erreichte, weil Gülen-Anhänger mehrere Dutzend oder noch viel mehr Ausgaben abonnierten und kostenlos verteilten.

Auch in meinem Regal in Berlin stehen genug Sachbücher *(Mein Kampf, Deutschland schafft sich ab)*, mit deren Verfassern ich nicht identifiziert werden möchte. Doch beim Verlassen der Wohnung habe ich zwei Öcalan-Titel mitgenommen. Eine Razzia ist kein guter Moment für Grundsatzdebatten. Hätte ich von diesem Buch gewusst, ich hätte es weggeworfen. Jetzt ärgere ich mich.

Zudem erzählt Ferat, dass er einen Blick ins Insassenverzeichnis des Gewahrsams werfen konnte. Dort würde ich unter FETÖ geführt, also als Mitglied der Gülen-Organisation. »Och nö, wenn schon Terror, dann nicht die«, sage ich.

Meine Festnahme haben wir noch nicht bekannt gegeben. Aber Staatsanwalt Yılmaz lässt nichts von sich hören und ist für meine Anwälte nicht mehr zu sprechen. »Wenn ich morgen nicht zum Haftrichter gebracht werde, machen wir das öffentlich«, lasse ich Daniel ausrichten, der in Istanbul geblieben ist.

Man kann für solche Situationen keine allgemeinen Verfahrensregeln aufstellen. Was richtig ist und was falsch, hängt von den Umständen wie von den Betroffenen ab. Als Marcus Hellwig und Jens Koch im Jahr 2010 im Iran verhaftet wurden, behandelte die *Bild am Sonntag* im Einvernehmen mit der Bundesregierung und den Angehörigen die Sache diskret. Auch die anderen deutschen Medien hielten sich zurück, während der damalige türkische Präsident Gül vermittelte. Beide finden diese Diskretion auch im Nachhinein richtig. Allerdings lässt sich das oberste Gebot der klassischen Diplomatie – Klappe halten! – angesichts der gestiegenen Bedeutung der *public diplomacy* heute nur schwer durchhalten.

Ich jedenfalls habe nach 51 Tagen in der Residenz und drei im Keller genug. Das Schweigen gibt mir das Gefühl, als hätte ich etwas Ehrenrühriges getan. Ich will nicht länger abhängig von der Bundesregierung sein. Und jederzeit könnte die AKP-Presse das Thema aufgreifen. Es ist Zeit, in die Offensive zu gehen.

Am Freitagmittag, dem 17. Februar 2017, kommt Veysel mit einer Notiz von Daniel: »Das AA meint, wir sollten noch warten, bis ...« – weiter lese ich nicht und fauche Veysel an: »Ich will nicht in diesem Loch verrotten. Wir gehen heute an die Öffentlichkeit.« »Ich bin dein Anwalt«, antwortet Veysel ruhig. »Wenn du das willst, unterstütze ich dich.«

Gegen 15.30 Uhr gibt die *Welt* meine Festnahme bekannt. »Das gesamte Team von *WeltN24* steht hinter Deniz Yücel«, twittert Ulf Poschardt. Maik Söhler, in der *Jungle World* mein Ausbilder und in der *taz* mein Kollege, erfindet in einem *taz*-Tweet das Motto der bald beginnenden Kampagne: #FreeDeniz.

Am Samstagabend treffen sich in Berlin meine Freunde. »Was würde Deniz tun?«, fragen sie sich. Die erste Idee hat Matthias Neumann, Kameramann und Flörsheimer wie Doris und ich: »Korso fahren!« Der Freundeskreis FreeDeniz tritt an die Öffentlichkeit und mit ihm der Autokorso als politische Protestform.

In den folgenden Tagen fordern die Türkische Gemeinde, das deutsche PEN-Zentrum sowie die Journalistenverbände DJV, dju und Reporter ohne Grenzen meine Freilassung. Zahlreiche Politiker melden sich mit ähnlich lautenden Erklärungen zu Wort, darunter Außenminister Sigmar Gabriel, Justizminister Heiko Maas und Kanzlerkandidat Martin Schulz (alle SPD), der Vorsitzende des Menschenrechtsausschusses des Bundestages, Michael Brand (CDU), Cem Özdemir und Claudia Roth (Grüne) sowie Sevim Dağdelen und Sahra Wagenknecht (Linke). 160 Bundestagsabgeordnete aus allen Fraktionen unterzeichnen einen von Niels Annen (SPD) und Omid Nouripour (Grüne) initiierten offenen Brief an den türkischen Botschafter, in dem sie dazu aufrufen, mir und meinen Kolleginnen und Kollegen »freie Arbeit zu ermöglichen«.

Angela Merkel lässt über Steffen Seibert wissen, sie habe am Rande der Münchner Sicherheitskonferenz mit Ministerpräsident Yıldırım über mich gesprochen und deutlich gemacht, dass sie »eine faire und rechtsstaatliche Behandlung« erwarte. Der Grünen-Abgeordnete Özcan Mutlu reist zweimal nach Istanbul, wo er sich – vergeblich – um eine Besuchserlaubnis bemüht. Auch türkische Politiker, darunter Oppositionsführer Kemal Kılıçdaroğlu von der Republikanischen Volkspartei (CHP) oder der aus Biberach stammende HDP-Abgeordnete Ziya Pir kritisieren meine Festnahme. Solidarität kommt auch aus dem übrigen Europa, etwa in Form eines gemeinsamen Aufrufs der Chefredakteure von sechs namhaften Zeitungen aus der Schweiz, Frankreich, Italien, Spanien und Belgien.

Aufseiten der türkischen Regierung hingegen hält man sich zurück. Einzig Yıldırım sagt, als er in München von Journalisten nach mir gefragt wird, dass der Fall bei der Staatsanwaltschaft liege und er keine Einzelheiten kenne. Am Samstag, einen Tag nachdem wir meine Festnahme bekannt gemacht haben, wirbt er vor 10 000 Zuhörern in Oberhausen für das Verfassungsreferendum. »Wer bei uns Meinungsfreiheit beansprucht, sollte auch selbst Rechtsstaat und Pressefreiheit gewährleisten«, kommentiert Justizminister Maas. Mit demselben Argument fordern insbesondere Politiker der Opposition, die geplanten Veranstaltungen mit Erdoğan zu verbieten. Sie werfen der Bundesregierung vor, sie habe auf meine Festnahme viel zu zurückhaltend reagiert und sei – womöglich aus Sorge um das Flüchtlingsabkommen – zu nachsichtig gegenüber der Türkei.

All diese Details werde ich erst viel später erfahren. Im Gewahrsam kommen nur Informationsfetzen an. Die Anwälte bringen mir Zeitungsausschnitte, aber zum Lesen reicht die Besuchszeit nicht. So sind es eher Bilder, die mir im Gedächtnis bleiben: vom ersten Autokorso in Berlin und von dem in Flörsheim, den meine Schwester Ilkay organisiert hat. Vom Springer-Gebäude mit der Anzeigetafel auf dem Dach, die nun mein Konterfei zeigt, verbunden mit der Aufschrift »FreeDeniz«. Von der Abschlussveranstaltung der Berlinale, im Hintergrund ein riesiges Porträt von mir auf der Leinwand, auf der Bühne der Festivaldirektor Dieter Kosslick mit geballter Faust. Doris und Imran Ayata, Schriftsteller und Chef einer Werbeagentur, hatten die Idee, Kosslick war sofort zu einer Solidaritätsadresse bereit. Ich bin jedes Mal sehr gerührt.

Trotzdem lasse ich Daniel ausrichten, dass die *Welt* ja am Thema bleiben solle. Wie schnell wird manchmal etwas zu einem medialen Großthema – und verschwindet ebenso schnell. Doch in meinem Fall ist dieser Hinweis unnötig. Ich habe noch nicht begriffen, wie nahe meinen Kollegen, aber auch vielen anderen Menschen die Sache geht.

Doris wird später festhalten: »Es ist bemerkenswert, wie sehr das Thema ein Jahr lang in der Öffentlichkeit geblieben ist, obwohl es nach der Verhaftung praktisch keine neuen Nachrichten mehr gab.«

In diesen Tagen kommt Ferat mit einer Aufmerksamkeit von Dilek: Haribo *Saure Pommes*. In der Türkei ist diese Sorte nicht im Handel; bei Besuchen in Deutschland stopfe ich meine Tasche damit voll – zusammen mit italienischem Espresso, französischem Käse und türkischer Sucukwurst (mein Lieblingssucuk wird in Köln hergestellt). Unter den Zeitungsausdrucken reicht mir Ferat die Haribos. Plötzlich habe ich etwas Bröseliges im Mund: vom Backenzahn ist ein Stück abgebrochen. Doch damit sind auch die Schmerzen verschwunden. Tagelang habe ich mit Anwälten und *Welt*-Kollegen, mit Diplomaten und Beamten über die Zahnfrage konferiert. Und die Lösung ist eine halbe Tüte Haribo *Saure Pommes*. Schade, dass sich nicht alle Sorgen so einfach wegkauen lassen.

Schon nach einem Tag wurde der Ex-Polizist aus meiner Zelle vor Gericht gebracht. Ich bleibe kurz allein, dann kommt passenderweise ein Zahnarzt. Er ist Mitte 30, ihm wird vorgeworfen, den Messengerdienst ByLock benutzt zu haben, von dem es heißt, nur Mitglieder der Gülen-Organisation hätten darauf Zugriff gehabt. »Ich weiß jetzt: Nur die Familie zählt, alles andere ist unwichtig«, sagt er. Vielleicht stimmt das ja. Aber ein paar Stunden Polizeigewahrsam finde ich arg kurz für solche großen Weisheiten. Der Mann ist umgänglich, aber auch etwas spröde. Und bei fast allem, was er sagt, habe ich das Gefühl, ich hätte es schon einmal gehört – und sei es zuvor aus meinem eigenen Mund.

In den Zellen ganz am Ende des Korridors ist eine Gruppe ehemaliger Polizisten untergebracht. Ihrem Alter und Gebaren ist anzumerken, dass sie einst leitende Funktionen ausübten. Sie beten regelmäßig, sind ansonsten aber recht schweigsam. Mich bewegt das Schicksal eines anderen Polizisten, der nicht zu dieser Gruppe gehört. Garip nenne ich ihn hier. Ein einfacher Beamter und warmherziger, aber etwas schlichter Mensch Ende 20, dessen Familie am Schwarzen Meer lebt, während er im Osten im Einsatz ist. Er sei nach Istanbul gekommen, um den Inhalt eines Schließfaches bei der Bank Asya abzuholen, also der zuerst zwangsverstaatlichten und dann liquidierten Bank der Gülen-Organisation.

»Ich hatte mit Gülen nie etwas zu tun; ich brauchte nur ein Schließfach, und bei der Bank Asya war das am billigsten«, erzählt Garip. Ob das stimmt, weiß ich nicht, zumindest kommt mir das glaubwürdiger vor als die ähnlich lautenden Beteuerungen der ehemaligen Polizeioffiziere. Und es passt zum Gesamtbild nach dem Putschversuch: Einfache Kunden der Bank Asya leben gefährlicher als die für die Bankenaufsicht zuständigen Politiker; Eltern, die bloß ihre Kinder auf eine Gülen-nahe Schule geschickt haben, sind bedrohter als jene Politiker, die diesen Schulen einst die Zulassungen erteilten. Nach dem Putschversuch hatte Erdoğan »Gott um Vergebung und mein Volk um Entschuldigung« dafür gebetet, sich in Gülen getäuscht zu haben. Seither fahndet man überall nach mutmaßlichen Gülenisten, nur nicht in den Reihen ihrer ehemaligen Komplizen, der AKP.

Und grundsätzlich: Die ebenso konservative wie elitäre Gülen-Gemeinde war bis vor Kurzem nicht verboten. Sie hatte nicht nur einen konspirativen, sondern auch einen zivilen Flügel. Die Mitgliedschaft allein ist kein Verbrechen.

Garip kennt niemanden in Istanbul. Und er hat nur für wenige Tage Wäsche zum Wechseln. Ich schenke ihm ein Paar Socken, Haydar hilft mit einer Unterhose aus. Ein eingesperrter Polizist, der in den Socken eines »deutschen Agenten« und der Unterwäsche eines »kurdischen Terroristen« im Gewahrsam sitzt – man könnte das weiß Gott wie politisieren, was Haydar und ich aber nicht wollen.

Ich frage meine Anwälte, ob sie einen Verteidiger für Garip finden können. Leicht ist das nicht. Denn die meisten Anwälte weigern sich, ob aus politischen Gründen oder Angst oder beidem, das Mandat für mutmaßliche Gülenisten zu übernehmen. Die übrigen verlangen oft horrende Summen. Doch Garips 14 Tage sind abgelaufen. Er muss mit einem Pflichtverteidiger auskommen.

Am Wochenende füllt sich der Gewahrsam weiter: knapp fünfzig Leute aus Arnavutköy; Katasterbeamte, Anwälte, Makler. Der Bezirk, weit außerhalb im Nordwesten von Istanbul, ist einer der ärmsten der Stadt. Im Jahr 2014 wurde dort der Grundstein für den neuen Flughafen gelegt, der nach nur vier Jahren Bauzeit eröffnet wurde und der größte der Welt werden soll. Auch im Zusammenhang mit diesem Prestigeobjekt der Erdoğan-Regierung wurden Korruptionsvorwürfe erhoben. Verwundern würde das nicht, schließlich tauchte der Name des Bauunternehmers Mehmet Cengiz, der mit weiteren regierungsnahen Firmen den Zuschlag für dieses Milliardenprojekt erhielt, bereits im Korruptionsskandal von 2013 auf. Doch die Leute aus Arnavutköy sind eine ganz andere Nummer; allenfalls ein lokaler Fall von Kleine-Leute-Korruption.

In unsere Zelle kommt Nazmi dazu. Anfang 40 und Makler, ein angenehmer Mensch. Der Sonntag ist für die HDP-Leute der letzte Tag, bevor ihre 14-Tage-Frist abläuft. Als sie am Nachmittag vom medizinischen Check-up zurückgebracht werden, ist die Gruppe aufgewühlt. Einige schreien, andere skandieren »Die Menschenwürde wird die Folter besiegen!«. Auch die Polizisten brüllen. Was ist passiert? Auf dem Weg zum Arzt kam es zu Übergriffen der Polizisten; keine brutale Gewalt, nur Schubsen und Treten. »Genau davor haben uns die Anwälte gewarnt«, ruft Haydar. »Die haben gegen uns nichts in der Hand, darum wollen sie uns provozieren. Wir bleiben aber ruhig, okay?«

Er kann seine Leute besänftigen. Am Abend feiern wir eine Art Abschiedsparty. Einer der HDP-Jungs singt einige Lieder, dann steigt der Leiter des Katasteramtes ein, die beiden wechseln sich ab. Manche Lieder singen wir im Chor, allen voran Sabahattin Alis *Gefängnislied V* (mit einem wunderschönen, aber kaum übersetzbaren Refrain, der mit »Brich nicht, mein Herz« nur unzureichend wiedergegeben ist). Ein Anwalt und ich erzählen zwischendurch Geschichten. Ich entscheide mich für Kafkas *Vor dem Gesetz* und die griechische Sage *Philemon und Baucis*. Diese Geschichte der Liebenden, die sich nichts mehr wünschen, als den Tod des anderen nicht erleben zu müssen, geht allen zu Herzen. Haydar lässt es sich nicht nehmen, die Katharsis zusammenzufassen: »Was uns Genosse Deniz sagen will, ist, dass die Liebe das kostbarste Gut ist, das wir haben.«

Am Montag werden die HDP-Aktivisten zum Haftrichter gebracht. Der Abschied von Haydar geht mir nahe. Während wir versuchen, uns durch die Gitterstäbe zu umarmen, steckt er mir seinen größten Schatz zu: einen Nagelknipser. Er und seine Leute sind die Einzigen, von denen ich erfahre, wie die Verhandlung ausgeht – sie kommen auf freien Fuß. Später wird ihn Daniel für die *Welt* interviewen.

Am Dienstag verlängert der Staatsanwalt meinen Gewahrsam um weitere sieben Tage. Am selben Tag wird die Arnavutköy-Gruppe dem Haftrichter vorgeführt. Für ein paar Stunden kehrt Stille ein. Doch am Nachmittag kommt der Ertrag einer Großrazzia: Mitglieder zweier Gangs aus einem Armeleuteviertel im anatolischen Teil der Stadt. In meine Zelle wird der Wortführer der Gruppe gesperrt, aus der drei Leute festgenommen wurden. Ein kleiner hyperaktiver Mann Ende 30, der unentwegt in der winzigen Zelle Runden dreht. Er erinnert an Al Pacino in *Scarface* und ist in etwa im selben Gewerbe tätig. Mehmet soll er hier heißen.

Als er die Zelle betritt, begrüßen wir uns höflich. Der Zahnarzt, der noch kurze Zeit mit uns verbringen wird, ist in seine eigene Welt versunken. Mehmet und ich mustern uns. Irgend so ein Vorstadtgangster, denke ich. Was Mehmet in diesem Moment denkt, wird er mir bald verraten: »Journalist? Wenigstens ein kultivierter Typ.« Dieses Selbstbewusstsein gefällt mir. Und er ist zwar nicht belesen, aber intelligent. Einer, der sich zivilisiert zu benehmen weiß, dem man aber auch anmerkt, dass er schnell explodieren und dann gewalttätig werden kann.

Ganz anders der Kerl, der in die Zelle nebenan kommt. Osman, wie er hier heißen soll, ist Wortführer der konkurrierenden Gang, aus der es gut 20 Leute getroffen hat. Anfang 30, laut, streitsüchtig, vulgär. Immer wenn die Frauen, die in den Zellen am Anfang des Korridors sitzen, an uns vorbei zur Toilette geführt werden, beginnt er eine anzügliche Unterhaltung mit seinen Kumpanen. Den Frauen wird der ohnehin unangenehme Gang zur Toilette noch peinlicher.

Irgendwann bitte ich Osman, sich in Gegenwart der Frauen zurückzuhalten. »Ey, wer bist du denn?«, keift er. »Halt dich raus, sonst komme ich rüber.« »Lass den Idioten, der ist es nicht wert«, flüstert Mehmet. In den folgenden Tagen komme ich mit den anderen aus Osmans Gang ins Gespräch. Nur mit ihm bleibt es schwierig. Und er redet unterbrochen. »Der Ausnahmezustand gilt nur für Terroristen, für FETÖ und die PKK, nicht für uns«, ruft er seinen Freunden zu. »Ohne Ausnahmezustand könnten sie dich keine 14 Tage hier festhalten, du Trottel«, kommentiert Mehmet so leise, dass nur ich es höre.

Seit einem guten halben Jahr verkündet die Regierungspropaganda, dass sich der Ausnahmezustand nicht gegen unbescholtene Bürger richte. Aber dass sogar jemand, der dessen Folgen am eigenen Leib zu spüren bekommt, immer noch an diese Lüge glaubt, muss man erst einmal hinkriegen. Respekt, Erdoğan, denke ich – und bin froh, dass Mehmet in meiner Zelle gelandet ist und nicht dieser Kerl.

Wie Haydar und Nazmi ist auch Mehmet Kurde. Er kam als Kind nach Istanbul, arbeitete als Straßenverkäufer, schlief auf Parkbänken, geriet mit dem Gesetz in Konflikt und landete im Knast. Er sagt so poetische Sätze wie: »Hätte ich die Politik gewählt, wäre ich in die Berge gegangen. Aber ich habe mich für die Wirtschaft entschieden.«

»Berge« steht als Chiffre für die PKK-Guerilla, »Wirtschaft« für Kriminalität. Viele, die in den Neunzigerjahren, auf dem Höhepunkt des schmutzigen Krieges, in den Westen des Landes kamen und sich hier etwas aufgebaut haben, interpretieren ihre Karrieren politisch: »Für ein kurdisches Kind, das im Krieg aufgewachsen ist, ist das ein großer Erfolg«, sagen sie. Von Wissenschaftlern, Unternehmern oder Clubbetreibern habe ich dergleichen oft gehört, nun höre ich das zum ersten Mal von jemandem aus dem kriminellen Milieu.

Doch wie Mackie Messer oder Michael Corleone träumt Mehmet davon, das Fach zu wechseln. In einer westtürkischen Stadt hat er ein Stück Land gekauft. »Dort soll ein Industriegebiet entstehen. Wenn die Bebauung kommt, werde ich diese Penner hinter mir lassen.« Mit diesem Geld will er ein neues Leben anfangen, seine Freundin heiraten, Familie, Kinder. »Das solltest du tun«, sage ich ganz sozialpädagogisch.

Heiraten will ich auch. Dileks Antrag ist erst wenige Wochen her. Sie ist väterlicherseits tscherkessischer Herkunft, stammt also aus einem kaukasischen Volk, das Mitte des 19. Jahrhunderts aus Russland vertrieben wurde, wobei die Deportation die Ausmaße eines Genozids annahm. Wer um die Hand eines tscherkessischen Mädchens anhalten will, so heißt es, müsse als Mutprobe ein Pferd stehlen. »Du musst mir dabei helfen«, sage ich. »Kein Problem«, antwortet Mehmet. »Aber wo gibt es heutzutage noch Pferde? Finde du das Pferd, wir erledigen den Rest.« Es könnte der Beginn einer wunderbaren Freundschaft werden.

Auch Mehmet weiß nicht, was genau ihm vorgeworfen wird. Während er seine Runden in der Zelle dreht und ich auf der Matratze sitze, analysieren wir mal meine, mal seine Lage. Was mich anbetrifft, ist er sich, wie ausnahmslos alle hier, sicher: »Dich werden sie nicht verhaften.« Für ihn ist ebenfalls das Dezernat für organisierte Kriminalität zuständig, wenngleich eine andere Einheit. Die Gangmitglieder sind die Einzigen, die man nie zum medizinischen Check-up bringt.

Stattdessen beginnt die Polizei, sie einzeln zu einem »Interview« zu holen. Mehmet weiß, dass ein Verhör ohne Anwalt illegal und so etwas wie ein »Polizei-Interview« unzulässig ist. Doch er ist zu der Überzeugung gelangt, dass diese Razzia nicht seiner Gruppe galt. Darum will er sich diesem »Interview« nicht verweigern. Nach zwei Stunden kommt er zurück und freut sich lausbübisch: Die Polizisten haben ihm die Mitschnitte einiger seiner Telefongespräche vorgespielt. Auf einem ging es auch um das bevorstehende Verfassungsreferendum. »Und, wirst du mit Nein stimmen?«, hat ihn sein Gesprächspartner gefragt. »Spinnst du, nur die Terroristen sagen Nein«, lautete Mehmets Antwort.

Ob er wirklich mit Ja stimmen wird? »Quatsch! Ich habe mir gedacht, dass ich abgehört werde, darum habe ich das mit dem Referendum gesagt. Und jetzt spielen sie mir genau dieses Gespräch vor.« Ich muss laut lachen. Wir reden über die geplante Verfassungsreform zur Einführung eines Präsidialsystems. Irgendwann fragt Mehmet, wie die deutsche Verfassung beginnt. »Die Würde des Menschen ist unantastbar«, sage ich. »Astrein!«, ruft er. »So muss es sein!«

Im Laufe des folgenden Jahres werde ich immer wieder Sätze sagen, die mit der Formulierung beginnen »Bei uns in Deutschland ist das ja so …«. Angesichts meiner politischen Biografie etwas gewöhnungsbedürftig.

Mit den Polizisten komme ich gut aus. »Leg dich nicht mit denen an, das bringt nichts«, riet mir Veysel bei seinem ersten Besuch. Tatsächlich verhalte ich mich höflich und meist freundlich, aber nicht servil. Im türkischen Kino der Siebzigerjahre konnte man, ähnlich wie in früheren Hollywoodfilmen, beim ersten Auftritt einer Figur oft bereits an der Hintergrundmusik erkennen, ob es sich um einen guten oder bösen Charakter handelte. Bei vielen heutigen türkischen Serien ist es immer noch so. Diese Muster funktionieren auch in der Realität. Es kann mir nur nützen, wenn die Polizisten mich als *guten Jungen* einordnen.

Und das tun sie. Der Chef der Gewahrsamsabteilung, ein großer, kräftiger Polizeioffizier Mitte 30, ist zu den übrigen Gefangenen zwar nicht beleidigend, aber laut und grob. Mich brüllt er nicht an; stattdessen kommt er gelegentlich zum Plaudern. Sogar ein Buch leiht er mir: den Roman *Yol Ayrımı* (»Scheideweg«). Dessen Verfasser, der Sozialist Kemal Tahir, wurde 1938 gemeinsam mit Nâzım Hikmet verurteilt. Dass mir ein Vollstreckungsbeamter des Staates, der mich gefangen hält, den Roman eines Autors empfiehlt, der von ebendiesem Staat zwölf Jahre in den Kerker gesperrt wurde, entbehrt nicht einer gewissen Ironie.

Bücher sind hier im Gegensatz zu Zeitungen erlaubt. Ich habe Dilek um Oğuz Atays *Die Haltlosen* gebeten, das erste postmoderne Werk der türkischen Literatur. Aber mehr noch als lesen will ich schreiben. Es darf ihnen nicht gelingen, mich zum Schweigen zu bringen. Und es gibt ja viel zu erzählen … Doch Papier und Stift sind verboten. Das finde ich fast das Schlimmste am Polizeigewahrsam. Noch mehr zu schaffen macht mir nur eines: das Rauchverbot. Das aber lässt sich mit Nikotinpflastern umgehen, die leicht zu schmuggeln sind.

Schwieriger ist das Problem mit Papier und Stift. Nach einigen Tagen beginne ich zu experimentieren: Atays 720-Seiten-Roman nehme ich als Papierersatz. Dazu versuche ich es mit einer abgebrochenen Plastikgabel als Feder und der roten Soße der Essenskonserven als Tinte. Weit komme ich damit nicht. Die Gabelspitze erlaubt kein filigranes Schreiben, auf eine Buchseite passen nur wenige Worte. Und die Soße ist zwar dick genug, um die Druckbuchstaben zu überdecken, aber auch extrem fettig. Die Folge: viel zu lange Trocknungszeit.

Ein paar Tage später ergibt sich bei einem Arztbesuch ein unbeobachteter Moment: ein Stift direkt vor meiner Nase! Ich greife sofort zu und schmuggle den Kugelschreiber an der Leibesvisitation vorbei in meine Zelle. Ich werde nur oberflächlich durchsucht – bin ja ein *guter Junge*.

Papier habe ich allerdings immer noch nicht. Aber ich habe ein weiteres Buch: *Der kleine Prinz*, türkische Ausgabe. Dilek hat es den Anwälten mitgegeben. Ohne jeden Hintergedanken, außer vielleicht dem, uns beide an den großen Satz »Du bist für deine Rose verantwortlich« zu erinnern. Doch ich erkenne, welch wertvollen Dienst mir Antoine de Saint-Exupéry erwiesen hat, indem er um die Zeichnungen wie um den Text so üppigen Weißraum ließ. Auf diesen freien Platz schreibe ich meinen Erfahrungsbericht. Bei schummrigem Licht, heimlich unter der Bettdecke.

Mehmet passt auf, ob ein Polizist auf den Korridor kommt. Kurz bevor ich fertig werde, sagt er: »Ich habe überlegt, ob ich dich verpfeifen soll, um mich einzuschleimen.« »Das weiß ich«, antworte ich. »Aber ich wusste, dass du das nicht machen würdest.«

Nach getaner Arbeit lege ich das Buch in die schmutzige Wäsche, die ich einem der Anwälte mitgebe. Da wir nicht wirklich unter vier Augen sind, kann ich nicht erzählen, was da in der Tüte mit den benutzten Socken versteckt ist. Hauptsache, *Der kleine Prinz* kommt bei Daniel und Dilek an. Sie tippen das Manuskript ab und kürzen es – teils aus Platzgründen (ich habe mehr als eine Zeitungsseite geschrieben), teils aus Sicherheitsgründen. Schließlich befinde ich mich noch in der Gewalt der Polizei, als der nachfolgende, hier gekürzt wiedergegebene Bericht am 26. Februar 2017 in der *Welt am Sonntag* erscheint.

Das Haftprotokoll

Bericht nach neun Tagen im Polizeipräsidium Istanbul, Vatanstraße. Der Korrespondent muss mal wieder was liefern. Wir sind ja nicht zum Spaß hier.

Sachverhalt: Seit dem Ausnahmezustand werden in der Türkei Festnahmen oft als Bestrafungsinstrument benutzt. Immer wieder sitzen Leute bis zu 14 Tage (bis vor Kurzem: bis zu 30 Tage) und werden danach laufen gelassen.

Zellengröße: 2,10 m × 3,5 m. Ziemlich genau gemessen durch Liegen. Höhe: 4 m (geschätzt).

Zellenausstattung: 2 betthohe, dicke Matratzen, dazu eine flache auf dem Boden. Blaues Kunstleder, Turnmatten-Style. Vier Decken, kein Kissen. Drei Wände Beton, Frontseite komplett Stahlgitter. Wände graugelb, Gitter braun.

Belegung: 2–3 Leute. Manchmal auch 4, ist mir bislang aber nicht passiert.

Essen: Morgens pappiges, kaltes Toastbrot mit Käse/Wurst. Mittags und abends Essen aus Konserven. Sieht immer gleich aus und schmeckt immer gleich elendig. Bohnen, Kichererbsen, Kartoffeln mit Fleisch. Das Schlimmste ist nicht mal der Geschmack, sondern der Geruch. Ich wärme die Konserven zwischen den Heizrohren der Heizung auf dem Korridor auf (so gut es geht).

Trinken: 3 × 0,5-l-Wasserflaschen täglich. Wenn man nachfragt, auch mehr. Nie Kaffee oder Çay.

Außenwelt: Man hört ab und zu die Straßenbahn. Sonst keine Geräusche und kein Tageslicht.

Licht: Auf dem Korridor brennt unentwegt dasselbe Neonlicht. In den Zellen ist es stets schummrig. Zu hell zum Schlafen, zu dunkel zum Lesen. Geht aber beides, irgendwie.

Zeit: Meine Zelle ist genau gegenüber der einzigen Uhr auf dem Korridor. Mitgefangene fragen mich immer wieder nach der Uhrzeit. Ich frage mich, ob es gut oder schlecht ist zu sehen, wie langsam die

Sekunden verstreichen. Es ist eine Fabrikuhr mit Sekundenzeiger, auf dem Zifferblatt eine türkische Fahne.

Luft: Miefig, stickig, stinkt nach Körpergerüchen. Die Polizisten sagen: »So leer wie in den letzten Tagen war es hier seit dem Putschversuch nicht mehr. Ihr hättet mal riechen sollen, als hier in jeder kleinen Zelle 5 Leute saßen.«

Kälte: Auch als es draußen noch kälter war, habe ich nicht gefroren. Ist gut beheizt.

Check-ups: Die meisten Gefangenen werden einmal am Tag zum medizinischen Check-up gebracht. Entweder zu Fuß in eine kleine Klinik unmittelbar am Gelände. Oder mit Auto bzw. Bus in eines der benachbarten Krankenhäuser. Wichtig, weil das die einzigen Minuten frische Luft und Tageslicht sind.

Ärzte: Die wollen nicht mehr als pro forma das Fehlen von Folterspuren feststellen. Um jede Minute Aufmerksamkeit und jedes Medikament musste ich kämpfen. Das Gute: Bislang habe ich alle diese Kämpfe gewonnen.

Medikamente: Alles, selbst Vitaminpräparate, muss ärztlich verschrieben werden. Auf dem Rückweg besorgt ein Polizist die Medikamente, ich bezahle, zweimal am Tag ist Ausgabe.

Mein Zustand: Mir geht es ganz gut. Für die gesundheitlichen Probleme (Magen-Darm) bekomme ich die erkämpften Medikamente. Aber wenn ich nicht seit neun Tagen hier eingesperrt wäre, hätte ich diese Probleme nicht.

Toiletten: 4 Toiletten für bis zu 70 Gefangene auf dem Korridor. Fünfmal am Tag ist Klogang, meistens zwei, drei Zellen auf einmal. Wenn man bittet und der Polizist Lust hat, kann man auch zwischendurch. Es gibt Wasser, aber kein Klopapier.

Duschen: Auf meinem Korridor gibt es vier Duschen, wie ich einmal per Zufall gesehen habe. Aber dieser Raum ist verschlossen. Auf der Toilette im anderen Korridor ist in einer Kabine eine Dusche. Das warme Wasser reicht nur circa 10 Minuten. Der Duschkopf ist defekt, sodass die Sachen, die man über die Tür hängen muss, nass werden. Ergebnis bei 1 Dusche für 150 Leute: Ich habe in 9 Tagen zweimal geduscht. Standardantwort, wenn man solche Themen anspricht: »Das ist kein Hotel.« Ach nee, und ich dachte schon …

Sauberkeit: Tagsüber ist hier ein älterer Herr, den alle *dayı* (Onkel) nennen. Er verteilt mit einem Einkaufswagen das Essen, bringt den Müll weg und kehrt die Korridore. Dass er die Toiletten putzt, glauben wir nicht. Die Waschbecken hat jeden Morgen ein festgenommener pensionierter Polizist geputzt. Der ist jetzt weg. Und ich hatte Glück: Als ich ankam, waren die Decken noch leicht feucht, weil frisch gewaschen. Danach wurden keine Decken mehr gewechselt. Wer neu kommt, nimmt die des Vorbesitzers. Logisch. Ist ja kein Hotel.

Extras: Dreimal sind wir mit einem Auto in ein Krankenhaus in der Nähe gefahren. Die Polizisten haben geraucht und ich mit ihnen. (Danke dafür!) Und ich nehme jetzt ein Vitaminpräparat, das ich mir beim Arzt erkämpft habe.

Respekt: Das Folgende sage ich, weil es für einen ausländischen Journalisten auch anders ausgehen könnte: Alle Mitgefangenen zeigen mir viel Respekt. Für die wenigen, die älter oder etwa so alt sind wie ich (43), bin ich Deniz Bey, für die jüngeren Deniz Abi.[2]

Spiegel: Gibt es nicht. Neulich beim Arzt habe ich in den Spiegel geschaut: ziemlich grau. Liegt vielleicht am Bart. Mein voriger Zellengenosse sagte: »Du siehst aus wie Karl Marx.« Der für den Trakt verantwortliche Polizist sagt: »Karl Marx hatte recht. Die Leute sind verrückt nach Geld.« Und er sagt: »Schreib was Nettes über uns. Nicht dass du hieraus ein *Midnight Express* machst.« (In der Türkei sehr bekannter, aber unbeliebter US-Film über den türkischen Knast.) Soweit er kann, versucht der Chef, mir gegenüber hilfsbereit zu sein. Je länger ich hier sitze, umso netter werden alle zu mir. Und ich werde auch nett.

Besuche: Außer Anwaltsbesuchen kein Kontakt erlaubt. Anwaltsbesuch müsste hinter verschlossener Tür ablaufen. Aber Tür bleibt meistens offen. Draußen wartet ein Polizist. Nach ca. 20 Minuten fordert er, dass wir zum Ende kommen.

Schluss: Alle, die ich hier kennengelernt habe, haben mir gesagt: »Du musst das aufschreiben, Deniz Abi.« Ich habe gesagt: »Logisch, mach ich. Ist schließlich mein Job. Wir sind ja nicht zum Spaß hier.«

Die türkische Geschichte kennt unter sehr viel schwierigeren Umständen verfasste Kassiber. Das bekannteste stammt von dem *Cumhuriyet*-Journalisten Ilhan Selçuk. Nach dem Militärputsch vom März 1971

---

[2] *Abi*: Vertraulich-respektvolle Anrede für ältere Brüder und Männer, die älter sind als man selbst.

wurde er in ein inoffizielles Gefängnis verschleppt, in dem die Gefangenen systematisch gefoltert wurden. Sie wurden nicht nur verhört, sondern auch angehalten, schriftliche Aussagen zu machen. Selçuk schmuggelte die Botschaft »Hier wird gefoltert« nach draußen – in einem Akrostichon, das er in seiner Aussage versteckt hatte.

Selçuk hatte die Folter besiegt. Und auch ich empfinde im Moment der Übergabe nicht bloß ein Triumphgefühl. Sondern echtes, tiefes Glück. Wie es Nâzım Hikmet formuliert hat: »So ist es, Laz Ismail: Es geht nicht darum, gefangen zu sein, sondern darum, dass man sich nicht ergibt.«[3]

Und es hat ja Spaß gemacht. Selber lachen musste ich über meine Bemerkung neben der Zeichnung mit dem Affenbrotbaum: »Super Bild auch.« Ein nicht zum Abdruck bestimmter Gag, aber auch eine Botschaft: Bei mir alles okay.

Daniel ist beeindruckt. Im ersten Moment aber ist er sauer, weil er fürchtet, ich könnte damit die letzte Chance auf einen glimpflichen Ausgang verderben. Doch er weiß, dass ich alles andere als einen sofortigen Abdruck unverzeihlich finden würde. Meine Freude wiederum trübt sich leicht, als mir Veysel einen Ausdruck der Zeitungsseite zeigt. Ich wollte unbedingt, dass die *Welt* darlegt, wie dieser Beitrag entstanden ist: »Dass dieser Text erscheint, gibt mir genug Kraft, um ein paar (verbale) Schläge wegzustecken. Ich bestehe darauf.« Doch die Zeit reichte nicht, um das mit mir zu diskutieren. So haben Daniel, Dilek und die Anwälte entschieden, die Entstehungsumstände zu verschweigen.

Der Sonntag, an dem dieser Text erscheint, ist mein letzter Tag im Polizeipräsidium. Am selben Tag wird Osman, der streitsüchtige Gangsterführer aus der Nachbarzelle, gegen Mittag zum »Interview« geholt. Erst gegen fünf Uhr morgens, nach etwa 16 Stunden, wird er zurückgebracht. Ich wache vom Zuschlagen der Zellentür auf. Nachdem die Polizisten gegangen sind, höre ich Osman leise weinen. Beim

---

3 Laz Ismail (»Ismail, der Lase«) war der Spitzname des TKP-Funktionärs Ismail Bilen; die Lasen sind eine kaukasische Volksgruppe im Nordosten der Türkei.

ersten Toilettengang bitte ich einen Polizisten, mir aus meinem Bestand zwei Schmerzmittel zu bringen. Im Vorbeigehen stecke ich Osman die Tabletten zu. Er hat Mühe, die Hand auszustrecken. »Danke, Abi«, sagt er mit schwacher Stimme. Der großmäulige Schlägertyp hat sich in einen winselnden Haufen Elend verwandelt.

Nach dem Frühstück sage ich: »Osman, du weißt, ich bin Journalist. Wenn du willst, erzähl mir, was passiert ist.« Er beginnt zu reden, erst langsam und stockend, dann flüssiger. Ich stelle gelegentlich eine Nachfrage. Aber vorsichtig, denn Osman wirkt weiterhin zerbrechlich. Alle Insassen lauschen unserem Gespräch; nie habe ich in diesen 13 Tagen den Gewahrsam so still erlebt.

Aus dem, was Osman erzählt oder andeutet, ergibt sich für mich folgendes Bild: Er hat es in einer Art Doppelstrategie versucht: teils mackerhaft (»Ihr könnt mir gar nichts«), teils fraternisierend (»Wir sind doch alle Anhänger des *reis*[4]«). Doch bei den Beamten kam das nicht gut an. Irgendwann legten sie ihn bäuchlings auf einen Tisch und begannen, ihn mit Gummiknüppeln zu schlagen. Auf die Waden, immer wieder auf die Waden. Stundenlang. Irgendwann gestand Osman den Mord am Mitglied einer konkurrierenden Gang. Er unterschrieb ein Geständnis, dann wurde er zurückgebracht.

Osman verdient vielleicht ein paar hinter die Löffel und, falls er diesen Mord wirklich begangen hat, eine gerechte Strafe. Aber kein Mensch verdient Folter. Als Osman fertig mit seiner Erzählung ist, würde ich ihn gerne fragen, ob er immer noch glaubt, dass der Ausnahmezustand ihn nichts angehe. Doch das wäre in diesem Moment herzlos. Ich sage nur: »Schlaf jetzt.«

---

[4] *Reis* (gesprochen: *re-is*), »Anführer«, wird Erdoğan von seinen größten Fans genannt.

Kennst du den, Herr Staatsanwalt?

Ein alter osmanischer Witz geht so: Ein Pascha wird als Gouverneur nach Edirne entsandt. Er hat eine Idee, wie er seine Kasse füllen und zugleich seine Macht demonstrieren kann. In seinem Amtszimmer lässt er eine Ziege anbinden und empfängt dann nacheinander die Repräsentanten der nicht-muslimischen Gemeinden. »Was ist das?«, will er von jedem wissen. »Eine Ziege«, sagt der armenische Bischof. »Falsch«, antwortet der Gouverneur. »Zur Strafe müssen Sie 500 Goldstücke bezahlen.« Der griechische Bischof gibt dieselbe Antwort, auch er muss zahlen. Dann kommt der Oberrabiner. »Was ist das?«, fragt der Gouverneur wieder. »Das, mein Pascha«, antwortet der Oberrabiner, »ist keine Ziege, das ist auch kein Bock und kein Schaf. Das ist eine Plage Gottes. Sagen Sie, welche Strafe Sie für angemessen halten, und lassen Sie mich ziehen.«

Es ist über siebzig Jahre her, dass der Journalist Zekeriya Sertel in seiner Verteidigung diesen Witz zitierte, um zu verdeutlichen, dass er es mit keiner rechtsstaatlichen Anklage zu tun hatte und der staatlichen Willkür ausgeliefert war.

Zekeriya Sertel gehörte 1924 zu den Gründern der *Cumhuriyet*, seine Frau Sabiha war die erste Journalistin der Türkei und einer der pointiertesten Autoren ihrer Zeit. Gemeinsam gaben sie zwischen 1938 und 1945 die sozialistische Tageszeitung *Tan* heraus, für die unter anderem die Schriftsteller Sabahattin Ali und Aziz Nesin schrieben. Die Sertels waren Anhänger Atatürks, warfen aber dessen Weggefährten und Nachfolger Ismet Inönü vor, innenpolitisch dem nationalsozialistischen Deutschland und dem faschistischen Italien nachzueifern. Im Gegensatz zu den meisten anderen türkischen Zeitungen ihrer Zeit lehnte die *Tan* eine mögliche Kriegsteilnahme der Türkei an der Seite von Nazideutschland entschieden ab, was ihr schnell den Kommunismusvorwurf einbrachte.

Im Dezember 1945 wird die Redaktion der *Tan* von einer Menge aus Nationalisten, Islamisten und völkischen Turanisten angegriffen. Die Druckmaschinen werden zerstört, die Einrichtung verwüstet, die Mitarbeiter entgehen knapp dem Lynchmord. Die Polizei unternimmt nichts, um die Menge aufzuhalten. Stattdessen werden die Herausgeber und ein Redakteur der Zeitung verhaftet und wegen »Beleidigung der Regierung« angeklagt. Die Sertels verbringen drei Monate in Haft. Zwar werden sie freigesprochen, müssen aber ins Exil. Sabiha stirbt 1967 in Baku, Zekeriya kann erst nach 27 Jahren zurückkehren.

Als ich in der Residenz in Tarabya den Text zu meiner Verteidigung schreibe, greife ich Zekeriya Sertels Ziegenwitz auf. Ich will auf die unselige Tradition dieses Landes verweisen, seine talentierten und kritischen Geister wie Kleingeld zu verplempern. Zugleich imponieren mir der Mut und der Witz, mit dem dieser Journalist seinen Richtern entgegentrat. Und meine Lage ist ähnlich: Ob die Ziege eine ist, bestimmt allein die Staatsmacht. Gegen diese Willkür würde nichts, das ich oder meine Anwälte vorbringen, etwas ausrichten können.

Dass vor Untersuchungsgerichten keine Verteidigungsreden zugelassen sind, wusste ich beim Schreiben dieses Textes nicht. Und was ich nicht ahnen konnte: In dieser Anhörung würde stattdessen ein anderer Witz eine Rolle spielen.

Da man mich nach 14 Tagen einem Haftrichter vorführen oder freilassen muss, vermute ich, dass es der Staatsanwalt nicht riskieren wird, bis auf den letzten Tag zu warten. Darum habe ich am Abend die Polizisten gebeten, mich am Morgen früher aus der Zelle zu lassen, damit ich die einzige Dusche nutzen kann. Richtig getippt: Bald nach dem Gespräch mit Osman wird mir mitgeteilt, dass man mich im Laufe des Vormittags zum Staatsanwalt bringen werde. Es ist Montag, der 27. Februar 2017. Diese Tortur geht zu Ende.

Gut, dass ich geduscht habe. Ein weißes Hemd habe ich auch. Nur mein Vollbart ist etwas lang. In der Residenz wollte ich mich nicht rasieren, im Gewahrsam war es nicht gestattet. Ansonsten finde ich mich ganz passabel. Zum Abschied schenke ich Mehmet meinen Kugelschreiber, Haydars Nagelknipser und meine Badelatschen, die wir uns geteilt haben. Im Gefängnis würde ich sie vermissen. Aber ich will ja zuversichtlich sein.

In den vergangenen 13 Tagen hat mich jeden Tag ein Beamter der zuständigen Einheit zum Check-up gebracht. Jetzt holen mich gleich drei ab. Es dauert bis zum Mittag, bis der Papierkram erledigt und ein letztes ärztliches Attest eingeholt ist. Dann brechen wir endlich zum »Justizpalast« im Viertel Çağlayan auf.

Dieser im Jahr 2011 fertiggestellte Komplex besteht aus 18 Gebäudeblöcken. Bis zu 19 Stockwerke hoch, 343 000 Quadratmeter überdachte Fläche, 326 kleinere und größere Säle für 296 verschiedene Gerichte. Das größte Justizgebäude Europas, aber immer noch kleiner als das im anatolischen Teil der Stadt, das gleich das größte Justizgebäude der Welt ist. In der Türkei des Tayyip Erdoğan ist man stolz auf derlei Rekorde. Wo man glaubt, zivilisatorischen Fortschritt in gebauten Autobahnkilometern messen zu können, glaubt man auch, dass sich Gerechtigkeit in Quadratmetern Nutzfläche ausdrückt.

Im »Justizpalast Çağlayan« habe ich oft Prozesse beobachtet. Oder auf Kollegen gewartet, die vor dem Haftrichter standen. Nun komme ich zum ersten Mal als Beschuldigter. Vor dem Büro des Staatsanwalts erwarten mich meine Anwälte Ferat und Refik. Zu meiner Überraschung stehen auch Dilek, Daniel und Doris dort. Die Polizisten erlauben, dass wir uns umarmen und kurz miteinander reden. Doris hat feuchte Augen, was mich zu Tränen rührt. Die drei bringen kein Wort heraus. Ich zeige ihnen meinen Raucherfinger: Die obere Nagelhälfte ist noch nikotingelb, aber von unten ist ein sauberer Nagel nachgewachsen. »Schaut, Knast hat auch etwas Gutes«, sage ich. Wir lachen. »Du siehst aus wie Garibaldi«, witzelt Daniel.

Als wir das Vorzimmer von Hasan Yılmaz, einem von zehn stellvertretenden Oberstaatsanwälten in der europäischen Hälfte der Stadt, betreten, fehlt Veysel. Er wollte die Altan-Brüder besuchen und ist sofort umgedreht, als er von diesem Termin erfahren hat. Refik und Ferat bitten Yılmaz, sich etwas zu gedulden, der mürrisch antwortet, er könne nicht ewig warten. »Herr Staatsanwalt, ich warte seit 13 Tagen«, sage ich und ernte einen strengen Blick von Refik. Fast im selben Moment platzt Veysel rein. Man sieht, dass er gerannt ist. Aber er ist da.

In Yılmaz' Büro nehmen wir in bewährter Formation Platz: der Staatsanwalt hinter seinem großen Schreibtisch, die Anwälte und ich in der Sitzgruppe davor. Die Polizisten bleiben vor der Tür. Yılmaz ist Anfang 50, ein kleiner Mann mit Glatze und auffällig langen Resthaaren. Ähnlich wie Polizeipräsident Çalışkan machte er nach dem Bruch zwischen Erdoğan und Gülen einen Karrieresprung.

»Wir haben deine Texte übersetzen lassen«, beginnt er das Verhör. »Herr Staatsanwalt, wir sollten die Form wahren und beim Sie bleiben«, antworte ich. Jetzt werfen mir alle drei Anwälte strenge Blicke zu, während Yılmaz mich anfährt: »Wenn du hier eine Show abziehen willst, beenden wir das sofort.« Ich finde dieses Du, das türkische Staatsanwälte und Richter gerne benutzen, herablassend. Aber sei's drum. Wenn ich nicht gesiezt werde, werde ich zurückduzen, so herrscht wenigstens Augenhöhe. Ein paarmal rutscht mir im Folgenden trotzdem ein Sie raus, worüber ich mich stets ärgere.

Als Erstes will Yılmaz wissen, wen ich aus der Chatgruppe kenne. Ich zähle auf, welche Kollegen ich persönlich kenne, welche nur von ihren Texten und welche ich erst dank des Staatsanwalts kennenlernen durfte. Bei dieser Formulierung muss sich sogar Yılmaz ein Grinsen verkneifen.

Das ist auch schon alles, was er zum RedHack/Albayrak-Komplex fragt. Nicht einmal das beschlagnahmte Gülen-Buch erwähnt er. Alle weiteren Fragen beziehen sich allein auf meine Beiträge aus den vergangenen zwei Jahren in der *Welt* bzw. der *Welt am Sonntag*.

Jetzt weiß ich immerhin, was der Mann in den letzten 13 Tagen gemacht hat: Er hat meine Texte gelesen. Genauer: Er hat die Übersetzungen jenes freundlichen Beamten des Presseamts gelesen, der sich mir knapp ein Jahr zuvor am Rande des Merkel-Besuchs vorgestellt hat. Aber dass der Staatsanwalt meine alten Texte hervorkramt, bedeutet auch: Hier wird nicht versucht, von einer Straftat auf den Täter zu schließen. Stattdessen will man mich als Täter brandmarken und versucht, dafür nachträglich Beweise zu finden – ganz so, wie es seit dem Ausnahmezustand zur Landessitte geworden ist.

So kommt Yılmaz auf ein Interview zu sprechen, das ich mit Cemil Bayık, der Nummer zwei der PKK, im nordirakischen Kandilgebirge geführt habe. Das war im August 2015, wenige Wochen nach dem Ende des Friedensprozesses. Überraschend kommt diese Frage nicht. Auch im Hafturteil gegen Ahmet Şık tauchte ein Interview auf, das er einige Monate vor mir mit Bayık geführt hatte.

Ich antworte, dass ich nicht der erste Journalist bin, der einen PKK-Anführer interviewt hat, dass während des Waffenstillstands sogar Reporter der staatlichen Nachrichtenagentur *Anadolu* im PKK-Hauptquartier in Kandil waren, dass die wichtigsten Passagen auch von der Nachrichtenagentur *Doğan* verbreitet wurden und das Interview komplett in der Tageszeitung *Birgün* erschien, aber keine Ermittlungen eingeleitet wurden und dass die Verjährungsfrist laut türkischem Presserecht vier Monate beträgt. Soll ich hinzufügen, dass es sich um ein kritisches Interview handelte? Nein, auf diese Selbstverständlichkeit hinzuweisen, wäre erniedrigend.

Yılmaz erwidert nichts, will aber wissen, wie der Kontakt zu Bayık zustande kam. »Wie bei anderen Interviewanfragen gibt es hierfür ein bestimmtes Verfahren«, antworte ich ausweichend. Zu meinen Kontakten werde ich nichts sagen, das fällt unter Quellenschutz, den gibt es auch im türkischen Presserecht, theoretisch jedenfalls. Doch Yılmaz geht zum nächsten Text über. Ist das ein gutes oder ein schlechtes Zeichen, dass er an diesem heiklen Punkt nicht nachhakt?

Mit einer Frage nach diesem Interview hatte ich gerechnet, mit der folgenden nicht: »Du hast Abdullah Öcalan ›Oberkommandant‹ genannt«, sagt Yılmaz. »Wo denn?«, frage ich verblüfft. Er reicht mir den Ausdruck einer Reportage, die ich im Juni 2016 aus Yüksekova im Dreiländereck zwischen der Türkei, dem Iran und dem Irak geschrieben habe. Die inkriminierte Stelle ist neongelb markiert. »Das ist falsch übersetzt«, sage ich und verlange nach dem Originaltext, den der Staatsanwalt ebenfalls vor sich hat. Dort ist von »PKK-Chef Abdullah Öcalan« die Rede. Ich gehe an Yılmaz' Schreibtisch: »Schau, hier steht ›Chef‹«, sage ich und zeige mit dem Finger auf die Stelle. »Man muss kein Deutsch können, um zu erkennen, dass das deutsche Wort *Chef* identisch ist mit dem türkischen Wort *şef*.« Er blickt mich mit leeren Augen an. Als mir später im Gefängnis ein ehemaliger Polizeioffizier sagen wird, Yılmaz sei »der dümmste Staatsanwalt von ganz Çağlayan«, werde ich nicht widersprechen.

Danach kommt er auf einen Text vom Oktober 2016 und liest mit großem Ernst meinen Einstieg vor: »Um die Haltung des türkischen Staates zu illustrieren, erzählen Kurden gerne folgende Geschichte: Ein Türke und ein Kurde werden zum Tode verurteilt. ›Was ist dein letzter Wunsch?‹, wird der Kurde vor Vollstreckung gefragt. Er überlegt kurz und sagt dann: ›Ich liebe meine Mutter sehr. Bevor ich aus dieser Welt scheide, möchte ich noch einmal meine Mutter sehen.‹ Dann darf der Türke seinen letzten Wunsch äußern. Ohne zu zögern, antwortet er: ›Der Kurde soll seine Mutter nicht sehen.‹« Die Anwälte schmunzeln, während Yılmaz unbeirrt ergänzt: »Das halten wir für Volksverhetzung.«

Jetzt lasse ich mich dazu herab, zu erklären, warum dieser Witz nicht volksverhetzend ist, sondern die Diskriminierung der kurdischen Minderheit anprangert. Aber ich weiß auch, dass es ein alter Trick der türkischen Justiz ist, Kritik am Umgang mit Minderheiten als Volksverhetzung auszulegen. Als »Aufstachelung des Volkes zu Hass und Feindseligkeit«, wie der entsprechende Straftatbestand wörtlich lautet. Neu ist mir nur, dass man dies auch auf einen Witz anwendet. Später kommt Veysel ein weiterer Einwand in den Sinn: Wie soll ich in einem in Deutschland auf Deutsch erschienenen Beitrag welches Volk verhetzt haben?

Der »Oberkommandant« ist nicht die einzige Falschübersetzung. In fast allen Texten finden sich Fehler. Zudem ist mal etwas hinzugefügt, mal etwas ausgelassen – stets zu meinen Ungunsten. Das ist nicht bloß Unvermögen, das ist Bösartigkeit. Auch Refik weist immer wieder auf die Fehler hin. Unsere Hinweise werden protokolliert. Berücksichtigt werden sie nicht.

Neben dem Kurdenkonflikt ist das zweite große Thema der Putschversuch. So moniert Yılmaz in einem zwei Tage nach diesem Ereignis verfassten Bericht folgende Passage: »Über die Verantwortlichen sonst ist noch nicht viel klar. Allen voran gibt es weiterhin keinen Beweis dafür, dass es sich bei ihnen um Anhänger des in den USA lebenden und früheren Erdoğan-Verbündeten Fethullah Gülen handelt, den Erdoğan und die Regierung als Drahtzieher bezichtigen.«

Die Einschränkungen »noch nicht viel« und »weiterhin« fehlen in der Übersetzung. Zudem stört sich der Staatsanwalt am Wort von »früheren Erdoğan-Verbündeten«. Dabei hat doch Erdoğan öffentlich um Vergebung dafür gebeten, mit diesen Leuten zusammengearbeitet zu haben. Daran erinnere ich den Staatsanwalt, der prompt zum nächsten Text übergeht.

Das ist ein Leitartikel vom Oktober 2016, in dem ich geschrieben habe, Erdoğan nutze den »Putschversuch als ›Gunst Allahs‹, um mit einer Art Gegenputsch eine plebiszitäre Diktatur zu installieren«. Ich weise darauf hin, dass auch dem ein Erdoğan-Zitat zugrunde liegt, korrigiere ein paar Übersetzungsfehler und sage, dass es sich um eine legitime Meinungsäußerung handle.

An diesem Text stört den Staatsanwalt noch etwas: »Du hast vom ›Völkermord an den Armeniern‹ geschrieben«, sagt er. »Das diente hier nur als Beispiel, um den Wandel von Erdoğans Politik zu illustrieren«, antworte ich. Im fraglichen Text heißt es, Erdoğan führe inzwischen »die Abwehrfront« an, wo er noch vor einigen Jahren »zaghaft von der offiziellen Lesart abgewichen« sei. »Aber da steht ›Völkermord‹«, beharrt der Staatsanwalt. »Wie sollte ich einen Völkermord sonst nennen?« – »Wir sehen das als Straftat.«

Als Nächstes präsentiert mir Yılmaz das Cover einer vierseitigen Titelgeschichte, die Anfang November 2016 in der *Welt am Sonntag* erschien – am Ende jener Woche, die mit den Festnahmen bei der

Cumhuriyet begann und der Festnahme von einem Dutzend HDP-Politikern, darunter den beiden Vorsitzenden Selahattin Demirtaş und Figen Yüksekdağ, endete. Der Staatsanwalt moniert die Aufmachung: ein großes Foto von Erdoğan, dazu die Schlagzeile »Der Putschist«. Überschriften seien in jeder Zeitung Sache der Redaktion, nicht des Autors, antworte ich.

Der Kollege, von dem diese Schlagzeile stammt, wird sich später Vorwürfe machen. Dazu gibt es keinen Grund. Schließlich hatte ich diese Titelseite vor der Veröffentlichung gesehen, bewilligt – und dem Kollegen zu dieser gelungenen Zeile gratuliert. Ich hingegen werde mich darüber ärgern, dass ich diese Schlagzeile nicht verteidigt habe. Das kommt mir illoyal vor.

Nachdem wir über zwölf Texte gesprochen haben, sagt Yılmaz: »Ich hätte noch mehr. Aber das soll reichen.« Was dieses »mehr« ist, erfahren wir nicht. Die Ermittlungen unterliegen der Geheimhaltung, meine Anwälte haben keine Akteneinsicht. Aber Yılmaz hat eine letzte Frage: »Bei der Hausdurchsuchung haben wir kein Telefon und keine Computer gefunden.« »Ja, und?«, antworte ich. »Wenn du mich einer Straftat bezichtigst, bin ich nicht verpflichtet, dir die Beweise zu liefern.« »Schon klar«, murmelt Yılmaz. »Wenn wir dein Telefon finden, werden wir es beschlagnahmen.« – »Bitte sehr, das ist nicht mein Problem.«

Nun sind die Anwälte an der Reihe. Sie verweisen auf die bei fast allen inkriminierten Texten abgelaufene Verjährungsfrist und allgemein auf die Pressefreiheit, auf die türkische Verfassung und die Europäische Menschenrechtskonvention. Zu den konkreten Vorwürfen können sie nicht viel sagen, sie haben ja gerade erst von ihnen erfahren. Als Veysel auf ein wegweisendes Urteil des Europäischen Gerichtshofs für Menschenrechte verweist, unterbricht Yılmaz ihn: »Herr Anwalt, bitte reden Sie nur über juristische Dinge.« Perplex, aber schlagfertig erwidert Veysel: »Herr Staatsanwalt, ich rede nicht über Veterinärmedizin, sondern über das Urteil eines Gerichts, dessen Hoheit die Türkei anerkennt.«

Am Ende reicht uns Yılmaz das Verhörprotokoll. Auch das enthält einige Fehler, deren Korrektur ich verlange. In der neuen Fassung ist das Protokoll sachlich richtig. Der bizarre Charakter des Gesprächs aber findet sich allenfalls zwischen den Zeilen.

Gegen 17 Uhr, nach gut zweieinhalb Stunden, sind wir fertig. Beim Verlassen des Büros sehe ich Dilek, Daniel und Doris, die auf die andere Seite des Atriums wechseln mussten. Inzwischen sind weitere Freunde und Kollegen herbeigeeilt. Ich erkenne meinen alten Freund Mustafa Ünalan, der aus Berlin angereist ist, und Ömer Erzeren, der in den Neunzigerjahren für die *taz* aus Istanbul berichtete, als fast alle deutschen Türkeikorrespondenten in Athen residierten. Außerdem Canan Coşkun, die Gerichtsreporterin der *Cumhuriyet*, Fatih Polat, den Chefredakteur der *Evrensel*, Cemal Taşdan vom hiesigen ARD-Studio und Minez, mit deren nächtlicher E-Mail für mich das ganze Schlamassel begann.

Im Folgenden werden weitere Freunde, Verwandte und Generalkonsul Birgelen zur Unterstützung kommen. Wer vor der Schließung des Gerichtsgebäudes erscheint, darf im Treppenhaus bleiben, die anderen müssen draußen warten. Veysel berichtet Dilek, dass es im Verhör bloß um meine Artikel ging. Meine Leute haben in den vergangenen Stunden jede Kleinigkeit als Omen interpretiert. Dass wir uns kurz sprechen durften, dass die Sicherheitsleute freundlich geblieben sind, obwohl die Gruppe fast eine ganze Treppe blockiert. Die Nachricht aus dem Verhör bestätigt ihren vorsichtigen Optimismus: »Wir glaubten daran, dass sie sich das bei Deniz nicht trauen würden«, wird Doris später in der *taz* schreiben. »Auch die türkischen Kollegen.«

Drinnen ermahnt mich Veysel: »Wenn du dich beim Richter genauso kratzbürstig verhältst wie eben, wird er dich sofort verhaften.« »Der Staatsanwalt hat angefangen«, antworte ich. »Mag sein«, sagt Veysel. »Aber sie haben die Macht.« Schon klar, die Ziege ist keine Ziege.

Mit den Anwälten und den Polizisten gehen wir ins Foyer. Dort warten mehrere Grüppchen, das kann dauern. Ein Bauchladenverkäufer kommt vorbei, wir essen ein paar Sandwiches, trinken Tee aus Pappbechern und rauchen im Nottreppenhaus. Mit den Polizisten, die mich seit dem Mittag begleiten, komme ich gut aus. »In diesem Land gibt es zuhauf echte Gangster und Terroristen«, sage ich. »Und drei Kommissare vergeuden einen ganzen Arbeitstag mit jemandem wie mir. Als Bürger dieses Landes bedaure ich das.« Sie zucken mit den Achseln, als wollten sie sagen: »Auch wir wüssten unsere Zeit sinnvoller zu verbringen.«

Inzwischen ist unsere Gruppe angewachsen. Zwar werden Journalisten und Angehörige nicht bis zum Gerichtssaal durchgelassen. Auch Birgelen darf nicht zu mir. Immerhin dürfen die CHP-Abgeordneten zu uns. Der unermüdliche Barış Yarkadaş, von Haus aus Journalist, ist gekommen, Mahmut Tanal, der zu der Kommission des türkischen Parlaments gehörte, die den NSU-Prozess in München verfolgt hat. Und Sezgin Tanrıkulu, ehemals Präsident der Anwaltskammer von Diyarbakır, ein sehr integrer Menschenrechtspolitiker. Von der AKP ist niemand da, was nicht überrascht. Dass jedoch kein HDP-Politiker gekommen ist, finde ich enttäuschend. Als es Ende November zu den Razzien bei HDP-Abgeordneten kam, hatten mich einige mitten in der Nacht angerufen. Und nun lässt sich keiner blicken. In solchen Situationen kann man leicht nachtragend werden, ich jedenfalls.

Nach einer Weile bekommen die Anwälte den Haftantrag. Die Sache mit dem Völkermord taucht nicht auf, alles andere schon, inklusive des Witzes und der Sache mit dem »Oberkommandanten«. Ist es ein Trost oder eine zusätzliche Beleidigung, von so einem Honk angeklagt zu werden?

Bei den anderen sechs Kollegen des RedHack/Albayrak-Verfahrens hatte Yılmaz für alle Untersuchungshaft gefordert. Die drei, bei denen er auf »Mitgliedschaft« plädierte, wurden tatsächlich verhaftet. Die anderen drei, bei denen er lediglich von »Propaganda« sprach, kamen frei. Bei mir will der Staatsanwalt in einigen Texten Propaganda für die PKK erkannt haben, bei anderen Propaganda für die Gülen-Organisation. Haft fordert er aber nur wegen Propaganda für die PKK sowie wegen Volksverhetzung. Das ist zwar reichlich seltsam, aber ein weiterer Grund zur Zuversicht: nur Propaganda, nicht Mitgliedschaft.

Nach gut zwei Stunden, gegen 19 Uhr, werden wir gerufen. In den

Saal dürfen die Abgeordneten nicht, auf den Zuschauersitzen nehmen nur die Polizisten Platz. Aber ich sehe sie nicht.

In türkischen Gerichten stehen die Angeklagten mit dem Rücken zum Publikum vor dem Richterpult. Wie ein Schuljunge, der sich im Stehen den Rüffel seines Lehrers abholt. Auf einem Podest sitzt übrigens nicht nur der Richter, sondern mit ihm auf gleicher Höhe auch die Staatsanwaltschaft, während der Tisch der Verteidiger ebenerdig ist.

Es gibt viele Gründe, um das Verhältnis zwischen Staatsanwälten und Richtern in der Türkei als ungesund zu bezeichnen: Sie wohnen in gemeinsamen Wohnanlagen und werden mit demselben Fahrdienst zum Gericht gebracht, für die Urteilsbesprechungen müssen die Verteidiger, nicht jedoch die Vertreter der Anklagebehörde den Gerichtssaal verlassen usw. Schon die Sitzordnung lässt daran zweifeln, wie es in Wirklichkeit um jenen Ausspruch von Mustafa Kemal Atatürk bestellt ist, der in allen türkischen Gerichtssälen die Wand hinter dem Richterpult schmückt: »Gerechtigkeit ist die Grundlage des Staates.«

Da es sich nur um eine Haftanhörung handelt, bleibt das Podest der Staatsanwaltschaft leer. Die Verhandlung übernimmt das 9. Istanbuler Untersuchungsgericht, Richter ist Mustafa Çakar.

Etwa 4200, gut ein Viertel aller türkischen Richter und Staatsanwälte, wurden nach dem Putschversuch entlassen, rund die Hälfte davon verhaftet, darunter zwei Verfassungsrichter. Alle Übrigen wissen, dass sie sich schnell auf der anderen Seite des Richterpults wiederfinden können. Aber nicht alle lassen sich von Angst oder Opportunismus leiten. Manche sind Überzeugungstäter. Das gilt für die zahlreichen Anhänger der AKP oder MHP, mit denen nach der Säuberungswelle die Lücken gefüllt wurden. Und dies gilt für viele jüngere Staatsanwälte und Richter. Dazu gehört auch, wie ich bald merken werde, Mustafa Çakar.

Ein eher unscheinbarer, höflicher Typ Mitte 30. Er hat nichts von der Grobschlächtigkeit von Staatsanwalt Yılmaz. Aber er unterbricht mich immer wieder und sucht geradezu nach dem intellektuellen Disput. So fragt er mich, wie es denn möglich sein könne, dass ein

Diktator vom Volk gewählt werde. »Schauen Sie, ich bin in Deutschland aufgewachsen ...« Çakar unterbricht: »Ich bin gegen diese ständigen eurozentrischen Vergleiche.« Und ich bin gegen dieses ständige Gerede von Uni-AKPlern von »Eurozentrismus« oder »Orientalismus«. Aber ich will keinen seminaristischen Disput und sage nur: »Herr Richter, ich muss nicht mit Ihnen einer Meinung sein. Und es ist kein Verbrechen, mit Ihnen nicht derselben Meinung zu sein. Abgesehen davon haben Sie mich unterbrochen. Ich wollte sagen: Ich bin in Deutschland aufgewachsen; ich weiß sehr wohl, dass selbst die schlimmsten Diktaturen aus Wahlen hervorgehen können.«

Abgesehen von derlei Sottisen ist die Gerichtsanhörung eine Wiederholung des vorangegangenen Verhörs. Ich versuche jedoch, mich an Veysels Empfehlung zu halten und Streit zu vermeiden. Und noch einen Rat hat mir Veysel gegeben: »Erzähl, was für ein Journalist du bist und wie du arbeitest.«

In seinem Haftantrag hat der Staatsanwalt geschrieben, ich hätte durch mein Interview mit Bayık die PKK als »legitimen Gesprächspartner dargestellt«. Ich widerspreche: »Was ich gemacht habe, ist Journalismus; ich kann niemandem Legitimität verschaffen oder sie ihm aberkennen. Aber noch wenige Wochen vor diesem Interview hat der türkische Staat, hat diese Regierung Verhandlungen mit der PKK geführt, sie also als legitimen Gesprächspartner anerkannt.«

Eine andere groteske Stelle des Haftantrags: Der Staatsanwalt wirft mir vor, ich hätte »einseitig« berichtet. Ich weise diese Behauptung zurück, erwähne aber auch, dass einseitige Berichterstattung nicht Sache eines Strafverfahrens sein könne. »Sonst müsste man alle Mitarbeiter der regierungsnahen Medien anklagen«, sage ich. »Ich bin der Meinung, dass auch in diesen Medien Journalisten arbeiten«, entgegnet Çakar.

Eigentlich hätte der Staatsanwalt neben belastenden auch entlastende Beweise suchen müssen. Natürlich hat er das nicht getan. So sage ich: »Sie werden unter den deutschen Korrespondenten keinen finden, der so eindeutig wie ich schreibt, dass es sich bei der sogenannten TAK um keine Abspaltung von der PKK handelt, sondern um eine Tarnorganisation. Warum kann ich das so klar schreiben? Weil ich die Organisation kenne, weil ich vor Ort recherchiere.«

Als ich den Vorwurf zurückweise, mit Putschisten zu sympathisieren, werde ich pathetisch: Ich erzähle, dass ich in jener Nacht – gegen den Rat meiner Redaktion – als einer von wenigen ausländischen Journalisten auf der Straße war und keine fünf Meter vor Staatspräsident Erdoğan stand, als dieser am frühen Morgen am Atatürk-Flughafen die endgültige Niederschlagung des Putschversuchs verkündete. »Das habe ich nicht nur als Journalist gemacht, sondern auch als Bürger dieses Landes«, sage ich. »Ich hätte das nicht getan, wenn ich dieses Land nicht lieben würde.« Einmal emotional geworden, fahre ich fort: »Ich bin nach Deniz Gezmiş benannt, ich sympathisiere nicht mit Putschisten.« Deniz Gezmiş, der charismatische Wortführer der türkischen 68er-Bewegung, wurde im Mai 1972, etwa ein Jahr nach der Machtergreifung der Militärs und ein Jahr vor meiner Geburt, von der Junta hingerichtet. Was der Richter über ihn denkt, ist mir gleich. Mir ist das wichtig.

Nach gut zwei Stunden bin ich erschöpft und froh, mich setzen zu können. Jetzt ergreifen die Anwälte das Wort. Sie wiederholen in etwa ihre Verteidigung aus dem Verhör. Außerdem weisen sie darauf hin, dass die mir zur Last gelegten Vorwürfe nicht zu den Straftaten gehören, für die nach geltendem Recht Untersuchungshaft vorgesehen ist. Da ich mich selber gestellt habe, bestehe keine Flucht-, da es nur um meine Texte gehe, keine Verdunklungsgefahr. Auch formaljuristisch spricht alles gegen eine U-Haft. Zudem hat Veysel ein wenig gegoogelt und führt aus, dass ich nicht der erste Journalist bin, der den Witz *Der Kurde soll seine Mutter nicht sehen* zitiert hat, und verweist auf einen Text im Onlinemagazin *Diken*. Ich muss mir das Lachen verkneifen.

Denn ich denke daran, wo ich diesen Witz zum ersten Mal gehört habe: in Cizre, wohin ich im September 2015 mit den Kollegen Özlem Topçu und Can Merey den damaligen Grünen-Chef Cem Özdemir begleitet habe. Beim gemeinsamen Mittagessen erzählte uns Mithat Sancar, früher Juraprofessor an der Universität Ankara und Habermas-Übersetzer, inzwischen Abgeordneter der HDP, diesen Witz. Ein Jahr später wollte ich diesen Witz als Einstieg für eine Analyse der türkischen Syrienpolitik nutzen. Um sicherzugehen, dass ich ihn richtig in Erinnerung hatte, googelte ich nach und stieß genau auf den Text, auf den Veysel nun verweist. Verfasst hat ihn Kadri Gürsel, der seit drei Monaten in Silivri einsitzt. Das wird den Richter nicht überzeugen, denke ich. Die eigentliche Pointe werde ich erst später erfahren: Es war derselbe Richter, der Gürsel und die übrigen Kollegen von der *Cumhuriyet* verhaftet hat.

Gegen halb elf sind wir fertig. Wir müssen vor dem Saal auf das Gerichtsurteil warten. Ich frage die Polizisten, was sie glauben, wie das ausgehen werde. Sie zucken mit den Schultern. Selbst wenn sie frei reden könnten, wüssten sie wohl auch nicht mehr zu sagen. Ich selber habe ein schlechteres Gefühl als vor Beginn der Verhandlung. Auch den CHP-Abgeordneten, die vor dem Gerichtssaal warten mussten und nun alles wissen wollen, sage ich nur: »Es war halbwegs okay. Aber ich weiß nicht, was jetzt kommt.«

Nach einer Viertelstunde werden wir wieder in den Gerichtssaal gerufen. Çakar verliest das Urteil: »Wegen Propaganda für eine Terrororganisation und Volksverhetzung ergeht Untersuchungshaft.«

An das, was folgt, erinnere ich mich nur bruchstückhaft. Der Richter, der fluchtartig aus dem Saal stürzt. Die entsetzten Blicke der Anwälte. Die Polizisten, die aufspringen, um mich davon abzuhalten, etwas Falsches zu tun. Ich, der Refik davon abhält, Birgelen die Nachricht zu übermitteln, damit Dilek sie als Erste erfährt. Die Toilette, die ich aufsuchen will, weil es in den letzten Stunden etwas viel Tee war. Und Veysel, der mich zu beruhigen versucht: »Denk nicht daran, dass die Untersuchungshaft bis zu fünf Jahre dauern kann. Fünf Monate. Länger können sie dich nicht dabehalten. Höchstens fünf Monate.«

Danach bringen mich die Polizisten in die Tiefgarage, sie werden mich ins Gefängnis fahren. Veysel bittet sie, dass ich Dilek sehen darf. Sie akzeptieren, was wirklich sehr freundlich ist. »Aber keine Fotos«, sagen sie. Darauf wäre ich gar nicht gekommen. Bis jetzt ist alles an mir vorbeigerauscht. Den Ernst der Lage erkenne ich erst in Dileks

Tränen. Dabei hat sie sich extra frisch gemacht, damit ich nicht sehe, dass sie geweint hat. Gelungen ist ihr die Tarnung nicht.

Den Ernst der Lage zu erkennen, bedeutet: Ich schalte sofort in den Modus Organisieren und Koordinieren. Ich sage zu Dilek, dass sie trotz allem versuchen soll, sich auf ihren Job in München zu konzentrieren, auf den sie sich so gefreut hat, und dass unsere Anwälte einen großartigen Job machen. Und Veysel fordere ich auf, das Anwaltshonorar nachzuverhandeln, weil mir die vereinbarte Pauschale für die Betreuung in der Untersuchungshaft zu gering erscheint. Dann schreibe ich eine Notiz an Daniel, in der ich darum bitte, dass die *Welt* für Dilek alle Reisekosten übernimmt.

Realitätsflucht? Mag sein. Aber Wehklagen hilft nicht, wir können in diesem Moment nichts an der Situation ändern. Aber wir können dafür kämpfen, dass sich die Dinge bald ändern. Und das will organisiert sein.

»Wir regeln das«, versucht mich Dilek zu beruhigen. »Vergiss das jetzt mal.« Sie will nicht über irgendwelchen Organisationskram reden, sondern mich küssen und umarmen. Schließlich wissen wir nicht, wann wir uns wiedersehen werden. Irgendwann hat sie mich beruhigt.

Nach unserem Abschied fahren wir durch die Istanbuler Nacht ins Gefängnis Metris. Die Polizisten haben keine Zigaretten mehr, ich habe welche in der Tasche. Auch wenn wir ganz gut miteinander auskommen, bin ich froh, dass ich mich revanchieren kann. Ich will ihnen nichts schuldig sein. Zum Abschied schenke ich ihnen eine angebrochene Packung, die dürfte ich ohnehin nicht mit reinnehmen.

Stacheldraht, Wachtürme, ein Gendarm mit Maschinenpistole. Etwas gespenstisch wirkt das Gefängnis schon, erst recht im Fluchtlicht. Einer der Polizisten begleitet mich. Zum Abschied geben wir einander die Hand und umarmen uns sogar halb. Ich habe den Eindruck, dass diese Geste auch an die Vollzugsbeamten adressiert ist: Behandelt den anständig, das ist ein *guter Junge*. »Das ist ein deutscher Journalist, die Öffentlichkeit interessiert sich für ihn«, sagt er. »Das wissen wir«, antwortet der Vollzugsbeamte. Im Fernseher des Wärterhäuschens ist

CNN-Türk eingeschaltet, meine Verhaftung läuft als Eilmeldung im Nachrichtenband.

Einige Monate nach meiner Verhandlung wird Mustafa Çakar zum Vorsitzenden Richter einer Strafkammer befördert – außergewöhnlich für einen Mittdreißiger, erst recht in Istanbul, aber eingedenk seiner Arbeitsnachweise nicht verwunderlich: Kadri Gürsel und die anderen von der *Cumhuriyet*, Tunca Öğreten und die Übrigen aus dem RedHack-Verfahren, Hüsnü Mahalli, Meşale Tolu … der Mann hat reihenweise Journalisten einsperren lassen. Er ist nicht der einzige Richter, der sich mit solchen Urteilen hochgedient hat. Und er steht erst am Anfang seiner Karriere. Die Türkei wird Erdoğan überleben. Aber es wird lange, sehr lange dauern, um die Hinterlassenschaften dieses Regimes zu beseitigen.

Sittich in Gangsterhand

»Hallo Welt, nach 13 Tagen im Polizeigewahrsam bin ich nun im Gefängnis Istanbul-Metris. Es mag sich merkwürdig anhören, aber mir kommt es so vor, als hätte ich ein kleines Stück meiner Freiheit zurückgewonnen: Tageslicht! Frische Luft! Richtiges Essen! Tee und Nescáfe! Rauchen! Zeitungen! Ein echtes Bett! Eine Toilette für mich alleine, die ich aufsuchen kann, wann ich will. Tagsüber – wenn ich will – Küche und Hof mit einer Handvoll politischer Häftlinge, abends eine Zelle für mich allein. Hier werde ich nicht lange bleiben, aber es ist okay. Und obwohl sie mich meiner Freiheit beraubt haben, bringen mich das Verhör und die Urteilsbegründung noch immer zum Lachen. Ich muss jetzt abbrechen. Aber ich danke allen Freunden, Verwandten, Kollegen und allen, die sich für mich einsetzen. Glaubt mir: Es tut gut, verdammt gut. Herzlich, Deniz«

So lautet der erste Brief an die Öffentlichkeit, den ich aus dem Gefängnis Veysel mitgebe. Es ist Mittwoch, der 1. März, zwei Nächte habe ich da bereits in Metris verbracht. Ich hörte mich so an, als würde ich mich aus dem Hawaii-Urlaub melden, wird der Journalist Erk Acarer in der *Birgün* kommentieren, um gleich hinzuzufügen: So reden Leute, die sich im Recht fühlen.

Und es stimmt, diese Zeilen sind – wie alles, was ich aus der Haft schreiben werde – auch gewollt kämpferisch. Die Täter auslachen, mit jeder Silbe zeigen: Ihr kriegt mich nicht klein! Das muss ich mir nicht eigens vornehmen, das schreibt sich von alleine. Doch es ist nicht nur das. Nach dem Polizeikeller atme ich tatsächlich auf, und nach zwei Wochen Wasser und Dosenfutter schmeckt mir der Instantkaffee plötzlich besser als aller Espresso. Das Schlimmste, denke ich, habe ich hinter mir. Das hier lässt sich ertragen. »Höchstens fünf Monate«, hat Veysel gesagt, womit er immer noch den höchsten Tipp von allen abgegeben hat, mit denen ich in den nächsten Wochen sprechen werde.

Jetzt hat er eine Nachricht von Dilek dabei: »Mein Herz, ich werde alles tun, was nötig ist. Wenn es sein muss, gehe ich bis Abla. Aber ich brauche Zeit, um mich zu sammeln.« Mit *abla*, der respektvoll-vertraulichen Anrede für ältere Schwestern, kann sie nur eine meinen: Angela Merkel. Aber was heißt: Sie braucht Zeit? Kann ich jetzt auf sie zählen oder nicht?

Diese Frage beschäftigt mich, obwohl der Rest ihrer Notiz eindeutig ist: »Wir stehen am Anfang einer schweren Phase und wissen nicht, wie lange sie dauern wird. Ich würde auch lieber auf Santorini heiraten. Aber ich schaffe das alles nicht, wenn wir uns nicht sehen. Lass uns das Teil unterschreiben und fertig.«

Ihr Heiratsantrag aus der Silvesternacht war, trotz der da bereits schwierigen Umstände, einer aus Liebe. Eilig hat sie es nun aus folgendem Grund: Im Ausnahmezustand dürfen nur engste Verwandte Untersuchungsgefangene besuchen. Wir müssen also im Knast heiraten – und nicht etwa auf jener griechischen Insel, wohin zu fahren wir uns schon an unserem ersten Abend vorgenommen haben.

Das ist gut acht Monate her, so kurz sind wir erst ein Liebespaar. In den ersten Wochen zweifelte Dilek, ob sie sich auf eine feste Beziehung mit mir einlassen soll, die letzten vier Monate hat sie in München verbracht. Vor zwei Monaten wollte sie sich trennen, weil sie sich vernachlässigt fühlte, keine 24 Stunden danach bin ich untergetaucht. Angesichts dieser Vorgeschichte spricht kaum etwas dafür, dass wir zusammenbleiben. Doch sie wird das Wort, das sie mir zu Beginn dieser Geschichte gegeben hat, halten: Sie wird an meiner Seite bleiben und alles andere dahinter zurückstellen.

Einige Wochen später beichtet sie mir, dass sie ihren Job gekündigt habe, um sich um meine Angelegenheiten zu kümmern. Aus der Ent-

fernung sei das unmöglich, außerdem sei mein Fall ein Vollzeitjob.
»Und wir hatten uns zu sehr zerstreut: du im Knast, Şahit Hanım bei Freunden in Istanbul, ich in München. Ich musste uns einsammeln.«

Zudem hat Veysel Grüße von Doris und Daniel mitgebracht: Doris hat ihn sogar zum Gefängnis begleitet, darf aber nicht rein. Später wird sie schreiben, Metris wirke wie »eines der staubigen Gefängnisse aus der TV-Serie *Homeland*«, vor dem sich »abgeranzte Cafés und Autowerkstätten« befänden; es sehe aus wie eine »Gegend hinter Bahnhöfen, wo illegal Drogen und Autos verkauft werden und abgefuckte Typen in Lederjacken auf irgendwas warten«.

Genau diesen Cafés – und den dort wartenden Freunden – hat Ahmet Kaya einst einen Song gewidmet. Das war in den Jahren nach dem Militärputsch vom September 1980, als Metris voller politischer Gefangener steckte.

Neben Ankara-Mamak wurde die 1981 errichtete Haftanstalt Metris zu einem der Schreckensorte der Junta, übertroffen nur vom Militärgefängnis Diyarbakır Nr. 5, das man wegen der sadistischen Folter – darunter Pfahlhängen, Vergewaltigungen und Kotbäder – in eine noch üblere Liga des Grauens einordnen muss. Ins kollektive Gedächtnis brannte sich Gefängniskommandant Esat Oktay Yıldıran ein, der seinen Deutschen Schäferhund abgerichtet hatte, jedem Gefangenen in die Genitalien zu beißen, der dem Hund nicht salutierte. Yıldıran wurde 1988 von der PKK erschossen. Doch ohne die Folterhölle Diyarbakır Nr. 5 hätte es deren bewaffneten Kampf womöglich nie gegeben.

Viele Gefangene der Diktatur haben ihre Erinnerungen aufgeschrieben. Den besten Überblick bietet das Buch *Asılmayıp Beslenenler* (etwa: »Die nicht gehängt, sondern gefüttert wurden«) des Journalisten Ertuğrul Mavioğlu. Der Titel spielt auf ein Wort des Militärdiktators Kenan Evren an: »Sollen wir sie denn füttern, statt sie zu hängen?« Mavioğlu, der zu jener Zeit selber acht Jahre in Haft verbracht hat, beschreibt Metris als Pilot-Haftanstalt, um die politischen Gefangenen zur Unterwerfung zu zwingen.

650 000 Menschen wurden amtlichen Angaben zufolge zwischen 1980 und 1987 aus politischen Gründen festgenommen, fast alle wur-

den misshandelt. Es traf nicht allein Anhänger der militanten Linken, sondern auch Gewerkschafter, Studenten, Intellektuelle. Selbst Süleyman Demirel und Bülent Ecevit, die sich mehrfach als Ministerpräsidenten abgewechselt hatten, wurden verhaftet, wenngleich nicht gefoltert. Auch die extreme Rechte, die MHP und ihre Jugendorganisation (»Grauen Wölfe«), die der »Tiefe Staat« als Handlanger bei zahlreichen Morden eingesetzt hatte, blieb nicht verschont.

171 Menschen wurden nach dem Militärputsch in Polizeirevieren oder Gefängnissen zu Tode gefoltert. 116 Gefangene sterben offiziell eines natürlichen Todes oder durch Suizid, 14 in Hungerstreiks, 50 wurden hingerichtet. Und das ist nur die Bilanz der Junta – ohne die Tausenden, die in den Neunzigerjahren insbesondere in den kurdischen Gebieten zu Tode gefoltert wurden, im Polizeigewahrsam »verschwanden« oder auf offener Straße erschossen wurden.

An die Verbrechen der Junta zu erinnern, blieb lange Zeit der Linken sowie manchen Künstlern und Intellektuellen vorbehalten. Erst nach der Jahrtausendwende begann sich dies zu ändern, wozu populäre Fernsehserien wie *Çemberimde Gül Oya* beitrugen. Im Jahr 2010, vor dem Verfassungsreferendum, das man symbolträchtig auf den Jahrestag des Putsches am 12. September gelegt hatte, erklärte schließlich Erdoğan, damals noch Ministerpräsident, die Aufarbeitung der Militärdiktatur zum Regierungsprogramm.

In einer viel beachteten und von Tränen unterbrochenen Rede erinnerte er an die Schicksale von vier jungen Leuten, zwei Linken und zwei Rechten, die hingerichtet bzw. in der Haft totgeprügelt worden waren. Einer davon: Erdal Eren, den die Putschisten im Dezember 1980 gehängt hatten, obwohl er noch keine 18 Jahre alt war und ein höheres Militärgericht zweimal das Todesurteil aufgehoben hatte. Bereits Ende der Achtzigerjahre hatte Sezen Aksu, die einflussreichste türkische Musikerin der vergangenen Jahrzehnte, Eren ein Lied gewidmet. Nun gehörte sie, ebenso wie Orhan Pamuk, Ahmet Altan oder Şahin Alpay, zu den linksliberalen Künstlern und Intellektuellen, die die Verfassungreform unterstützten.

Deren eigentlicher Kern war jedoch etwas anderes: Mit den Ergenekon-Verfahren hatten Erdoğan und Gülen die Militärs entmachtet, nun ging es darum, die Kontrolle über die Justiz zu erlangen. Schließlich wurde der Justizapparat weiterhin von der kemalistischen Elite dominiert. 2008 hatte der Generalstaatsanwalt sogar ein Verbotsverfahren gegen die AKP eingeleitet, das vor dem Verfassungsgericht nur knapp scheiterte.

Doch in der Kampagne sprach die Regierung nicht darüber, wie und warum man den einflussreichen Hohen Rat der Richter- und Staatsanwälte (HSYK) umkrempeln wollte, sondern über jene Verfassungsänderungen, die auch die liberale Öffentlichkeit und die EU begrüßten – das Recht auf eine individuelle Beschwerde vor dem Verfassungsgericht etwa. Und obwohl zentrale Elemente der Putschverfassung – darunter die Zehnprozenthürde bei Parlamentswahlen, die höchste Sperrklausel der Welt – unangetastet blieben, stilisierte Erdoğan das Referendum zu einer Abrechnung mit der Militärdiktatur. Mit 57,9 Prozent wurde die Verfassungsreform angenommen.

Damit entfiel auch die Immunität, mit der sich die Septemberputschisten abzusichern versucht hatten. Im Juni 2014 wurden Evren und ein weiteres lebendes Juntamitglied zu lebenslanger Haft verurteilt. Rechtskräftig wurden diese Urteile nicht mehr. Als Evren, immerhin von 1980 bis 1987 Staatspräsident, im Mai 2015 im Alter von 97 Jahren verstarb, erwies ihm keiner seiner Nachfolger die letzte Ehre. Keine Parlamentarier, keine ausländischen Gäste. Der Haft war er entkommen, dem Urteil der Geschichte nicht.

35 Jahre zuvor war er noch der starke Mann. Trotz mächtiger Gewerkschaften, trotz einer hochgradig politisierten und teils militanten Jugend waren die Putschisten zu ihrer eigenen Überraschung kaum auf Widerstand gestoßen. Die Bevölkerung war eingeschüchtert, doch viele begrüßten es auch, dass mit dem Eingreifen der Armee die tägliche Gewalt zwischen Linken, Rechten und Sicherheitskräften, die über 5000 Menschenleben gekostet hatte, beendet wurde.

Der Widerstand begann in den Gefängnissen. Und ein Zentrum war Metris. Die Gefangenen wehrten sich gegen die Folter, gegen das erzwungene Kahlscheren, gegen die Übergriffe auf Angehörige, gegen das Verbot von Büchern und Briefen, gegen den Zwang zum Strammstehen und das Singen der Nationalhymne und schließlich gegen die Gefangenenkleidung, die man Ende 1982 einzuführen versuchte.

Viele linke Gefangene protestieren, wofür sie geschlagen und von jeglichen Besuchen ausgeschlossen werden. Anfang 1984 reißen sich Mitglieder einer linken Organisation – darunter viele vormalige Armeeoffiziere niedriger Dienstgrade – in der zum Gerichtssaal umgewandelten Turnhalle von Metris die Gefangenenkleidung vom Leib und stehen in Unterwäsche vor dem Militärrichter. Ehe sie weggeknüppelt werden, kann eine Reporterin der *Cumhuriyet* den Augenblick fotografieren; ihr Foto wird zum ikonenhaften Bild der Putschepoche.

»Da man uns alle Kleidungsstücke abgenommen hatte, mussten wir drei Jahre in Pyjamas verbringen, die wir uns aus der Bettwäsche genäht hatten«, erzählt ein ehemaliger Insasse von Metris in Mavioğlus Buch – ein ähnlicher Konflikt, wie ihn etwa zur selben Zeit die Gefangenen der IRA in Nordirland führen. Ein Hungerstreik bleibt trotz vier Toten erfolglos. Doch letztlich setzen sich die Gefangenen durch, 1986/87 wird die Gefangenenkleidung abgeschafft.

Ab Ende der Achtzigerjahre wird das Gefängnis Istanbul-Bayrampaşa zum neuen politischen Zentrum. Bayrampaşa steht symbolisch für die folgende Ära: Nach 1991, als die meisten im Zuge des Putsches verurteilten Personen auf Bewährung freikommen, werden die Gemeinschaftszellen von bis zu hundert Insassen der Kontrolle der PKK, der DHKP-C und anderer militanter linker Organisationen überlassen. Diese verwandeln die Gefängnisse, allen voran Bayrampaşa, zu Schulungs- und Kommandozentralen – geduldet von den Behörden, die hoffen, auf diese Weise diese Organisationen kontrollieren zu können.

Diese Geschichte erzählt der ehemalige PKK-Häftling Aytekin Yılmaz in seinem Buch *Yoldaşını öldürmek* (»Seinen Genossen töten«): das strenge Regiment, das die Anführer dieser Gruppen entwickelten, die Strafen für echte oder vermeintliche Abweichler, die »Todesstrafen« gegen Mitgefangene, denen in den Neunzigerjahren mindestens 36 Menschen zum Opfer fielen. Yılmaz' Resümee: Manche derer, die in den Haftanstalten der Achtzigerjahre Opfer waren, wurden in den Neunzigerjahren selber zu Tätern. Allerdings hört die staatliche Gewalt nicht auf. Mehrfach werden in den Neunzigerjahren in verschiedenen Anstalten die Gemeinschaftszellen gestürmt, 27 Menschen kommen dabei ums Leben.

Im Dezember 1999 wird die Türkei als EU-Beitrittskandidat anerkannt. Doch bis zur Aufnahme von Beitrittsverhandlungen gibt es für die von Bülent Ecevit geführte Regierung, der außer seiner sozialdemokratischen DSP die konservativ-liberale ANAP und die rechte, inzwischen etwas gemäßigte MHP angehören – es ist die letzte Regierung vor dem Amtsantritt der AKP –, noch viel zu tun. Ganz oben auf der Liste: eine Reform des Straf- und Justizwesens, inklusive der Abschaffung der Todesstrafe.

Seit 1984 war sie nicht mehr praktiziert worden, wurde aber weiterhin verhängt. So auch gegen Abdullah Öcalan, der im Februar 1999 verhaftet und auf die Gefängnisinsel Imralı gebracht wurde, wo er bis heute sitzt. Nach der Abschaffung der Todesstrafe wird das Urteil in die neue Höchststrafe – lebenslang unter erschwerten Bedingungen – umgewandelt.

Eine Reform der Haftanstalten nimmt die Ecevit-Regierung ebenfalls in Angriff. Die Gemeinschaftszellen erscheinen nun weder zeitgemäß noch EU-konform. Und da die militanten linken Gruppen ihre einstige Bedeutung verloren haben, besteht keine Notwendigkeit mehr für eine solche Form der Überwachung. Die Lösung: kleinere Zellen sowie die F-Typ genannten neuen Gefängnisse, in denen die Gefangenen allein oder allenfalls zu dritt untergebracht sind. Dagegen treten zeitweilig über tausend Häftlinge in ein »Todesfasten«.

Am 19. Dezember 2000 stürmen Sicherheitskräfte 20 Gefängnisse und zerschlagen die Großzellen. Die Gefangenen werden in neue Haftanstalten verlegt. In einer aberwitzigen Aktion bildet die DHKP-C bis Anfang 2007, von der Öffentlichkeit kaum beachtet, immer wieder neue »Todesfasten-Gruppen«. Insgesamt 121 Menschen, darunter zwei Sicherheitskräfte, kommen in diesem Konflikt ums Leben: Sie hungern sich zu Tode, werden bei der Erstürmung getötet oder verbrennen sich dabei selbst, rund 600 erleiden bleibende Gesundheitsschäden.

Später werde ich bei einem Transport ins Krankenhaus jemanden kennenlernen, der als Mitglied einer illegalen maoistischen Organisation die vergangenen 25 Jahre fast durchgängig im Gefängnis verbracht hat. Ein großer dunkelblonder Mann mit kräftigem Schnauzer. Bei der Erstürmung der Gefängnisse saß er in einer kleinen Haftanstalt in der Westtürkei. Mit den Lebensmitteln aus dem Gefängnisladen hätten sie sich ihr Essen selber zubereitet, erzählt er. Und weil das Gefängnisessen so schlecht gewesen sei, hätten sie oft mit den Wärtern geteilt. »Als sie unsere Zellen gestürmt haben, hat mich nicht die Brutalität der Gendarmen gekränkt, die kannten wir ja nicht. Aber dass die Wärter plötzlich riefen ›Euer Sultanat ist jetzt vorbei‹, tat weh. Was für ein Sultanat? Wir haben gekocht und mit euch geteilt, das war unser Sultanat.«

Im Oktober 2008 macht Metris noch einmal wegen der Misshandlung eines Gefangenen von sich reden: Der 29-jährige Engin Çeber, Handverkäufer einer DHKP-C-nahen, aber legalen Zeitschrift, wird von einer Gruppe von Aufsehern mehrfach gefoltert und verstirbt an einer Hirnblutung. Von den Misshandlungen gelangen Videobänder an die Öffentlichkeit, die Beweislage ist eindeutig. Und nicht nur werden zwei Aufseher rechtskräftig zu lebenslanger Haft verurteilt, sondern wegen absichtlich unterlassener Hilfe auch der stellvertretende Direktor – ein im doppelten Sinne historisches Urteil: weil nie zuvor derart hohe Strafen wegen Folter verhängt wurden, schon gar nicht gegen leitende Beamte, aber auch, weil heute ein ganz anderer Wind weht.

Erdoğan, der einst die Militärdiktatur aufarbeiten wollte, wandelte sich nach dem Putschversuch 2016 zum Verfechter der Todesstrafe. Mehrfach brachte er ihre Wiedereinführung ins Gespräch und klang dabei, als sei Militärdiktator Evren zurück im Geschäft: »Warum sollte ich sie auf Jahre hinweg im Gefängnis halten und füttern?«

In Metris, wo der rosafarbene Putz von den Wänden bröckelt, sind heute nur noch kriminelle Straftäter. Politische Häftlinge werden manchmal übergangsweise hier einquartiert, ehe sie nach Silivri oder in eine andere Haftanstalt gebracht werden. Der Block für politische Gefangene besteht aus rund 20 Einzelzellen, einem gemeinsamen Hof und einem Gemeinschaftsraum. Die beiden ständigen Insassen Ahmet und Cengiz sorgen dafür, dass die Durchreisenden Frühstück, Tee und Zeitungen bekommen. Ahmet ist HDP-Aktivist und seit einigen Monaten inhaftiert, Cengiz PKK-Kader und seit 1996 in Haft.[5]

Cengiz ist 43 Jahre alt. Er war fast noch ein Kind, als er sich in seiner Heimat, der kurdisch-alevitischen Provinz Dersim (Tunceli), der PKK anschloss. Freiwillig, wie er versichert. Aus emotionalen Gründen, wie er sagt. Ein hagerer, dunkler Typ mit einnehmendem Lachen. Die Hälfte seines Lebens hat er im Gefängnis verbracht. Anderthalb Jahre vor unserer Begegnung wäre er beinahe auf freien Fuß gekommen – im Zuge des Friedensprozesses nämlich.

Kurz vor seinem plötzlichen Tod hatte der konservativ-liberale Staatspräsident Turgut Özal 1993 den ersten Versuch einer friedlichen Lösung des Kurdenkonflikts gewagt. Ganze 15 Jahre später nahm die Erdoğan-Regierung, vermittelt von einer internationalen NGO und unterstützt von der norwegischen Regierung, im September 2008 in Oslo Geheimverhandlungen mit der PKK auf. Ab Ende 2012 folgten direkte Gespräche mit Öcalan, in die auch kurdische Politiker einbezogen wurden, die zugleich als Vermittler zur PKK-Führung reisten.

Im März 2013 wurde ein offizieller Waffenstillstand verkündet, im Februar 2015 unterzeichneten Vertreter der Regierung und der HDP im Dolmabahçe-Palast von Istanbul ein Abkommen, das den Weg zu einem dauerhaften Frieden bereiten sollte. Zuvor hatte die Regierung die Freilassung von einigen Dutzend kranken und lange inhaftierten PKK-Leuten zugesagt. Auch Cengiz stand auf der Liste, denn er litt an Epilepsie.

Der Friedensprozess war ohne Zweifel ein wichtiger wie mutiger Schritt. Die Regierung hatte begriffen, dass ihre ambitionierten po-

---

[5] Cengiz' Geschichte habe ich zuerst in meinem Buch *Wir sind ja nicht zum Spaß hier* erzählt. Der folgende Abschnitt ist eine überarbeitete Fassung davon.

litischen und wirtschaftlichen Ziele ohne eine Befriedung des Kurdenkonflikts kaum zu erreichen waren. Da die AKP dem politischen Islam entstammt, der die *umma*, die Gemeinschaft der Gläubigen, in den Mittelpunkt stellte, fiel ihr ein Zugehen auf die Kurden ideologisch leichter. Dies verband Erdoğan mit eigennützigen Überlegungen: Hinter der HDP war die AKP die einzige Partei, die im Südosten nennenswerte Wahlergebnisse erzielte. Reformen in der Kurdenfrage versprachen, dieses Potenzial auszubauen. Und vielleicht reichte das Kalkül weiter: Zugeständnisse an die Kurden im Gegenzug für deren Zustimmung zu einem Präsidialsystem.

Doch während in der Türkei die Waffen schwiegen, prallten die Parteien jenseits der Grenze, nämlich im syrischen Bürgerkrieg, aufeinander: hier die PKK, die durch ihre dortigen Ableger PYD/YPG ein Gebiet im Norden Syriens unter ihre Kontrolle gebracht hatte, das sie unter hohem Blutzoll gegen den IS verteidigte; dort die türkische Regierung, die diese Entwicklung als Bedrohung der nationalen Sicherheit interpretierte und alles und jeden unterstützte, der versprach, ihren Zielen in Syrien – dem Sturz des Machthabers Baschar al-Assad und der Eindämmung der kurdischen Autonomie – dienlich zu sein, zeitweise sogar den IS.

Im März 2015, zwei Wochen nach der Dolmabahçe-Vereinbarung, erklärte der HDP-Vorsitzende Selahattin Demirtaş in einer kurzen wie einprägsamen Rede: »Wir werden dich nicht zum Staatschef machen!« Erdoğans Reaktion folgte prompt: Es gebe kein Kurdenproblem, keine Verhandlungen, kein Abkommen.

Doch die entscheidende Ursache für das Scheitern des Friedensprozesses war die Unversöhnlichkeit auf dem syrischen Schlachtfeld. Die Innenpolitik, also die Ablehnung des Präsidialsystems durch die HDP und die Niederlage der AKP bei den Parlamentswahlen im Juni 2015, bestimmte nur Zeitpunkt und Umstände. Auch wenn es bis zur offiziellen Aufkündigung des Waffenstillstands einige Monate dauern sollte – mit Erdoğans Erklärung hatte sich der Friedensprozess faktisch erledigt. Für Cengiz bedeutete dies: Seine Freilassung hatte sich erledigt.

Damit nicht genug, wurde er in den Wirren der Putschnacht von kriminellen Strafgefangenen attackiert und erlitt eine schwere Rückenverletzung. Seither saß er im Rollstuhl und wurde zur medizinischen Behandlung nach Metris verlegt.

Trotz seiner gesundheitlichen Probleme und der vielen Jahre im Gefängnis ist Cengiz ein fröhlicher Mensch. Und er hat eine kindliche Freude daran, Neuankömmlinge zu erschrecken. Mit Ahmet verfolgt er in den Medien, wer gerade festgenommen wurde und im Fall einer Verhaftung Zwischenstation bei ihnen machen könnte. Später erzählt Cengiz, wie er einige Wochen vor unserer Begegnung die drei verhafteten Journalisten aus dem RedHack/Albayrak-Verfahren begrüßt hat: in der Rolle eines Dschihadisten, der von seinen Kriegsabenteuern in Syrien berichtete und zwischendurch alle »Ungläubigen« verfluchte. Während er das erzählt, spielt er abwechselnd mal seine eigene Rolle nach, mit einer sägenden Handbewegung (»Das haben wir beim Islamischen Staat mit unseren Gegnern gemacht«), mal parodiert er das Entsetzen bei Tunca, Mahir und Ömer. Es ist ihm ein großer Spaß.

Auch mich haben sie erwartet. Doch weil die Zellentüren bei Anbruch der Dunkelheit verschlossen werden, können sie mich nur von Fenster zu Fenster begrüßen. Cengiz stellt sich als Funktionär der Grauen Wölfe vor. Aber ich habe schon bei Recherchen in der Provinz deren Vereinsräume besucht, weshalb ich das nicht beunruhigend finde. »Angenehm«, sage ich bloß.

Viel mehr interessiert mich in diesem Moment Ahmet, der zu meiner Rechten sitzt. Über einen an den Gitterstäben des Fensters befestigten Flaschenzug lässt er mir heißen Tee und Kekse zukommen. Ich bin darin nicht geübt, sodass ich die erste Lieferung, die Ahmet mit der Wäscheleine losschickt, fallen lasse. Erst beim zweiten Mal klappt es. Ich freue mich sehr über diese Begrüßung, trinke begierig den Tee und rauche eine Zigarette nach der anderen, während ich mich mit Ahmet unterhalte. Dem vermeintlichen Grauen Wolf zu meiner Linken schenke ich kaum Beachtung, sodass Cengiz sein Rollenspiel abbricht.

Im Gefängnis erhalten wir zwei warme Mahlzeiten am Tag. Alles andere, auch Hygieneartikel und Trinkwasser, müssen wir im Knastladen kaufen. »Wir haben hier eine Kommune«, erläutert Cengiz am folgenden Tag; »alle zahlen in die Kasse ein, davon kaufen wir die Sachen.« »Dann bestell mal auf Vorrat«, sage ich. »Tee, Kaffee, Käse, Oliven, Klopapier, was auch immer. Nur Papier und Stift will ich für mich privat. Und Zigaretten, die ich nicht teilen muss.« Cengiz weigert sich, weil niemand mehr als seinen Anteil bezahlen soll. Nach mehreren Versuchen sage ich: »Hör zu, ich arbeite für eine große deutsche Zeitung, auf meinem Gefangenenkonto sind 5000 Lira.« »Na dann!«, strahlt Cengiz und gibt die Großbestellung auf. Ich habe gelogen. Natürlich verdiene ich ganz gut, erst recht für türkische Verhältnisse. Aber auf dem Konto habe ich in Wirklichkeit deutlich weniger. Doch es reicht, um Cengiz' Einkauf zu bezahlen.

In den knapp zwei Tagen, die wir miteinander verbringen, erlebe ich Cengiz aber auch anders, mit düsterer Miene und zitternder Unterlippe: als er von den 54 Tagen erzählt, die er nach seiner Gefangennahme im ostanatolischen Ağrı auf dem Revier der Jitem verbracht hat, einer Sondereinheit der türkischen Armee, deren Existenz lange Zeit offiziell geleugnet wurde, bis man sie für aufgelöst erklärte. Im Kampf gegen die PKK und deren Umfeld das Vollzugsorgan des »Tiefen Staates«, spezialisiert auf Folter, Entführung und Mord.

Inwieweit Cengiz' Bericht der Wahrheit entspricht, kann ich nicht mit Sicherheit beurteilen. Doch dass in türkischen Polizeistationen in den Neunzigerjahren gefoltert wurde, erst recht in den kurdischen Gebieten, wurde in Hunderten Urteilen des EGMR festgestellt und auch von der AKP-Regierung eingeräumt.

Doch das ist abstrakt. Cengiz' Erzählung ist anschaulich. Er schildert die sadistischen Methoden und die Qualen, denen er selbst ausgesetzt wurde oder die er bei anderen ansehen musste, mit einer solchen Genauigkeit, dass ich davon tagelang Albträume bekomme. Und ich sehe seine Augen, als er von seinen Erlebnissen berichtet. Augen, die vom Unaussprechbaren sprechen.

Ich habe schon mit Menschen geredet, die Folter erlitten haben, auch mit Überlebenden des Holocaust, ich kenne Literatur und Dokumentarfilme. Doch jetzt lerne ich: Man hört eine solche Schilderung mit anderen Ohren, wenn man sich selbst in der Gewalt des Staates – *desselben* Staates – befindet.

Am meisten aber beeindruckt mich, wie Cengiz diese Erfahrung verarbeitet hat. Er erzählt, wie er noch inmitten der Tortur versuchte, die Gegenseite zu analysieren: Warum machen die das? Auf welche Gefühle in mir zielen sie? Welches Leid bezwecken sie? Warum vergewaltigen sie eine Genossin vor meinen Augen? Warum vergewaltigen sie mich? Seine Antwort: »Weil sie mich für einen traditionellen Kurden halten. Diesen feudalen kurdischen Mann in mir wollen sie treffen.« Mit solchen Überlegungen versuchte er nicht nur, sich selbst zu schützen, sondern auch, seinen Mitgefangenen zu helfen.

»Wenn es dir nicht gelingt, den Feind zu durchschauen, wenn du emotional so reagierst, wie es der Feind beabsichtigt, dann wirst du an der Folter zugrunde gehen«, sagt Cengiz. »Ich kenne Genossen, die in der Folter standhaft geblieben, aber danach zerbrochen sind, weil sie sich geschämt haben, dass sich der Staat ihrer ermächtigt hat. Aber du kannst die Folter innerlich besiegen.«

Wir anderen, Ahmet und vier weitere kurdische Aktivisten, hören schweigend zu. Doch dann scherzen wir wieder miteinander. Und natürlich reden wir über Politik. Cengiz und die anderen fragen nach meinem Interview mit Cemil Bayık. Ich erzähle von dieser Begegnung im Kandilgebirge und von anderen Beobachtungen aus den vergangenen Monaten. Ich erläutere, warum ich denke, dass die PKK einen gehörigen Anteil an der jüngsten Eskalation hat, und was ich nicht nur politisch falsch, sondern auch ethisch zutiefst verwerflich finde: den Krieg in den Städten, die Terroranschläge ... Cengiz widerspricht bei ziemlich allem, und es ist merkwürdig, wie dieser warmherzige und kluge Mensch plötzlich in den kalten Jargon eines Parteisoldaten verfallen kann.

Nur eines empfinde ich bei unseren Gesprächen nervtötend – seine Wellensittiche, die zu jedem Wort, das wir wechseln, das Ihre kundtun. Normalerweise sind pro Häftling zwei Sittiche erlaubt. Cengiz besitzt vier. Mit einer Sondergenehmigung. Und das kam so: Zuvor war er in einer kleineren Haftanstalt in der Provinz mit größeren Kontaktmöglichkeiten zwischen den verschiedenen Gefangenengruppen inhaftiert. Eines Tages kam ein junger Häftling aufgeregt zu ihm und erzählte: »Cengiz Abi, du magst doch Vögel. Da drüben bei den Kriminellen haben sie einen Wellensittich mit gebrochenem Flügel. Sie wollen den töten, weil er nicht mehr fliegen kann!« »Das sollen sie nicht«, antwortete Cengiz. »Sag denen: Wenn sie den Vogel nicht mehr haben möchten, dann sollen sie ihn mir geben.«

Die Kriminellen willigten ein. Doch der Sittich, den sie eben noch wegwerfen wollten, war in dem Moment, in dem sich jemand für ihn interessierte, zu einer kostbaren Ware geworden. Also verlangten sie im Austausch Zigaretten. Cengiz akzeptierte, was die Kriminellen dazu ermutigte, noch mehr zu fordern. Jetzt wollten sie außerdem noch Tee. Cengiz akzeptierte auch das, verlangte aber dafür den zweiten Sittich des Paars. Der Deal war perfekt. Cengiz pflegte den Vogel gesund. Gut fliegen konnte er zwar nicht mehr. Aber in Sachen Zwitschern und Lärmmachen stand er den übrigen drei in nichts nach.

Mitten in das Gespräch mit Veysel, in dem ich den eingangs zitierten Brief schreibe, platzt ein Aufseher mit der Mitteilung, dass ich nach Silivri verlegt werde. Ich bitte die Aufseher, Veysel den Schlüssel für meine Berliner Wohnung auszuhändigen, damit meine Freunde sich um meine dortigen Angelegenheiten kümmern können, was sie in rührender Weise tun werden.

Von meiner kurzen Begegnung mit Cengiz habe ich viel gelernt. Nein, nicht die Erkenntnis, dass es anderen schlimmer ergangen ist. Das wusste ich vorher schon. Und das ist nur ein schwacher Trost, wenn einem selber Leid widerfährt, so wie noch kein Kind, das seinen Spinat nicht essen wollte, für das Argument zugänglich war, dass andere Kinder hungern. Von Cengiz lerne ich vielmehr, dass man auch in einer Extremsituation jeden Schritt des Gegners genau analysieren muss. Gerade dann. Auch an seine Sittiche werde ich noch oft denken.

Block B, Reihe 6, Zelle 54

Der »Campus der Justizvollzugsanstalten Silivri« wurde im April 2008 inmitten der thrazischen Sonnenblumenfelder eröffnet. 90 Kilometer westlich des Stadtzentrums von Istanbul, zwölf Kilometer außerhalb des Vororts, dem er seinen Namen verdankt. Ein Gerichtssaal, ein Krankenhaus, eine Wohnanlage fürs Personal, zehn Haftanstalten, 13 000 Insassen. Europas größter Gefängniskomplex.

Bei einem der zehn Gefängnisse handelt es sich um eine offene Justizvollzugsanstalt, bei den von 1 bis 8 nummerierten um geschlossene Haftanstalten des Typs L. Theoretisch bedeutet das: Einzelzellen für jeweils sieben Häftlinge, die sich tagsüber einen Aufenthaltsraum und einen Hof teilen. Doch in der Türkei steigt die Gefangenenrate: 2002, beim Amtsantritt der AKP, entfielen dem World-Prison-Brief zufolge auf 100 000 Einwohner 85 Gefangene, etwas weniger als seinerzeit in Deutschland (86) und deutlich weniger als in den USA (703). Im Jahr 2014 waren es bereits 204 (Deutschland: 76, USA: 693). So wurden in vielen Zellen zusätzliche Betten aufgestellt, erst recht nach den Massenverhaftungen, die auf den Putschversuch folgten.

Auch wenn die Regierung seither überall neue Gefängnisse errichtet – fast so eifrig, wie man zuvor Einkaufszentren bauen ließ –, kommt man kaum hinterher. Bei einer Kapazität von 220 000 Häftlingen befanden sich Ende 2018 Justizminister Abdulhamit Gül zufolge 260 144 Menschen in Untersuchungs- oder Strafhaft, davon 44 930 wegen Terrorstraftaten (klar, politische Gefangene gibt's hier ja nicht). Die Gefangenenrate hatte sich derweil auf 318 erhöht.

In einem der hiesigen Gefängnisse aber muss niemand enger zusammenrücken: in der Geschlossenen Haftanstalt Silivri. Eigentlich ein Hochsicherheitsgefängnis des Typs F. Doch diese erst vor wenigen Jahren eröffnete Anstalt hat weder eine Typenbezeichnung noch eine Nummer, was sie noch unheimlicher erscheinen lässt. Der inoffizielle Name: Silivri Nr. 9.

Mit knapp 500 Gefangenen, die sich auf Dreier- und Einzelzellen aufteilen, ist dies der kleinste Knast des Komplexes und der einzige, in dem in separaten Zellen Frauen untergebracht sind. Gebaut für Terrorverdächtige und zu lebenslanger Haft unter erschwerten Bedingungen verurteilte Strafgefangene. Nach dem Putschversuch wurden die kriminellen Insassen weggebracht, um Platz für seine neue Bestimmung zu schaffen: der größte Journalistenknast der Welt.

Ich würde lieber in Metris bleiben. Doch die Staatsanwaltschaft hat meine Verlegung verfügt, Widerspruch ist zwecklos. »Silivri ist besser, moderner«, versucht Veysel, mich aufzumuntern, obwohl das für ihn viel längere Fahrtzeiten und zermürbende Einlasskontrollen bedeutet. »Vielleicht kann ich zu Ahmet Şık«, sage ich. »Vergiss das«, winkt Veysel ab. »Ahmet sitzt in Nr. 9. Gott bewahre, dass sie dich dorthin bringen, da ist alles viel strenger.« Er vermutet, dass ich zu Tunca und Mahir nach Silivri Nr. 2 oder zu Ömer nach Nr. 5 gebracht werde. Wir sind im selben Verfahren beschuldigt, was in der Türkei nicht gegen, sondern für eine gemeinsame Unterbringung spricht.

Ich kann mich kurz von Cengiz und den Übrigen verabschieden, dann werde ich abgeführt. Mit etwa 20 Häftlingen stellen wir uns in einer Reihe auf, alle tragen ihre Habseligkeiten in Plastiktüten. Zusätzlich zu Wäsche und Kleidung habe ich eine große Büchertüte, die Dilek geschickt hat. Ich bin bepackt, als hätte ich im Winterschlussverkauf zugelangt.

Zuständig für die Transporte wie für die äußere Bewachung der Gefängnisse ist die Gendarmerie, eine Teilstreitkraft der Armee, die sich im Wesentlichen aus Wehrpflichtigen rekrutiert. In bellendem

Ton befiehlt der Feldwebel, uns Handschellen anzulegen. Die Polizisten hatten mir das erspart. »Muss das sein?«, frage ich einen jungen Gendarmen. »Wir machen das mit allen«, sagt er – ein Argument, das ich noch oft hören werde: Gerechtigkeit ist, wenn man alle gleich mies behandelt. Ich hatte ohnehin nur halbherzig protestiert, um mir nicht vorzuwerfen, ich hätte das widerspruchslos hingenommen.

Immerhin sind die Handschellen vorne am Körper befestigt. Bei jedem Gefangenen hakt sich rechts und links je ein Gendarm ein. Ich versuche, mich im Gleichschritt mit meinen Begleitern zu bewegen, an meinen Fingern baumeln Plastiktüten. Draußen wartet ein blauer Bus. Von außen fallen nur dessen winzige, vergitterte Fenster auf. Drinnen ist ein enger Gang, von dem drei käfigähnliche Räume abgehen. Jeder für sechs Leute, die sich in Dreierreihen gegenüberstehen. So muss es sich in einem Viehtransporter anfühlen.

Um weniger tragen zu müssen, hatte ich meine Leder- und darüber meine Daunenjacke angezogen. Jetzt kann ich sie nicht mehr ausziehen, es reicht gerade, um mir mit der Schulter den Schweiß abzuwischen, der mir in die Augen fließt. Zudem hat der Gendarm die Handschellen zugeklappt, aber nicht verriegelt. Bei jedem Ruckeln des Busses schneiden sich die Metallringe tiefer ins Fleisch.

Die anderen fünf in meinem Käfig wurden wegen Drogendelikten verhaftet, die meisten sind Teenager. Fast zwei Stunden dauert die qualvolle Fahrt. Auf dem Gefängnisgelände hält der Bus mehrmals. Stets werden Leute rausgeholt, bis nur noch ich übrig bin. Dann soll auch ich aussteigen. Wo sind wir? »Geschlossene Haftanstalt Silivri«, sagt einer der Gendarmen.

Deren Zuständigkeit endet am inneren Gefängnistor. Sie entfernen die Handschellen und übergeben mich den Vollzugsbeamten, darunter einem Oberaufseher von Ende 50 mit breitem Gesicht, der freundlich tut und dennoch etwas Heimtückisches ausstrahlt.

Er will wissen, was mein Beruf ist und was ich getan habe. »Ich bin Journalist, man wirft mir PKK-Propaganda vor. Das weise ich aber zurück«, antworte ich. »Das kannst du vor Gericht ja machen«, sagt der Mann. »Hier müssen wir dich irgendwo einordnen. In der Zelle von Inan Kızılkaya ist Platz frei. Kennst du ihn?« Es handelt sich um den Chef vom Dienst der prokurdischen Zeitung *Özgür Gündem*. Ich erwidere, dass ich ihn nur dem Namen nach kenne, es aber schon passen werde. »Erst mal kommst du in eine Einzelzelle«, sagt der Beamte. »Wenn du zu Inan willst, schreib einen Antrag.«

Dies wird die erste Lektion sein, die ich im Gefängnis lerne: Anträge schreiben. Für alles muss man einen Antrag einreichen, den man bei der Morgenzählung den Beamten mitgibt.

Der Oberaufseher durchsucht meine Sachen. Dabei tastet er jedes Kleidungsstück einzeln ab, dreht es von außen nach innen und schüttelt es. Mit den Handschellen und den Plastiktüten muss ich komisch ausgesehen haben, jetzt sieht dieser Mann komisch aus, wie er mit den Socken herumwedelt. Einen Pullover beanstandet er: »Diese Farbe ist verboten.« Warum? »Weil die Vollzugsbeamten dunkelblau tragen.« Okay. Aber warum muss ich meine Lederjacke abgeben? Und das Feuerzeug und die Stifte, die ich in Metris erworben habe? »Du kannst im Gefängnisladen neue kaufen.« – »Aber ohne einen Stift kann ich keine neuen Stifte bestellen.« Das leuchtet ihm ein. Die Stifte darf ich behalten, ebenso die vollen Zigarettenpackungen. Persönliche Bücher hingegen sind seit dem Ausnahmezustand verboten.

Dann soll ich in eine Umkleidekabine. Der Oberaufseher quetscht sich mit zwei Kollegen zu mir rein. Ich muss mich ausziehen. Es herrscht eine ähnliche erzwungene Intimität wie im Käfig des Busses, nur diesmal unter Ungleichen: Ich, nackt bis auf die Unterhose – vor mir, in Uniform und in Überzahl, die Staatsmacht. Eine wohl in jedem Knast der Welt übliche und dennoch demütigende Prozedur. Weiter werde ich mich freiwillig nicht ausziehen. Ich bin nervös, weil ich erwarte, dass sie mit Gewalt reagieren werden. Doch der Oberaufseher fordert nur, dass ich an meiner Unterhose zupfe, damit etwaige versteckte Gegenstände herunterfallen. Wann muss ich kämpfen, selbst wenn ich weiß, dass ich verlieren werde? Was kann ich erdulden? Ich überlege kurz – und zupfe.

Jetzt muss ich durch eine Sicherheitsschleuse, wie man sie von Flughäfen kennt. Unter dem Röntgengerät piepen meine Lederschuhe. Da ich keine anderen dabeihabe, darf ich sie behalten. Nur die Metallplatten werden aus der Sohle entfernt. Aus dem Zellentrakt dröhnt Krach, Leute schlagen gegen Stahltüren. Später werde ich erfahren, dass es sich um Gefangene aus der linksradikalen DHKP-C handelt, die mehrfach am Tag auf diese Weise protestieren.

Schließlich drückt mir ein Beamter ein blassblaues Bettwäscheset, eine abgenutzte braun-weiße Decke mit dem Logo der Gefängnisbehörde und ein Kissen in die Hand. Dann bin ich *drinnen*.

Im Innern des Gefängnisses gibt es zwei Hauptkorridore, die alle paar Meter durch stählerne Gittertüren unterteilt sind. Links und rechts gehen durch weitere Gittertüren abgetrennte schmale Gänge ab, an denen sich die Zellen anschließen und die die beiden Hauptkorridore miteinander verbinden. In jedem Abschnitt der Hauptkorridore befindet sich ein Tisch, an dem jeweils zwei, drei Beamte sitzen und die Aufsicht über ihren Abschnitt führen.

Mit zwei Beamten laufe ich den Hauptkorridor entlang. Vorbei an den Reihen, aus denen der Lärm dröhnt, bis zum Ende. Als wir am letzten Tisch vorbeikommen, gesellt sich ein dritter hinzu. Erst am letzten Gang biegen wir rechts ein und bleiben in der Mitte der Reihe vor einer dunkelbraunen grifflosen Stahltür stehen. Scheppernd öffnet ein Beamter den Riegel, dann öffnet er mit einer Art Schraubenschlüssel und lautem Krach die Tür.

Block B, Reihe 6, Zelle 54. Meine neue Adresse.

Als ich eintreten will, rufen die drei im Chor: »Halt, wir müssen Sie noch durchsuchen!« »Sie haben mich doch eben bis zur Unterhose durchsucht«, sage ich verblüfft. »Das ist Vorschrift, daran werden Sie sich gewöhnen«, erwidert einer.

Er hat recht. Erstaunlich schnell werde ich mich damit abfinden, dass jedes Verlassen der Zelle dreimaliges Abtasten bedeutet: beim Rauskommen, nach einem Besuch und bei der Rückkehr. Auch meine Schuhe muss ich ausschütteln. Jedes Mal. Ist Vorschrift. Einige Beamte suchen tatsächlich nach versteckten Dingen, andere klopfen mich nur lustlos ab. Aber keiner verzichtet darauf. »Hier sind überall Kameras«, sagen sie manchmal fast entschuldigend.

Mit dem technologischen Fortschritt haben sich die Methoden verfeinert, das Prinzip aber ist fast so alt wie die Institution Gefängnis selbst. »Pausenlos überwachte Überwacher« nennt Michel Foucault in *Überwachen und Strafen* dieses Prinzip.

Bei den hiesigen überwachten Überwachern kommt etwas Weiteres hinzu: Die Säuberungswelle hat auch sie getroffen. Der im Sommer 2016 verhaftete Blogger und Popmusiker Atilla Taş erzählt in seinem Buch *Sakıncalı Çökelek*[6], dass in seiner Anfangszeit aus den Lautsprechern ständig irgendwelche Aufseher mittels ihrer Dienstnummern in die Verwaltung gerufen wurden. Sie wurden suspendiert, manche verhaftet. Diese Säuberung ist inzwischen vorbei, die Verunsicherung unter den Beamten aber weiterhin spürbar. Ihre Überwachung soll auch dem Schutz der Gefangenen dienen. Dennoch werden manchmal Übergriffe bekannt.

Nach der letzten Leibesvisitation fällt die Zellentür krachend hinter mir zu. Zum dritten Mal in gut zwei Wochen erlebe ich eine solche Situation. Im Gewahrsam hatte ich ein mulmiges Gefühl, in Metris kam es mir paradoxerweise so vor, als hätte ich ein Stück meiner Freiheit zurückgewonnen. Hier fühle ich: Einsamkeit.

Die Aufseher bringen mir eine Flasche Trinkwasser, um die ich gebeten habe, gleich danach einen von der Religionsbehörde herausgegebenen Abreißkalender. Darauf sind die Gebetszeiten verzeichnet, dazu gibt es Verse aus dem Koran oder den Überlieferungen des Propheten Mohammed. Der Kalender ist an einem Bild mit kitschigem Tulpenmotiv befestigt – der einzige erlaubte Wandschmuck. »Damit du das Zeitgefühl nicht verlierst«, sagt der Beamte. Die Kalenderblätter werde ich sammeln. Jedes Blatt ein Tag meines Lebens, den man mir raubt.

Schließlich kommen die Aufseher zur Essensausgabe. Mittags und abends werden warme Mahlzeiten gereicht, jedes Mal gibt es ein kleines Extra dazu: Obst, Salatgemüse, ein Dessert, einen Fruchtsaft oder Marmelade und Butter fürs Frühstück.

---

6 Wörtlich: »Suspekter Quark«, eine in der Türkei leicht verständliche Anspielung auf seinen größten Hit und zugleich auf einen Buchtitel des 1993 ermordeten Journalisten Uğur Mumcu.

In meiner Zelle befinden sich drei Blechtöpfe, die zum Inventar gehören. Und ein Salzstreuer, der von meinem Vorgänger – dem HDP-Abgeordneten Nihat Akdoğan – übrig geblieben ist. Alles andere werde ich im Knastladen kaufen müssen, auch Besteck und Teller. Aus den Blechtöpfen kann ich notfalls essen. Aber ohne Besteck zu speisen, finde ich würdelos. Ich beschwere mich, der Beamte sagt, dass er mir erst am nächsten Tag Besteck besorgen könne. So begnüge ich mich mit Brot und dem Extra des Tages: einer Küchenzwiebel.

Plötzlich kommt mir eine tief vergrabene Erinnerung in den Sinn: Ich war ein Kind, als mein Vater Ziya bei einem Picknick eine merkwürdige Demonstration vorführte: »Schau, so schält man eine Zwiebel, wenn man kein Messer hat«, sagte er und schlug mit der Handkante darauf. Vielleicht ist mir diese Begebenheit im Gedächtnis geblieben, weil es ungewohnt war, meinen Vater gegen irgendetwas schlagen zu sehen, vielleicht nur wegen des Gedankens, der mir damals kam: »Papa, hier ist doch ein Messer. Wofür soll dieses Wissen jemals gut sein?« Es war also hierfür gut, denke ich lächelnd. Wie es meinen Eltern jetzt wohl geht?

Dann schlage ich mit der Handkante auf die Zwiebel. Außerdem habe ich Brot und Salz, es schmeckt gar nicht so schlecht, mein erstes Abendessen in Silivri.

Kurz darauf wird krachend meine Tür geöffnet. Ein Aufseher kommt rein. Abendzählung. Ich erschrecke mich, erkenne aber die Gelegenheit und bitte um Feuer. Bis das Geld von meinem Konto in Metris eintrifft, werde ich mich an die Aufseher halten, einige Mal auch den Notfall-Button drücken. Wenn mir jemand Feuer gegeben hat, rauche ich Kette, bis mir übel wird.

In meiner ersten Nacht schlafe ich schlecht. Cengiz' Folterbericht spukt mir im Kopf. Die Einzelzelle sei nur vorübergehend, hatte der Oberaufseher gesagt – und dabei angenommen, dass man mich hier so wie alle anderen behandelt würde. Am ersten Morgen beantrage ich, zu Inan Kızılkaya verlegt zu werden, später auch, zu Ahmet Şık zu kommen. Anträge werden nicht immer positiv, jedoch recht zügig beantwortet. Wenn es aber um Dinge geht, die die Kompetenz der

Gefängnisleitung überschreiten, oder um Maßnahmen, die schlicht rechtswidrig sind, ignoriert man einfach die Anträge. So auch meine auf Verlegung in eine andere Zelle. Ich werde nämlich nicht wie alle anderen behandelt. Die Einzelhaft wird zum Dauerzustand, was in Istanbul bei keinem anderen Journalisten der Fall ist.

Einzelhaft bedeutet nicht das Gleiche wie die Unterbringung in einer Einzelzelle, was ja seine Vorteile hat und worauf Häftlinge in Deutschland sogar einen Rechtsanspruch besitzen, selbst wenn dieser nicht immer eingelöst wird. Doch in der Türkei wurde mit dem Ausnahmezustand das Recht der Gefangenen, sich für mehrere Stunden in der Woche mit Mitgefangenen zu treffen oder gemeinsam Sport zu treiben, einkassiert. Einzelhaft bedeutet hier: Isolationshaft. Eine Foltermethode.

Meine Zelle ist 3,10 Meter lang und 4,18 Meter breit. 12,96 Quadratmeter. Die Wände sind hellbraun, die Stahltüren und das Fenstergitter dunkelbraun. In einer Ecke befindet sich eine Küchenzeile mit Spülbecken und Wandschrank, in einer anderen, hinter einer Wand und einer separaten Tür, Dusche und Hocktoilette. Es gibt kein frei stehendes Klo und auch sonst nichts, was ich aus Filmen kenne: keine Sammelduschen, keinen Speisesaal, keine Typen, die aus ihren vergitterten Zellen »Hey Baby« lechzen. Nur die Türklappe, durch die das Essen und alles andere überreicht wird, ist wie im Kino.

Zum Inventar gehören ein Stuhl und ein Tisch aus Plastik, ein Stahlbett und ein Metallspind. Die schweren Möbelstücke sind im Fußboden verschweißt. In der Wand gegenüber der Zellentür gibt es ein vergittertes Fenster und eine weitere Tür, die sich zu einem kleinen Hof öffnet.

Diese Hoftür wird bei der Morgenzählung aufgeschlossen und vor Anbruch der Dunkelheit verriegelt. Wäre ich, sagen wir, wegen Mordes rechtskräftig zu einer lebenslangen Haft unter erschwerten Bedingungen verurteilt, dürfte ich nur für eine Stunde in den Hof. Das ist fast schon alles, was meine Haftbedingungen davon unterscheidet. Aber gegen mich liegt nicht einmal eine Anklageschrift vor.

In deutschen Gefängnissen wird die einst von Ulrike Meinhof so drastisch beschriebene Isolationshaft (Ossendorf, nicht Stammheim) nur noch sehr selten praktiziert. Die Gefangenen können sich innerhalb ihrer Bereiche tagsüber sehen, der Hofgang aber ist auf eine, höchstens zwei Stunden am Tag befristet. Und die Einzelzellen sind meist deutlich kleiner als meine.

Zum Aufschließen der Hoftür kommen die Aufseher durch einen Hintereingang in den Hof, den sie hier, ob zum Spott oder aus Unbedachtheit, »Garten« nennen. Tatsächlich ist der Hof komplett zubetoniert, geringfügig größer als meine Zelle und von etwa acht Meter hohen und mit Stacheldraht gekrönten Mauern umgeben. Kurz bevor ich herkam, wurden alle Innenhöfe mit einem Maschendrahtzaun überdeckt. »Wohl, damit wir nicht die Wolken berühren«, hat es der frühere *Zaman*-Reporter Emre Soncan einmal so schön formuliert.

Im Winter fallen keine Sonnenstrahlen in den Hof. Es werden Wochen vergehen, ehe ich wieder die Sonne sehe. Den Nachthimmel werde ich ein Jahr lang gar nicht sehen, weil man aus dem vergitterten Fenster nicht hoch genug schauen kann. Am schlimmsten aber ist dieser Himmelszaun. Noch beim Blick in diesen winzigen Ausschnitt, der uns von der Unendlichkeit des Himmels geblieben ist, wird uns vorgeführt, dass wir eingesperrt sind. Das ist nicht *die* sinnlose Gewalt, über die Primo Levi geschrieben hat. Aber es ist sinnlose Gewalt. Kalte.

Der einzige Mensch, mit dem ich mich halbwegs verständigen kann, ist ein früherer Richter, der in meinem Alter ist und in der Zelle zu meiner Rechten sitzt. Salih Bey soll er hier heißen – mit der förmlichen Anrede, weil wir nie zum Du übergehen. Zu meiner Linken sitzt ebenfalls ein ehemaliger Richter, doch mit ihm kann ich mich nicht verständigen, weil er an einem Hörschaden leidet. Um uns von Hof zu Hof zu unterhalten, müssen wir an den hohen Mauern vorbeibrüllen. Darum dauern unsere Gespräche meist nicht sehr lang.

Öffentlich bekannte Vorwürfe gegen Salih Bey gibt es nicht, an politischen Prozessen war er nicht beteiligt. Und die Anklageschrift, auf die er fast ein Jahr lang warten musste, ist, soweit ich sie aus seinen Erzählungen kenne, lachhaft. Er beteuert, er habe nichts mit der

Gülen-Organisation zu tun. Zwar sagen das alle Gülenisten, doch ihm glaube ich.

Letztlich ist mir das egal. Denn Salih Bey ist ein gebildeter und angenehmer Gesprächspartner. Er tut mir gut. An ihn wende ich mich, wenn mich, was nicht oft vorkommt, die Langeweile plagt oder, was häufiger vorkommt, die Sehnsucht. Ihm erzähle ich Neuigkeiten, mit ihm rede ich über das Verfassungsreferendum, den Titelgewinn von Beşiktaş, den ich gerne in meinem Viertel gefeiert hätte, oder was sonst in der großen Welt draußen und in unserer kleinen drinnen los ist.

Manchmal unterhalten wir uns zu dritt, dann vermittelt Salih Bey zwischen mir und seinem Nebenmann, auch der ein früherer Richter. Und wenn sich der Himmel über dem Drahtzaun rosa einfärbt und die Aufseher zum Abschließen kommen, ruft Salih Bey gerne zum Abschied: »Deniz Bey, wieder ein Tag weniger, der uns von unserer Freiheit trennt!«

Eines Tages wird seine Frau, eine entlassene Lehrerin, festgenommen. Sie haben drei Kinder. Salih Bey versucht, sich seine Sorgen nicht anmerken zu lassen, aber selbst durch die Mauern kann ich spüren, wie er leidet. Ich würde ihn gerne umarmen. Als seine Frau nach ein paar Tagen auf freien Fuß kommt, möchte ich ihm vor Freude um den Hals fallen. Dabei haben wir uns noch nie gesehen.

Irgendwann kommt er auf die Idee, mich am Fensterchen seiner Tür abzupassen, als ich von einem Familienbesuch zurückkehre. Ein fremdes Gesicht, das ich mit einem inzwischen vertrauten Menschen zusammenbringen muss. Danach warte ich oft auf ihn. Diese flüchtigen Blickkontakte klappen nicht immer, weil uns die Aufseher mal über den linken und mal über den rechten Hauptkorridor führen. Umso mehr freuen wir uns, wenn wir uns kurz sehen. »Salih Bey, wir führen eine romantische Beziehung«, rufe ich.

Unter den neun Mitgefangenen in meiner Reihe befinden sich weitere frühere Richter und ein ehemaliger Staatsanwalt, später kommt ein Ex-Polizeioffizier hinzu, den ich hier Mithat Bey nenne. Er war maßgeblich an den Korruptionsermittlungen beteiligt, mit denen

Ende 2013 das Bündnis zwischen Gülen und Erdoğan auseinanderflog. Mit ihnen zu reden, ist möglich, aber schwierig.

Hierfür muss man sich über die Gullydeckel beugen, die sich in der Mitte der Innenhöfe befinden. Doch das stinkt derart, dass ich das nie lange aushalte. Oder man kann sich durch den daumenbreiten Schlitz unter der Zellentür zurufen, wofür man sich jedoch so tief bücken muss, dass man fast den Fußboden küsst, und alle in der Reihe und die Aufseher mithören. Am wenigsten lässt sich Mithat Bey davon abschrecken und erzählt gerne Kriminalgeschichten aus der Regierung. Einige Male mache ich mir sogar Notizen.

Auf dem Korridor begegne ich manchmal anderen Gefangenen. Doch für mehr als einen Gruß im Vorbeigehen reicht es nicht. Schließlich werden wir von Aufsehern begleitet, wobei die besonders dienstbeflissenen unter ihnen versuchen, sogar das zu unterbinden.

Dreimal in der Woche kommt ein Arzt nach Silivri Nr. 9, einmal ein Zahnarzt. Was sie hier nicht behandeln können, verweisen sie ins Krankenhaus des Gefängniskomplexes oder ins staatliche Hospital in der Stadt Silivri. Diese Transporte, die mal in Käfigen, mal in gewöhnlichen Bussen, aber stets in Handschellen stattfinden, bieten ein wenig Abwechslung.

Bei meinen ersten Krankenhausbesuchen werde ich abgeschirmt: Ich warte allein, bis man mich zum Arzt bringt, während im Warteraum nebenan 20 andere Gefangene sind. Erst beim dritten Mal – ich brauche ein ärztliches Ehefähigkeitszeugnis – komme ich mit etwa 15 Leuten aus Silivri Nr. 1 in einen Warteraum. Warum sind sie im Knast? »Ich ein Gefangener des Schicksals«, sagt einer. Die anderen wiederholen das wortgleich. Es dauert eine Weile, bis ich diese Chiffre verstehe: Sie wurden wegen Sexualstraftaten verhaftet.

Dann erkennen sie mich, den deutschen Journalisten, und beginnen, wild auf mich einzureden: dass ihre Zellen überbelegt sind, dass die Wärter sie schlecht behandeln … Ich müsse darüber schreiben. »Mal sehen«, sage ich.

Eine durch den Ausnahmezustand ermöglichte Maßnahme bleibt mir immerhin erspart: Im Gegensatz zu den Häftlingen, die in Verbindung mit der Gülen-Organisation gebracht werden – darunter 13 Mitarbeiter der *Cumhuriyet*, die zeitweise mit mir in Silivri Nr. 9 eingesperrt sind –, kann ich ungestört meine Anwälte sprechen. Kein Aufseher am Tisch, keine Videokamera, keine Tonaufzeichnungen. Und nicht nur eine Stunde in der Woche, sondern sooft und solange ich will. Theoretisch bis Mitternacht.

Nur wird mir in der Anfangszeit nicht erlaubt, selber zu schreiben, sodass ich alles den Anwälten diktieren muss. Aber in dieser Phase ist das nur das Zweitwichtigste. Das Wichtigste ist: Da sind Menschen, mit denen ich von Angesicht zu Angesicht reden kann.

Regelmäßig besuchen mich der *Cumhuriyet*-Anwalt Tora Pekin, manchmal auch seine Kollegen oder Verteidiger der hier eingesperrten HDP-Abgeordneten. Zudem gibt es Anwälte, die aus Solidarität herkommen, ohne dass sie hier eigene Mandanten hätten. So bin ich auf dem Laufenden, was bei den verhafteten Kollegen, Menschenrechtlern oder Politikern los ist – ich nehme Anteil an ihrer Lage, außerdem können solche Informationen für mich wertvoll sein.

Für jeden dieser Besuche bin ich dankbar. Vor allem aber sind es meine eigenen Anwälte, die mich der Einsamkeit entreißen und ohne die ich ganz kirre werden würde. Refik besucht mich immer donnerstags. Veysel und Ferat kommen oft sogar zweimal die Woche, manchmal abwechselnd, manchmal zusammen.

Ich rede viel, sehr viel. Egal, ob es um meinen Fall geht, um die Haftumstände, um Dilek, Politik, Fußball, Reisen – ich rede und rede und rede. Selbst wenn mir die Anwälte Neuigkeiten erzählen, unterbreche ich sie gleich, um meinen Senf dazuzugeben. Wer mich kennt, könnte an dieser Stelle »Ist ja wie immer« denken. Aber die Wahrheit lautet: Es ist noch viel mehr.

Ständig passiert es, dass Veysel oder Ferat mich mit dem Hinweis unterbrechen, dass sie zu einem anderen Mandanten müssen, der feste und befristete Besuchszeiten hat – und ich immer noch nicht zu Ende erzählt oder ihnen nicht die Nachricht mitgegeben habe, auf die Daniel, Dilek oder Doris warten. Ich bemerke mein Verhalten, es ist mir peinlich, trotzdem kann ich es nicht abstellen. Aber manchmal halte ich inne und frage die Anwälte, wie ich auf sie wirke. »Du redest viel, aber kein wirres Zeug«, sagen sie. Okay, es könnte schlimmer sein.

Nach gut einer Woche bekomme ich den ersten Angehörigenbesuch: Meine Schwester Ilkay ist aus Deutschland angereist. Wir sitzen im schummrigen Licht einer Besuchskabine, zwischen uns eine Trennscheibe. Ilkay kämpft mit den Tränen. »Nicht weinen«, sage ich. »Ich weiß, nicht weinen«, wiederholt sie und schluckt eine Träne runter. Ich erzähle von den Haftumständen, Ilkay von der immensen Solidarität in Deutschland. Und sie hat mir ein Paar Turnschuhe und eine Sommerjacke mitgebracht, um die ich gebeten habe.

Ein paar Wochen später kommt sie mit meinem Vater Ziya. »Oh, Laz Ismail«, begrüße ich ihn lachend. Eine Anspielung auf jenes Gedicht von Nâzım Hikmet, in dem es darum geht, sich nicht zu ergeben. Ich weiß, dass er diese Andeutung versteht, mehr brauche ich über meinen Gemütszustand nicht zu sagen. Und er will gar nicht über die politischen Umstände sprechen; die Sprechanlage ist ihm suspekt.

Mein Vater wurde als junger Arbeiter im Zuge der 68er-Bewegung politisiert. Ein Arbeiterintellektueller, der die Geschichte der Türkei exzellent kennt – und genau darum in Sorge ist: ob sie mich gut behandeln, ob ich bei den Zählungen strammstehen muss? »Nein, alles gut«, versuche ich ihn zu beruhigen. Ich merke, dass er zweifelt. Erst als die Gefängnisverwaltung meinem Antrag stattgibt, dass mein Vater mit dem Shuttlebus bis zum Gefängnistor gebracht wird, damit er mit seinem Rückenleiden nicht das letzte, steile Stück zu Fuß laufen muss, gewinnt er Vertrauen.

Schon bei unserem ersten Gespräch rechne ich damit, dass er mir Vorwürfe machen wird, die Korrespondentenstelle in Istanbul angetreten zu haben. Ihm hatte diese Idee nicht gefallen. »Ich habe dich gewarnt«, könnte er sagen. Macht er aber nicht, weder jetzt noch in den folgenden Wochen, in denen er mich allein besuchen kommt.

Soll ich ihm die Geschichte mit der Zwiebel erzählen? Ich lasse es. Er soll sich nicht fragen, ob ich hier nur Brot und Zwiebeln bekomme. Und in dieser Situation an eine glückliche Vergangenheit zu erinnern, ist gefährlich. Denn das könnte dazu führen, dass die Dämme brechen, die wir aufrechterhalten, als hätten wir uns dazu verabredet. So reden wir über Literatur. Schon der Chef des Polizeigewahrsams hatte mir ein Buch von Kemal Tahir geliehen, jetzt empfiehlt mir mein Vater dessen Roman *Karılar Koğuşu* (»Der Frauentrakt«): »Wenn du das liest, verspürst du sofort Lust, dich in ein Gefängnis einliefern zu lassen.«

Vorher, gleich an meinem ersten Wochenende in Silivri, kommen zwei CHP-Politiker, darunter Sezgin Tanrıkulu, der schon bei meiner Verhandlung dabei war. Am selben Wochenende folgt die Abgeordnete Şafak Pavey. Wir haben ein freundschaftliches Verhältnis, weshalb ich sie bitte, meinem Cousin Volkan auszurichten, er möge ein paar Sachen für unsere Trauung organisieren. Und ich lade Şafak ein, unsere Trauzeugin zu werden.

Im Laufe des Jahres werden mich immer wieder CHP-Abgeordnete besuchen. Auch dafür bin ich dankbar. Denn diese Besuche bedeuten nicht nur Informationen und Einschätzungen, sondern auch eine Botschaft ans Gefängnispersonal: Wir haben ein Auge auf den! Länger als eine Viertelstunde dauern diese Treffen nur selten. Die Liste der Inhaftierten, die sie besuchen, ist lang. HDP-Abgeordnete hingegen erhalten keine Besuchserlaubnis. »Wenn wir ins Gefängnis kommen, dann nur per One-Way-Ticket«, lässt mich Ziya Pir grüßen.

Gleich nach meiner Verhaftung hatte Angela Merkel Zugang für deutsche Diplomaten gefordert. Da ich jedoch auch die türkische Staatsbürgerschaft besitze, habe ich laut dem Wiener Abkommen keinen Anspruch auf konsularische Betreuung. Es liegt allein im Ermessen der türkischen Regierung, dies zu gestatten.

Trotz der angespannten bilateralen Beziehungen sagt Außenminister Mevlüt Çavuşoğlu Anfang März seinem Amtskollegen Sigmar Gabriel zu, dass man diesem Wunsch nachkommen werde. Doch es passiert nichts. Erst als Gabriel Ende März am Rande eines NATO-Treffens in Brüssel Çavuşoğlu an dieses Wort erinnert, kann Generalkonsul Birgelen mich am 4. April endlich besuchen. Neunmal wird er insgesamt kommen, einmal sein Stellvertreter Stefan Graf und zweimal der Botschafter Martin Erdmann, der hier auch Peter

Steudtner und im Frauengefängnis Istanbul-Bakırköy Meşale Tolu besucht. Keiner dieser Diplomaten hat zuvor ein türkisches Gefängnis von innen gesehen.

Ich freue mich riesig, als ich Birgelen zum ersten Mal hier begrüße. Er wird zu meinem direkten Kontakt zur Bundesregierung und informiert mich über Entwicklungen im deutsch-türkischen Verhältnis, die nicht in der Zeitung stehen. Es erinnert mich an Hintergrundgespräche, die ich gelegentlich mit Diplomaten geführt habe. Nur geht es jetzt um mich. Genauer: um den »Fall Yücel«, was nicht dasselbe ist. Doch Birgelen kommt auch als Freund. Mal bringt er ein paar Ausgaben der *Zeit* mit (wird man mir aushändigen), ein andermal ein Squashspiel (wird man mir nicht aushändigen).

Am Tag unseres Treffens ist Michael Roth, Staatsminister im Auswärtigen Amt, nach Istanbul gereist. Als erster hochrangiger Vertreter der Bundesregierung trifft er Dilek und Veysel. Eine Besuchserlaubnis erhält er aber nicht, ebenso wenig wie Michael Brand, der Vorsitzende des Menschenrechtsausschusses, der sich mehrfach darum bemüht – und sich direkt mit mir in Verbindung setzt. Egal, der Wille zählt.

Eine Woche später, am Mittwoch, dem 12. April, steht mir eine noch viel wichtigere Begegnung bevor: Ich werde Dilek wiedersehen. Der Papierkram ist erledigt, wir können heiraten.

Ich beantrage, kurzfristig zum Friseur vorgelassen zu werden. Den Garibaldi-Bart habe ich mir abrasieren lassen, doch der Bart ist schon wieder nachgewachsen. Auch die Haare könnten einen Schnitt vertragen. Die Vollzugsbeamten im Friseursalon gehören zu den freundlichsten und holen mich sofort. Mittwochs ist außerdem Bügeltag, gegen Entgelt kann man sich Hemden bügeln lassen. Auch in diesem Antrag erwähne ich meine Trauung und bitte um schnelle Erledigung.

Zudem habe ich mir von einem Oberaufseher die Erlaubnis geholt, mit einem Strauß aus Petersilie und Minze zur Zeremonie zu gehen. Als Ersatz für Blumen, aber auch, weil Petersilie für uns eine besondere Bedeutung hat, seitdem wir bei unserem ersten gemeinsamen Urlaub immer so viel davon im Strandkorb hatten, dass Dilek sie zur »Blume unserer Liebe« erklärte.

Vor lauter Nervosität bin ich im Morgengrauen aufgewacht und habe angefangen, meine Zelle aufzuräumen und zu putzen. So, als würde Dilek später zu mir kommen. Das ist Quatsch, hilft aber gegen die Aufregung.

Sie werde für diesen Tag ein Gedicht schreiben, haben mir die Anwälte ausgerichtet. Und ich solle es ihr gleichtun. Aber Dilek kann das, ich nicht. So habe ich eine Mischung aus Gefängnis- und Liebesgedicht verfasst, mit vielen Zitaten aus türkischen Gedichten und Songs. Beim Putzen sage ich es laut vor mich her.

Noch vor dem Mittag ist die Zelle geputzt, das, nun ja, Gedicht auswendig gelernt und das Hemd ausgeliefert. Und ich bin frisiert und geduscht. Als nichts mehr zu tun ist, laufe ich unruhig vom Hof in die Zelle und wieder zurück. Salih Bey amüsiert sich über meine Aufregung, kann sie aber nicht lindern. Dann fällt mein Blick auf den Kalender, der neben der Tür hängt. Der Sinnspruch des Tages lautet: »Selbst wenn du nur ein Schaf schlachtest, stifte ein Hochzeitsmahl.«

Dann, als es endlich so weit ist, eine Enttäuschung: Ich darf meinen Strauß nicht mitnehmen. Den ganzen Weg streite ich mich mit dem Beamten: »Warum darf ich das nicht?« – »So ist die Vorschrift.« – »Es gibt eine Vorschrift, die verbietet, zu einer Trauung Petersilie mitzubringen?« – »Ja.« – »Glaub ich nicht.« – »Das ist verboten.« – »Aber der Oberaufseher hat es mir erlaubt.« – »Davon weiß ich nichts.« – »Warum sind Sie so herzlos?« Ich bin echt sauer. Zugleich belustige ich mich innerlich über diese bizarre Diskussion. Am Ende verspricht der Beamte, mit seinem Vorgesetzten über die Petersilienfrage zu sprechen. Und dann geht die Tür auf und ich sehe Dilek.

Dilek!

Sie trägt ein Damensakko in Zartrosa und darunter ein weißes schulterloses Spitzenkleid. Sie strahlt. Uns steigen Tränen in die Augen. Wir umarmen uns lange, sehr lange. Schlank war sie ja schon immer. Aber jetzt merke ich, wie sehr sie in den letzten Wochen abgemagert ist. Wie muss sie gelitten haben! Schließlich bricht sie das Schweigen und lobt meinen Haarschnitt. »Ich werde den Friseur fragen, ob er auch nach meiner Freilassung meine Haare schneiden kann«, antworte ich. Wir lachen.

Die Trauung wird in einem der Räume für offene Besuche stattfinden, die ich bislang nur bei Abgeordnetenvisiten gesehen habe. Der Raum ist voll mit billigen Plastiktischen und -stühlen, die in Hufeisenform angeordnet sind. An einer Wand hängt ein Fotoposter, Motiv: weißer Strand am türkisblauen Meer. Am Tisch sitzen eine Standesbeamtin und unsere Trauzeugen, mein Anwalt Ferat Çağıl und die Abgeordnete Şafak Pavey. Sie haben für die Trauung eine Sondergenehmigung erhalten; anders als Tunca und Minez, die kurz vor uns geheiratet haben, müssen wir nicht mit Vollzugsbeamten vorliebnehmen.

Die beiden durften nicht einmal nebeneinandersitzen. Da haben wir es deutlich besser. Der für das Gefängnis zuständige Staatsanwalt schaut rein und gratuliert. In seinem hellblauen Anzug und dem übergroßen Seidentuch in der Sakkotasche könnte er zur Hochzeitskapelle gehören, wenn es denn eine gäbe. Die Aufseher kredenzen netterweise Tee und Kekse. Nur Şafaks Frage, ob sie uns fotografieren können, lehnen sie ab. In türkischen Haftanstalten war es bei offenen Besuchen möglich, sich gegen Bezahlung ablichten zu lassen. Jetzt wurde das verboten, was auch immer ein Hochzeitsfoto mit dem Putschversuch zu tun hat.

»Im Vertrauen auf die Stille des tiefen Meeres / fuhr ich los, ohne auf Sturm gefasst zu sein«, beginnt Dileks Gedicht, das sie mir ins Ohr flüstert. Ich bin sehr gerührt. Aber mein Schreibschreib, das ich ihr zuflüstere, ist mir jetzt noch peinlicher. Um davon abzulenken, erzähle ich sofort von der Putzaktion, dem Kalenderspruch, der Petersilie. Dilek berichtet, wie ihr Tag verlaufen ist: Volkan hat nach türkischem Brauch das Auto geschmückt. Er, Daniel und eine Freundin von Dilek sind mitgefahren, obwohl sie wussten, dass sie nicht reinkommen würden. Sogar Volkans Hund Bobo und unsere Katze Şahit Hanım (»Frau Zeugin«) haben sie dabei.

Dann wende ich mich der Runde zu. Small Talk. »Sie müssen mir ein bisschen Zeit geben«, sage ich zur Standesbeamtin. »Ich habe eine Aversion gegen das Wort ›Ja‹« – eine Anspielung auf das Referendum, das in wenigen Tagen stattfinden wird. Alle lachen. Nur Dilek zischt: »Ich will nicht über Politik reden!« Sie sagt das eine Spur härter, als sie will. Aber auch sie ist aufgeregt, nie zuvor war sie in einem Gefängnis. »Ich habe dich seit 44 Tagen nicht gesehen, mir ist wirklich nicht nach Politik«, fügt sie erklärend hinzu.

Als die Trauung beginnt, hat sie sich wieder gefasst. Für die Zeremonie gebe ich ihr den Ehering zurück, den sie mir mit Ilkay geschickt hat. Den Ring, den ich organisiert habe, hat Ferat an seinem kleinen Finger reingebracht und steckt ihn mir zu. Immerhin diese kleine Überraschung ist mir gelungen.

Gerne würde ich auf die Frage »In guten wie in schweren Tagen« mit einem »Na, siehste doch« antworten. Aber diese Frage kommt nicht. Als die Beamtin uns zu Mann und Frau erklärt, ruft Dilek »Oh!«. Sie verfügt über eine Klaviatur von O-Lauten; dieses kurze, trockene steht für echtes Staunen. Ich lache. Dann ist die Stunde vorbei. Zum Abschied umarmen wir uns noch länger als zur Begrüßung. So schön das Wiedersehen war, so schmerzhaft ist dieser Moment.

Auf dem Rückweg denke ich: Jetzt können wir uns sehen. Das Schlimmste haben wir überstanden.

Den Abend wird Dilek mit unseren Anwälten, Freunden und Verwandten verbringen, ihren und meinen. Ein Hochzeitsfest ohne Bräutigam. Volkan und Veysel hatten die Idee, sie nicht allein zu lassen. Dilek hat zugestimmt. Doch für sie wird es ein bitterer Abend. Ich habe ohnehin keine Alternative. Zurück in meiner Zelle, hole ich mir die Glückwünsche meiner Nachbarn ab, dann schlafe ich vor Erschöpfung ein.

Der folgende Tag beginnt mit einer Überraschung: Canan hat in der *Cumhuriyet* über unsere Trauung geschrieben (»Frau Zeugin durfte nicht Zeugin werden«). Zudem hat die Zeitung Dileks Gedicht nachgedruckt und dies mit einem Foto aus der *Welt*-Redaktion bebildert: Meine Berliner Kolleginnen und Kollegen haben auf der Konferenz einen Gruß aufgenommen. Einige tragen »FreeDeniz«-T-Shirts, viele halten Rosen in der Hand, dazu den Schriftzug »Glückwunsch, Dilek & Deniz«. Das ist so zärtlich, dass es mich zum Weinen bringt.

Ein bisschen weinen, aber noch mehr lachen muss ich, als ich sehe, wie meine Freunde diesen Tag gefeiert haben – mit einer Synthese aus den traditionellen türkischen Hochzeitskorsos und den politischen FreeDeniz-Korsos: einem FreeDeniz-Hochzeitskorso. Tröt!

Jetzt kann Dilek mich besuchen. Eine Stunde in der Woche mit Trennscheibe, anfangs alle zwei Monate, später einmal im Monat ohne – was übrigens immer noch besser ist als in Deutschland, wo zwar theoretisch jeder einen Untersuchungsgefangenen besuchen darf, jeder einzelne Besuch aber genehmigungspflichtig und zumeist auf zwei Stunden im Monat begrenzt ist.

In Silivri gibt es feste Besuchszeiten, die sich nach den Zellen richten. Meine Nachbarn sind dienstagnachmittags dran. Doch unsere Besuchszeit lautet montagmorgens um 9 Uhr. Um diese Zeit sind wir die Einzigen. Bei den Besuchen mit Trennscheibe bleiben die Nachbarkabinen leer, bei den offenen Besuchen, wo sich sonst bis zu vier Besuchergruppen gleichzeitig in einen Raum drängen, sind wir die Einzigen. Das bezweckt Abschottung, hat aber als Nebeneffekt ein bisschen Diskretion.

Erst Ende Mai, als alle Unterlagen überprüft sind und Dilek und ich alle 14 Tage zehn Minuten lang telefonieren können, bekommen wir einen regulären Termin zugewiesen. Mittwochs um 16.20 Uhr, gleich nach dem Richter zu meiner Linken und vor Salih Bey. Normalität. Die einsame Besuchszeit aber wird sich nicht ändern. Für Dilek heißt das, dass sie frühmorgens um 5 Uhr aufbrechen muss. Sonntags zu schlafen, gewöhnt sie sich ab.

»Der Weg nach Silivri ist nicht von Rosen gesäumt«, wird sie in einem Text schreiben, der zum hundertsten Tag meiner Verhaftung in einigen türkischen Zeitungen sowie in der *Welt*, auf *Spiegel Online* und *Zeit Online* erscheint. »Dieser Weg lässt Sie tausend und ein Gefühl gleichzeitig erleben. Vor Aufregung, vor Sehnsucht, durch den Stress, der zu diesem Weg gehört, während Sie die Kontrollen, die Iris-Erkennung und Drehkreuze passieren, die Sie hinter sich bringen müssen, um den Menschen zu erreichen, den Sie sehen möchten. Während ich jeden Montag Schritt für Schritt den Weg zu Deniz gehe, bohrt sich jede einzelne Spitze des Stacheldrahts, den ich dabei passiere, in mein Herz.«

Meist beginnen unsere Treffen damit, dass wir unsere Hände gegen die Trennscheibe pressen und uns schweigend anblicken. Und dann rede ich drauflos: was im Knast so passiert ist, was ich über die politischen Entwicklungen denke, was ich zu einer Solidaritätsaktion beitragen möchte. Dilek erzählt zwischendurch Neuigkeiten, spricht aber kaum über sich. Und ich lasse sie kaum zu Wort kommen. »Wir werden das zusammen überstehen«, sagt sie. Mal lachen wir, mal streiten wir, mal träumen wir laut. Und selten, ganz selten, müssen wir uns eine Träne aus dem Gesicht wischen.

Für meine Mutter Esma hingegen sind Gefängnis und Trennscheibe zu viel auf einmal. Sie kommt erst Ende April zu meinem ersten offenen Besuchstag. Wenn ich sie sonst in Flörsheim besuche, fließen ihr bei jedem Abschied Tränen. Doch hier zeigt sie sich tapfer. Und sie hat Mama-Ermahnungen: »Rauch nicht so viel!« Und: »Mach meine Schwiegertochter nicht unglücklich!«

Den Frühsommer über begleiten meine Eltern Dilek fast jeden Montag. »Wenn das hier vorbei ist, kommst du zurück nach Deutschland«, sagt mein Vater einmal. »Das sehen wir dann«, antworte ich. Ziya blickt mich ungehalten an, belässt es aber dabei. Meine Eltern fassen sich immer recht kurz und nehmen dann auf der Bank hinter der Besucherkabine Platz. Sie sitzen nur da und schauen uns an. Ich könnte weinen bei diesem Anblick, unterdrücke es aber. Nach ein paar Wochen fordere ich sie auf, in ihr Ferienhaus bei Bodrum zu fahren, wo sie seit ihrer Pensionierung die Sommer verbringen: »Wenn ich nicht im Knast wäre, hätten wir uns nicht so oft gesehen.« »Dann war das ja zu etwas gut, du Depp«, antwortet mein Vater.

Doch all das, die Besuche von Dilek und meinen Eltern, die Gespräche mit den Anwälten, die Treffen mit Politikern und Diplomaten, selbst die gebrüllten Unterhaltungen mit Salih oder Mithat Bey ergeben zusammen keinen halben Tag in der Woche. Den Rest der Zeit bin ich allein.

In der Regel herrscht Einsamkeit – aber keine Stille. Das Gefängnis ist ein geruchloser, aber lauter Ort. Ständig knallen irgendwelche Stahltüren, scheppern die Türklappen, dröhnen Durchsagen über die Lautsprecher, ertönt das Alarmsignal, weil ein Insasse den Button gedrückt hat, oder fahren die Aufseher scheppernd mit den Handwagen, mit denen sie Brot, Mahlzeiten oder Zeitungen verteilen. Mal höre ich Gefangene, die sich brüllend unterhalten, mal die Aufseher, die sich in ihrer Teeküche in der Nähe meiner Zelle versammeln, mal aus der Ferne den Lärmprotest der DHKP-C-Leute. Und manchmal alles auf einmal.

Ruhiger wird es nachts. Dann höre ich das Rauschen der Autobahn, die nicht weit von meiner Zelle verläuft. So klingt also die Freiheit.

Anfangs gilt meine größte Sorge, nicht der Lethargie zu verfallen. So gewöhne ich mir an, was ich nie über Neujahrsvorsätze hinaus geschafft habe: Ich treibe Sport. Zuerst versuche ich es mit Joggen. Doch in diesem winzigen Hof muss man so eng in die Kurven, dass sich die Füße verdrehen. So wechsle ich zum Walken, was auch für meine Puste besser ist. Jeden Tag 500 Runden. Ziemlich genau eine Stunde, zeigt dafür der Wecker (Motiv: Blaue Moschee und Bosporus) an. Die letzten zehn Runden zähle ich laut, jede Zahl etwas lauter, bis ich aus voller Kehle schreie: Drei, zwei, eins, null!

Die Fünf-Liter-Plastikflaschen benutze ich zum Gewichtheben. Und ich habe mir einen Fußball gekauft. An die Wand schießen, zurückkommenden Ball annehmen, halbe Drehung nach rechts, schießen, annehmen, halbe Drehung nach links, schießen, stoppen, drehen … Super Tikitaka-Training. Wenn ich hier rauskomme, werde ich beim FC Barcelona vorspielen.

Das Essen schmeckt mal besser, mal schlechter, ist sehr fettig, aber meistens akzeptabel. Oft Bohnen, Kichererbsen oder Linsen, dazu Reis oder Bulgur. Da ich auch sonst nur morgens und abends esse, hebe ich mir das Mittagessen auf, sodass ich am Abend eine größere Auswahl habe. Im Knastladen habe ich mir einen zweiteiligen türkischen Teekocher besorgt, mit einem Aufsatz für den Sud und einem Wasserkocher, auf dem man auch Töpfe abstellen kann. Das ist wichtig, weil das Abendessen viel zu früh und ohnehin im lauwarmen Zustand geliefert wird.

Manchmal verfeinere ich das Essen mit Zutaten aus dem Knastladen. Oder wandle es ab. So wird aus einer fettigen Brühe mit Huhn ein Hühnchensalat mit sauren Gurken, Petersilie und Mayonnaise. Abends bereite ich einen grünen Salat zu (mache ich sonst selten), nachmittags Obstsalat (mache ich sonst nie).

Donnerstags werden Obst und Gemüse geliefert, dienstags alles andere: Kaffee, Tee, Trinkwasser, Cola, Käse, Sucukwurst ... Und natürlich all das, was ich im Polizeigewahrsam am meisten vermisst habe: Papier, Stift, Zigaretten (dabei versuche ich, weniger zu rauchen). Für 300 Lira darf man wöchentlich einkaufen, was an meinem ersten Tag im Knast 79 Euro und am meinem letzten 63 entspricht.

Ohne Zigaretten würde dieser Betrag locker reichen. So aber muss ich rechnen: Wenn diese Woche Olivenöl, dann kein Bratenfleisch. Manche Sachen muss man zusätzlich schriftlich beantragen (Kleiderbügel, Fußball, Elektrogeräte), von anderen darf man immer nur ein Stück besitzen (Feuerzeug, Gummihandschuhe, stumpfes Obstmesser). An diese Regeln gewöhne ich mich, aber ärgere mich jedes Mal, wenn etwas nicht vorrätig ist. Denn diese Bestellungen dienen nicht nur meinem Bedarf. Glücksmomente sind im Knast eher selten, weshalb ich alles mitnehme, was ich kriegen kann, gerne auch in Form von Keksen und Schokolade. Das ist nicht gesund, schmeckt aber – und führt dazu, dass ich, anders als die meisten Mitgefangenen, nicht abnehme.

Auf einen Kühlschrank verzichte ich zunächst. Lebensmittel, die gekühlt werden müssen, kann ich auf der äußeren Fensterbank aufbewahren. Es ist März, draußen ist es noch kalt (und die Zelle gut beheizt). Für elektrische Geräte gilt das 300-Lira-Limit nicht. Aber einen Kühlschrank zu kaufen, bedeutet, mich hier auf einen längeren Aufenthalt einzurichten. Nach einigen Wochen mache ich das dann doch.

Eine große Überraschung bietet das Bibliotheksverzeichnis: gut, viele Publikationen der Religionsbehörde und alle Schriften des islamistischen Ideologen und Dichters Necip Fazıl Kısakürek, den Erdoğan gern zitiert. Aber auch internationale Autoren, meist Romane, vereinzelt Sachbücher: Freud, Horkheimer oder – wer hätte das gedacht? – Guy Debord. Dazu Schriftsteller, die viele Jahre in den Kerkern dieses Landes verbracht haben: Nâzım Hikmet, Kemal Tahir, Sabahattin Ali. Oder Sevgi Soysal, die nach dem Militärputsch von 1971 verhaftet wurde und ihren Mann ebenfalls im Gefängnis heiratete.

Heute gelten diese Autoren als Klassiker der türkischen Moderne. Aber die Liste enthält auch Bücher von Can Dündar, der ein Jahr vor mir hier einsaß. Oder einen Gedichtband von Ilhan Çomak, der 1994 unter haarsträubenden Vorwürfen verhaftet wurde, über 20 Jahre lang ohne rechtskräftiges Urteil inhaftiert blieb, im Gefängnis zu dichten anfing und dessen Geschichte ich mal in der *Welt* aufgeschrieben habe. Oder Ahmet Altan: Er ist hier, seine Bücher auch.

Als ich den jüngsten Roman des von mir sehr geschätzten und in der Türkei beliebten Ahmet Ümit lese, lasse ich ihm einen Gruß zukommen: »Ahmet, die Knastbibliothek hat alle deine Bücher, manche mehrfach. Sei ja vorsichtig.«

Manchmal muss man zwar 10, 15 Titel bestellen, um ein einziges Buch zu erhalten. Aber sei's drum. Die Geschichte dieser Knastbibliothek werde ich später aus einem Beitrag von Elif Günay erfahren: Als ihr Vater, der *Cumhuriyet*-Literaturchef Turhan Günay, im November 2016 verhaftet wurde, umfasste die Bibliothek 1742 Bücher, bis auf eine Handvoll Ausnahmen nur religiöse Literatur. Günay begann, jede Woche Anträge an die Gefängnisleitung und den zuständigen Staatsanwalt zu schreiben. Er berichtete Anwälten und Abgeordneten davon, Medien griffen das Thema auf, etliche Verlage schickten palettenweise Bücher – nicht an Günay, das war ja verboten, sondern an die Bibliothek. Schließlich hatte der Staatsanwalt ein Einsehen. Als Günay Ende Juli 2017 freikam, war der Bestand auf über 30 000 Bücher angewachsen. Wie in *Die Verurteilten*. Nur, dass Günay im echten Leben in neun Monaten gelang, wofür Andy im Film viele Jahre brauchte. »Wohin mein Vater und seine Freunde kommen, bringen sie das Licht mit sich«, schrieb Elif Günay.

Dennoch bin ich froh, als nach einigen Monaten persönliche Bücher erlaubt werden. Zuvor habe ich nur ein deutsch-türkisches Wörterbuch erhalten, das mir Ilkay mitgebracht hatte. »Ich muss doch die Anweisungen der Anstaltsleitung verstehen«, schrieb ich in meinem Antrag auf eine Sondererlaubnis. Das war kokett. Aber für das mit osmanischen Ausdrücken gespickte Juristentürkisch brauche ich das tatsächlich. Mit der Zeit wird sich das legen. »Ihr Türkisch ist hier besser geworden«, bemerkt ein Wärter nach einigen Monaten.

Nun kann ich Bücher auf Deutsch lesen. Zwar darf ich immer nur 15 Bücher bei mir haben. Aber sie bringen etwas Persönliches (und ein bisschen Farbe).

Tageszeitungen hingegen sind kein Problem, zumindest nicht in diesem Gefängnis. Der Handwagen, mit dem die Aufseher vormittags die Zeitungen verteilen, ist stets proppenvoll, nirgends im Land dürften pro Kopf so viele Zeitungen gelesen werden wie hier. Anfangs belasse ich es bei eher oppositionellen Blättern und gönne mir eine Abstinenz von der Regierungspresse. Was die über mich schreiben, erfahre ich über die Anwälte. Erst nach und nach werde ich meine Abonnements auf 13 türkische Tageszeitungen erhöhen.

Die *taz* hat gleich nach meiner Verhaftung – gelernt ist gelernt – ein Knastabo eingerichtet. Die *taz* bekomme ich stapelweise, zehn oder mehr Ausgaben auf einmal. Zudem schickt mir Imran die *11 Freunde*, und der ehemalige Chefredakteur Leo Fischer hat dafür gesorgt, dass ich die *Titanic* erhalte. Später kommt auch die *Welt* und, dank eines Abos, das Leo und andere Freunde eingerichtet haben, die *Süddeutsche*.

Ich beginne, Zeitungsschnipsel zu archivieren: erst Artikel, in denen es um mich geht, dann Sachen, die ich für meine Verteidigung brauchen könnte, Erklärungen von Kollegen vor Gericht oder Interviews, die sie nach ihrer Freilassung gegeben haben, schließlich Artikel, die ich spannend finde. Und plötzlich interessiere ich mich für die Rätselbeilagen: Sudoku, Kakuro, Kreuzworträtsel.

Aus Zeitungsfotos, zusammengefalteten DIN-A4-Blättern und Klebestift bastle ich mir ein Memory. Das Basteln macht Spaß, alleine

Memory zu spielen, nicht. Dafür gelingt es Dilek, der Gefängnisleitung die Erlaubnis für ein Puzzle abzuringen. Segelschiff auf hoher See, 1500 Teile, ein paar vergnügliche Abende. Unsere späteren Versuche, dieses Puzzle durch ein neues zu ersetzen, scheitern leider. Dafür wird mir der Karton noch für andere Zwecke nützen.

Gleich zu Beginn kaufe ich ein Radio. Doch kurz darauf werden in sämtlichen Haftanstalten die Radios konfisziert. Ich verstehe den Sinn nicht, bin aber auch nicht traurig. Ich hatte eh keinen Empfang; dafür waren die Mauern zu dick.

In den Zellen sind Lautsprecher montiert, über die man nicht nur die Durchsagen hört, sondern auch ein Radioprogramm einschalten kann. Von fünf möglichen Kanälen ist nur einer belegt: TRT FM, der Dudelkanal des Staatssenders. Die Nachrichten beginnen immer – wirklich immer – mit demselben und von allen Sprecherinnen und Sprechern identisch betonten Einstieg (»Staatspräsident Recep Tayyip Erdoğan hat ...«), sind zum Glück aber kurz.

Gespielt wird bei TRT FM Türkpop. Dagegen habe ich nichts, manchmal tanze ich zum neuen Titel von Sezen Aksu oder anderen Hits. Doch der Sender spielt fast nur aktuelle Stücke, entsprechend beschränkt ist das Repertoire. CD-Player sind nicht erlaubt. Ich vermisse es sehr, Musik nach meiner Wahl zu hören.

Ein wenig Abhilfe kommt von meinem Nachbarn Mithat Bey, dem Ex-Polizisten. Er hat eine sanfte Stimme und singt manchmal in seinem Hof, am liebsten Lieder von Ahmet Kaya. Der war in den Achtziger- und Neunzigerjahren ein populärer linker Folkmusiker. Doch als er ankündigte, einen Song in seiner Muttersprache Kurdisch aufzunehmen, wurde er aus dem Land gejagt. Er verstarb im Pariser Exil. Heute gilt er als rehabilitiert. Zugleich ist Tayyip Erdoğan in der Kurdenfrage einmal um den Block gelaufen, um zur restriktiven Politik zurückzukehren. Und hier singt ein ehemaliger Polizeioffizier Gefängnislieder von Ahmet Kaya. Dieses Land ist wirklich seltsam.

Nach einigen Monaten kaufe ich mir einen Fernseher. Ein paarmal schalte ich die TRT-Erfolgsserien ein, die erzählen, wie Ertuğrul, der Urvater der osmanischen Dynastie, oder Abdülhamid II., der letzte uneingeschränkte Sultan, gegen ihre vielen ausländischen Feinde und die ebenso zahlreichen Verräter kämpfen – gut, wenn man die Ideologie der späten Erdoğan-Jahre analysieren, unerträglich, wenn man sich bloß zerstreuen will. Immerhin finde ich in Privatsendern ein, zwei Serien, die mir zusagen. Am liebsten aber schaue ich Naturfilme, meist BBC-Produktionen, die im Dokukanal des Staatssenders laufen: Löwen, Ameisen, Pinguine … Wie zauberhaft ist doch diese Erde!

Ansonsten wird im türkischen Free-TV ständig etwas verpixelt, überpiept oder ganz rausgeschnitten: Alkohol, Sex, jedes harmlose Schimpfwort. Selbst Knutschen kann als Verstoß gegen die – natürlich von der AKP definierten – »sittlichen Werte« gelten, und auch die Komödienklassiker von Kemal Sunal aus den Siebzigerjahren werden überpiept. Doch es gibt eine Alternative: den knasteigenen Kanal, in dem manchmal Spielfilme laufen. Oft Hollywood, manchmal türkische Filme, aber stets illegal heruntergeladene – und unveränderte – Kinofassungen. Unzensiertes Kino bietet nur Knast-TV.

Anderes Thema: die Wäsche. Hier ist genau reglementiert, wovon man wie viel besitzen darf: drei Hemden, drei Hosen, ein Pyjama usw. Die meisten Mitgefangenen geben ihre Sachen ihren Angehörigen mit, wobei sie sich einer komplizierten Prozedur unterziehen müssen: In der Ausgabewoche müssen sie schriftlich aufführen, welche Kleidungsstücke sie abgeben möchten. In der folgenden Woche können sie frische Sachen erhalten – es sei denn, es ist gerade offene Besuchswoche. Mir ist das zu umständlich. Ich wasche meine Wäsche von Hand, bis nach Monate ein kostenpflichtiger Wäscheservice eingerichtet wird.

Die Handwäsche hat einen weiteren Effekt: Farbe. In Form von Wäscheklammern. Gelbe, grüne, rote, blaue, rosafarbene und weiße, die ich in einer abgeschnittenen Plastikflasche aufbewahre. Es kommt vor, dass ich gedankenverloren auf die Wäscheklammern schaue, als handle es sich um einen Blumenstrauß.

Ich sehne mich nach allem, das bunt ist und lebt. So ist es ein wunderbarer Moment, als sich im Frühjahr ein Spatzenpaar im Hof von Salih Bey einnistet. Kurz darauf platziert ein anderes Paar sein Nest geschickt zwischen Stacheldraht auf meiner Hofmauer. Binnen weniger Tage ist der ganze Knast voll mit Spatzen. Ich erfreue mich des Gezwitschers, staune, wie viel Mist dabei abfällt, und merke, wie unterschätzt so ein Spatzenhirn doch ist: Welcher Brutplatz könnte sicherer sein als ein Hochsicherheitsgefängnis?

Der Knast wird durch die Spatzen noch lauter. Dafür bringen sie regelmäßig Grüße von draußen: Zweige, Grashalme, manchmal sogar ein Blümchen, die beim Nestbau herunterfallen. Eines Tages fällt ein Küken in meinen Hof. Beim Versuch, wieder hochzufliegen, verfängt es sich im Spalt zwischen dem äußeren Hoffenster und dem engmaschigen Gitter davor. Durch den fingerbreiten Schlitz unter dem Gitter versuche ich, das Küken herauszuziehen, doch ständig entschlüpft es mir. Unterdessen kreist die Spatzenmutter über den Hof und tschilpt und kreischt so laut, als arbeite sie an einer Hitchcock-Fortsetzung.

Nach einigen Stunden packe ich das Küken endlich am Füßchen und ziehe es raus. Dann verschwinde ich in meine Zelle, damit die Mutter ihm helfen kann, ins Nest zu fliegen. Doch jedes Mal klatscht es gegen die Mauer und fällt auf den Betonboden zurück. War der Einzug der Spatzen ein Moment von Hoffnung, ist das hier das Gegenteil. Bis in die Nacht wiederholt sich dieses traurige Schauspiel. Dem Küken schwinden die Kräfte, die Flugversuche werden seltener. Als ich zu Bett gehe, bin mir sicher, es am nächsten Morgen tot zu finden. Doch ich habe mich geirrt: Das Küken ist ausgeflogen! Da ist sie wieder, die Hoffnung.

Ein anderes Stück Natur ist das Grünzeug aus dem Knastladen. Das benutze ich nicht allein für Salate, sondern auch als Dekoration: den Dill, der mich an Bäume denken lässt, die Minze, die sehr zählebig ist, und die Petersilie, die mich an Dilek erinnert. Zu Hause besitze ich keine Zimmerpflanze. Hier umsorge ich die Pflanzenbündel, die ich in abgeschnittenen Cola-Flaschen aufbewahre. Doch sosehr ich mich anstrenge, verwelken der Dill und die Petersilie recht bald.

Anders die Minze. Auch sie wird in schlaffem Zustand mit hängenden Köpfen geliefert. Wenn ich sie dann mit viel Pflege und noch mehr Liebe dazu bringe, sich aufzurichten und sich in einer geschwungenen

Form gen Himmel zu recken, wenn diese Zweige junge Blätter hervorbringen und Wurzeln bilden, ist das nicht nur Gärtnerglück, sondern auch eine Allegorie. Adorno hat in der *Minima Moralia* die Pantoffeln zu »Denkmalen des Hasses gegen das sich Bücken« erklärt. Meine Denkmale des Widerstands sind die Minzen.

Sobald sie Wurzeln gelassen haben, bette ich sie in durchlöcherte große Joghurtbecher um, wobei mir eine Mischung aus ausgedünntem Tee und zerbröselten Eierschalen als Erde dient. Nach einem Foto von Dilek sind diese drei Becher mit Minzen mein größter Schatz. Ein verbotener freilich. Denn Pflanzen zu züchten ist, wie in den meisten deutschen Haftanstalten, verboten.

Jetzt erweist es sich von Vorteil, dass sich meine Zelle in der letzten Reihe befindet. Wenn die Wärter in Bataillonsstärke zur Morgenzählung ausrücken und dabei in die Zellen schauen, höre ich sie frühzeitig. Das Gleiche gilt für die alle paar Wochen stattfindenden Razzien, die sich dadurch ankündigen, dass die Wärter bei meinen Nachbarn die Gitterstäbe mit Gummihämmern abklopfen. Jan Philipp Reemtsma nennt das Klopfgeräusch, das seine Entführer machten, ehe sie den Keller betraten, in dem sie ihn eingesperrt hatten, »das Signal der Macht«. Bei mir lautet das Signal der Macht: Gummi auf Metall, dumpf und bedrohlich. Ein Klang, den ich für immer verabscheuen werde.

Für meine Minzen habe ich das ideale Versteck gefunden: den Kühlschrank. Ob das nun mit dem traditionellen Verhältnis türkischer Männer zum Kühlschrank zu tun hat oder Zufall ist, jedenfalls schauen die Wärter und die Gendarmen, die sie bei den Razzien begleiten, so gut wie nie rein. Und selbst wenn: Ich packe die Minze in Kühlschrankbeutel, man müsste sehr genau hinsehen, um die verbotene Pflanzenzucht zu entdecken.

Eines Tages werde ich gleich nach einer Razzia zum Anwalt gerufen. Es wird ein langes Treffen, danach lege ich mich schlafen. Als mir tags darauf die versteckten Minzen einfallen, ist es zu spät. Ich beginne von vorn, lasse es dann aber. Hätte man mir meine Pflanzen abgenommen, hätte mir das wehgetan. So war es mein eigenes Verschulden – traurig, aber akzeptabel. Danach wechsle ich die Minze, wie schon den Dill und die Petersilie, wöchentlich aus. Und ich beginne, an den Gittern im Hof Chilischoten zu trocknen. Das ist weder mühsam noch verboten. Aber schön, wie sie sich von sattem Grün über zartem Orange zum knalligen Rot verwandeln, ehe sie schrumpeln und in der Suppe landen.

Auch ohne Minzen bleiben die Morgenzählungen und mehr noch die Razzien ein Ärgernis. Es gibt einen streitsüchtigen Typen, der in meiner Anfangszeit oft bei den Zählungen dabei ist und immer eine spöttische Bemerkung oder herrische Aufforderung ablässt. Es gibt aber auch den onkelhaften Oberaufseher, der stets jedem Gefangenen die Hand gibt und sich nach dem Befinden erkundigt. Auch bei den Razzien sind die Aufseher und Gendarmen mal schroffer, mal freundlicher, aber nie so grob, dass sie alles wild durcheinanderwerfen würden.

Doch das ist zweitrangig. Denn das hier ist meine Zelle, meine Privatsphäre. Kein selbstbestimmter Lebensraum, aber mein Lebensraum. Dieses morgendliche Reinschauen und mehr noch diese Durchsuchungen finde ich entwürdigend. Darum mag ich auch die Wochenenden, die es selbst im Knast gibt. Zwar kommt dann nur selten Besuch, andererseits sind die Wärter bei der Zählung nur zu zweit unterwegs und betreten nicht die Zelle. Und es gibt keine Razzien.

Auch nach der Minzzucht habe ich einige Sachen, die sie besser nicht finden sollten: mein selbst gebasteltes Memory. Oder Fotos. Denn Dilek hat es nach einiger Zeit geschafft, mir mehr als die erlaubten zehn zukommen zu lassen. Oder andere Dinge, von denen noch die Rede sein wird.

Das ist der Moment des Puzzlespiels. Bei jeder Razzia wundern sich die Beamten, jedes Mal diskutieren wir, stets warte ich bis zu dem Satz, sie müssten das konfiszieren, ehe ich ihnen den Stempel der Haftanstalt unter die Nase halte. Am Ende sind sie zufrieden, weil sie mich kontrolliert haben. Und ich bin froh, dass ich sie ablenken konnte. Jedes Mal kommen andere Wärter, weshalb dieser Köder zuverlässig funktioniert.

Das heißt nicht, dass alle Wärter tumbe Zeitgenossen wären. Sie sind nur konditioniert. Die meisten sind unter 30, viele haben studiert, aber keinen anderen Job gefunden. Die AKP rühmt sich damit, etliche neue Universitäten eröffnet zu haben – 127 kamen bis Ende 2018 landauf, landab neu hinzu, fast doppel so viele, wie es vor ihrer Regierungszeit in der Türkei gab. Doch die Qualität dieser Neugründungen ist meist dürftig. Und die auf Bauwirtschaft und privatem Konsum errichtete politische Ökonomie der AKP-Herrschaft hat für diese Absolventen keine Verwendung. Der Strafvollzug bietet immerhin die Sicherheiten des Beamtentums.

Dennoch scheinen die meisten unglücklich: »Ihr kommt und geht, aber wir sind immer hier eingesperrt«, sagen sie. Ich finde das larmoyant. Sie könnten ja jederzeit gehen, sage ich. »Wir können nicht einfach kündigen, uns fesselt die Ökonomie«, antwortet der Aufseher. Ganz falsch ist das auch wieder nicht.

Wenn sie als Gruppe unterwegs sind, bei den Zählungen etwa, ist kaum ein Gespräch möglich. Gelöster ist die Stimmung meist, wenn ich allein mit einem Aufseher unterwegs bin. Manche sind distanziert, aber höflich, andere gesprächig. Und ich bin meistens freundlich, ein *guter Junge*. »Ihr Fall ist rein politisch«, sagt einer, ein anderer meint gar: »Wenn ich Leute wie Sie hier sehe, schäme ich mich für mein Land.«

Unangenehm sind nur zwei oder drei Aufseher, darunter ein großer, dunkler Typ Mitte 30, der keinen anderen Ton kennt, als zu kläffen. Wie im Slapstick begegne ich genau dem am häufigsten. Auch, als ich am Tag des Opferfestes, dem höchsten islamischen Feiertag, in einem Gang Atilla Taş begegne. »Frohes Fest, Atilla«, sage ich. »Ruhe, ihr sollt nicht reden«, keift der Aufseher. »Was denn, sind Feiertagswünsche jetzt auch verboten?«, antworte ich. Später werde ich mich ärgern, dass ich nicht auch ihm süffisant ein frohes Fest gewünscht habe. Ich halte mich sonst ja für halbwegs gewitzt. Aber Grobheit wühlt mich auf, dann verliere ich allen Esprit. Immerhin ist diese Situation auch den anderen Wärtern unangenehm. Diesen Typen können auch sie nicht leiden.

Ähnlich ist es bei den Gendarmen. Es gibt den Feldwebel, der sich einmal, während ich in Handschellen vor einem Arztzimmer des anstaltseigenen Krankenhauses sitze, über mich beugt und sagt: »Wenn der Herr Staatspräsident es nur erlauben würde, würde ich die alle abknallen.« Und seinen Kollegen, der ihm zustimmt: »Warte nur, nach dem Referendum wird *inschallah* die Todesstrafe kommen.« Es gibt aber auch den Unteroffizier, der davon träumt, vor seiner Pensionierung ebendiesen Staatspräsidenten abzuführen – mit auf dem Rücken gebundenen Handschellen, wie er betont.

Als persönliche Bücher erlaubt werden, schickt mir meine Schwester Tolstois *Krieg und Frieden*. Den türkischsprachigen Gruß, den Ilkay auf eine leere Seite geschrieben hat, bekomme ich. Doch die Seite mit dem deutschsprachigen Gruß meiner Nichten Aylin und Defne Güneş wurde herausgerissen.

Ich reagiere mit dem wütendsten Antrag meiner Haftzeit: »1. Wenn dieser Staat mich wegen Artikeln verhaftet, die ich auf Deutsch geschrieben habe, kann er mir einen deutschsprachigen Gruß nicht vorenthalten. 2. Es ist *ayıp*, unanständig, einen Gruß von Kindern an ihren Onkel vorzuenthalten. 3. Unter keinen Umständen haben Sie das Recht, mein Eigentum zu beschädigen.« Am selben Tag kommen zwei Beamte der zuständigen Abteilung an meine Tür.

Wenn man stets ruhig ist, nehmen sie einen nicht ernst, wenn man nur auf Krawall gebürstet ist, versperren sie sich. Um etwas zu erreichen, muss man eine Balance finden. Das ist jetzt der Moment für Deeskalation: Ich erkläre sachlich meine Einwände und bitte um Verständnis für meine emotionale Reaktion. Die Beamten versprechen, der Angelegenheit nachzugehen. Später werden sie sich für den Vorfall entschuldigen. »Ich gratuliere Ihnen, eine solche Widerspruchskultur gibt es in der Türkei leider nicht«, sagt Salih Bey, der das Gespräch mitgehört hat. Ich hingegen wundere mich, wie gehorsam sich diese einstigen Autoritäten, all diese früheren Richter, Staatsanwälte und Polizeioffiziere, gegenüber den Aufsehern verhalten.

Beim Ramadan bin ich in meiner Reihe der Einzige, der nicht fastet – und einer der wenigen, der sich das Fladenbrot bestellt hat, das es nur im Fastenmonat gibt. Ich hatte gehofft, dass es etwas besser als das Gefängnisbrot schmecken würde. Ich habe mich geirrt. Es schmeckt sehr viel besser.

Doch den meisten Nachbarn geht es ähnlich wie Salih Bey: Die Familie hat drei Kinder und muss von Ersparnissen leben, da fallen selbst die paar Lira, die das Fladenbrot kostet, ins Gewicht. Nach ein paar Tagen sage ich dem Wärter, dass ich mein Brot Salih Bey schenken möchte. Das sei *sevap*, eine gottgefällige gute Tat. Der Wärter ist einverstanden. Tags darauf lasse ich mein Fladenbrot Mithat Bey zukommen.

Am selben Tag höre ich, wie die Wärter an anderen Zellentüren erklären: »Das Brot schickt Ihnen der Herr in Zelle 57.« Oder: »Das kommt von Nummer 50.« Diejenigen, die sich ebenfalls Fladenbrot bestellt haben, teilen mit den Leuten, mit denen sie vertrauter sind. Das gefällt mir sehr. Doch eine Frage kann ich mir nicht verkneifen: Musste erst ein Atheist wie ich kommen, um euch frommen Leuten ein bisschen Solidarität (meinetwegen: *sevap*) zu lehren?

Dilek und ich hatten uns am Anfang Briefe geschrieben, die aber nicht zugestellt wurden. Nach ein paar Versuchen gaben wir es auf. Doch Anfang Mai beginnt Dileks Mutter Sibel Mayatürk, mir mit einer bewundernswerten Beharrlichkeit zu schreiben. Mal kurze Grüße per Postkarte, mal längere Briefe, in denen sie versucht, mich in Gedanken aus der Zelle zu entführen, und mir von Kultur- und Naturdenkmälern in aller Welt erzählt. Jede Woche vier, fünf Schreiben. Und erstaunlicherweise bekomme ich ihre Post.

»Vielleicht halten sie Briefe der Schwiegermutter ja für eine zusätzliche Strafe«, witzelt Dilek. Doch ich bringe das mit einem Thema in Verbindung, das die türkische Öffentlichkeit gerade beschäftigt: die Schwiegersöhne des einst mächtigen AKP-Politikers Bülent Arınç sowie des Istanbuler AKP-Oberbürgermeisters Kadir Topbaş, die wegen Mitgliedschaft in der Gülen-Organisation in Haft waren, aber unter fragwürdigen Umständen freigelassen wurden. Mein Dasein als Schwiegersohn hat für eine Freilassung nicht gereicht, aber immerhin für eine partielle Aufhebung der Briefsperre.

In diesen Tagen habe ich ein Gespräch mit der Gefängnisleitung, das ich beantragt hatte. »Okay, die Gerechtigkeit ist der Schwiegersohn des Staates«, sage ich. Eine Anspielung auf diese umstrittenen Fälle und zugleich auf das bereits erwähnte Atatürk-Zitat, das in jedem türkischen Gerichtssaal hängt. »Aber finden Sie es nicht merkwürdig, dass ich nur die Briefe meiner Schwiegermutter bekomme?« Auch der stellvertretende Gefängnisdirektor muss grinsen.

Am nächsten Tag überreichen mir die Wärter drei Briefe, die bereits vor Monaten abgeschickt worden waren. Aber nur drei. Dabei müssen hier bereits Hunderte Briefe und Postkarten eingetroffen sein. Und ich bin nicht der Einzige, dem man seine Briefe vorenthält.

Irgendwann bemerke ich bei einem Ausflug ins Krankenhaus, dass gleich neben Silivri Nr. 9 eine Baustelle begonnen wurde: Es soll das erste Hochsicherheitsgefängnis nur für Frauen werden. Doch mir gefällt die Vorstellung, dass man diesen Neubau angefangen hat, weil die Lagerkapazitäten für die nicht zugestellte Post erschöpft sind. Ein Gefängnis mit eingesperrten Briefen gleich neben einem Gefängnis mit eingesperrten Autoren – das wäre schon sehr poetisch.

Kurz nach meiner Unterredung spricht Dilek mit Anstaltschef Ali Demirtaş. Sie ist überfreundlich, appelliert an die Menschlichkeit und weist beiläufig darauf hin, dass diese Briefsperre rechtswidrig sei. Als sie mir erzählt, ihr Gespräch sei gut gelaufen, schreibe ich ihr folgenden Brief: »Dilek, mein Herz, ich liebe dich sehr. Sehr geehrte Brief-Lese-Kommission, dieser Brief ist ganz kurz, den können Sie doch weiterleiten.«

Der Brief kommt an, ebenso alle Briefe, die Dilek und ich uns fortan schreiben. Post von anderen hingegen erhalte ich wie gehabt nur vereinzelt.

Da alle Post von der »Brief-Lese-Kommission« gelesen wird, tauschen wir uns in diesen Briefen nicht über strategische Fragen aus. Wir albern ein bisschen herum und schreiben über unsere Sehnsucht, unseren Alltag und unsere Zukunft. »Wenn du rauskommst, sollten wir eine Zeit lang irgendwo leben, wo unsere Füße die Erde berühren«, schreibt Dilek einmal. Ein Satz, der sich mir ins Gedächtnis brennt.

Manchmal fügt Dilek ihren Briefen kleine Zeichnungen hinzu, die mich in ihrer Unbeholfenheit erheitern. Stets benutzt sie knallbuntes Briefpapier und ebenso bunte Briefumschläge, was etwas mehr Farbe in meine Zelle bringt. Ich antworte mit einem Petersilienblatt auf meinen Brief. Das wiederum erheitert Dilek, fortan klebt auch sie auf ihre Briefe Petersilienblätter, die nun neben dem »Gelesen«-Stempel der »Brief-Lese-Kommission« unsere Briefe schmücken.

Überhaupt, die »Brief-Lese-Kommission«: An ihr kommen wir nicht vorbei, also machen wir uns einen Spaß daraus, sie direkt anzusprechen. So zeichne ich Kreise an die Seitenränder und füge hinzu: »Hier stempeln.« Leider ignorieren sie meine Stempelfelder. Der HDP-Politiker Selahattin Demirtaş schreibt gar einen Brief an seine Briefleser im Hochsicherheitsgefängnis Edirne, der sich auch in seinem aus der Haft veröffentlichten Erzählband *Morgengrauen* findet. Seine harmloseste Formulierung ist in Wahrheit ein vernichtendes Urteil: »Ich wünsche Ihnen gutes Gelingen und viel Erfolg in Ihrem Berufsleben.«

Mir ohne richterlichen Beschluss Post vorzuenthalten, war selbst im Ausnahmezustand illegal. Doch einige Wochen, nachdem wir dieses Verbot gelockert haben, befasst sich ein Gericht mit der Beschwerde meiner Anwälte und bestätigt die Briefsperre. Nun dürften eigentlich keine Briefe mehr zugestellt werden. Die Folgen dieses Urteils: keine. Manchmal ist dieses Land zum Knuddeln.

Eine andere Neuerung: Nach einigen Monaten werden die Gefangenen in Einzelhaft auf die Sportplätze gelassen, die sich in der Mitte des B-Blocks befinden.

Es ist überwältigend: die Radiomusik, die aus den Lautsprechern dröhnt. Das satte Grün des Kunstrasens. Die Weite. Eigentlich nur 10 mal 15 Meter. Aber ich habe mich so daran gewöhnt, alle fünf, sechs Schritte an eine Mauer zu stoßen, dass mir dieser Platz riesig vorkommt. Ganz benommen laufe ich ein paar Runden, bis ich begreife, woher dieses berauschende Gefühl kommt: Es ist der Himmel! Ein strahlend blauer Himmel in der Maisonne. Ohne Zaun! Eine ähnliche Aussicht hatte ich nur bei einigen Transporten ins Krankenhaus. Doch freier Himmel in Handschellen ist auch Murks.

Jetzt aber gibt es freien Himmel ohne Handschellen. Ich lege mich, die Arme und Beine weit ausgestreckt, in die Mitte des Kunstrasens. Mal blicke ich gedankenlos in den Himmel, mal schließe ich die Augen und bilde mir ein, Dilek läge neben mir; mal kommt mir wieder ein Gedicht Hikmets in den Sinn, in dem er das Gefühl beschreibt, nach ich weiß nicht wie vielen Tagen im Kerker nach draußen geführt zu werden: das Staunen darüber, wie blau und unendlich der Himmel doch ist, die Überwältigung, die Hingabe an den Augenblick.

Fortan können wir für eine Stunde in der Woche auf den Sportplatz. Meine Nachbarn sind dabei zu zweit oder zu dritt, ich bleibe sogar hierbei allein. Einige Male räume ich die Zigarettenstummel und anderen Müll auf, den die Wärter in den Pausen hinterlassen haben. Das bringt mir Lob der Aufseher, ist aber nicht der Grund meiner Aufräumaktion. Für mich ist das der schönste Ort im Gefängnis, warum sollte ich nicht etwas dafür tun, dass er sauber ist?

Ansonsten habe ich hier mehr Platz zum Laufen. Auch meinen Fußball nehme ich mit. Ein Fußballspiel verkompliziert sich durch die Anwesenheit der gegnerischen Mannschaft, bemerkte Sartre einmal. Dieses Problem habe ich nicht; stets verlasse ich den Platz als Sieger.

Aber müsste ich die Frage, wie ich die Zeit im Gefängnis verbracht habe, mit einem einzigen Wort beantworten, es würde *kämpfen* lauten.

Beste Kampagne wo gibt (und mieseste)

Im vorigen Kapitel habe ich erzählt, wie es mir in den ersten Monaten *drinnen* ergangen ist. Was aber passierte *draußen*? Und wie habe ich darauf reagiert? Dafür gilt es, an jenen Februarabend zurückzukehren, an dem Richter Çakar Untersuchungshaft anordnete.

Noch am selben Abend veröffentlichen Sigmar Gabriel und Angela Merkel schriftliche Erklärungen, in denen sie das Hafturteil als »viel zu hart und unangemessen« bzw. als »bitter und enttäuschend« bezeichnen. Tags darauf legt Gabriel bei einer eigens anberaumten Pressekonferenz nach: Mit meiner Verhaftung stehe das derzeit ohnehin schwierige deutsch-türkische Verhältnis »vor einer seiner größten Belastungsproben in der Gegenwart«. Wieder einen Tag später, beim politischen Aschermittwoch der CDU, sagt Merkel: »Wir denken an Deniz Yücel, der in Untersuchungshaft in der Türkei sitzt und dessen Freilassung wir fordern.« Und sie verspricht: »Die Bundesregierung wird alles, was in ihrer Macht steht, tun, um darauf hinzuwirken, dass genau das geschieht.«

Natürlich melden sich die Politiker, die schon meine Festnahme kritisiert hatten, erneut zu Wort. Hinzu kommen Bundespräsident Joachim Gauck, zudem Bundestagspräsident Norbert Lammert und Hessens Ministerpräsident Volker Bouffier (beide CDU), FDP-Chef Christian Lindner, der EU-Erweiterungskommissar Johannes Hahn und viele andere. Özcan Mutlu organisiert spontan eine Protestkundgebung vor der türkischen Botschaft in Berlin, auf der auch Cem Özdemir und Dietmar Bartsch (Linke) reden. Der Tonfall variiert, die Kernaussage ist bei allen gleich: Pressefreiheit, Rechtsstaatlichkeit – und Knast geht gar nicht.

Die Opposition fordert Konsequenzen für die geplanten Auftritte von AKP-Politikern, einige aus der Union schließen sich dem an: »Ein Wahlkampfauftritt Erdoğans in Deutschland kommt überhaupt nicht infrage – erst recht nicht nach dem Fall Yücel«, meint etwa CSU-Außenpolitiker Hans-Peter Uhl.

Riesig ist auch das mediale Interesse: Die *Welt,* die *taz* und der *Tagesspiegel* fordern »FreeDeniz«. Nicht weniger engagiert sind die anderen Redaktionen. So beginnen Ingo Zamperoni und Kollegen in der Woche meiner Verhaftung sechs von sieben *Tagesthemen*-Sendungen mit dem Thema Türkei, dreimal geht es zuerst um meinen Fall. Und Jan Böhmermann blendet zum Ende jeder Ausgabe von *Neo Magazin Royale* mein Foto ein. Ein Jahr lang wird er das durchziehen und von einer »Groko für Deniz« sprechen.

Das Ganze hat auch eine persönliche Note: »Diesen Autor kann man nicht wegsperren«, schreibt Mely Kiyak auf *Zeit Online.* »Man hat weniger Ärger mit ihm, wenn man ihm seine Freiheit gibt.« Eine ähnliche Vorahnung hat Silke Mülherr in der *Welt*: »Deniz Yücels Stimme fehlt, sehr sogar. Aber Schweigen war noch nie sein Ding.« Und der türkische Journalist Bülent Mumay erzählt in seiner *FAZ*-Kolumne, wie er selber nach dem Putschversuch fünf Tage im Gewahrsam verbrachte, eher er gegen Mitternacht von einem Untersuchungsgericht freigelassen wurde: »Eine Handvoll Menschen erwartete mich dort, um mich in die Arme zu schließen. Einer von ihnen war mein Freund Deniz.«

Der dritte Teil dieser »Großen Koalition« ist die Zivilgesellschaft. Da der Gewahrsam spätestens am 28. Februar enden musste, hatten für diesen Tag Menschen in Berlin, Hamburg, München, Köln, Bremen, Hannover, Frankfurt, Leipzig, Bielefeld, Zürich, Wien und Graz Autokorsos geplant. Es hätten Jubelfeiern werden können. Nun wird es ein trötender Protest (klar, auch mit Fahrrädern), koordiniert von der Soziologin Stefanie Kron und anderen Berliner Freunden. »Wir nehmen unsere Korsos sehr ernst«, erklärt der Journalist Ivo Bozic.

»Unser Korso war eine ironische Antwort auf eine absurde Situation«, sagt der PR-Manager Steffen Küßner bei seiner Rede in Berlin. Jetzt sei »Schluss mit lustig«, die Bundesregierung müsse den »Druck auf die türkische Regierung massiv erhöhen«.

In den folgenden Wochen und Monaten ziehen mal Reporter ohne Grenzen und Amnesty International vor die türkische Botschaft, mal der SPD-Chor Vorwärts-Liederfreunde. Hier fährt ein Fahrradkorso durch Münster, dort gibt es eine Kundgebung in Marburg. Mal demonstrieren Abgeordnete der Grünen mit FreeDeniz-T-Shirts im Bundestag, dann laufen Leute in Trikots mit derselben Aufschrift, die der Sportausrüster Artiva zur Verfügung gestellt hat, den Berliner Halbmarathon. Und in meiner Heimatstadt Flörsheim rufen der Bürgermeister Michael Antenbrink und die Stadtverordnetenversammlung zu einer Mahnwache auf, die sie ein Jahr lang jeden Monat durchführen werden.

Langen Atem zeigen auch individuelle Kampagnen: *taz*-Redakteur Andreas Rüttenauer, der ein Jahr lang jeden Tag »Übrigens: #FreeDeniz« twittert. *Welt*-Redakteurin Paula Leocadia Pleiss, die ein Jahr lang mit dem gleichen (nicht demselben) FreeDeniz-T-Shirt zur Arbeit fährt. Oder Marie Sophie Hingst, Bloggerin aus Dublin: Wir kennen uns nicht, und sie weiß, dass man mir Briefe vorenthält. Trotzdem schreibt sie mir jeden Tag eine Postkarte.

Viele der Aktionen, die ich hier leider nicht alle aufzählen kann, initiieren die Freundeskreise FreeDeniz Berlin und Hamburg, die so heißen, weil es sich um meine Freundinnen und Freunde handelt. Aber genauso viel kommt von Leuten, die ich gar nicht kenne und denen ich ganz besonders dankbar bin.

Am allermeisten engagiert sich Doris für meine Freiheit. Zugleich schreibt sie in der *taz* darüber, wie sollte sie das auch trennen? »Jetzt stehe ich vor verschlossenen Gefängnistoren, hinter denen der Mensch sitzt, den ich seit 30 Jahren kenne, der mein bester Freund ist, der einzige Mensch, von dem ich mir immer sicher war, dass er immer da sein würde«, schildert sie ihre Gefühle, nachdem sie mit unserem gemeinsamen Freund Mustafa Ünalan nach Silivri gefahren ist.

Auch meine Schwester Ilkay, die als Sozialarbeiterin in Frankfurt arbeitet, wird aus ihrem Alltag gerissen. Eigentlich, wie sie selber sagt, von eher zurückhaltendem Naturell, meistert sie mit Bravour ihre neue Rolle, Interviews zu geben oder in Talkshows zu reden. Über hundert Mal wird sie den Satz »Meinem Bruder geht es den Umständen entsprechend gut« in ein Mikrofon sagen.

Daniel schließlich wird zu einer Art wandelnder Krisenstab. Er verbringt die Anfangszeit größtenteils in Istanbul, hat engen Kontakt zu Dilek, den Anwälten und über diese zu mir. Istanbul, Redaktion, Verlag, Bundesregierung, Freundeskreis – in den ersten Monaten ist Daniel die Schnittstelle zwischen allem. Er berichtet in der *Welt* über Neuigkeiten in meinem Fall, während Ulf, Sascha oder Silke das Grundsätzliche und Persönliche übernehmen.

Solidarität erfahre ich auch aus der Türkei oder anderen Ländern, wenngleich weniger als aus Deutschland. Kein Wunder, ich habe fast mein ganzes Leben dort verbracht und als deutscher Journalist gearbeitet.

In deutschen Medien war die Drangsalierung kritischer Stimmen in der Türkei vorher schon Thema; auch ich habe oft darüber berichtet. Doch nun erreicht das öffentliche Interesse ganz neue Ausmaße. »Dass sie dich verhaftet haben, hat auch etwas Gutes«, höre ich manchmal. »Jetzt sehen die Leute im Westen, was hier los ist.« Dagegen ließe sich leicht moralisieren (»Ah, auch Deutsche unter den Knackis«). Doch richtig ist das Gegenteil: »Personalisierung und Nähe schaffen Öffentlichkeit«, formuliert es *taz*-Chefredakteur Georg Löwisch. »Wenn wir über den einen sprechen, sprechen wir auch über die anderen.«

Im selben Sinn erläutert Doris die Ziele der FreeDeniz-Kampagne: mir das Gefühl geben, dass ich nicht vergessen bin, Solidarität mit der demokratischen Opposition im Land bekunden und Druck auf die Bundesregierung aufbauen, auf dass sie diesen weitergibt.

»Um die E-Paper-Ausgabe der *Cumhuriyet*, *Birgün* oder *Evrensel* zu abonnieren«, diktiere ich den Anwälten meine erste Botschaft aus Silivri, »muss man nicht in der Türkei leben. Und um für ein paar Euro einen Beitrag zur Unterstützung der Pressefreiheit zu leisten, muss man nicht einmal Türkisch können.« Wenn ich schon als Aktivist für Pressefreiheit auftreten muss, dann nicht nur in eigener Sache – und nicht allein für die verhafteten Kollegen.

Dennoch bleibt die Frage: Nützt oder schadet mir diese enorme öffentliche Präsenz? Für mich habe ich das bereits im Gewahrsam beantwortet. Dilek hingegen meint, dass zu viel Aufmerksamkeit kontraproduktiv sei. Auch darum hält sie sich anfangs zurück, zumal für sie andere Dinge Vorrang haben: ordentliche Übersetzungen organisieren, mit den Anwälten die nächsten Schritte besprechen, mir die Dinge zukommen lassen, die ich im Knast brauche.

Gerade in der Anfangszeit führt dies zu Konflikten – zwischen Dilek und mir, aber auch zwischen ihr und meinen Freunden und Kollegen, die sie vorher kaum kannte. Eine wichtige Vertrauensperson bleibt für sie, wie seit meinem Aufenthalt in der Residenz, Özlem. Nun kommt Ahmets Ehefrau Yonca Şık hinzu, die stets auch praktischen Rat weiß (»Kleidungstüten nicht zu groß, nicht zu klein«).

Zu meinen Leuten gehört der aus Köln stammende AKP-Abgeordnete Mustafa Yeneroğlu nicht gerade. Doch auch er nennt meine Verhaftung »problematisch« und kritisiert, dass der Propagandabegriff zu weit ausgelegt werde. Zwar wächst unter liberal-konservativen und moderat-islamistischen Kräften in der AKP der Unmut über die autoritär-nationalistische Regierungspolitik. Doch dass ein aktueller Mandatsträger öffentlich Kritik äußert, gleicht inzwischen einer Sensation.

Nur einer sagt nichts: der Chef. Auch sonst bleibt die türkische Seite stumm. »Bemerkenswert ist, dass Yücels Festnahme in der Regierungspresse, die ihn in der Vergangenheit als ›Türkei-Gegner‹ beschimpfte, in den vergangenen 13 Tagen keine Rolle spielte«, notiert Can Merey in einem *dpa*-Bericht und wertet »das Schweigen im AKP-Blätterwald« als Indiz dafür, »dass die Regierung in Ankara den Fall Yücel nicht ganz so hoch hängen möchte«.

Als Can am Abend vor dem Gerichtstermin am 27. Februar diese Einschätzung schreibt, hat er dafür gute Gründe. Selbst das immense

Echo auf meine Verhaftung ändert nichts an dem Schweigen. Bei meinen wichtigsten Entscheidungen der letzten Wochen – zur Polizei gehen, meine Festnahme öffentlich machen – spielte die Überlegung eine Rolle, der Gegenseite zuvorzukommen. Jetzt bin ich verblüfft: Das werden die sich doch nicht entgehen lassen. Oder etwa doch?

Dass ich in die Fänge der Justiz geraten bin, war anfangs Zufall – die geleakten E-Mails. Immerhin ging es um Erdoğans Schwiegersohn Albayrak. In meinem Fall kam die Gelegenheit hinzu, nach der Repression gegen die türkischen Medien auch die ausländischen Korrespondenten einzuschüchtern, zumal ich mich durch meine Arbeit unbeliebt gemacht hatte und als »Vaterlandsverräter« galt.

Bald wird sich zeigen, dass ein dritter Grund eine Rolle spielte: das Verfassungsreferendum vom 16. April. Als die Kanzlei Öztürk während meines Aufenthalts in der Residenz meinen Fall damit in Verbindung brachte, schien mir das weit weg. Aber sie sollte recht behalten: Meine Verhaftung war eine Provokation. Man hat die Reaktionen abgewartet, jetzt kann man damit Wahlkampf machen. Eine orchestrierte Kampagne.

Am Donnerstag, dem 2. März, drei Tage nach dem Hafturteil und der heftigen Kritik aus Deutschland, druckt das zweitwichtigste Regierungsblatt *Star* ein Foto auf der Titelseite, das mich im Interview mit Cemil Bayık zeigt. Daneben die Schlagzeile: »Kein Journalist, sondern PKK-Handlanger«.

Star zitiert aus einem Bericht des Presseamts. Das hat es in anderthalb Jahren nicht geschafft, meinen Akkreditierungsantrag zu beantworten, aber innerhalb weniger Tage einen Bericht über mich vorgelegt: »Yücel hat in 54 Artikeln die Türkei beleidigt, indem er sich auf Seiten der PKK und der FETÖ schlug.«

Ein weiteres Foto: ich auf einer Bühne, auf dem Kopf eine Kufiya (»Palästinensertuch«) in den kurdischen Farben gelb-rot-grün, als Bühnenschmuck unter anderem eine Öcalan-Fahne. Da dieses Foto im Folgenden ständig auftauchen wird, muss ich erläutern, was es damit auf sich hat: Es stammt aus unserer antirassistischen Leseshow *Hate Poetry*.

Sie hatten wir im Januar 2012 mit Mely, Doris sowie Yassin Musharbash und allen voran Ebru Taşdemir ins Leben gerufen. Am Anfang stand eine gemeinsame Erfahrung: Egal, wo wir veröffentlichten, ob wir Kolumnen schrieben oder investigativ arbeiteten – als Journalisten mit Ü und Y im Namen bekamen wir bestimmte Zuschriften, die andere Kollegen nicht erhielten. Diese Leserbriefschreiber, so formulierte es Mely, hassten uns nicht für das, was wir *taten*, sondern für das, was wir *waren*. Später stießen Özlem, Hasnain, Özlem Gezer und Mohamed Amjahid hinzu. Auch sie hatten dieselbe Erfahrung gemacht.

Hate Poetry war Notwehr. Und ein aufklärerischer Akt. Das Ressentiment brodelte da bereits unter der Oberfläche, war aber noch nicht in organisierter Form in den Bundestag eingezogen. Nur die wenigsten Leserbriefschreiber waren Rechtsextremisten. Die meisten hatten nichts gegen Ausländer, *aber* ... Aus diesem Aber, aus dem verklemmten Rassismus, entstand Komik. Das lasen wir vor, während das teils entsetzte, teils von Lachkrämpfen geschüttelte Publikum aufgefordert war, die irrsten, lustigsten, rassistischsten Beiträge zu wählen.

Selbstironie gehörte dazu. Begleitet zu Gastarbeitersongs betraten wir mit Aldi-Tüten die Bühne und verteilten wild Nationalfahnen, Moscheewecker und anderen Nippes. Und eben Fotos von Leuten, die irgendwas mit Integration und Dings zu tun hatten: Merkel und Atatürk, Sarrazin und Erdoğan, Özil und Öcalan oder wer uns gerade einfiel. Die Dekoration war Teil unseres Kanakenpunks. Da wir die Show fünf Jahre lang betrieben, kamen ständig neue Accessoires hinzu, bis das Bühnenbild groteske Ausmaße annahm. Das Publikum begriff: Wir kommentieren die politische Situation nicht, wir spiegeln sie. Die Grundidee: den Hass in eine Party verwandeln und den »Scheiß zurück in die Umlaufbahn schicken«, wie Yassin so schön sagte.

Das fragliche Foto war im Herbst 2015 bei einem Auftritt in der Schweiz entstanden, wohin ich – großer Spaß! – mit einem Minarett aus Schaumstoff gereist war. Das ist auf dem Bildausschnitt in *Star* nicht zu sehen, dafür aber ein Foto des Rechtspopulisten Christoph Blocher. Den muss man nicht kennen. Aber wären diese Leute

Journalisten, sie hätten den Kontext recherchiert. Und um diese chaotisch dekorierte Bühne für eine PKK-Veranstaltung zu halten, muss man sehr bösartig, komplett stulle oder beides sein.

Diesen, nun ja, Bericht verknüpft *Star* mit der Diskussion um Auftrittsverbote, die nicht nur Hans-Peter Uhl als Antwort auf meine Verhaftung gefordert hat. Eine Veranstaltung mit Erdoğan ist bislang nur angekündigt. Doch andere Wahlkampftermine stehen fest. So will am selben Tag, an dem *Star* mit dieser Schlagzeile erscheint, der türkische Justizminister Bekir Bozdağ im badischen Gaggenau für die geplante Verfassungsänderung werben.

Doch wenige Stunden vor Veranstaltungsbeginn zieht die Stadtverwaltung ihre Zusage für die Festhalle zurück. Zufahrtswege und Parkplätze würden für den erwarteten Besucherandrang nicht ausreichen. Nur Minuten später erhält Wirtschaftsminister Nihat Zeybekci eine Absage aus Köln-Porz, dann aus Frechen, schließlich darf er in Leverkusen ein knappes Grußwort halten.

Daraufhin sagt Bozdağ ein Treffen mit Heiko Maas ab. Mit seinem Amtskollegen wollte Maas auch über mich sprechen, nun veröffentlicht er einen offenen Brief. Er fordert ein »faires Verfahren« und macht deutlich: »Dies kann nur mit der Freilassung aus der Untersuchungshaft enden.«

Aber warum die Auftrittsverbote? Nun, die Kommunalpolitiker fühlen sich betrogen, weil der Veranstalter, der AKP-Auslandsableger UETD, die Wahlkampfauftritte als Kulturveranstaltungen angemeldet hat. Sie möchten nicht, dass innertürkische Konflikte in ihren Gemeinden ausgetragen werden, halten die Verfassungsvorlage für undemokratisch und sind empört über die Unterdrückung der Meinungsfreiheit in der Türkei, nicht zuletzt über meine Verhaftung.

Doch da man zweifelt, ob eine solche Verbotsbegründung vor Gericht standhalten würde, müssen Parkplätze oder Sicherheitsgründe herhalten. Politiker aus der Opposition und teils auch aus der CDU/CSU begrüßen die Absagen, während Merkel und Gabriel nur knapp auf die Zuständigkeit der Kommunen verweisen. Eine Einmischung erfolgt nicht. Im Gegenteil, manche Kommunalpolitiker fühlen sich von der Bundesregierung sogar alleingelassen. In der Türkei aber glauben alle, auch die Opposition, die Bundesregierung habe diese Absagen eingefädelt. So wäre das nämlich in der Türkei gelaufen.

In meiner Zelle denke ich: Wenn deutsche Politiker wie Özdemir oder Dağdelen wegen der Anfeindungen des türkischen Präsidenten nicht sicher in die Türkei reisen können, ist es nur recht und billig, Erdoğan in Deutschland keine Bühne zu gewähren. Wer zu Hause nur den eigenen Anhängern Meinungsfreiheit zugesteht, kann anderswo kein Rederecht einfordern – schon gar nicht hierfür.

Denn abgestimmt wird nicht über ein demokratisches Präsidialsystem, das eine viel stärkere Gewaltenteilung erfordern würde. Vielmehr geht es darum, den Ausnahmezustand zur Normalität zu erklären und die faktische Ein-Mann-Herrschaft verfassungsrechtlich abzusichern. Nach seiner Wahl zum Staatspräsidenten im Sommer 2014 hatte Erdoğan einfach so getan, als wäre er weiterhin Regierungschef. Doch dass sich sein alter Traum von einem Präsidialsystem nun erfüllen könnte, hat er seinem neuen Verbündeten, dem MHP-Chef Devlet Bahçeli, zu verdanken, der dieses Referendum ins Rollen brachte – mit der geradezu Brecht'schen Begründung, wenn sich der Präsident nicht an die Verfassung halte, möge man eben die Verfassung an den Präsidenten anpassen.

Entscheidend aber ist: Die Auftrittsverbote nützen ihnen. In Gaggenau hätte Bozdağ 500 Leute angesprochen, mit den Absagen kann Erdoğan Kampagne für Millionen machen. Und das macht er.

Star übernimmt den Auftakt. Tags darauf, es ist Freitag, der 3. März 2017, hält Erdoğan eine Rede beim Grünen Halbmond: »Ihr seht, was gerade in Deutschland passiert: Das ist nicht etwa, weil hier ein Korrespondent der *Welt* verhaftet wurde. Diese Person hat sich als ein Vertreter der PKK, als ein deutscher Agent einen Monat lang im deutschen Konsulat versteckt. Als mir Merkel das gesagt hat, habe ich ihr geantwortet: ›Wenn wir Terroristen von euch wollen, sagt ihr, eure Justiz sei unabhängig und unparteiisch. Jetzt vertrauen wir unserer unabhängigen und unparteiischen Justiz. Gebt ihn uns, und er soll vor Gericht.‹ Zuerst haben sie das nicht gemacht. Dann haben sie ihn, warum auch immer, doch übergeben. Daraufhin hat die Justiz ihre Aufgabe erfüllt und ihn verhaftet.«

Tausende Terroristen würden in Deutschland ihr Unwesen treiben, man müsse die Bundesregierung wegen Terrorunterstützung anklagen, sagt Erdoğan und schließt mit der Ankündigung: »Jetzt fragen sie, warum wir das so aufbauschen. Wartet mal ab, wir stehen erst am Anfang.«

Das ist sie also, die Attacke. In der denkbar schlimmsten Form, vom Chef persönlich. Wirklich überraschend finde ich nur eins: die Tarabya-Sache. Woher weiß er das? Videoüberwachung? *FAS*-Abo? Mag sein. Ich habe jedoch Grund zur Annahme, dass die türkische Seite diese Information aus Berlin erhalten hat. Nicht aus dem Auswärtigen Amt, das selbst in der Kebabfrage so übervorsichtig war, auch nicht von Merkel oder Seibert. Aber aus dem Kanzleramt, wo es jemand womöglich für eine vertrauensbildende Maßnahme hielt, mit offenen Karten zu spielen.

Bestätigen kann ich diese Information allerdings nicht, und auf meine spätere Nachfrage bestreitet das Kanzleramt, dass es eine solche Indiskretion gegeben habe. Das Folgende weiß ich hingegen sicher: Wenige Stunden vor Erdoğans Attacke informierte das Kanzleramt die Zuständigen bei der *Welt* über den Stand der Dinge. Es habe gute Gespräche gegeben, welche erkennen ließen, dass die türkische Seite die Sache schnell und gütlich klären wolle – nach dem »günstigen Zeitfenster«, mit dem mich das Auswärtige Amt zur Polizei verabschiedete, das zweite Mal binnen drei Wochen, in dem die Bundesregierung aus Selbstüberschätzung, Fehleinschätzung der Gegenseite oder beidem, ähm, nicht so ganz richtiglag. Nur eine Feststellung, kein Vorwurf, zumal ich mich nie allein auf diese Beurteilungen verlassen habe.

Für mich wichtiger, weil für die künftigen Schritte relevanter, ist eine andere Frage: Erdoğan hatte von der Bundesregierung und später von unserem Emissär Muzaffer von mir erfahren. Doch wann kamen er oder seine Berater auf die Idee, daraus ein Wahlkampfthema zu machen? Nach seinem Treffen mit Merkel, auf das ich meine letzte Hoffnung auf eine diplomatische Lösung gesetzt hatte? Oder nach meiner Festnahme, als in Deutschland die Empörung losbrach?

Veysel und ich neigen zur ersten Erklärung, für die Erdoğans oft wiederholter Verweis auf sein Gespräch mit Merkel oder die Sticheleien des Polizeichefs Çalışkan sprechen. Dilek und Daniel hingegen meinen, dass erst die öffentliche Aufmerksamkeit den Ausschlag gegeben habe. Vielleicht war es beides: Erst blitzte eine Möglichkeit auf, die dann zur Gewissheit wurde.

Diese Konstellation erinnert an eine Frage, die bei Arno Schmidt mehrfach vorkommt und die auch Reemtsma in seinem Buch *Im Keller* für seine Entführung heranzieht: Kann ein exzellenter Schachspieler den Verlauf einer Partie rekonstruieren, wenn er alle Züge von Weiß, aber nicht die von Schwarz kennt? Die Schachmeister, die ich konsultiert habe, halten eine solche Rekonstruktion für schwierig und nicht mit letzter Sicherheit machbar. Auch meine Rekonstruktion wird an einigen Stellen hypothetisch bleiben.

Anderes Gedankenspiel: Was hätte ich anders machen können? Nicht als Korrespondent in die Türkei gehen? Nach der Pressekonferenz mit Davutoğlu oder der Verhängung des Ausnahmezustands verschwinden? Diese Gedanken lasse ich nicht zu; im Gefängnis bedeuten »Hätte ich doch bloß«-Sätze nur Qual.

Auch im Nachhinein bin ich mit mir im Reinen. Ich hatte einen Job, den ich liebend gerne und, wie ich meine, recht ordentlich gemacht habe. Nicht ungefährlich, aber wichtig. Und als der Sturm der Diktatur über dieses Land, mein zweites Land, hereinbrach, hat er mit Tausenden anderen auch mich getroffen. Dass Demokratie und Menschenrechte stets aufs Neue verteidigt werden müssen, ist fast eine Phrase. Aber der Satz trifft ja zu. Genau das habe ich gemacht.

Und selbst wenn es das Vorstellungsvermögen einiger weniger deutscher Kommentatoren übersteigt, denen vor linker Folklore (»Im Zweifel gegen Springer«) zu meiner Verhaftung nichts Besseres einfiel, als Vorwürfe gegen die *Welt* zu erheben – eher wäre ich als freier Journalist in Istanbul geblieben, als mich in einer solchen Situation zurückholen zu lassen. Ahmet Şık hatte recht, als er bei unserem Treffen in Beşiktaş dachte: »Der wird nicht abhauen.«

Doch an jenem Abend, als ich kurz nach diesem Treffen zusammen mit Daniel die hastige Entscheidung traf, uns an die Bundesregierung zu wenden, brachten wir zwei Dinge zusammen, die nicht zwingend zusammengehörten: die Bitte um Gastfreundschaft und die Bitte um diplomatische Vermittlung. Könnte ich die Zeit dahin zurückdrehen, würde ich das Erste wieder machen, um in Ruhe alle Vorbereitungen treffen zu können. Um Vermittlung aber würde ich nur vorsorglich bitten – *nach* einer eventuellen Verhaftung nämlich.

Auch unter diesen Umständen wäre ich wohl nicht einfach zum Flughafen gefahren. Aber ich hätte mich auf die Anwaltsfrage konzentriert. Dann wäre ich nicht so lange in der Residenz geblieben und wäre im Gewahrsam nicht so schnell ungeduldig geworden. Wir wären erst zum Gerichtstermin an die Öffentlichkeit gegangen. Vielleicht wäre ich glimpflich davongekommen, ansonsten hätten Kampagne und Diplomatie *danach* loslegen können.

Hätte, würde, vielleicht.

Allerdings haben wir diese Entscheidung nicht auf gut Glück getroffen. Die ersten Anwälte, zu denen wir Kontakt hatten, verwiesen uns an die Bundesregierung. Dem lag in etwa dieselbe Annahme zugrunde, die die Bundesregierung auf eine stille Lösung hoffen und sie zu ihren eben erwähnten Fehleinschätzungen gelangen ließ. Weshalb Can Merey glaubte, dass die Türkei meinen Fall »nicht ganz so hoch hängen möchte«, Can Dündar vermutete, dass man mich ausweisen werde, oder Veysel nach dem Hafturteil meinte, ich würde höchstens fünf Monate im Gefängnis bleiben.

Diese unausgesprochene Annahme lautete: Die Türkei will Teil Europas sein und ist aus politischen wie wirtschaftlichen Gründen auf Partnerschaft angewiesen, allen voran mit Deutschland. Einen solchen Konflikt kann sie sich nicht leisten. Nicht bei einem Journalisten, dazu dem Mitarbeiter eines großen deutschen Medienhauses, dem nichts außer seinen Artikeln vorgeworfen wird.

Von dieser Außenpolitik hatte Erdoğan sich allmählich abgewandt. Doch niemand hielt es für möglich, dass er so weit gehen würde. Dabei ist das erst der Anfang. Zwei Tage später folgt, wie angekündigt, die nächste Eskalationsstufe: »Eure Methoden unterscheiden sich nicht von den Nazimethoden in der Vergangenheit.« Und wenige Stunden später: »Ich dachte, der Nazismus in Deutschland ist vorbei, aber er geht noch immer weiter.«

In der zweiten Rede an diesem Sonntag, dem 5. März, wiederholt er seinen Ärger darüber, dass das Bundesverfassungsgericht ihm im Juli 2016 untersagt hatte, per Videoschaltung auf einer Kundgebung in Köln zu sprechen, während man dies kurz darauf PKK-Anführer Bayık erlaubt habe – was trotz des Dementis der Kölner Polizei zutrifft, abgesehen davon, dass es eine Videobotschaft war, die die Veranstalter einspielten. Ohne Erlaubnis, aber, trotz des seit 1993 in Deutschland bestehenden PKK-Verbots, auch ohne strafrechtliche Folgen.

Erdoğan kritisiert, dass sich das deutsche Verständnis von Demokratie darin zeige, dass man einen »verurteilten Straftäter«– gemeint ist Can Dündar – hofiere, womit er auf unfreiwillige Weise recht hat. Und er behauptet, er habe Merkel persönlich die Akten von »4500 PKK-Terroristen« übergeben, die sich in Deutschland aufhielten, aber keine Reaktion erhalten – was reine Erfindung ist.

Diese Geschichte hat er seit einem ARD-Interview im Sommer 2016 so oft wiederholt, dass er sie inzwischen selber glauben dürfte. Wahrscheinlich geht sie auf eine Antwort der Bundesregierung auf eine Anfrage der Linken vom Dezember 2014 zurück. Demnach wurden in Deutschland zwischen 2004 und 2013 rund »4400 Ermittlungsverfahren mit PKK-Bezug« eingeleitet, bei denen es um Spendengelderpressung oder Körperverletzung, vor allem aber um Verstöße gegen das Vereinsrecht gegangen sei. Zwischen 2011 und 2014 seien zudem 116 Terrorismusermittlungen wegen Mitgliedschaft in der PKK oder deren Unterstützung eingeleitet worden. Macht rund 4500 Ermittlungsverfahren. Keine Verurteilungen, keine Akten, die Erdoğan übergeben hat. Und keiner, der fragen würde, wie viele Kartons er für 4500 Akten gebraucht und ob Merkel die im Handgepäck mitgenommen hat. Aber gut, der Mann hat viereinhalb unterschiedliche Angaben dazu gemacht, wann und wie er vom Putschversuch erfahren hat, im Vergleich dazu ist das eine Petitesse.

Jetzt will Erdoğan plötzlich wissen, wie es dazu kam, dass ich die

Residenz verlassen habe: »Am Ende sind Sie, Gott sei gelobt, in die Falle gegangen.« Gut, noch eine Petitesse. Das Folgende aber ist keine: »Das ist kein Journalist«, sagt er mehrmals. Ohne meinen Namen zu nennen, bezeichnet er mich in dieser Rede siebenmal als »Terroristen«. Im selben Atemzug verweist er auf eine angeblich unabhängige Justiz, merkt aber nichts dabei.

»Man hat davon auszugehen, dass alle Lebensbereiche der Regelung durch das Recht unterliegen. Ob jedoch im Einzelfall die Entscheidung nicht nach dem Gesetz, sondern nach ›Lage der Sache‹ erfolgt, entscheiden die Träger der politischen Gewalt souverän. Ihre Souveränität besteht gerade darin, dass sie über den dauernden Ausnahmezustand verfügen. ›Souverän ist, wer über den Ausnahmezustand entscheidet‹, sagte Carl Schmitt in seiner *Politischen Theologie*.«

Was sich wie eine Analyse des türkischen Rechtssystems liest, stammt, inklusive des Schmitt-Zitats, aus Ernst Fraenkels Studie *Der Doppelstaat*, in der er die Transformation des Rechtssystems in den ersten Jahren der NS-Herrschaft analysierte. In der Türkei gibt es weiterhin Richter, die über Verkehrsdelikte oder Ehescheidungen verhandeln, die also, in Fraenkels Terminologie, im Bereich des *Normstaates* tätig sind. Doch jederzeit kann der politische Souverän eine »Materie an sich ziehen« und dem *Maßnahmenstaat* unterwerfen. Das Ergebnis: Zwei gänzlich verschiedene Gerichtsbarkeiten wie in Kafkas *Prozeß*. Nur haust die dunkle Justiz nicht in heruntergekommenen Mietskasernen. Es sind dieselben Gerichte in den »Justizpalästen«, die mal nach transparenten Regeln und mal nach politischen Vorgaben entscheiden.

»Lage der Sache« ist in diesen Tagen das Referendum, das Erdoğan erneut mit den Auftrittsverboten und meinem Fall verknüpft: »Jetzt wird es deutlich, dass der Grund für all diese Sachen dieser Terrorist ist«, sagt er und droht: »Wenn ich will, dann komme ich. Und wenn ihr mich nicht hereinlasst oder mich nicht sprechen lasst, dann werde ich Himmel und Erde in Bewegung setzen.«

Seine Nazivergleiche sind auch Projektionen im Freud'schen Sinne. Und keinesfalls sind sie bloß politische Folklore, die auch in anderen Ländern bei Konflikten mit Deutschland regelmäßig angestimmt wird und die aus der Türkei zuvor im Frühjahr 2016 zu vernehmen war, als nach der Resolution des Bundestages zum Völkermord an den Armeniern Regierungsmedien, aber auch oppositionelle nationalistische Blätter Merkel in Naziuniform abbildeten, während Antifaschist Erdoğan »Bluttests für deutsche Abgeordnete« forderte.

Der erste Streit dieser Art liegt länger zurück: Im Frühjahr 1992 hatte der konservative Ministerpräsident Süleyman Demirel (DYP) erstmals die Feiern zum kurdischen Frühlingsfest Newroz erlaubt. Doch Kräfte des »Tiefen Staates« verübten in Cizre ein Massaker an der Zivilbevölkerung, dem, je nach Quelle, 57 bis 113 Menschen zum Opfer fielen. Die von Helmut Kohl geführte Bundesregierung reagierte mit einem Waffenembargo, worauf türkische Medien Außenminister Hans-Dietrich Genscher mit Hitlergruß karikierten, während Staatspräsident Turgut Özal die Bundesrepublik in die Nähe des Dritten Reichs rückte. Wenige Monate später sicherte die türkische Regierung zu, die Panzer aus DDR-Beständen nicht mehr im Kurdenkonflikt einzusetzen. Schon bald war alles vergessen: die Nazivergleiche, das Embargo – und schließlich diese Zusage.

Doch jetzt kommen die Nazivergleiche nicht zuerst von den Medien, sondern aus der Staatsführung. Sie erfolgen weder im Affekt noch als einmalige Provokation, sondern in kalkulierter Penetranz. Bis dahin hatten Erdoğan und die Seinen mit dem Argument für das Präsidialsystem *alla turca* geworben, dieses werde die Entscheidungsprozesse beschleunigen und dem Aufstieg der Türkei zu einer Großmacht dienen. Da das nicht so recht überzeugte, stellte man kurzerhand Kritiker unter Terrorismusverdacht. Und nun zettelt man einen Streit mit Europa an, um sagen zu können: Seht, die Europäer sind gegen die Verfassungsreform, weil sie den Aufstieg der Türkei verhindern wollen.

Von dieser Eskalation erhofft man sich die entscheidenden Prozentpunkte, im Inland, aber auch in der Diaspora, wo die AKP in den ehemaligen Gastarbeiterländern – und nur dort – stets bessere Ergebnisse einfährt als im türkischen Durchschnitt. Das hat mit Diskriminierungserfahrungen, vor allem aber mit der Soziologie der Arbeitseinwanderung zu tun.

Kurz darauf sagt die Stadt Hamburg eine Veranstaltung mit Mevlüt Çavuşoğlu ab. Diesmal muss der Brandschutz herhalten. Diese Maßnahmen ähnelten denen der Nazizeit, poltert der Außenminister. Am Abend hält er auf dem Gelände des türkischen Generalkonsulats eine Balkonrede. Draußen gibt es Proteste, im Garten schlagen einige AKP-Anhänger auf den *Zeit*-Reporter Sebastian Kempkens ein, weil dieser ein Blatt mit der Aufschrift »FreeDeniz« hochhält – einer der wenigen Fälle, bei denen AKP-Anhänger handgreiflich gegen meine Unterstützer werden. Am nächsten Tag trifft Çavuşoğlu Gabriel, dann darf der aus Siegen stammende Sportminister Akif Çağatay Kılıç in Köln reden.

Doch die Auftrittsverbote nützen der türkischen Regierung mehr. Diese bieten Gelegenheit, den Vorwurf der mangelnden Meinungsfreiheit umzudrehen. Das Gleiche gilt für die Aufrufe zu meiner Freilassung: »Vielleicht erteilen Sie als deutscher Justizminister den Gerichten Anweisungen«, kontert Bozdağ auf Maas. »Aber als türkischer Justizminister bin ich dazu nicht befugt.« Der Einsatz der Bundesregierung für mich und mein Aufenthalt in der Residenz sind auch darum besonders kampagnentauglich, weil man meint, damit den alten Vorwurf belegen zu können, der Terrorismus in der Türkei sei vom Westen gesteuert.

Am Abend des 11. März tritt ein neuer Gegner auf den Plan: die Niederlande. Obwohl die Regierung in Den Haag die türkische Seite gebeten hat, bis zur niederländischen Parlamentswahl Mitte März keine Wahlkampfveranstaltung abzuhalten, will Außenminister Çavuşoğlu im türkischen Konsulat in Rotterdam sprechen. Die Behörden entziehen seinem Flugzeug die Landeerlaubnis, am selben Abend reist Familienministerin Fatma Betül Sayan Kaya guerillaartig aus Deutschland ein. Ihr Ziel: ebenfalls Rotterdam.

Doch kurz vor dem Konsulat wird ihr Auto von der Polizei aufgehalten. Diese geht mit Gewalt gegen Sayan Kayas Unterstützer vor, nach sieben Stunden Warten und erhitzten Debatten wird sie zur unerwünschten Person erklärt und nach Deutschland eskortiert. »Wenn mir der Staatspräsident nicht gesagt hätte, ›Du kannst jetzt umkehren‹, wäre ich dort gestorben«, sagt sie nach ihrer Rückkehr.

Eine Eskalation, die beiden Seiten nützt: dem niederländischen Ministerpräsidenten Mark Rutte, der sich als harter Hund inszeniert und die Parlamentswahl überraschend gewinnt. Und Erdoğan, dessen Anhänger vor niederländischen Vertretungen in Istanbul und Ankara Orangen zerstechen und der nun die Holländer als »Nazi-Nachfahren und Faschisten« beschimpft, was im Falle von Rotterdam besonders deplatziert ist. Bald darauf verkündet die UETD, dass keine weiteren Auftritte türkischer Politiker in Deutschland mehr geplant seien. Die braucht es nicht mehr.

Das Kalkül bei alledem ist durchsichtig. Interessant ist die Frage, warum es funktioniert. Zum einen sind da historische Erfahrungen aus der Endphase des Osmanischen Reiches, als dieses zum Spielball der imperialen Großmächte wurde, und dem Vertrag von Sèvres, mit dem die Sieger des Ersten Weltkriegs die Aufteilung des Reiches beschlossen. Zwar wurde dieser Vertrag nach dem Unabhängigkeitskrieg unter Atatürk revidiert. Doch diese Angst blieb und verdichtete sich zur Neurose: dem »Sèvres-Syndrom«. Der Annahme also, die Türkei sei von Feinden umzingelt, die das Land zerstückeln wollten.

Für den zweiten Grund muss man nicht so weit in die Geschichte zurückblicken. Als die Türkei Ende 1999 – 36 Jahre nach dem Assoziierungsabkommen mit der EWG, zwölf Jahre nach ihrem Antrag auf Mitgliedschaft und nicht zuletzt auf Betreiben der rot-grünen Bundesregierung unter Gerhard Schröder – als EU-Beitrittskandidat anerkannt wurde, sorgte das für eine beispiellose Euphorie. Islamisten und Säkulare, Kurde und Türken, Linke und Rechte, Reiche und Arme, fast alle wollten nach Europa, wenngleich aus unterschiedlichen Gründen. Und Europa war nicht nur eine Sache der Eliten. »So kommen wir niemals in die EU« wurde zu einem geflügelten Wort, das man sich zurief, wenn jemand an der Bushaltestelle drängelte oder ein Handwerker Pfusch abgeliefert hatte. Mal ermahnend, mal verzweifelt. Und stets im Bewusstsein, dass wir noch nicht reif für die EU sind, es aber werden wollen.

Im Jahr 2002 führte die AKP ihren ersten Wahlkampf mit dem Versprechen, »Verbote, Korruption und Armut« zu bekämpfen – und das Land in die EU zu führen. Tatsächlich brachte sie die von der Vorgängerregierung eingeleiteten Reformen mit großem Elan voran. Doch inmitten dieses Reformprozesses machte die neue Bundesregierung unter Angela Merkel im Verbund mit dem französischen Staatspräsidenten Nicolas Sarkozy den Türken klar: Egal, was ihr macht, ihr kommt hier nicht rein.

Und diese Abweisung verfolgten die türkischen Bürger nicht nur in den Nachrichten, als etwa zu ihrem Staunen Bulgarien und Rumänien der EU beitreten durften. Oder als Zypern – nach türkischer Lesart: das griechische Südzypern – ohne eine Lösung des Konflikts auf der Insel aufgenommen wurde. Diese Abweisung erfuhr gerade die urbane Mittelschicht am eigenen Leib, wenn sie mal ein Wochenende in Paris verbringen oder Verwandte in Wien besuchen wollte, aber sich dafür einer erniedrigenden Visumsprozedur unterziehen musste, während französische oder österreichische Urlauber selbstverständlich Istanbul besuchen oder Strandurlaub in Antalya machen konnten.

Ein wichtiger Grund für diese Abweisung war die Angst vor einer Freizügigkeit für knapp 80 Millionen Türken. Der zweite, den fast nur die europäischen Rechtspopulisten (»Die EU ist doof, aber die Türkei soll trotzdem nicht rein«) offen aussprachen: Die Türkei ist kein christliches Land.

Nach der Zurückdrängung der alten Eliten entfielen für die AKP die innenpolitischen Gründe für eine proeuropäische Politik. Und außenpolitisch gab man sich spätestens mit dem Arabischen Frühling 2011 neoosmanischen Träumereien hin. Im rot-grünen Milieu indes zehrte sie noch lange vom Wohlwollen, das sie sich in ihren ersten Regierungsjahren erworben hatte. Dies endete erst mit den Gezi-Protesten 2013, als offensichtlich wurde, dass das Pendel längst in eine islamisch-autoritäre Richtung ausgeschlagen war. Zu spät.

Im Herbst 2015, elf Jahre, nachdem Angela Merkel das Wort von der »privilegierten Partnerschaft« aufgeworfen hatte, reiste sie mitten im türkischen Wahlkampf nach Istanbul und nahm neben Erdoğan auf den osmanischen Barocksesseln des Yıldız-Palastes Platz. Um zu verhindern, dass weitere Menschen nach Europa kommen, die man dort noch weniger haben wollte als die Türken, war man plötzlich zu einer Aufhebung der Visumspflicht bereit – unter Auflagen zwar, aber unabhängig von einem EU-Beitritt. Geld gab es obendrein, sechs Milliarden Euro für 3,4 Millionen Flüchtlinge, die die Türkei seit Ausbruch des syrischen Bürgerkrieges aufgenommen hat, mehr als jedes andere Land der Welt und mehr als dreimal so viel wie alle EU-Staaten zusammen.

Welchen Weg hätte die Türkei eingeschlagen, wenn die EU sie in der entscheidenden Phase nicht abgewiesen hätte? Es hätte trotzdem alles so kommen können, schließlich konnte die EU das Abdriften einiger osteuropäischer Staaten in das, was der ungarische Erdoğan Viktor Orbán »illiberale Demokratien« nennt, auch nicht verhindern. Und noch ist es nicht ausgemacht, wie Westeuropa die populistische Herausforderung besteht. Aber in der Türkei hätte es auch anders kommen können oder zumindest weniger schlimm.

Inzwischen ist für Erdoğan das Thema EU abgehakt. Ende 2016 brachte er ein Referendum über die Fortsetzung der Beitrittsverhandlungen ins Gespräch; in der Kampagne für die Verfassungsreform wiederholt er diese Überlegung. Ihm wäre es wohl recht, wenn die EU die Verhandlungen abbrechen würde. Selber möchte er das nicht tun, vor allem aus Rücksicht auf internationale Investoren.

Mag er sonst jede Menge Blödsinn und Ressentiments verbreiten – sein Vorwurf der Heuchelei an die Adresse der EU ist nicht falsch. Die EU hat die demokratischen Kräfte in der Türkei gleich mehrfach enttäuscht und verraten. Auch das europäische Versagen in der Flüchtlingskrise, verdichtet im Bild des ertrunkenen Alan Kurdi am Strand von Bodrum, hat ihre Glaubwürdigkeit erschüttert: Sind das etwa die berühmten europäischen Werte? Und wo waren die eigentlich, als der Westen nach dem Putsch von 1980 die Militärdiktatur unterstützte, weil man die Türkei als Verbündeten im Kalten Krieg brauchte?

Ob Europa für eine Türkei nach Erdoğan eine Referenz sein wird, hängt davon ab, wie sich die EU in den folgenden Jahren verhält; ob es ihr gelingt, zwischen Erdoğan und der Türkei zu unterscheiden; ob sie Partner bleibt, ohne sich zum Komplizen zu machen. Ob sie ihre Glaubwürdigkeit zurückgewinnt.

Die Chancen stehen so schlecht nicht. Von der Abenteuerreise von Sayan Kaya gibt es ein Handyvideo, das einen bemerkenswerten Dialog zwischen AKP-Anhängern festhält: Zur Unterstützung der Familienministerin sind sie vors Konsulat gezogen und werden nun von der niederländischen Polizei bedrängt: »Die werden uns in den Knast werfen«, ruft jemand aufgeregt. Ein anderer antwortet harsch: »Quatsch, Knast, ist das hier die Türkei oder was?« In diesem Fall haben sie sich zwar geirrt – auch in Westeuropa sitzen die Polizeiknüppel manchmal locker. Aber interessant ist hier, dass selbst AKP-Anhänger einer westeuropäischen Demokratie mehr trauen als der türkischen. Auch in der Türkei benutzen sogar eingefleischte Nationalisten das Attribut *alla turca* nie als Qualitätsurteil. Diese kollektive Zerknirschtheit ist die Kehrseite eines überbordenden Nationalismus. »Türke zu sein, ist meistens eine Entschuldigung für etwas Schlechtes oder eine Ausrede«, heißt es in Orhan Pamuks Roman *Schnee*.

Trotz aller Verärgerung, Enttäuschung, gar Kränkung, trotz der Kritik an der Doppelmoral – für die Türken bleibt Europa das Maß der Dinge. Die Orientierung am Westen ist tief verankert und noch älter als die Republik. Das merke ich sogar im Gefängnis Silivri Nr. 9. Immer wieder fragen mich Aufseher, wie dieses oder jenes in europäischen Gefängnissen geregelt sei, manche sagen stolz: »Hier entspricht alles europäischen Standards.« Auf die Idee, sich nach Haftbedingungen in Saudi-Arabien zu erkundigen, würden sie nicht kommen. Und ganz bestimmt würde sich kein Aufseher mit der Erfüllung russischer Standards brüsten.

So hat Ulf Poschardt recht, als er in einem offenen Brief an Erdoğan schreibt: »Das augenblickliche Verhältnis spiegelt nicht wider, was unsere beiden Länder verbindet.« Sein Brief ist sehr persönlich und schließt mit einem Vers aus dem Koran: »Wenn ihr über Menschen richtet, dann urteilt mit Gerechtigkeit.«

Ulfs Brief erscheint kurz nach Beginn der Diffamierungskampagne. Mein erster Eindruck lautet: Das ist doch windelweich! Andererseits kommentiere ich die Tiraden des Staatpräsidenten ja auch nicht. Die Provokation ist gewollt, darum ist es richtig, sich nicht darauf einzulassen. Und darum liegt die *Welt* – und ähnlich der Freundeskreis – richtig, immer wieder Pressefreiheit und Rechtsstaatlichkeit einzufordern und aus persönlicher Verbundenheit eine Kampagne für mich, aber keine politische gegen Erdoğan zu führen.

Umso schriller wird die türkische Regierungspresse. So kreiert die Zeitung *Akşam* das Wort »Agentterrorist«, das Erdoğan bald übernehmen wird. Und *Sabah* meldet, das deutsche Generalkonsulat habe eine Vermisstenanzeige erstattet, während man mich versteckt habe. Doch die Ermittler hätten mich aufgespürt und mich beim Versuch, das Konsulat zu verlassen, geschnappt.

Dann legt das Revolverblatt *Güneş* unter der Schlagzeile »Angst, dass er singt« nach: »Der deutsche Agentterrorist Yücel kennt alle schmutzigen Geschäfte des deutschen Staates in der Türkei. Jetzt hat Deutschland Angst, dass Yücel auspackt und alle seine Verbindungen in der Türkei offenlegt.« Die Bundesregierung habe Vermisstenanzeige erstattet, um mich heimlich umzubringen und hinterher zu behaupten, ich sei im Polizeigewahrsam »verschwunden«. Trotz gewisser logischer Schwächen: Wahnsinnsstory. Nur verrät *Güneş* leider nicht, wer den ruchlosen Plan zu meiner Beseitigung vereitelt hat. Man darf aber annehmen, dass es irgendwie der türkische Staatspräsident war.

Tatsächlich haben Geheimdienstaktivitäten in den vergangenen Jahren das bilaterale Verhältnis mehrfach belastet – so im Sommer 2014, als bekannt wurde, dass der BND seit der Schröder-Regierung, womöglich sogar seit 1976, den NATO-Partner Türkei ausspäht. Andererseits ist der türkische Geheimdienst MIT nirgends so umtriebig wie in Deutschland. Und er interessiert sich nicht nur für die Regierung und Behörden, sondern noch mehr für die rund drei Millionen in Deutschland lebenden Menschen türkischer Herkunft.

Und es ist nicht nur der MIT: Seit dem Putschversuch häufen sich Fälle, dass in Deutschland lebende Türken bei der türkischen Polizei angeschwärzt werden – auf einer vor einigen Jahren eingerichteten Denunziantenseite oder per App. Ein kritisches Wort auf Facebook kann genügen, um auf der Fahndungsliste zu landen. Und Ende 2016 wurde bekannt, dass die Religionsbehörde ihre nach Deutschland entsandten und unter dem Dach des Ditib-Verbandes tätigen Imame beauftragt hatte, mutmaßliche Gülen-Anhänger zu bespitzeln. Anfang 2017, kurz vor meiner Verhaftung, nahm der Generalbundesanwalt Spionageermittlungen gegen 19 dieser Imame auf.

Dass meine Verhaftung auch eine Reaktion darauf war, denke ich nicht. Doch mein Bericht in der *Welt* war der erste, der in deutschen Medien über die Spitzel-Imame erschien – nicht nur mit meiner Berichterstattung über den Kurdenkonflikt, auch mit solchen Artikeln war ich aufgefallen.

Mit alledem hat die Räuberpistole in *Güneş*, dass der BND mich in der Botschaft habe umbringen wollen, freilich nichts zu tun. Da kann noch niemand ahnen, dass anderthalb Jahre später tatsächlich ein Journalist – Jamal Khashoggi – unter ungefähr solchen Umständen – nämlich im saudischen Generalkonsulat Istanbul – ermordet und sich Erdoğan als Aufklärer inszenieren wird.

Im Frühjahr 2017 aber erscheinen solche Geschichten derart bizarr, dass es schon amüsant ist. Nicht lustig ist hingegen, dass *Güneş* die CHP-Politiker Şafak Pavey und Sezgin Tanrıkulu für ihre Solidarität mit mir attackiert. Dann ist es wiederum die *Akşam*, die Leute angreift, mit denen ich beruflich oder privat Kontakt hatte: Ich hätte kein Mobiltelefon auf meinen Namen angemeldet und stattdessen Dileks Handy benutzt. Auch wenn kein Vorwurf gegen Dilek erhoben und ihr Name nicht ausgeschrieben wird, ist das beunruhigend. Bei einer Bekannten geht das Blatt noch weiter: Sie wird mit vollem Namen genannt und als »PKK-Terroristin« diffamiert. Schließlich wird Veysel, gegen den ohnehin wegen »Beleidigung der Justiz« ermittelt wird, als »FETÖ-Anwalt« verleumdet. Mit mir zu tun zu haben, wird gefährlich.

Dass es die Medien der Esmedya-Gruppe (u. a. *Star*, *Akşam* und *Güneş*) sind, die sich in der Kampagne gegen mich – und bei den Nazivorwürfen gegen Deutschland – besonders hervortun, ist eigentlich unerheblich. Denn diese Berichte werden von der übrigen AKP-Kampfpresse wie *Sabah, Yeni Akit* oder *Türkiye* übernommen. Mehr noch: Unabhängige Beobachter gehen davon aus, dass die Kampfpresse bei solchen Kampagnen direkt aus dem Präsidentenpalast beliefert wird.

Doch Esmedya gehört dem Unternehmer Ethem Sancak, einem früheren Maoisten und heutigen Mitglied des AKP-Vorstands. Seine Zeitungen hat er aus der Konkursmasse ihrer Vorbesitzer aufgekauft. Ökonomisch bedeutender ist ein anderes Unternehmen, das er ebenfalls zum Schnäppchenpreis bekommen hat: der Nutzfahrzeughersteller BMC. Dieser hat im Oktober 2016 ein Joint Venture für den Bau des ersten türkischen Kampfpanzers namens Altay gegründet. Die Partner: eine Firma aus Malaysia und Rheinmetall aus Düsseldorf.

Anfang März, pünktlich zum Ausbruch der Nazi-Deniz-Gaggenau-Krise, wird durch Recherchen des *Stern*, des Recherchebüros *Correctiv* und des deutsch-türkischen Online-Magazins *Özgürüz* bekannt, dass Rheinmetall bereits Manager und Ingenieure für die geplante Panzerfabrik sucht. Eine Genehmigung des Bundeswirtschaftsministeriums liegt hierfür zwar nicht vor. Aber dank einer Gesetzeslücke ist diese nicht erforderlich, sofern Rheinmetall sich offiziell nur mit Fachleuten beteiligt und keine Bauteile und Unterlagen liefert. Eine andere Frage ist freilich, ob einer der größten deutschen Rüstungshersteller trotz einer offenen Missbilligung durch die Bundesregierung diese Fabrik bauen würde.

Zur selben Zeit also, in der Ethem Sancaks Zeitungen deutsche Politiker als Nazis und mich als »Agentterroristen« beschimpfen, gehen seine Rüstungsmanager und deren deutsche Waffenbrüder ihren Geschäften nach. Mit einer Trennung von redaktionellen Inhalten und verlegerischen Interessen, die es in der Türkei nicht gibt, hat dies nichts zu tun. Es zeigt nur, wie künstlich dieser Krawall ist.

Das bedeutet jedoch nicht, dass die Ökonomie die Politik dominiert. Dass die türkische Wirtschaft auf Kapital aus dem Ausland angewiesen ist, hat Erdoğan nicht davon abgehalten, eine Krise mit den Niederlanden vom Zaun zu brechen – einem Land, das Parlamentspräsident

Kahraman als »so groß wie unsere Westentasche« verspottet, aus dem aber die meisten ausländischen Direktinvestitionen in die Türkei stammen. 22,15 Milliarden US-Dollar haben niederländische Firmen zwischen 2010 und 2016 investiert, 15,8 Prozent aller Direktinvestitionen, deutlich vor den USA (8 Prozent) und Österreich (7). Deutschland belegt mit 8,86 Milliarden und 6,4 Prozent Anteil Platz 6 dieser Liste, Russland Platz 11 und die Emirate als bestplatziertes arabisches Land Platz 13.

So, wie die türkische Regierung aus innenpolitischen Erwägungen über Jahrzehnte gewachsene internationale Beziehungen und das Wohl der türkischen Diaspora in Europa aufs Spiel setzt, ist sie auch dazu bereit, für den eigenen politischen Profit wirtschaftliche Nachteile des ganzen Landes zu riskieren. Allerdings hofft man, dass die ausländischen Geschäftspartner Politik und Wirtschaft ebenso getrennt wissen möchten wie man selbst. Die großspurig angekündigten Sanktionen gegen Holland bestehen letztlich darin, dem niederländischen Botschafter eine Rückreise in die Türkei zu verweigern und, sehr witzig, ein »Verbot diplomatischer Flüge« zu verhängen.

Die Ökonomie ist der wunde Punkt dieses Regimes. Darum tourte Vizeministerpräsident Mehmet Şimşek im Februar durch Deutschland, wo er um Investoren und wirtschaftliche Hilfen warb. Und darum gefällt es mir sehr, als ich Anfang April von einem *Spiegel*-Gespräch mit Finanzminister Wolfgang Schäuble lese: »Wir waren gut unterwegs, doch dann ist diese Verhaftung passiert.« Diese mache die geplanten Hilfen »jetzt wahnsinnig schwer«.

Ebenso gefällt es mir, als ich Mitte März von der Protestaktion des Freundeskreises FreeDeniz am türkischen Stand auf der Berliner Tourismusmesse erfahre. Die richtige Antwort auf die Provokationen ist nicht das Bierzelt. Und Symbolpolitik ist wichtig, reicht aber nicht. Wenn wir die Türkei unter Druck setzen wollen, dann auf diesem Weg. It's the economy, comrades!

Nicht, dass meine Freunde und Kollegen nicht selber darauf kommen würden. Dennoch werde ich in den folgenden Monaten immer wieder in Kassibern auf diesen Punkt hinweisen. Die Macke, alles selber am besten zu wissen, werde ich auch im Knast nicht los.

Erdoğans Attacken gegen mich aber sind sogar für türkische Verhältnisse ungewöhnlich. Während meiner Haftzeit wird er nur drei andere Gefangene in ähnlicher Form angreifen: die Abgeordneten Selahattin Demirtaş (HDP) und Enis Berberoğlu (CHP) sowie den Unternehmer und Menschenrechtler Osman Kavala, aber keinen Journalisten, sieht man von Can Dündar ab, der zu diesem Zeitpunkt jedoch bereits in Deutschland lebt.

Dennoch ertrage ich diese Angriffe recht gelassen – teils aus Trotz, teils aus Vertrauen auf meine Analyse der Dinge. Das Herz kommandiert: Von denen lässt du dich nicht fertigmachen! Und der Verstand flüstert: Soll er keifen, jedes Wort wird uns vor dem Europäischen Gerichtshof für Menschenrechte nutzen.

Sicher trägt zu meiner relativen Ruhe bei, dass ich in dieser Zeit weder Regierungszeitungen beziehe noch einen Fernseher besitze. Und wenn Salih Bey mir zuruft: »Der Staatspräsident spricht wieder im Fernsehen über Sie«, muss ich mir das Anschalten gar nicht erst verkneifen. Heute weiß ich: Es macht einen Unterschied, ob man die Zusammenfassung einer Erdoğan-Rede in der *Cumhuriyet* liest und daneben einen spöttischen Kommentar von Aydın Engin. Oder ob man sieht, wie der Staatspräsident im Stile eines Andrei Wyschinski »Terörist, Terörist, kein Journalist, Terörist!« brüllt und man sich danach die »Aufhängen«-Rufe auf Twitter reinzieht. Es ist der Unterschied, ob man erfährt, dass es am Vortag geregnet hat, oder ob der Scheißeregen auf einen niederprasselt.

Genau dort, mittendrin, steht Dilek. Sie kriegt jeden Dreck mit, der in der Regierungspresse oder im Fernsehen über mich ausgeschüttet wird, und beinahe jeden Rülpser, den türkische (oder deutsche) Nationalisten und Faschisten loslassen. Eine Überdosis, die ihr Angst einflößt und noch lange Zeit dazu beitragen wird, dass sie gereizt auf meine Ideen reagiert, wie wir in die Offensive gehen können.

Ich sage ihr, dass mich die Drohungen irgendwelcher Internetspinner noch nie beeindruckt haben, sie antwortet, das hier sei nicht *Hate Poetry* und der Kerl, der mich als Terrorist beschimpfe, spreche von der Todesstrafe. Ich empfehle ihr, nicht alles aufzusaugen, sie entgegnet mit Saint-Exupéry, dass sie für ihre Rose verantwortlich sei und jede mögliche Gefahr frühzeitig erkennen müsse. Sie sagt, dass ich nicht wisse, was draußen los sei, ich antworte, dass ich im Bilde sei und man einem eingesperrten Menschen keine Informationen vorenthalten dürfe. Heute ist uns beiden klar: Ich *wusste*, was draußen los war. Ich wusste aber nicht, wie sich das draußen *anfühlte*.

Was mir sehr durch diese Tage hilft, ist die Solidarität. Die Hasstiraden bringen mich nicht zum Weinen, eine Aktion wie die ganzseitige Anzeige »Freiheit für Deniz« schon. Die hatten Jan Böhmermann und die Autorinnen Johanna Adorján, Sibylle Berg und Margarete Stokowski initiiert, andere kamen hinzu und halfen, die Unterschriften von 305 Journalisten, Schriftstellern, Regisseuren, Schauspielern und Musikern zu organisieren (für mehr reichte der Platz nicht).

»Für die Freiheit von Information, Meinung, Wort und Kunst. Gemeinsam für und mit Deniz Yücel und allen zur Zeit in der Türkei inhaftierten Kolleginnen und Kollegen« steht darin. Ferner enthält der Anzeigentext den Artikel 19 – den Passus zum Recht auf Meinungsfreiheit – aus der Allgemeinen Erklärung der Menschenrechte. Der Künstler Shahak Shapira startet zudem eine Online-Petition, deren Betreuung er später dem Freundeskreis übergeben wird und der sich 123 111 Menschen anschließen werden.

Mit Margarete bin ich befreundet, seit sie vor bald zehn Jahren als junge Autorin zur *taz* kam und ich versuchte, ihr die Sache mit den W-Fragen auseinanderzusetzen. Die anderen kenne ich nur von ihrer Arbeit oder bin ihnen allenfalls einmal begegnet. Dass »FreeDeniz« für viele Menschen nicht allein eine grundsätzliche, sondern auch eine persönliche Sache ist, gibt mir das wunderbare Gefühl: In meinen 43 Lebensjahren habe ich offenbar nicht alles falsch gemacht.

Ende Februar, als diese Anzeige in fast allen deutschen Tageszeitungen – und fast überall umsonst – erscheint, beschreibt Margarete in ihrer Kolumne auf *Spiegel Online*, wie meine Verhaftung sie über Dinge nachdenken lasse, die nicht nur sie für selbstverständlich gehalten habe: »Plötzlich googeln wir Menschenrechte.«

So betrachtet ist es gut, dass ich erst nach dieser Anzeige von einer

Diskussion erfahre, die bereits unmittelbar nach meiner Festnahme in Deutschland stattgefunden hat. Unabsichtlich ausgelöst hatte sie Özlem, als sie am Tag, an dem wir meine Festnahme bekannt machten, auf Twitter postete: »Mein Kollege, mein Freund. Einer, der die Türkei liebt.«

Zwei Tage darauf erscheint in der *Frankfurter Allgemeinen Sonntagszeitung* der bereits erwähnte Beitrag von Michael Martens, in dem er seine Hoffnung auf meine baldige Freilassung ausdrückt – und mich bei den türkischen Behörden verpetzt. Doch das erledigt er nebenher, seine eigentliche These lautet: Die deutschen Medienhäuser würden ihre türkischstämmigen Mitarbeiter auf »die Rolle von Türkei-Erklärern« reduzieren und sie als »Türken vom Dienst« in die Türkei schicken anstatt beispielsweise nach Russland. Und mit ausdrücklichem Bezug auf diesen Tweet von Özlem: »Enge emotionale oder gar familiäre Verbundenheit mit einem Land muss kein Vorteil sein, wenn man über das Land berichtet.«

Man hätte Martens zurufen können: »Kommen Sie wieder, wenn in der *FAZ* nur noch Finnen und Libanesen über deutsche Innenpolitik berichten!« Oder ihn daran erinnern, dass er in der Nacht des Putschversuchs und den folgenden unübersichtlichen Tagen das Geschehen mit einer Ägäis-Länge Sicherheitsabstand aus Athen kommentierte, während in der *FAZ* eine freie Journalistin die Berichterstattung aus Istanbul lieferte. Ihr Name: Yasemin Ergin, eine enge Freundin, mit der ich in diesen Tagen oft zusammen unterwegs war. Und Deutschtürkin.

Auch so erhält Martens viel Kritik – und nicht allein deshalb, weil es der Anstand verbietet, die Festnahme eines Kollegen zum Anlass zu nehmen, um eine Debatte über »Entsendungspolitik« zu starten. Auf Twitter nennt *Spiegel*-Chefredakteur Klaus Brinkbäumer diesen Text »infam«, während Sascha Lehnartz in der *Welt* von einem »spektakulären intellektuellen und moralischen Auffahrunfall« spricht. Zudem sei es »eine ziemlich derbe Fehleinschätzung der Persönlichkeit Deniz Yücels, wenn man glaubt, dieser ließe sich von einem Arbeitgeber irgendwo hinschicken, wo er vielleicht nicht hinwill«.

Ähnlich antwortet Özlem in der *Zeit*: »In Martens Logik werden wir ›geschickt‹, wir sind Opfer unserer Chefredaktionen, willenlose Kreaturen, die auf den deutschen Meister hören: Gehst du Türkei, Ali! Schreibst du fieses Zeug über den Türk! Ja, Meister.« Im Nachklapp wird Can Merey in seinem Buch *Der ewige Gast* feststellen: »Als der Kommentar erschien, gab es exakt zwei deutsch-türkische Journalisten, die von ihren Häusern im klassischen Sinne als Korrespondenten in die Türkei entsandt worden waren: nämlich den inhaftierten Deniz Yücel und mich.«

Auf Martens' Hinweis aber, dass ich mich zeitweise in der deutschen Residenz aufgehalten habe, geht niemand ein, auch nicht, als er dieses Thema in einem weiteren Artikel ausführt. Auf der Bundespressekonferenz danach gefragt, bittet AA-Sprecher Martin Schäfer *unter drei*, aus Rücksicht auf meine Sicherheit dieser Frage nicht weiter nachzugehen. Dem kommen alle nach – auch die *FAZ*, wo viele Kollegen von diesem Text, gelinde gesagt, irritiert sind. Und es geht nicht nur um mich. Unter den deutschen Korrespondenten in Istanbul hat meine Festnahme für große Verunsicherung gesorgt. Bis Erdoğan die Sache öffentlich macht, bietet die Residenz auch für sie ein potenzielles Refugium. Nur einem geschwätzigen Türkeikorrespondenten mit Sitz in Athen mag das egal sein.

Wie halten wir es mit der journalistischen Distanz?, lautet eine andere Frage, die in jenen Tagen aufgeworfen wird. Kennt jeder, Hanns Joachim Friedrichs, Einmaleins deutscher Journalistenschulen: »Distanz halten, sich nicht gemein machen mit einer Sache, auch nicht mit einer guten.« Dieses Zitat begann einst als Missverständnis im Proseminar, geistert inzwischen aber als Kampfformel umher wie sonst nur das Wort »Gutmensch«. Vorgebracht von Leuten, die zu vornehm sind, um »Lügenpresse« zu brüllen – und diesen Satz immer nur dann hervorkramen, wenn ihnen die Meinung eines Journalisten nicht passt.

Dabei lässt sich in Friedrichs Autobiografie *Journalistenleben* oder einem *Spiegel*-Interview, das kurz vor seinem Tod im März 1995 erschien, nachlesen, was der einstige *Tagesthemen*-Moderator damit meinte: Bei der BBC habe er gelernt, dass Nachrichtensprecher Distanz halten und auch im Umgang mit Katastrophen »cool bleiben« sollten, »ohne kalt zu sein«. Ein Plädoyer für Indifferenz war das nicht, auch seine Natursendung *Wunderbare Welt* wollte Friedrichs als politische verstanden wissen, die »eine grüne Botschaft« vermittle.

Und grundsätzlich: Schon bei der Auswahl und Gewichtung von Nachrichten nehmen Journalisten Wertungen vor. Sie *können* auch offen Partei ergreifen, sofern sie dies kenntlich machen und sich nicht davon leiten lassen, ob ein Sachverhalt den Zielen, die sie teilen, nutzt oder schadet. Bei einem Thema aber *müssen* sie schon um ihrer selbst willen Partei ergreifen: wenn die Pressefreiheit in Gefahr ist.

Die türkischen Kollegen hatten das lange vor der jüngsten Verhaftungswelle begriffen. Ein halbes Jahr vor dem Putschversuch, als Can Dündar und Erdem Gül in Silivri saßen, organisierten Leute vor dem Gefängnistor eine Mahnwache. Es war ein klirrend kalter Winter, doch etliche namhafte Journalisten und Künstler nahmen es im Zeichen der Pressefreiheit gerne auf sich, drei Stunden zu frieren. Auch ich übernahm eine Schicht, meine erste Reise nach Silivri.

In Deutschland musste diese Frage womöglich erst diskutiert werden. »So zynisch das klingt: Ich glaube, die Verhaftung von Deniz Yücel hat etwas ausgelöst. Viele Journalisten haben erkannt, dass die Pressefreiheit nicht selbstverständlich ist«, wird nach meiner Freilassung Christian Mihr, der Geschäftsführer von Reporter ohne Grenzen, sagen. Doch lange hat diese Selbstverständigung nicht gedauert. Davon zeugen die vielen Unterschriften von Kolleginnen und Kollegen unter der Anzeige »Freiheit für Deniz«.

Davon zeugt auch eine großartige Veranstaltung in Berlin, die von der Art ist, wie sie sich jeder inhaftierte Autor nur wünschen kann: eine Lesung mit meinen Texten. Aus der *Welt*, der *taz*, der *Jungle World* sowie meinem Buch *Taksim ist überall*. Glossen, Reportagen und Kommentare, ernste und traurige, komische und alberne, teils relativ neu, teils 15 Jahre alt.

Die Idee haben zwei Berliner Freunde, die Psychotherapeutin Christiane Beerbom und der Verleger Jörg Sundermeier vom Verbrecher Verlag. Der Journalist Aleksandar Živanović und andere aus dem

Freundeskreis übernehmen die Organisation, Mely Kiyak besorgt die Dramaturgie. Zu den vielen, die an diesem Abend im Festsaal Kreuzberg auftreten, gehören die Schauspielerin Pegah Ferydoni, die aus dem Witz über den Kurden, der seine Mutter nicht sehen soll, einen Running Gag macht, der Komiker Oliver Polak, der sich noch an vielen Lesungen beteiligen wird, und der Musiker und Schriftsteller Sven Regener, der einen alten Text vorträgt, welcher noch den Bundestag beschäftigen wird. Und Doris und Daniel, die im Duett den einzigen Text des Abends vorlesen, der nicht von mir stammt: das Protokoll der Gerichtsvernehmung.

Als ich davon höre, bin ich mehr als gerührt. Ich bin überwältigt. Die Künstler und Journalisten, die meine Texte lesen, die über 800 Leute, die im Publikum sitzen, und die genau so vielen, die nicht mehr reinkommen ... Und eben: meine Texte. »Das Wenigste, was wir tun können, ist, unsere Stimmen stellvertretend für ihn zu erheben«, sagt Mely zur Begrüßung. Es ist das größte Geschenk, das mir meine Freunde und Kollegen machen können.

Auf der Bühne hängt ein Transparent mit meinem Foto und der Aufschrift: »Wir wollen das Meer sehen.« Das Meer steht für die Freiheit, außerdem bedeutet Deniz auf Türkisch »das Meer«. Ein schickes Design gibt es jetzt auch, entwickelt von Ramona Stöcker, die das Artwork der Kampagne prägen wird.

Ein Bonus ist das entzückende Motto: »Beste Deniz wo gibt«. Ein doppelt ironisch gebrochenes Zitat. Genauer: das Zitat eines Zitats. »Nirgends in der Welt ist die Presse so frei wie in der Türkei«, hatte Erdoğan Ende 2014 – als die NGO Freedom House den Zustand der türkischen Medien erstmals seit 15 Jahren von »teilweise frei« auf »nicht frei« zurückstufte – zur allgemeinen Erheiterung erklärt. In Anspielung darauf stellte ich, wenn ich auf Facebook und Twitter von der Drangsalierung von Journalisten berichtete, die verulkende Formulierung »Neues aus Land mit freiste Presse wo gibt« voran. Jetzt mag ich es sehr, dass dieser Superlativ in der Kampagne und sogar in der Berichterstattung auftaucht.

Der Lesung in Berlin folgen weitere: auf der Leipziger Buchmesse, im Frankfurter Schauspielhaus, in den Münchner Kammerspielen, im Kölner WDR-Funkhaus, im Hamburger Club Uebel & Gefährlich, wo der dortige Freundeskreis eine von Ingo Zamperoni moderierte Gala mit etlichen namhaften Musikern organisiert (beste Gala wo gibt, natürlich).

Die anderen Veranstaltungen organisieren Doris und Imran in Zusammenarbeit mit den jeweiligen Bühnen. Zu denen, die meine Texte vorlesen, zählen ehemalige Mitschülerinnen meines Abiturjahrgangs (dem auch Doris und Ilkay angehörten, die bei allen Lesungen dabei sind), die Publizistin Carolin Emcke, der Entertainer Thomas Gottschalk, der Moderator Oliver Welke oder Jan Böhmermann, der in Frankfurt und München mit dem Publikum anstimmt: »Man kann ja im Herzen / Stets lachen und scherzen / Und denken dabei: / Die Gedanken sind frei«. Es sind so viele, die sofort und gerne mitmachen, dass ich hier leider nicht alle aufzählen kann. Und mancherorts veranstalten mir unbekannte Menschen Lesungen. In Braunschweig oder Fulda, Bielefeld oder Augsburg.

»Nie zuvor habe ich eine Lesung erlebt«, sagt Doris später, »bei der alte Texte eines lebenden Non-Fiction-Autors gelesen werden und die nach über zwei Stunden damit endet, dass alle aufstehen und applaudieren. Jede einzelne dieser Lesungen war eine politische Demonstration und ein Akt der Solidarität, der Mitwirkenden und der Zuhörer. Jede einzelne Lesung war darum Gänsehaut.«

Die Auswahl der Texte sorgt dafür, dass die Veranstaltungen nicht nur in Moll ablaufen. Irgendwann entschuldigt sich Imran in einem Brief, dass sie dabei großen Spaß hätten. Ich antworte, dass diese Entschuldigung Quatsch sei. Ich war stets für einen Hedonismus der Arbeit. Was man mit Spaß macht, wird immer besser.

Noch Mitte März, als die erste Lesung in Berlin stattfindet, erreicht mich eine Nachricht, die mir ähnlich große Freude bereitet: Die Edition Nautilus will mit Unterstützung der *Welt* eine Neuauflage meines Buches *Taksim ist überall* herausbringen. Ich hatte das aktualisiert. Doch zu einer Neuauflage kam es nicht mehr und meine Überarbeitung blieb unlektoriert. Unter diesen Umständen kann ich daran nicht mitwirken. Natürlich könnte der Verlag das allein machen. Doch ich bitte befreundete Journalisten aus verschiedenen Redaktionen, beim Lektorat zu helfen. 16 Kollegen, jeder ein Kapitel, eine selbst organisierte Solidaritätsaktion. Doris, Daniel und Özlem bitte ich außerdem um ein Vorwort. »Die Menschen, die dem Leser in diesem Buch begegnen«, schreiben sie darin, »gibt es noch immer. Wo sie verschwunden sind, bleiben ihre Geschichten, und wo Geschichten sind, gibt es Chancen. Auch im Gefängnis.«

Diese Neuauflage, vor allem aber die Lesungen bringen mich irgendwann auf eine Idee: »Wenn sich so viele Leute für meinen alten Plunder interessieren, wollen wir nicht ein Buch daraus machen?«, frage ich Doris und bitte sie, mit Nautilus darüber zu sprechen.

Unterdessen wirft Erdoğan nun Merkel auch persönlich »Nazimethoden« vor, worauf sie über Seibert ausrichten lässt: »Die Bundeskanzlerin hat nicht die Absicht, sich am Wettlauf der Provokationen zu beteiligen.« Dieses Abblitzenlassen finde ich gut, viel besser als die schrillen Töne, die zuweilen auch aus Deutschland zu hören sind. Eine nicht-populistische Regierung kann einen solchen Wettlauf nur verlieren.

Auch das erste Statement, das Frank-Walter Steinmeier als Bundespräsident zum Thema abgibt, ist in meinem Sinne: »Präsident Erdoğan, Sie gefährden all das, was Sie mit anderen aufgebaut haben!«, sagt er bei seiner Antrittsrede am 22. März. »Beenden Sie die unsäglichen Nazivergleiche! Zerschneiden Sie nicht das Band zu denen, die Partnerschaft mit der Türkei wollen! Respektieren Sie den Rechtsstaat und die Freiheit von Medien und Journalisten! Und: Geben Sie Deniz Yücel frei!« Zumindest bei solchen Politikern und Wählern der AKP, denen dieser Konfrontationskurs zu weit geht, könnte das ankommen.

Doch fast zur selben Stunde hält Erdoğan in seinem Präsidentenpalast eine Rede, die selbst für seine Verhältnisse völlig irre ist: »Niemals werden wir Zugeständnisse an jene machen, die sich Medienvertreter nennen und sich dabei als Militante Terrororganisationen andienen oder für ausländische Dienste spionieren«, sagt er. »Seht, da kommt der Mann. Ein echter Agentterrorist. Was soll der sein? Pressevertreter?« Es folgt wieder die Sache mit der Residenz, ehe er öffentlich die Gerichte anweist, wie diese mit mir weiter verfahren sollen: »Jetzt sitzt er. Dieses Verfahren wird so weiterlaufen.«

Das ist nur zum Warmwerden. »Wir haben beschlossen«, fährt er fort, »künftig alle, die uns maskiert entgegentreten, als Gesetzlose zu behandeln.« Eine unglaubliche Drohung, der eine noch irrwitzigere folgt: »Wenn ihr euch weiterhin so benehmt, wird morgen kein einziger Europäer, kein einziger Westler irgendwo auf der Welt sicher und beruhigt einen Schritt auf die Straße setzen können.« Und: »Die westlichen Länder beschuldigen uns ständig, die Pressefreiheit zu missachten und Journalisten zu verhaften. Wenn wir sagen: ›Gebt uns die Listen‹, wissen Sie, was dann kommt? In diesen Listen finden Sie alles, vom Mörder zum Räuber, vom Kinderschänder zum Betrüger, aber keine Journalisten.«

In der Türkei reagieren viele, allen voran die Angehörigen der inhaftierten Kollegen, empört auf diese Verleumdung. Und in Europa nimmt man die vorangegangene Drohung zur Kenntnis, zumal nur wenige Stunden später ein dschihadistischer Attentäter an der Westminster Bridge in London fünf Menschen ermordet. Den hat Erdoğan natürlich nicht losgeschickt, aber in diesem Lichte wirkt seine Drohung noch geschmackloser.

Aber niemand, kein Beobachter, auch nicht Dilek, Veysel oder Daniel, führt beide Aussagen zusammen. Ich schon. Und ich nehme das persönlich: In Erdoğans Augen bin ich kein Journalist, sondern ein Verbrecher und »maskierter Agent«, den er künftig als Gesetzlosen behandeln will. Und ich bin Europäer, der sich aber nicht irgendwo auf der Straße, sondern in der Gewalt dieses Staates befindet, dessen Oberhaupt endgültig so spricht wie der Führer einer Schurkenrepublik. Zum ersten Mal bereitet mir ein Wort von Erdoğan Angst.

Auch wenn er diese Drohungen nicht wiederholen wird, könnten sie mich in meiner Einsamkeit lange beschäftigen. Doch zum Glück habe ich dafür keine Zeit. Ich muss schreiben.

Veysel und Ferat haben beim türkischen Verfassungsgericht Beschwerde gegen die Untersuchungshaft eingelegt. Can und Erdem waren im Februar 2016 nach drei Monaten auf Veranlassung der obersten Richter auf freien Fuß gekommen. »Ich füge mich dieser Entscheidung nicht und respektiere sie auch nicht«, tobte Erdoğan, auf dessen persönliche Strafanzeige das Verfahren gegen die beiden zurückging. Und Justizminister Bozdağ warf den obersten Richtern Verfassungsbruch vor. Freilassen musste man die beiden trotzdem.

Aber das war vor dem Ausnahmezustand und der Säuberungswelle. Seither macht das Verfassungsgericht der Justitia-Figur in ihrem Foyer alle Ehre: mit Waage und Schwert, aber ohne Augenbinde. Bei der Eröffnung des neuen Dienstgebäudes am Stadtrand von Ankara im April 2009 hatten die offenen Augen dieser Justitia für Kritik und Spott gesorgt; jetzt kann man sagen, der Bildhauer wusste genau, was er schuf.

Bislang hat sich das Verfassungsgericht weder mit den Beschwerden der HDP-Abgeordneten gegen die U-Haft beschäftigt, obwohl man hierfür bloß das wenige Jahre alte Urteil zum Fall Mustafa Balbay hervorkramen müsste, noch mit denen türkischer Journalisten, die schon seit Monaten ohne Anklageschrift inhaftiert sind.

Auch unsere Beschwerde dürfte in einem Aktenschrank verschwinden. Darum schlägt Veysel vor, uns sofort an den Europäischen Gerichtshof für Menschenrechte (EGMR) zu wenden und auf die übliche Karenzzeit von vier Monaten zu verzichten. Der Europäischen Menschenrechtskonvention zufolge muss der innerstaatliche Rechtsweg ausgeschöpft sein, ehe man eine individuelle Beschwerde einreicht. Allerdings hat der EGMR in seiner laufenden Rechtsprechung ausgeführt, dass die formale Existenz innerstaatlicher Beschwerdeinstanzen nicht genüge und der Rechtsweg effektiv funktionieren müsse.

Genau darauf setzt Veysel. »Wir würden in unserer Beschwerde vor dem EGMR auf die anderen Verfahren hinweisen«, erläutert er. Es wäre ein Novum. So schnell ist zumindest in der Türkei noch niemand nach Straßburg gezogen. In den vielen Interviews, die Veysel zu meinem Fall gibt, bleibt er stets im rechtlichen Rahmen und vermeidet politische Urteile. Seine Klasse als Jurist – und sein politischer Kampfgeist – zeigen sich in Initiativen wie diesen.

Allerdings könnte der EGMR uns zunächst auf das Verfassungsgericht verweisen. »Juristisch wäre das nicht schlimm«, erläutert Veysel. »Nach Ablauf der Wartezeit könnten wir erneut Beschwerde einlegen. Aber politisch wäre das eine Niederlage, weil die Gegenseite ein solches Urteil feiern würde.« Er ist zuversichtlich, kann dieses Risiko aber nicht ausschließen. »Deine Entscheidung«, sagt er. Auch deshalb bin ich glücklich, ihn als Verteidiger zu haben: Als Jurist erörtert er mir stets das Für und Wider, äußert seine Einschätzung, überlässt die Entscheidungen aber mir, ohne jemals Druck auszuüben. Ich zögere keine Sekunde: Klar machen wir das.

In Deutschland wird dieser Schritt vor lauter Fixierung auf das Politische etwas unterschätzt. Dabei gehört die Türkei zu den ältesten Mitgliedern des Europarates (nicht zu verwechseln mit dem EU-Gremium namens Europäischer Rat) und hat, wie alle 47 Mitgliedsstaaten, das Straßburger Gericht als höchste Instanz in Menschenrechtsfragen anerkannt. Eine Entscheidung des EGMR kann die türkische Regierung nur zu dem Preis ignorieren, dass man aller Welt signalisiert: Hier gibt es keine Rechtssicherheit.

Am 6. April, acht Tage nach unserer Verfassungsbeschwerde, ziehen wir vor den EGMR – wohlgemerkt, nicht im Hauptsacheverfahren, das ginge tatsächlich erst nach der Erschöpfung des inländischen Rechtswegs, sondern allein wegen der Untersuchungshaft. Hierfür holen wir den türkischen Anwalt Ümit Kılınç ins Verteidigerteam, der sich in Straßburg niedergelassen und auf Verfahren vor dem EGMR spezialisiert hat.

Dabei wäre Veysel am liebsten schon nach drei Tagen zum EGMR gegangen, auch als politisches Zeichen. Dass es ein klein wenig länger dauert, liegt an mir. Denn Veysel hat mich gebeten, als Anlage zu unserer Beschwerde einen Bericht zu schreiben: Polizeigewahrsam, Anhörung, Haftbedingungen, Anschuldigungen aus der Staatsführung, alles. »Kurz und sehr genau«, hat er gesagt.

Das Verbot, beim Anwaltsgespräch zu schreiben, war in diesen Tagen Ende März weggefallen. Nicht, dass jemand »Du darfst jetzt schreiben« gesagt hätte – ich habe es einfach versucht. Aber anders als bei meinem ersten Versuch hat niemand eingegriffen, auch in den folgenden Tagen nicht. Jetzt kann ich selber Briefe an Dilek und Mitteilungen an meine Leute schreiben, auch Grußbotschaften an Lesungen und andere Solidaritätsveranstaltungen. Das hohe Pult zwischen den Anwälten und mir ist nicht bequem, außerdem erfordert es hohe Konzentration, in dieser winzigen Glaskabine sauber zu formulieren. Ich habe zwar schon auf einer Bordsteinkante oder im Taxi Texte für die *Welt* ins Handy getippt. Aber hier geht es um einen richtig langen Text, für den ich Stunden, wenn nicht gar Tage brauchen werde.

Ich muss diesen Bericht in meiner Zelle verfassen und rausgeben. Auch Veysel ist sich nicht sicher, ob die Aufseher das akzeptieren werden, meint aber, dass wir es versuchen sollten. »Rechtlich gesehen darfst du das«, sagt er. Das entspricht dem, was ich in einem Aushang in meiner Zelle gelesen habe, einer Art Hausordnung. Schreiben an Gerichte und Behörde, so heißt es darin, dürfe das Vollzugspersonal nicht studieren. Ob das im Ausnahmezustand immer noch gilt, müssen wir herausfinden. Nicht nachfragen, womöglich wissen das die Beamten selber nicht und lehnen vorsichtshalber ab. Einfach versuchen.

Nur kurz *und* genau gelingt mir nicht. Es werden 58 Seiten, noch nie habe ich so viel mit der Hand geschrieben. Aber nicht allein deshalb tue ich mich schwer. Wenn ich mich zu oft korrigieren muss oder merke, dass meine Handschrift unleserlich wird, zerknülle ich das Papier. Dreimal beginne ich den ganzen Text von vorn. Als ich endlich fertig bin, habe ich Schwielen im Handballen und am Mittelfinger, wozu auch meine verkrampfte Schreibhaltung beiträgt, die mir schon meine Grundschullehrerin und meine Mutter Esma vergeblich auszutreiben versuchten. Im Gefängnis werde ich diese Schwielen nie loswerden, es werden sogar welche hinzukommen. Und ich werde sie mit demselben Stolz präsentieren, mit dem Kriegsveteranen ihre Schussverletzungen vorzeigen.

Als ich den Bericht zum Anwaltsgespräch mitnehmen möchte, fragt der Beamte, was das ist. »Antrag an den Europäischen Gerichtshof für Menschenrechte«, antworte ich. Der Mann wirft einen oberflächlichen Blick auf die ersten Seiten, den Rest blättert er nur durch, als wolle er kontrollieren, ob darin Gegenstände versteckt sind. Alles klar, ich darf die Seiten mitnehmen.

Jetzt muss jemand den Bericht abtippen und einige Details nachtragen bzw. überprüfen. Ich schlage vor, dass wir eine Freundin bitten, die zum Heer der Journalisten gehört, die aus politischen Gründen arbeitslos geworden sind. Dilek will ich damit nicht behelligen. Aber ich wünsche mir, dass sie das liest. Schließlich ist es das erste Mal, dass ich ausführlich erzähle, was ich in den vergangenen Wochen erlebt habe.

Für Dilek steht es außer Frage, dass sie das selber transkribiert. Als sie damit fertig ist, antwortet sie mir über die Anwälte knapp: »Das ist aber kurz geworden.« Beim Schreiben hatte ich mir vorgestellt, an welchen Stellen sie schmunzeln und an welchen ihr vielleicht Tränen kommen würden. Und jetzt dieser Spott. Ich bin verletzt. Erst viel später werde ich erfahren, wie sehr ich mich getäuscht habe.

Ähnlich gekränkt ist Dilek, als ich einmal ihre Kritik, ich würde mich zu wenig um ihre Sicherheit sorgen, brüsk abwehre: »Sei nicht so ängstlich.« Unsere Konfliktmuster – einander missverstehen, Vorwürfe erheben, irgendwas im Zorn dahinsagen, das man später bereut – dürften in wohl jeder Liebesbeziehung mal mehr, mal weniger vorkommen. Doch auf die alltäglichen Lösungsmuster – Luft holen, zuhören, verstehen, knutschen – können wir nicht zurückgreifen. Nicht, als wir uns nur schreiben, und auch nicht, als wir uns für eine Stunde in der Woche hinter einer Trennscheibe sehen können. Die Missverständnisse und unüberlegt gesagten Worte aus der Anfangszeit werden in den folgenden Monaten viele weitere Konflikte bestimmen. Wie bei einem Hemd, das man nicht gerade zuknöpfen kann, wenn man den ersten Knopf falsch gesetzt hat.

Auch in anderer Hinsicht wird mein Bericht an den EGMR zu einem Schlüsselmoment: Ich habe eine Lücke in der Überwachung entdeckt. Das muss ich doch auch für andere Texte nutzen können! Wenn ich auf Deutsch schreibe, wird das hier keiner verstehen. Und ich kann ja einfach behaupten, es handle sich um Schreiben an den EGMR.

So verfasse ich Anfang April einen langen Brief an Dilek und meinen engsten Vertrauten in Deutschland. Darin bedanke ich mich (»Ihr seid wunderbar und ich weiß nicht, ob ich das alles verdiene«), verliere ein paar Takte dazu, auf welche Sprachregelungen wir achten sollten, vor allem aber erzähle ich, wie es mir geht und was ich hier mache: Minze, Tikitaka, solche Sachen.

Außerdem habe ich erfahren, dass ich mit dem Theodor-Wolff-Preis ausgezeichnet werde. So füge ich diesem Brief meine Dankesrede bei: »Für meine Texte habe ich den Theodor-Wolff-Preis nie erhalten, jetzt bekomme ich ihn, indem ich hier bloß dumm rumsitze. Hätte ich das mal früher gewusst …«

Wie im echten EGMR-Bericht notiere ich über jeder Seite auf Deutsch und Türkisch den vermeintlichen Adressaten (»An den Europäischen Gerichtshof für Menschenrechte«) und unterschreibe, damit es amtlich aussieht, jede einzelne Seite. Dem eigentlichen Text stelle ich drei, vier Seiten voran, in denen ich meine Geschichte wiedergebe – und die ich mit Abkürzungen aus dem Juristentürkisch vollpacke: TCK, TMK, CMK … Versalien blinken in jedem Textkörper wie Bauleuchten an der Autobahn, die Aufseher sollen sie sofort sehen.

Diese Seiten dienen der Tarnung. Etwa so, wie man bei einer Lösegeldübergabe eine Tasche mit Zeitungsschnipsel füllt und in der Hoffnung, dass die Entführer nicht so genau nachgucken, nur eine Schicht mit echten Geldscheinen oben drauflegt. Im Film funktioniert so was ja. Sicherheitshalber verstreue ich auf den nachfolgenden Seiten weitere Sinnlosabsätze voller blinkender Abkürzungen.

Sofern ich einzelne Adressaten direkt anspreche, nenne ich sie nicht beim Namen. Die könnten auffallen. »Mein Herz«, »Schwester« oder – nach Imrans letztem Romantitel – »Ruhm/Ruin« wird niemand bemerken. Es ist eine gewisse Energie, die ich da aufbringe, aber gewiss keine kriminelle. Kriminell sind meine Verhaftung und die Isolationshaft, nicht meine Versuche, zwischenmenschliche Kommunikation herzustellen. Und ein bisschen ist es Revanche für das Verhör beim Staatsanwalt und die Gerichtsanhörung. Dort war ich *Lost in Translation*, jetzt nutze ich die Sprachbarriere zu meinem Vorteil.

Es ist ein ähnliches Vergnügen wie beim *Kleinen Prinzen* und derselbe Drang, das System wenigstens an einem Punkt zu überlisten und durch alle Mauern hinweg meine Stimme nach draußen zu tragen. Der Unterschied: Ich muss nicht heimlich schreiben. Dafür sind die Kontrollen hier viel schärfer.»Ich bin gespannt, ob ich hiermit durchkomme«, endet mein Brief.

Ich komme durch. Bei diesem Brief und bei allem anderen, was ich im Folgenden auf diese Weise rausschmuggeln werde: Briefe, Texte, Reden, Interviews. Jedes Mal empfinde ich eine riesige Freude, wenn ein Aufseher die vollgeschriebenen Seiten durchsieht und zurückgibt.

Manchen reicht die Erklärung, dass es sich um Anträge an den EGMR handle. Sie kontrollieren nur, ob zwischen den Papieren irgendwelche Dinge versteckt sind. Andere sind eifriger und versuchen die Texte zu überfliegen, erkennen aber nur die Abkürzungen. »Das ist ja nicht auf Türkisch«, sagen sie. Ich erwidere, dass ich mit dem Gericht in der Sprache meiner Wahl kommunizieren könne und außerdem wegen deutschsprachiger Zeitungsartikel verhaftet worden sei. Notfalls erzähle ich, dass sich sogar Erdoğan dreimal an den EGMR gewandt hat: 1999, nachdem er wegen Volksverhetzung rechtskräftig zu einer zehnmonatigen Haftstrafe verurteilt wurde und von seinem Amt als Oberbürgermeister von Istanbul zurücktreten musste, und in den Jahren 2001/02, weil ihm infolge dieser Strafe eine Kandidatur fürs Parlament verwehrt wurde.

Spätestens das überzeugt. Mein Lieblingsmoment ist, wenn die Eifrigsten unter den Eifrigen im Anschluss an einen solchen Dialog anfangen, die leeren Rückseiten nach heimlichen Botschaften zu untersuchen. Jedes Mal muss ich mir ein Grinsen verkneifen, was mir nicht immer gelingt, aber nie auffällt, weil der besonders eifrige Beamte gerade etwas auf den leeren Rückseiten sucht, das in Wirklichkeit auf der Vorderseite steht. Blau auf Weiß und doch unsichtbar.

»Wichtig in dieser ersten Zeit war zu merken, dass ich kämpfen kann; dass es an mir liegt, ob sie die totale Kontrolle über mein Leben bekommen«, werde ich nach meiner Freilassung im ersten Interview sagen, das ich mit Dilek der *Welt* und der *taz* gebe. Im Sinn habe ich

Szenen wie diese. Meine Wortmeldungen werden immer länger, aber nach außen bleiben wir bis zuletzt bei der Sprachregelung »hat seinen Anwälten diktiert«.

Am 13. April, drei Tage vor dem Referendum, gibt Erdoğan mehreren Regierungssendern ein Interview. Das Gespräch findet in der Villa Huber statt. »Hier, gleich nebenan, schön mit Meerblick«, hätte ich mich versteckt, sagt er. Erst danach wartet er im Dialog mit Batuhan Yaşar von der Zeitung *Türkiye* mit Neuigkeiten auf: »Es ist von ernsten Verbindungen zur PKK die Rede.« – »So ist es, ganz genau. Wir haben Videoaufzeichnungen und alles in der Hand. Das ist ein echter Agentterrorist.«

Mich erinnert das an eine Geschichte während der Gezi-Proteste, als regierungsnahe Medien behaupteten, Demonstranten hätten eine junge Frau mit Kopftuch und ihr Baby attackiert und sexuell belästigt. Erdoğan griff diese Geschichte auf und behauptete gar, es gebe Aufzeichnungen, die man aus Rücksicht auf die Gefühle der Bevölkerung zurückhalte. Ein Jahr später gelangten Aufzeichnungen vom vermeintlichen Übergriff an die Öffentlichkeit, die diese Geschichte als Lüge überführten. Für Erdoğan blieb das ohne Folgen. Und wer nur die regierungsnahen Medien konsumiert, hat die Wahrheit bis heute nicht erfahren.

Und selbst wenn: »Zum positiven Bild autokratischer Herrscher gehören in gewissem Umfang die Fähigkeit und die Erlaubnis zur Lüge«, wird Daniel einige Zeit später in einer Reinhold-Frank-Gedächtnisvorlesung ausführen. Die Stadt Karlsruhe hatte mich zu einem Vortrag zu Ehren des von Nazis hingerichteten Widerstandskämpfers eingeladen; nach meiner Verhaftung vertrat mich Daniel mit einer fulminanten Rede über Recht und Pressefreiheit in autoritären Regimen, aus der dieses Zitat stammt.

»Das Versprechen der Verlässlichkeit eines Autokraten«, so Daniel weiter, bestehe »nicht in seiner Aufrichtigkeit, sondern in der Dauer und Absolutheit seiner Macht«. Ich würde hinzufügen: Diese Lizenz zum Lügen führt den klassischen Journalismus und seinen Aufklärungsglauben an seine Grenzen. Zugleich ahnen die autokratischen

Herrscher, dass diese Lizenz fragil ist. Darum bekämpfen sie die freie Presse. Und darum brauchen sie einen eigenen Medienapparat, der ihre Lüge deckt oder diese im Nachhinein legitimiert. In der Türkei gehören dazu jene Fernsehsender, denen Erdoğan nun dieses Interview gibt.

Abermals ist es ein Dialog mit Yaşar, der zu einer bemerkenswerten Aussage führt: Als der Journalist über die Weigerung der Europäer spricht, Gülen-Anhänger auszuliefern, antwortet Erdoğan: »Wenn einer von ihnen in unsere Hände fällt, wird er dieselbe Behandlung erfahren.« – »Wir werden ihn nicht hergeben?« – »Auf keinen Fall, solange ich in dieser Aufgabe, in diesem Amt bin, niemals.« Dann erst kommt die Sache mit der Residenz; kein Zweifel, er redet über mich.

Dilek, Veysel, Ilkay, alle meine Leute beunruhigt diese Aussage sehr, zumal im Laufe der Zeit der Kontext dieses Zitats in Vergessenheit gerät und nur dieser Satz nachhallt: »Solange ich in diesem Amt bin, niemals.« Doch dieses Mal ist es umgekehrt. Sosehr mich Erdoğans vorige Drohungen beunruhigt haben, sosehr ist mir jetzt klar: Drei Tage vor dem Referendum ist der Wahlkampf gelaufen. Es geht nicht länger darum, über meine Person Kampagne gegen Deutschland zu machen. Und was nach einem Urteil klingt, ist in Wahrheit ein Verhandlungsangebot – eines nach Gangsterart freilich.

Ich muss an Cengiz' und den verletzten Wellensittich denken, den er den Kriminellen im Austausch gegen Zigaretten und Tee abgehandelt hat. Ganz ähnlich ticken die Gangster, in deren Gewalt ich mich befinde: halb Istanbuler Parkplatz-Mafia, halb Teppichhändler aus Kayseri. Durch das Interesse der Bundesregierung und der deutschen Öffentlichkeit sind sie auf die Idee gekommen, mich einzutauschen. Nicht gegen Zigaretten, aber gegen Gülenisten.

Jetzt haben wir eine neue Situation: Ich bin eine Geisel.

So von Erpresser zu Erpresser

»Solange ich in diesem Amt bin, niemals.« Ich empfinde diesen Satz nicht als allzu beunruhigend. Aber als ehrverletzend. Seit dem Moment, als Haydar und seine Leute mich mit Beifall im Polizeikeller empfangen haben, schöpfe ich Kraft aus dem Wissen, dass ich wegen meiner journalistischen Arbeit verhaftet wurde. Jetzt degradiert mich Erdoğan zum Tauschobjekt. Für mein Wohlbefinden muss ich dieses Gefühl verdrängen. Ich bin wegen Journalismus hier, basta.

Doch analysieren muss ich die neue Lage. Und die stellt sich für mich so dar: Alles, was zu meiner Verhaftung beigetragen hat – Wahlkampf, Schwiegersohn, Einschüchterung der ausländischen Presse –, ist passé oder nur noch zweitrangig. Erdoğan hat klargemacht, dass die Entscheidung bei ihm liegt, und angedeutet, wann er mich freilassen könnte. Doch wenn seine Bedingungen nicht erfüllt werden, dann gilt: Solange er ... wie Erpresser halt so reden.

Natürlich ist sein Vergleich gaga. Weder sitzen mutmaßliche Gülen- oder PKK-Anhänger, deren Auslieferung die Türkei fordert, als türkische Agenten in deutscher Untersuchungshaft, noch habe ich in der Türkei Asyl beantragt. Außerdem bin ich mir sicher, dass die Bundesregierung einem solchen Austausch nicht zustimmen würde, wie sie auch nicht in laufende Asylverfahren eingreifen könnte. Das ist kein Fall für die Glienicker Brücke. Und das Wichtigste: Ich will meine Freiheit und meinen Job als Korrespondent zurück. Ich fordere keine Auslieferung.

Aber wenn Erdoğans Austauschplan zu einer fixen Idee wird, kann das hier noch lange dauern. Ich muss etwas tun. Aber vor dem Referendum würde das untergehen. Und danach haben wir vielleicht eine ganz neue Situation.

So gut es ging, habe ich aus meiner Zelle den Wahlkampf verfolgt. Erdoğan konnte für seine Kampagne auf alle staatlichen Mittel zurückgreifen, eine immense Medienmacht einsetzen und die Möglichkeiten des Ausnahmezustands gegen Kritiker anwenden.

Immer wieder haben Menschen ihre Jobs verloren, weil sie sich in den sozialen Medien für *hayır, ein* Nein, ausgesprochen haben, darunter auch Journalisten der Doğan-Gruppe. Zwar gilt diese als letzter nicht von der Regierung kontrollierter Medienkonzern. Aber was heißt das noch? Die *Hürriyet* hat sogar ein Interview mit Orhan Pamuk gekippt, weil er darin erklärt hatte, dass er gegen diese Verfassungsänderung stimmen werde. Jasager haben solche Probleme nicht.

Exemplarisch auch der Student Ali Gül und sein charmantes Video »Was heißt Nein?«. An dessen Ende sagt er: »Wenn das ein Hit wird, werden sie mich verhaften.« Das Video wird ein Youtube-Hit, Erdoğans Anwälte erstatten Anzeige wegen Präsidentenbeleidigung, kurz darauf habe ich einen neuen Nachbarn.

Die säkular-nationalistische Oppositionspolitikerin Meral Akşener wird regelmäßig behindert, die Stimmen von Demirtaş und anderen HDP-Politikern fehlen ganz. Ermöglicht wurde ihre Verhaftung durch die Aufhebung der parlamentarischen Immunität im Mai 2016. Oppositionsführer Kılıçdaroğlu (CHP) hatte dies zunächst als verfassungswidrig abgelehnt, auch in der AKP gab es Bedenken. Doch dann machte Erdoğan deutlich, dass er in den eigenen Reihen keine Abweichler dulden würde. Die Stimmen von AKP und MHP hätten für eine Verfassungsänderung nicht gereicht, aber das Quorum für ein Referendum erfüllt. Das wollte Kılıçdaroğlu verhindern und sorgte dafür, dass genügend Abgeordnete der CHP für die Aufhebung der Immunität stimmten. Kein Jahr später erlebt das Land ein Referendum in einer noch verheerenderen Frage.

Doch ungeachtet des hohen Organisationsgrades der türkischen

Parteien ist die »Nein«-Kampagne nicht bloß Parteisache: Ex-Offiziere, die in den Ergenekon-Verfahren verhaftet wurden und nun durch die Provinz touren, Jurastudenten, die auf der Straße über die Argumente beider Seiten aufklären ... eine Grassroot-Kampagne, die der finanziellen und medialen Macht des Ja-Lagers Esprit und Vielfalt entgegensetzt. Manche reden schon von »Gezi-Stimmung«. Und ich sitze in diesem verdammten Knast.

Immerhin darf ich wählen, ich bin ja nicht rechtskräftig verurteilt. Am Tag vor dem Referendum werde ich mit einigen Gefangenen in einem Transportkäfig zum Flughafen gebracht. Die im Ausland gemeldeten türkischen Staatsbürger können in den dortigen Konsulaten wählen oder eben an den Grenzübergängen.

Am Atatürk-Flughafen war ich nach dem IS-Anschlag im Juni 2016 und am Morgen des Putschversuchs. Ich flog so oft mit Turkish Airlines, dass ich die Businesslounge nutzen konnte. Und jetzt laufe ich in Handschellen und in Begleitung eines Gendarmen durch die Flughafenhalle. Sonst habe ich einen leicht gebeugten Gang (Volkskrankheit Rücken), aber jetzt gehe ich übertrieben aufrecht und fange jeden Blick auf. Ich muss mich für nichts schämen. An der Wahlurne werden mir die Handschellen abgenommen, darauf bestehe ich.

Das Ergebnis höre ich von meinem Nachbarn: 51 Prozent Ja. Nun bedaure ich, dass ich keinen Fernseher habe. Aber Salih Bey hält mich auf dem Laufenden: Während der Abstimmung hat die Wahlkommission erklärt, dass auch nicht gekennzeichnete Stimmzettel und Umschläge als gültig gezählt würden. 2,5 Millionen Stimmen werden dies letztlich sein – womöglich ausschlaggebend.

In Großstädten gehen einige Tausend Leute auf die Straße. Jetzt wäre es Sache der größten Oppositionspartei, die Proteste zu bündeln und unter ihren Schutz zu stellen. Doch Kılıçdaroğlu weigert sich. Die CHP beschränkt sich auf formalen Widerspruch und scheitert, zuletzt bei der Justitia mit den offenen Augen. Mit dem Rest hat die Staatsmacht keine Mühe. Später wird Vizeparteichef Veli Ağbaba erklären, die CHP habe aus Sorge davor, AKP-nahe paramilitärische Milizen könnten ein Blutvergießen anrichten, auf Protestaufrufe verzichtet.

Unabhängig davon, ob es solche Drohungen gab, auch für Wahlbeobachter der OSZE und des Europarates steht fest: Eine unfaire Kampagne für eine fragwürdige Verfassungsreform ist auf zweifelhafte Weise zu Ende gegangen.

Für uns politische Gefangene ist es das schlechteste Ergebnis. Bei einem klaren Ja hätten wir darauf hoffen können, dass Erdoğan eine gewisse Entspannung einleitet. Die Folgen eines Neins konnte ich mir schwerer ausmalen: Okay, kein Sturm auf die Bastille, aber so in die Richtung. Aber das? Das heißt Fortsetzung der Spannung. Allerdings habe ich meine innere Uhr nicht nach der Einschätzung anderer Anwälte und vieler CHP-Leute gestellt, die meinten, ich würde nach dem Referendum freikommen, sondern nach Veysel: fünf Monate.

Die *Welt* erscheint auf der Titelseite mit einer leeren Kommentarspalte: »An dieser Stelle hätte normalerweise unser Türkei-Korrespondent Deniz Yücel den Ausgang des Referendums kommentiert« heißt es in der Fußnote. Eine schöne Geste. Doch es ist an der Zeit, auf Erdoğans Austauschidee zu antworten.

»Das Einzige, was ich verlange, ist ein fairer Prozess«, schreibe ich. Und: »Der türkische Staatspräsident hat recht. Ich werde nirgendwohin ausgeliefert werden und dieses Gefängnis nicht durch eine Hintertür verlassen, sondern durch jene Vordertür, durch die ich es betreten habe.«

Veysel findet meine Intervention gut und hat nur kleinere Änderungsvorschläge. Dilek vertraut ihm. Aber die *Welt* sieht das anders. Die Kollegen fürchten, dass meine Botschaft den diplomatischen Bemühungen schaden könnte. Außerdem könne bei Leuten der Eindruck entstehen, »dass du im Gefängnis bleiben und dich als Widerstandskämpfer inszenieren willst«, schreibt mir Daniel. »Dann verlierst du die Unterstützung.« »Dann ist das halt so«, antworte ich.

Das geht ein paarmal hin und her, dann übergibt Daniel das Wort an Sascha, Ulf und Doris, die wiederum Ömer Erzeren hinzieht. Sascha schreibt: »Sosehr ich den Impuls verstehe und Deinen Mut bewundere, ich glaube, es ist der falsche Zeitpunkt. Wir wollen Dich, so schnell es geht, wohlbehalten zurück. Dafür zu sorgen ist unsere verdammte Pflicht als Deine Kollegen, Deine Freunde und, ja, auch als Deine Chefs.« Die Gegenseite habe »bislang jede Chance auf Eskalation wahrgenommen«, sie werde auch das gegen mich verwenden.

Ich meine hingegen, dass es nicht länger um Eskalation geht, sondern um einen Deal. Dass die Gegenseite über mein Statement schäumen könnte, ist mir egal. Meine einzige Sorge lautet: Wird das dort ankommen? Das sage ich aber nicht. Stattdessen lege ich erneut meine Gründe dar, ehe ich schroff schließe: »Wenn ihr das nicht druckt, dann wird das eben woanders erscheinen.«

Doris wird es später sehr bedauern, dass sie sich von der *Welt* in Panik versetzen ließ. Aber das kann ich da nicht wissen und denke: Falls die *Welt* bei ihrer Ablehnung bleibt, muss ich mich an jemanden wenden, der weiter weg ist als Doris und die *taz*. Mein heimliches Back-up: *Spiegel*-Korrespondent Maximilian Popp.

Aber das wird nicht nötig sein. Am 4. Mai veröffentlicht die *Welt* meinen Text, ergänzt um eine ausführliche Anmerkung, in der die Redaktion erläutert, warum wir uns über das Gebot hinwegsetzen, dass sich Beschuldigte nicht öffentlich zu laufenden Verfahren äußern: »Deniz will sich äußern, und er hat ein Recht darauf.« Ich finde das unnötig, verstehe aber das Bedürfnis der Kollegen. Und sie können ja schlecht schreiben: »Der Mistkerl hat uns erpresst.«

Dieser Streit hat mich sehr belastet. Aber er war nicht umsonst. Am Ende wissen alle, dass meine Forderung lautet: faires Verfahren! Und Ulf verkündet: »Wir drucken alles, was von Deniz kommt.« Weiterer Effekt: Ulf und ich sind jetzt per Du.

Eine Freude hat mir dieser Konflikt jedoch verdorben: die Freude auf das Konzert, das der Freundeskreis am 3. Mai zum Internationalen Tag der Pressefreiheit am Brandenburger Tor veranstaltet.

Nicht mal eine schöne Grußbotschaft konnte ich schreiben, nur ein paar eilig dahingekritzelte Zeilen: »Sie haben uns als Geiseln genommen. Ihr Ziel war, über uns die Gesellschaft einzuschüchtern. Doch in den letzten Wochen haben wir gesehen: Es ist ihnen nicht gelungen. Wir haben keine Angst. Und Hunderttausende Menschen in diesem Land haben ebenfalls keine.« Morpheus, *Matrix Reloaded*: »This is Zion, and we are not afraid.« Bummtschakatschaka.

Ich bin nicht der Einzige, der sich im Gefängnis von der »Nein«-Kampagne anstecken lässt. Doch eigentlich kann ich aus dem Knast nicht beurteilen, was Millionen denken. Politiker und Aktivisten dürfen Wünsche als Wirklichkeit ausgeben, Journalisten nicht. Ich würde diese verkorkste Botschaft gerne ändern, erhalte aber keine Gelegenheit mehr dazu.

Von meinem missglückten Beitrag abgesehen ist es ein großartiges Event. Dabei sind: Andreas Dorau, Die Sterne, Kreidler, Mikail Aslan, Peter Licht, The Notwist – viel mehr, als ich hier nennen kann. Carolin Emcke, Michel Friedman und Jilet Ayşe halten politische Reden, die Eventagentur Compact Team stellt kostenlos die Bühne, Reporter ohne Grenzen, *Welt* und *taz*, *Jungle World* und *Bild* helfen bei der Organisation.

Wenn es darum gehe, »das Wesen einer freien Gesellschaft zu verteidigen«, hat es Ulf in einem Interview formuliert, könne »die Allianz nicht groß genug sein«. Beim Konzert ist diese Allianz allerdings nur unterstützend dabei; der Veranstalter ist der Freundeskreis, insbesondere der eventerfahrene *Jungle-World*-Geschäftsführer Stefan Rudnick und der Filmemacher Aljoscha Weskott.

Natürlich geht es um mich (»Wir wollen das Meer sehen«) und um andere inhaftierte Journalisten. Doch das Motto »Auf die Presse« zeigt, auch in seiner Doppeldeutigkeit, dass es inzwischen um mehr geht: um die Pressefreiheit, die mittlerweile sogar in der EU gefährdet ist. »Es herrscht eine internationale Arschlochkrise«, sagt Koljah (Kolja Podkowik) beim Auftritt der Antilopen Gang.

Dilek wollte zum Konzert reisen. Doch bei ihren vorigen Besuchen in Deutschland oder bei der Lesung in München, bei der sie im Publikum saß, beschlich sie ein befremdliches Gefühl: Der Autor Deniz ist allgegenwärtig, der Mensch, den sie liebt, fehlt. So verzichtet sie in letzter Minute, schickt aber eine Grußbotschaft – ihre erste öffentliche Wortmeldung überhaupt: »Deniz ist ein Journalist, der seine Arbeit mit Liebe macht. Nicht mehr, nicht weniger. Und wie wir es bis heute millionenfach gesagt haben: Journalismus ist kein Verbrechen.« Und: »Ich erwarte keine Gnade, ich erwarte eine Anklageschrift.«

Diese Forderung hatte ich einige Male meinen Leuten geschrieben und Birgelen mitgeteilt. Nach und nach werden sich der Freundeskreis, die *Welt* und die Bundesregierung darauf konzentrieren: Her mit der Anklageschrift! Und bis dahin: Schluss mit der Isolationshaft!

Zugleich antwortet Dilek damit auf einen Vorschlag, der verschiedentlich an uns herangetragen wurde: Wir sollten um Gnade bitten. Veysel hat dem stets energisch widersprochen, weil dies ein Schuldeingeständnis bedeuten würde. Ich sehe das genauso. Ich kann mich dazu überwinden, an meiner Unterhose zu zupfen, aber nicht, um sie vor der Staatsmacht auszuziehen. Ich will keine Freiheit, wenn ich dafür meine Selbstachtung im Gefängnis lassen muss.

In diesem Vorschlag schwingt eine orientalistische Annahme mit: Der Türke hat sich in Rage geredet, nun muss man ihm Gelegenheit geben, sich »gesichtswahrend« aus der Affäre zu ziehen. Doch Erdoğan ist kein *orientalischer*, sondern ein *autoritärer* Herrscher. Ob er, wie im November 2015, mit dem Abschuss eines russischen Kampfflugzeugs prahlt oder ein paar Monate später die am Abschuss beteiligten Offiziere als Gülenisten verhaften lässt und Versöhnung mit Putin feiert, ist eine Frage des Nutzens, den er sich gerade verspricht.

Um einen Glaubwürdigkeitsverlust musste er sich bei seinen vielen Zickzackkurven weniger Sorgen machen als Politiker, die sich vor einer demokratischen Öffentlichkeit erklären müssen. Wenn er sich aber etwas davon verspricht, mich im Knast zu lassen, dann ist eine Bitte um Gnade nicht nur politisch falsch, juristisch fatal und seelisch unzumutbar, sie bringt auch nichts.

Drei Wochen nach dem Konzert, am 24. Mai, feiere ich mein Jubiläum: 100 Tage Knast. Dafür schreibe ich meinen ersten langen Text aus Silivri, der zur Veröffentlichung bestimmt ist. Ich gebe dem türkischen Botschafter beim Vatikan eins mit, der behauptet hatte: »Nicht einmal der Papst kann Deniz Yücel befreien« – als ob der Botschafter dabei irgendetwas mitzureden hätte. Ansonsten beschreibe ich die

Haftumstände – die Trennscheibe, die Spatzen, den Himmelszaun – und verschicke eine Liebeserklärung: »Ich weiß: Eines Tages wird sich dieses verfluchte Gefängnistor öffnen, und da draußen wird, nein, nicht das Papamobil, ganz sicher aber Dilek warten, um mich an der Hand zu nehmen.«

Doch bevor dieser Text erscheint, streiten Dilek und ich uns wieder. Der Anlass: der Hungerstreik von Nuriye Gülmen und Semih Özakça in Ankara.

Die Literaturwissenschaftlerin und der Grundschullehrer hatten per Notstandsdekret ihre Jobs verloren. Beide sind Linke, mit der Gülen-Organisation haben sie nichts zu tun. Im Herbst 2016 begann Gülmen, jeden Tag mit einem Plakat »Ich will meine Arbeit zurück« am Menschenrechtsdenkmal im Stadtzentrum zu protestieren. Regelmäßig wurde sie von der Polizei abgeführt, stets kehrte sie zurück. Dann kamen Özakça und andere Unterstützer hinzu, wieder ging die Polizei mit Gewalt vor. Schließlich traten sie in einen Hungerstreik. Mitte Mai haben sie den 60. Tag überschritten. Auch wenn man mit B1-Vitamin das Hungern in die Länge ziehen kann, drohen nun bleibende Schäden.

Die beiden geben den Massenentlassungen ein Gesicht. Mit ihrem stillen wie präzisen Protest werden sie zu einem Symbol, was sich auch an den Reaktionen der Regierung zeigt: Bei ihnen ist es der Innenminister Süleyman Soylu, eine AKP-Spätlese aus der nationalistischen Rechten, der sie öffentlich als DHKP-C-Terroristen beschimpft. Zwar liefen in der Vergangenheit vor allem gegen Gülmen einschlägige Verfahren. Rechtskräftig verurteilt wurden sie jedoch nie.

Unter normalen Umständen wäre ich nach Ankara gefahren, um darüber zu berichten. Nun kommt mir die Idee: Ich könnte ja Aufmerksamkeit auf die beiden lenken, indem ich sie mit einem befristeten Hungerstreik unterstütze.

Auch Dilek nimmt Anteil am Schicksal der beiden. Doch als ich ihr beim offenen Besuch Ende Mai – unser zweiter überhaupt und der erste, zu dem sie ohne meine Eltern gekommen ist – von meiner Idee erzähle, verdreht sie die Augen, wie es nur Frauen können. Dann blafft sie mich an: »Wir haben es schwer genug, warum willst du uns ständig neuen Ärger einhandeln?« Das habe ich erwartet, ich lasse ihre Vorwürfe abprallen, bis sie etwas sagt, womit ich nicht gerechnet habe: »Weißt du nicht, dass es diesen Leuten schaden könnte, wenn man sie mit dir in Verbindung bringt?« Wir streiten uns eine Weile über unseren Streit, als wir uns endlich anlächeln, ist die Stunde fast vorüber.

Dilek hat mich überzeugt. Und in ihrem Hinweis steckt etwas, das über diesen Anlass hinausgeht: Wenn es für Leute gefährlich ist, mit mir in Verbindung gebracht zu werden, was heißt das für mein Vorhaben, weiterhin in der Türkei als Journalist zu arbeiten? Doch diesen Gedanken kann ich nicht zu Ende zu führen, nicht im Gefängnis.

Auch in einer anderen Hinsicht gibt mir dieser Streit zu denken: Erst meine Botschaft an das Konzert, dann diese Hungerstreik-Idee – ich merke, wie sich meine Perspektive vom Journalisten zum Aktivisten wandelt. In Sachen Pressefreiheit ist das okay. Aber eine Art türkischer Politaktivist für die deutsche Öffentlichkeit möchte ich nicht sein. Sind das Auswirkungen der Isolationshaft? Verliere ich den Boden unter den Füßen?

Jedenfalls nehme ich mir das zur Warnung. Und ich bin froh, dass es Dilek gibt. Wenn sie nur nicht so aufbrausend wäre ...

Meinen Solidaritätshungerstreik mache ich trotzdem, ohne jemandem davon zu erzählen. Ein paar Tage später werden Gülmen und Özakça verhaftet; ihren Hungerstreik werden sie im Gefängnis Ankara-Sincan fortsetzen. Um weitere Proteste zu verhindern, riegelt die Polizei das Menschenrechtsdenkmal ab. Was für ein symbolkräftiges Bild!

Bald darauf, Ende Mai, kommen gute Nachrichten aus Straßburg: Der EGMR hat beschlossen, die Beschwerden von 19 Journalisten und Medienmanagern aus der Türkei vorrangig zu behandeln, darunter auch meine. Veysels Risiko hat sich gelohnt.

Gleich danach weist der EGMR die Beschwerde eines entlassenen Lehrers zurück. Er müsse zunächst den innerstaatlichen Rechtsweg ausschöpfen. Gegen die Notstandsdekrete war anfangs kein Widerspruch möglich; auch das Verfassungsgericht erklärte sich für nicht zuständig. Dann wurde, ebenfalls per Notstandsdekret, die Gründung einer Beschwerdestelle beschlossen.

Die türkische Opposition traut dieser Stelle nicht, zumal sie keine unabhängigen Mitglieder und in einem halben Jahr nichts gemacht hat, außer einen repräsentativen Bau zu beziehen. Daher sind viele enttäuscht über dieses für knapp 25 000 Beschwerden wegweisende Urteil. Ich verstehe die Verbitterung, sehe aber auch ein unlösbares Problem: Der EGMR wurde gegründet, um in Einzelfällen die nationalen Gerichte zu korrigieren – nicht, um das Abdriften eines Landes in die Diktatur aufzuhalten. Wie sollte er auch?

Offenbar verfolgt der EGMR eine Doppelstrategie: einerseits der Türkei entgegenkommen und die Masse der Beschwerden abweisen. Andererseits eine überschaubare Zahl von Fällen vorrangig behandeln – solche, die öffentliche Aufmerksamkeit erregen und in denen es nicht allein um individuelle Rechte der Betroffenen geht, sondern auch um Belange der Öffentlichkeit. Dieses Kriterium erfüllen auch die Beschwerden von zwölf HDP-Abgeordneten, mit denen sich der EGMR ebenfalls vorrangig befassen will.

Da ich deutscher Staatsbürger bin, kann die Bundesregierung eine Stellungnahme einreichen. Das ist in der Europäischen Menschenrechtskonvention vorgesehen, passiert aber höchst selten. Selbst in Verfahren gegen die Türkei, die mit 3532 Verurteilungen zwischen 1959 und 2018 die Statistik anführt (Deutschland: 340), ist dies nur einmal geschehen. Umgekehrt liegt die Zahl der Fälle, in denen sich die Bundesregierung in Verfahren gegen andere Staaten eingeschaltet hat, dem Bundesjustizministerium zufolge im einstelligen Bereich.

Natürlich möchten wir, dass sich die Bundesregierung beteiligt. Bei seinem nächsten Besuch fragt Birgelen, ob ich mir sicher sei, dass mir dies nicht schaden würde. »Nein, wir bitten darum«, antworte ich. Alles, das den Druck auf die türkische Seite erhöht, kann uns nur nutzen.

Als er bei seinem nächsten Besuch dieselbe Frage ausrichtet, glaube ich nicht mehr, dass es allein um Fürsorge geht. »Wenn die Bundesregierung mir diese Bitte abschlägt, braucht sie mir ihre Gründe nicht zu erläutern. Das kann dann Herr Seibert auf der Bundespressekonferenz machen«, sage ich. Diese Erpressernummer habe ich inzwischen echt drauf.

Die Gespräche, die Veysel und Dilek mit Justizminister Maas und Kanzleramtsamtsminister Altmaier führen, bringen zwar keine Ablehnung, aber auch keine Zusage. Wir sind dankbar, dass hochrangige Vertreter der Bundesregierung uns empfangen. Aber die Zurückhaltung in Sachen EGMR verstehen wir nicht. Vielleicht ist es wirklich nur Fürsorge, vielleicht spielen auch übergeordnete staatliche Interessen eine Rolle. Soweit für uns ersichtlich, spricht, da ist es bereits Mitte Juli, Merkel das letzte Wort: Die Bundesregierung ist dabei.

Ende Mai redet Erdoğan wieder über mich. Auf dem Rückflug von einem NATO-Treffen in Brüssel erzählt er den mitreisenden Journalisten, dass er Merkel auf ehemalige Offiziere der türkischen Armee angesprochen habe, die in Deutschland Asyl bekommen hätten. Als die Kanzlerin auf mich verwiesen habe, habe er gesagt: »Bei euch gibt es viele Deniz, und ich habe Ihnen alle Akten gegeben.« Die Deutschen, fügt er hinzu, seien »ganz besessen von Deniz«.

Der Hintergrund: Bereits Anfang 2017 wurde bekannt, dass rund 40 in NATO-Einrichtungen stationierte türkische Offiziere in Deutschland Asyl beantragt hätten. Und kurz vor dieser Äußerung haben Medien berichtet, dass zwei der meistgesuchten Ex-Militärs in Frankfurt gelandet seien. Dass mich Erdoğan mit diesen Fällen in Verbindung bringt, bestätigt: Jemand muss ihm diese Austauschidee, diese verfluchte Wellensittichnummer, austreiben.

Diesmal verfasse ich meine Antwort auf Türkisch und gebe mir besonders Mühe, damit die Aufseher nichts merken. Zusammengefasst schreibe ich: 1. Niemand fordert eine Auslieferung. 2. Ich bin türkischer Staatsbürger, mich kann man nicht ausliefern. 3. Ich will nichts weiter als ein faires Verfahren. 4. In Deutschland gibt es nicht »viele Deniz«, aber umso mehr in der Türkei. Nämlich die vielen Journalisten, die wegen ihrer Arbeit im Gefängnis sitzen.

Die Botschaft soll bei Erdoğan oder zumindest seinen Beratern ankommen. Darum möchte ich sie in der auflagenstärksten Zeitung, der *Hürriyet*, unterbringen. Sie lehnt ab. Darauf wenden wir uns an Aydın Engin von der *Cumhuriyet*. In den Siebzigerjahren saß er mehrfach im Gefängnis, die Achtziger verbrachte er im Exil in Frankfurt. Ende 2016 wurde er mit seinen Kollegen festgenommen, kam aber nicht in Haft – aus Altersgründen, wie er vermutet. Nach den Verhaftungen kehrte der 76-Jährige aus dem Teilruhestand in die Redaktionsarbeit zurück. Niemand schreibt so oft über Journalisten im Knast; über seine *Cumhuriyet*-Kollegen, aber auch über die anderen. Unser aller Aydın Abi. Nun räumt er seinen Kolumnenplatz für mich frei.

In diesen Tagen Anfang Juni bittet Stefan Aust, inzwischen Herausgeber der *Welt*, Gerhard Schröder darum, in meiner Angelegenheit bei der türkischen Seite vorzufühlen. Die Antwort: derzeit nichts zu machen. Auch Leute in der Türkei mit guten Kontakten zur Regierung, an die wir uns wenden, werden abgewiesen. Einem wird gesagt: »Wir werden so tun, als hätten Sie das nie gefragt.«

Etwa zur selben Zeit berichtet mir Imran von einer Idee, die Mustafa dem Freundeskreis vorgeschlagen hat: Ich könnte bei der Bundestagswahl im September in Friedrichshain-Kreuzberg als unabhängiger Bewerber antreten. Der Grünen-Politiker Hans-Christian Ströbele, der hier stets das Direktmandat geholt hat, tritt nicht mehr an. So zweifeln meine Freunde nicht daran, dass wir gewinnen würden. Diese Konstellation – Bundestagsabgeordneter im türkischen Knast – würde, so glauben sie, ganz neuen Druck auf den deutschen Staat entfalten. Und sie freuen sich schon auf die Kampagne: #WählDeniz statt #FreeDeniz.

Dass Wahlkampf großer Spaß sein kann, weiß ich, seit wir 1993 als lauter gerade so Volljährige mit unserer Liste für Nicht-, Erst- und Protestwähler (fNEP) die Kommunalwahl in Flörsheim aufmischten. Wir hatten Doris als Spitzenkandidatin nominiert, der Wahlausschuss merkte zu spät, dass sie als kroatische Staatsbürgerin nicht wahlberechtigt war. Auch sonst ein herrliches Vergnügen, das uns ein Ergebnis von 3,6 Prozent bescherte, was zwar unterhalb unseres Wahlziels von 4,9 Prozent lag, aber auch egal war – und besser als das Schicksal unserer gleichnamigen Schwesterliste in Rüsselsheim, der der Sprung über die damals gültige Fünfprozenthürde gelang, womit der Spaß aber bald endete.

Das hier wäre freilich eine andere Nummer. Und es gibt historische Vorlagen: Bobby Sands etwa, der als IRA-Mitglied zu 14 Jahren Haft verurteilt worden war, im April 1981, mitten im Hungerstreik, ins britische Unterhaus gewählt wurde, sein Mandat jedoch nicht antreten durfte und bald darauf an den Folgen des Hungerstreiks verstarb. Oder Mustafa Balbay, der als *Cumhuriyet*-Journalist im Zuge der Ergenekon-Verfahren verhaftet und 2011 für die CHP ins türkische Parlament gewählt wurde. Im Dezember 2013, nach über vier Jahren U-Haft, ordnete das Verfassungsgericht seine Freilassung an. Aber dass jemand in einem Land im Gefängnis sitzt und in einem anderen gewählt wird, gab es meines Wissens noch nie. Eine Weltpremiere, die sich Mustafa da ausgedacht hat.

Ansonsten berät und beschließt der Freundeskreis seine Aktionen selber; sich mit mir abzustimmen, ist nicht nötig. Doch das ist ein besonderer Fall. Und meine Freunde wollen erst meine Meinung hören, ehe sie mit Dilek, Veysel und der *Welt* darüber reden. Ich finde die Idee reizvoll, brauche aber Bedenkzeit.

Was würde das bringen? Der Druck auf die Bundesregierung ist so schon hoch. Ich würde mir Sympathien bei den Grünen und den Linken verscherzen, die um diesen Wahlkreis ringen. Aber ich brauche die Unterstützung aller, der Regierung wie der Opposition. Ich bin mir nicht so sicher, ob ich wirklich gewinnen würde. Doch das müsste ich, sonst würde das zum Eigentor. Und schließlich: Ich wurde als Journalist verhaftet. Mich jetzt zum Quasi-Politiker aufzuschwingen, hieße, all jene zu bestätigen, die behaupten, ich sei kein Journalist. Nur dieses Argument finden meine Freunde überzeugend. »Du wärst der Konsenskandidat gewesen«, sagt Imran heute noch. »Wir hätten gewonnen«, ergänzt Mustafa.

Dilek hatte sich anfangs gefragt: Nutzt oder schadet zu viel Öffentlichkeit *meinem Fall*? Inzwischen ist es müßig, diese Frage zu stellen, und seit dem Konzert meldet sie sich selber zu Wort. Doch nun fragt sie sich: Was macht diese Bekanntheit mit *mir*? Und wie wird sich das auf *unser* künftiges Leben auswirken? Als sie von dieser Idee erfährt, denkt sie: »Der neigt so schon zum Abheben. In der Isolationshaft kann er durch so was völlig durchdrehen.« Sie ist heilfroh, dass ich abgelehnt habe. Mehr noch: Sie ist überrascht.

Auch ohne #WählDeniz bleibt das bilaterale Verhältnis angespannt – wozu eine weitere Verhaftung beiträgt, die jetzt die Öffentlichkeit erreicht: Meşale Tolu, die als Übersetzerin für die linke Nachrichtenagentur *Etha* arbeitet und nur die deutsche Staatsbürgerschaft besitzt, wurde Ende April verhaftet, kurz nach ihrem Mann. Mit ihrem zweijährigen Sohn sitzt sie im Frauengefängnis Bakırköy.

Erstmals seit der Nazi-Deniz-Gaggenau-Krise besucht Gabriel Anfang Juni die Türkei. Auf der gemeinsamen Pressekonferenz sagt Çavuşoğlu, beide Regierungen würden bei jeder Gelegenheit über mich reden. Die Vorwürfe gegen mich hätten jedoch nichts mit Journalismus zu tun, sondern mit Terror. Auch er übt sich nun in Räuberpistolen: »Die Geheimdienste haben angefangen, Journalisten als Agenten in der Türkei einzusetzen. Warum? Damit sie, sollten diese geschnappt werden, mit Kampagnen wie ›Journalisten verhaftet‹ Druck ausüben können.«

So *redet* die türkische Regierung. Aber was *will* sie von der deutschen Seite? Allen voran soll die Bundesregierung deutsche Unternehmen dazu ermuntern, in der Türkei zu investieren. Außerdem: Unterstützung bei der Neuaushandlung der EU-Zollunion, härteres Vorgehen gegen die PKK und die Gülen-Organisation, Waffenexporte, Auslieferungen. Doch sie bleibt auf Krawall aus.

Das jüngste Beispiel: der Streit um den Luftwaffenstützpunkt Incirlik, wo 260 Bundeswehrsoldaten im Zuge des Kampfes gegen den IS stationiert sind. Als Reaktion auf die Aufnahme der Ex-Offiziere in Deutschland hat die türkische Regierung einer Gruppe von Bundestagsabgeordneten einen Besuch in Incirlik verweigert. Eine ähnliche Krise hatte es bereits nach der Völkermordresolution gegeben. Gabriels Reise ist der letzte Versuch, das Problem zu lösen. Noch in Ankara verkündet er, dass die Bundeswehr abgezogen werde.

Die Pressekonferenz hat einen kleinen positiven Effekt: Mehmet Y. Yılmaz, einer der prominentesten *Hürriyet*-Autoren, greift Çavuşoğlus Behauptung auf, die türkische Justiz sei so unabhängig wie die deutsche, und nennt das den »Witz des Jahres«. Vielleicht habe man dem Minister ja die Ermittlungsunterlagen vorenthalten, schreibt Yılmaz. Sonst müsste er wissen, dass es in den Vorwürfen gegen mich ausschließlich um Zeitungsartikel geht.

Der Streit um Incirlik aber hat mit mir nichts zu tun. Oder doch. Alles im deutsch-türkischen Verhältnis hat mit mir zu tun. Nach seiner Rückkehr sagt Gabriel, im bilateralen Verhältnis gebe es größere Probleme als Incirlik, und verweist auf meine Situation. Auch mit Blick auf die deutschen Gefangenen lehnt er schärfere Maßnahmen ab. Und mittlerweile hat er, was ich ihm hoch anrechne, Kontakt zu Ilkay aufgenommen, später trifft er Veysel und Dilek.

Die lässt sich Anfang Juni bei ihrer Fahrt nach Silivri von einem deutschen Kamerateam begleiten. Danach ist ein Interview in einem Café in der Nähe geplant. Die Fernsehleute haben das mit dem Betreiber geklärt, der Mann empfängt sie freundlich. Doch als das Interview beginnt, wird er erst hellhörig, dann wütend, schließlich ruft er die Polizei: »Da wird Propaganda für die PKK und FETÖ gemacht«, behauptet er. Dabei spricht Dilek in all ihren Statements – ähnlich wie Ilkay – innerhalb eines festen Rahmens: Isolationshaft, Anklageschrift, Pressefreiheit. Nie lässt sie sich zu einer Bemerkung über die türkische Regierung hinreißen. Doch diesem Cafébetreiber genügt mein Name: Ah, Agentterrorist.

Kurz darauf muss Dilek zum Verhör, Ferat begleitet sie. Der Polizist gibt ihnen zu verstehen, dass er gezwungen sei, der Anzeige nachzugehen. Er fragt aber auch: »Wie sind Sie denn auf den gekommen? Das ist der größte Fascho der Stadt.« Dilek bittet die Fernsehleute nachdrücklich, diesen Vorfall nicht öffentlich zu machen. An diesen Cafébetreiber zu geraten, war nicht Pech, sondern Fahrlässigkeit. Mit den Polizisten und dem Staatsanwalt aber hat sie Glück.

Mitte Juni wird der CHP-Abgeordnete und frühere *Hürriyet*-Chefredakteur Enis Berberoğlu wegen Spionage und Unterstützung einer

Terrororganisation zu einer Haftstrafe von 25 Jahren verurteilt. Er soll Can Dündar und Erdem Gül das Videomaterial über Waffenlieferungen des türkischen Geheimdienstes MIT nach Syrien zugespielt haben. Mit dem Urteilsspruch wird er verhaftet.

Tags darauf erklärt Oppositionsführer Kılıçdaroğlu, dass er aus Protest von Ankara nach Istanbul laufen werde. Derselbe Kılıçdaroğlu, der aus Angst der Aufhebung der Immunität zugestimmt und die Verhaftung seines Stellvertreters erst ermöglicht hat. Der nach dem Referendum davor zurückschreckte, zu Protesten aufzurufen. Jetzt will dieser ängstliche Politiker 432 Kilometer laufen. Bei Hitze und Regen, mit nichts als einem Schild mit der Aufschrift »Gerechtigkeit« in der Hand. Und das im Alter von 68 Jahren!

Aus der Regierung kommen erst Spott, dann die üblichen Beschimpfungen, schließlich Drohungen. Die AKP-Kampfpresse verkündet bereits, an welcher Kreuzung der Marsch gestoppt werde. Doch Kılıçdaroğlu hat den richtigen Punkt getroffen: Über mangelnde Gerechtigkeit beklagen sich nicht nur Erdoğan-Gegner, und nicht nur im Zusammenhang mit der Justiz: Bildung, Gesundheit, Arbeitsverhältnisse …

So schließen sich Tausende Kılıçdaroğlu an. Manche laufen die ganze Strecke mit, die meisten nur eine Etappe: Oppositionelle aus verschiedenen Parteien, Intellektuelle, Anwälte, Angehörige inhaftierter Journalisten, sogar frühere AKP-Leute. Erdoğan bleibt nur zuzuschauen, wie Kılıçdaroğlu bei einer Kundgebung mit über einer Million Teilnehmern seinen »Gerechtigkeitsmarsch« beendet – im Stadtteil Maltepe, wo sich das Gefängnis befindet, in dem Berberoğlu einsitzt.

Manche vergleichen die Aktion mit Gandhis »Salzmarsch«. Zumindest bestimmt erstmals seit langer Zeit die Opposition die Agenda. Und wohl nirgends stößt Kılıçdaroğlu auf so viel Resonanz wie in den Knästen. Viele inhaftierte Kollegen schicken Grußbotschaften. Ich kaufe mir einen Fernseher und bedauere es, dass ich nicht als Reporter dort sein kann. Und ich schreibe einen Brief an den CHP-Chef: »Gerechtigkeit wird mit Mut kommen.« Kein vergiftetes, sondern ein kritisches Lob. (Und im Türkischen ein Reim mit *adalet* und *cesaret*.) Entgegen meiner Absicht wird der Brief später öffentlich.

Ende Juni veröffentlichen die Vorsitzenden der fünf größten Fraktionen des Europarlaments einen offenen Brief an Erdoğan und Yıldırım: »Deniz Yücel muss freikommen. Es kann nicht sein, dass ein Journalist, der nur seine Arbeit macht, ungerechtfertigterweise des Terrorismus bezichtigt und inhaftiert wird.«

Natürlich bin ich dafür dankbar. Doch so langsam könnten wir von der symbolischen Politik zur handfesten übergehen. So ist es in meinem Sinne, dass Doris in Interviews immer häufiger auf das Thema Ökonomie zu sprechen kommt. Das EU-Parlament hingegen macht das, was man gerade nicht machen sollte: Es fordert die EU-Kommission auf, die Beitrittsgespräche mit der Türkei auszusetzen.

Ebenfalls Ende Juni legt die Staatsanwaltschaft die Anklageschrift gegen die Beschuldigten des RedHack-Verfahrens vor. Um Mitgliedschaft in einer Terrororganisation geht es nur noch bei Mahir, dafür haben die anderen neben Terrorpropaganda jetzt auch den Vorwurf Datenmissbrauch am Hals. Besonders interessant finde ich die Anklage gegen Tunca, in der es heißt: »Er stand in Kontakt zu Deniz Yücel« – als gäbe es einen Straftatbestand: »Wer dem Guten Tag sagt, wird mit Freiheitsstrafe bis zu drei Jahren bestraft.« Nicht minder obskur: Die persönlichen E-Mails des Energieministers Albayrak könnten, so wörtlich, »nach Lage der Sache ein Staatsgeheimnis« darstellen. Es klingt, als hätte der Staatsanwalt bei Ernst Fraenkel abgeschrieben.

Der Prozesstermin wird auf Ende Oktober festgelegt, fast vier Monate müssen die drei Inhaftierten warten. Immerhin können sie jetzt die Tage zählen, die vor ihnen liegen. Ich hingegen kann weiterhin nur rückwärts zählen. Das Verfahren gegen mich wurde abgetrennt. Danke, wäre nicht nötig gewesen; dass mein Fall einer politisch motivierten Sonderbehandlung unterliegt, wussten wir eh schon.

Mit der Anklageschrift werden die Ermittlungsakten offengelegt. Darin entdecken die Verteidiger der Kollegen ein Schriftstück, das man dort vergessen hat: ein Schreiben von Staatsanwalt Yılmaz an die

Polizei, in dem er die Telefonverbindungsdaten von Dilek und zwei weiteren Menschen aus meinem Umfeld anfordert. Diese Personen seien »Verdächtige«. Was gegen sie vorliegt, bleibt zwar offen, aber irgendeinen Verdacht zu erfinden, ist das tägliche Brot dieser Leute.

Was tun? Die Gefahr, die von Anfang an theoretisch für Dilek bestand, ist nun konkret. Immer wieder gibt es Berichte, dass anstelle eines geflohenen mutmaßlichen Gülenisten seine Angehörigen verhaftet worden seien. Zumindest ein Fall von Rachejustiz ist erwiesen: Dilek Dündar, Filmemacherin und Ehefrau von Can Dündar, der es untersagt wird, zu ihrem Mann nach Deutschland zu reisen, obwohl gegen sie nicht einmal ein Ermittlungsverfahren läuft. Nichts gibt uns die Sicherheit, dass sie bei meiner Dilek nicht einen Schritt weiter gehen.

Dennoch will sie in meiner Nähe bleiben. Sie fürchtet sich nicht um sich selber. Sie sagt: »Es wäre für dich eine Katastrophe, wenn sie mich verhaften würden.« Das tatsächliche Risiko hält sie für gering, was Veysel und ich teilen. Aber jenseits aller rationalen Analysen ist das auch eine emotionale Frage. Und bei Dilek verfestigt sich der Eindruck, dass ich in allem, was ich sage und tue, eventuelle Folgen für sie nicht berücksichtige. Das verletzt sie sehr.

Ich wünschte, ich könnte sagen, dass sie sich irrt. Kann ich aber nicht. Denn nachdem sich Dilek entschieden hat zu bleiben, verdränge ich diese Frage. Wenn ich mit allen Mitteln Widerstand leisten will, darf ich mich nicht erpressbar machen. Das heißt: keine Rücksicht, weder auf mich selbst noch auf andere. Sie hat also recht. Aber ich kann es nicht ändern, ich bin im Kampfmodus.

Auch Dilek kämpft. Nur anders. Sie äußert sich nun öffentlich und antwortet sogar Leuten, die mich auf Twitter angreifen. Nie aggressiv, stets sachlich und freundlich. Wenn sie jemand etwa auf das Bayık-Interview anspricht, entgegnet sie: »Lesen Sie das doch mal. Sie werden sehen, dass er ein kritisches Interview geführt hat.« Und sie sagt immer wieder: »Deniz ist ein Journalist. Aber vor allem ist er ein Mensch, der ohne Anklageschrift in Isolationshaft sitzt.« Manche beschimpfen auch sie, andere entschuldigen sich für ihre Ausfälle.

Und Dilek kämpft um jede Kleinigkeit, mit der sie mir das Leben in Haft erträglicher machen kann. Mal mit mehr, mal mit weniger Erfolg: das Puzzle, die Briefe, solche Sachen. Um mich auf andere Gedanken zu bringen, schickt sie mir Literatur- und Archäologiezeitschriften, sie versucht sogar, Şahit Hanım zu mir zu bringen, was, sicher auch im Interesse unserer Katze, scheitert (die Knastkatzen, die es bei Kemal Tahir gab, sind längst Geschichte).

Eine besondere Überraschung bereitet sie mir, als sie zur Verleihung des Theodor-Wolff-Preises nach Berlin gereist ist. Es ist ein Mittwoch, unser Telefontag. Sie hat einige der Leute zusammengetrommelt, die am Abend den Preis entgegennehmen werden: Doris, Özlem, Daniel, Imran, Ulf, Bascha Mika, die die Laudatio halten wird und einst meine Chefredakteurin bei der *taz* war, und einige mehr. Als ich Dilek anrufe, öffnet sich plötzlich für zehn Minuten ein Fenster in mein altes Leben, während ich umringt von Aufsehern im Korridor des Gefängnisses stehe. Mit gelingt es nicht, in den großen Jubel auf der anderen Seite der Leitung einzusteigen, und ich könnte nicht sagen, ob aus Sorge, die Aufseher könnten etwas merken, oder aus Überwältigung.

Eine ihrer folgenreichsten Interventionen unternimmt Dilek Mitte Juli in einem *dpa*-Interview mit Linda Say und Can Merey: »Schreiben Sie Deniz!« Viele Zeitungen übernehmen diesen Aufruf, auch einige türkische, sodass ich am nächsten Tag davon lese. Von dieser Idee hat sie mir nie erzählt, ein wunderbares Geschenk.

Sie selber oder Doris, Ilkay und die *Welt* hatten zuvor schon dazu aufgerufen, mir zu schreiben, was viele taten; es gab auch Postkartenaktionen, initiiert von der dju, der *taz* oder Amnesty. Doch nun hat Dilek Mathias Döpfner gebeten, eine zentrale E-Mail-Adresse einzurichten und die Zuschriften übersetzen zu lassen, da ich, wenngleich nur vereinzelt, Briefe auf Türkisch bekomme. Oliver Kontny, der uns oft als Dolmetscher hilft, Merve Namlı und andere besorgen die Übersetzungen, die *Welt* legt die Sachen in die Post und platziert fortan unter alle Artikel zum Thema den Aufruf, mir zu schreiben.

Die erste E-Mail, die am 12. Juli um 20.28 Uhr bei der Adresse schreibdeniz@welt.de ankommt, stammt von Traudl Pottmeyer aus

Koblenz: »Lieber Deniz! Seit Wochen verfolge ich die Nachrichten, die Deine Inhaftierung betreffen, und bin erschüttert wie die meisten Menschen. Deshalb schreibe ich ein paar Zeilen, weil Deine Frau zum Schreiben an Deniz aufgerufen hat. Es ist schön, einen Menschen an seiner Seite zu wissen, von dem man so sehr geliebt wird.« Wie recht sie hat! Nur übergeben wird man mir weder diesen noch die vielen anderen Briefe. Sonstige Aufmerksamkeiten – besonders rührend: ein Paar Wollsocken, das eine *taz*-Leserin gestrickt hat, damit ich im Knast nicht friere – kommen sowieso nicht an.

Anfang Juli, kurz vor dem G-20-Gipfel in Hamburg, veröffentlicht die *Zeit* ein Interview mit Erdoğan. Das türkische Präsidialamt hat diesmal offiziell einen Auftritt in Deutschland beantragt und eine offizielle Absage erhalten. Angesichts der gegenwärtigen »Konfliktlage« sei dies »nicht angemessen«, sagt Gabriel. »Deutschland begeht Selbstmord«, kommentiert Erdoğan.

Die türkische Seite hat es abgelehnt, dass Özlem zusammen mit *Zeit*-Chefredakteur Giovanni di Lorenzo dieses Interview führt. Falls jemand glaubte, dadurch Fragen zum Thema Pressefreiheit zu minimieren, war dies ein Irrtum. Immer wieder kommt di Lorenzo darauf und auf meinen Fall zu sprechen. Folgende Antwort gefällt mir am besten: »Am 8., 9. und 22. März, am 3., 12. und 17. April und am 9. Mai 2017 wurde er ärztlich untersucht. Die Staatsanwaltschaft hat ermittelt, dass Deniz Yücel in den Kandil-Bergen mit einem PKK-Anführer gesprochen hat, dass er an von der PKK organisierten Treffen teilgenommen und Propaganda für die separatistische Terrororganisation gemacht hat.«

Zwischen einer sehr informiert wirkenden, aber sinnlosen Aufzählung (Arztbesuche) und dem Aufbauschen von öffentlich Bekanntem zu einem Ermittlungsergebnis (Bayık-Interview) mal eben etwas behaupten, das direkt aus der AKP-Kampfpresse stammt (PKK-Treffen). Irgendwann ruft Erdoğan genervt: »Sie gehen schlafen, Sie wachen auf und sagen: Deniz.« Und an anderer Stelle: »Warum setzt man sich so sehr für eine Person ein? Das ist nicht zu verstehen.«

In der Türkei besonders zur Kenntnis genommen werden seine

Ausführungen zum Thema Presse: »Ich glaube nicht daran, dass es irgendwo in der Welt unabhängige Medien gibt.« Das ist ehrlicher, als von freiste Presse wo gibt zu schwadronieren – und aufschlussreich: Er geht davon aus, dass alle Medien so funktionieren wie die von ihm kontrollierten. Wo er nicht das Sagen hat, geben eben andere die Kommandos. Interessant auch das: Zu Gerhard Schröders Zeit als Bundeskanzler sei das deutsch-türkische Verhältnis »sehr anders« gewesen. »Ich hoffe, dass wir wieder dahinkommen.«

Für mich hat dieses Interview eine praktische Folge: Veysel hat einen Ausdruck mitgebracht, hat an diesem Tag aber nur wenig Zeit und muss mit mir dringend etwas besprechen. »Nimm das mit, dann kannst du das später lesen«, sagt er. Bislang habe ich handschriftliche Texte rausgeschmuggelt, aber nie etwas rein. »Ich weiß nicht, ob die das erlauben«, sage ich. »Wenn nicht, machen wir das öffentlich«, lacht Veysel. »Staatspräsident scheitert an Gefängniszensur – Bombennachricht!« Doch die fällt aus. Die Beamten haben nichts gegen Erdoğan.

Am selben Tag, an dem dieses Interview erscheint, stürmt die Polizei einen Workshop von Menschenrechtlern auf der größten Prinzeninsel Büyükada und nimmt zehn Leute fest, darunter Idil Eser, die Türkeidirektorin von Amnesty International, den schwedischen Staatsbürger Ali Gharavi und den Deutschen Peter Steudtner. Wahrscheinlich hat der Dolmetscher, den die Veranstalter gebucht hatten, sie denunziert. Die Regierungspresse überschlägt sich einmal mehr mit abenteuerlichen Anschuldigungen und behauptet, die Aktivisten hätten einen »Chaosplan« entworfen und wollten den »Gerechtigkeitsmarsch« in einen neuen Gezi-Aufstand verwandeln.

Auf einer Pressekonferenz am Rande des G-20-Gipfels versteigt sich Erdoğan gar zu der Behauptung, das Treffen auf Büyükada habe den »Charakter einer Fortsetzung des Putschversuchs«. An gleicher Stelle bezeichnet er HDP-Chef Demirtaş als »Terroristen«; ich komme mit dem Hinweis, dass auch Pressevertreter angeklagt werden könnten, wenn sie Straftaten begingen – als hätte jemand etwas anderes behauptet –, glimpflich davon.

Apropos G20-Gipfel: Das von Steffen Seibert geführte Bundespresseamt hat auf Empfehlung des BKA 32 Journalisten wegen »Sicherheitsbedenken« die zuvor erteilten Akkreditierungen entzogen. Das wirft kein gutes Licht auf die deutschen Bekenntnisse zum Thema Pressefreiheit. Doch zu dieser Episode gehört auch, dass die Bundesregierung nach der öffentlichen Kritik zumindest in einigen Fällen Fehler und sogar rechtswidrige Datenspeicherungen einräumt.

Bald darauf, kurz vor dem ersten Jahrestag des Putschversuchs, sorgt in der Türkei ein vormaliger Unteroffizier für Aufregung. Er wird beschuldigt, dem Sonderkommando angehört zu haben, das versucht haben soll, in der Putschnacht Erdoğan an dessen Urlaubsort Marmaris zu ermorden. Als er in der Provinzhauptstadt Muğla von Gendarmen zum Gerichtsgebäude geführt wird, trägt er ein T-Shirt mit der Aufschrift »Hero«.

In den nächsten Tagen werden im Zusammenhang mit diesem Vorfall einige Gendarmen und Vollzugsbeamte suspendiert. Landauf, landab werden Leute festgenommen, weil sie das gleiche T-Shirt tragen. Die Hysterie treibt immer groteskere Blüten. Und schon am nächsten Tag verkündet das Justizministerium: Kleidungsstücke mit fremdsprachigen Aufdrucken sind ab sofort verboten.

Am selben Nachmittag läuft ein Trupp Aufseher durch Silivri Nr. 9. Bei Salih Bey konfiszieren sie T-Shirts mit Markenaufschrift, obwohl diese im Erlass ausgenommen sind. Mithat Bey nehmen sie ein T-Shirt ab, das seine Kinder im Kartoffeldruckverfahren bedruckt hatten, was ihn sehr verletzt. Durchsucht werden nur Gefangene, die mit der Gülen-Organisation in Verbindung gebracht werden. Zu mir kommen sie nicht. Dabei habe ich im Spind ein T-Shirt mit einer englischsprachigen, noch dazu politischen Parole: FreeDeniz.

Erst kurz zuvor hat es mir Dilek mitgebracht. Doch das T-Shirt (die weiße *Welt*-Version, nicht die graue der *taz*) war mir zu eng, weshalb ich es bei der nächsten Gelegenheit austauschen wollte. Das kann ich jetzt vergessen.

Der nächste Tag ist der 15. Juli, der erste Jahrestag des Putschversuchs. Noch immer sind in diesem Kontext viele Fragen offen. Eine

Auswahl: Hat Erdoğan tatsächlich erst an jenem Tag – und wann und wie genau – von der Erhebung erfahren? Warum haben Generalstabschef Hulusi Akar und Geheimdienstpräsident Hakan Fidan nach dem ersten Hinweis kaum Vorkehrungen getroffen? Wie konnte Erdoğan von Marmaris nach Istanbul fliegen, obwohl der Luftraum über dem Bosporus von Putschisten kontrolliert wurde?

Standen sich in dieser Nacht zwei Parteien gegenüber oder gab es mindestens eine dritte, um deren Gunst beide rangen? Hat Erdoğan darum im Videogespräch mit der CNN-Türk-Moderatorin Hande Fırat die Bevölkerung dazu aufgerufen, sich den Putschisten entgegenzustellen? Warum haben sich die verhafteten Polizisten und selbst die meisten verhafteten Armeeoffiziere nicht an aufständischen Aktivitäten beteiligt? Wie sah der ursprüngliche Plan der Putschisten aus? Haben sie wirklich nur aus Panik über das Auffliegen ihres Vorhabens mit der stümperhaft wirkenden Absperrung der Bosporusbrücke zur Primetime ihren Umsturzversuch begonnen?

Wie konnte der mutmaßliche Drahtzieher, der Theologe Adil Öksüz, der am Morgen danach in der Nähe der Luftwaffenbasis Akıncı bei Ankara, dem Hauptquartier der Putschisten, aufgegriffen wurde, entkommen? Und wen wollten diese mit der Regierungsbildung beauftragen?

Dass die Gülen-Organisation eine maßgebliche Rolle spielte, kann inzwischen, trotz ihrer Dementis, als erwiesen betrachtet werden. Insofern unterscheidet sich dieser Putschversuch von allen geglückten oder gescheiterten Militärinterventionen der türkischen Geschichte, die von der Generalität oder Gruppen innerhalb der Armee ausgingen, aber niemals von Kräften außerhalb gesteuert wurden. Allerdings ist weiterhin offen, ob es sich bei den aufständischen Offizieren allein um Gülenisten handelte. Ebenso ist eine Beteiligung fremder Staaten ungeklärt.

Zur Vorgeschichte, also zur Komplizenschaft zwischen Erdoğan und Gülen, ist einiges bekannt. So entschied die AKP-Regierung im Jahr 2004, die Empfehlung des damals noch von kemalistischen Offizieren dominierten Nationalen Sicherheitsrates (MGK) zur Bekämpfung der Gülen-Organisation zu ignorieren. Ab 2010 wurde niemand mehr wegen »reaktionärer Bestrebungen« aus der Armee entlassen. Vielmehr haben alle mutmaßlichen Putschisten ihre Karrieren unter der AKP gemacht; unter den 149 verhafteten aktiven Generälen und Admirälen (45 Prozent der Generalität) sind 59, die noch nach dem Bruch zwischen Erdoğan und Gülen in den Generalsrang befördert wurden.

Nicht restlos geklärt ist eine Frage, die von Erdoğan selber stammt: »Was habt ihr denn verlangt, das wir euch nicht gegeben hätten?«, hatte er Ende 2013 zu Beginn des Korruptionsskandals in Richtung der Gülenisten gerufen. Gern wüsste man, was sie nicht bekommen, aber auch, was sie verlangt und bekommen haben.

Ebenfalls erklärungsbedürftig: Der Luftwaffenmajor, der am frühen Nachmittag des 15. Juli den MIT über die Pläne der Putschisten informiert und deren überhastetes Vorgehen ausgelöst haben soll, wurde in den Mitarbeiterstab des Geheimdienstes aufgenommen. Wenn diese Geschichte so stimmt, wäre der Mann ein Kronzeuge. Doch seine Aussage taucht in keiner Anklageschrift auf. Hinzu kommt, dass fast alle angeklagten Ex-Offiziere trotz einer zuweilen erdrückenden Beweislast ihre Beteiligung abstreiten. Die Anklageschriften tragen in vielen Fällen zwar Beweise für die individuelle Schuld zusammen, können das große Ganze aber nicht erhellen.

Der parlamentarische Untersuchungsausschuss hörte Politiker aus den Vorgängerregierungen, lud jedoch entscheidende Figuren wie Erdoğan, Akar oder Fidan erst gar nicht ein. Nach nur drei Monaten beendete er im Januar 2017 seine Arbeit und veröffentlichte einen Entwurf, der nur zwei Zwecke verfolgte: die Verbindung zwischen der AKP und der Gülen-Organisation kleinzureden und die Opposition zu beschuldigen. Der mit den Stimmen von AKP und MHP angenommene Abschlussbericht wurde zum ersten Jahrestag Parlamentspräsidenten Kahraman vorgelegt, aber bis heute (Juni 2019) nicht veröffentlicht.

Daraus lässt sich nicht schlussfolgern, das Ganze sei eine Inszenierung gewesen. Aber solange die Regierung eine Aufklärung verhindert, spricht vieles für den Befund der CHP, die von einem »kontrollierten Putschversuch« spricht.

Offensichtlich hat das Regime kein Interesse an Aufklärung. Was sich schon bald nach dem Putschversuch abzeichnete, wird mit dem ersten Jahrestag, der nun als »Tag der Demokratie und nationalen Einheit« als Feiertag begangen wird, zur Gewissheit: Der 15. Juli bildet den Gründungsmythos der »neuen Türkei«.

Dieser Kampfbegriff ist zwar nicht neu. Doch erst nach dem Putschversuch, dem Ausnahmezustand und dem neuen Regierungssystem ist es Erdoğan gelungen, die Grundfesten der Republik umzukrempeln, sämtliche staatliche Institutionen unter Kontrolle zu bringen und ein neues Narrativ zu schaffen.

Das alte lautete: Unter Führung von Atatürk hat die türkische Nation den Unabhängigkeitskrieg gegen die europäischen Besatzer geführt und aus den Trümmern des Osmanischen Reiches einen modernen, säkularen Nationalstaat geschaffen. Auch der neue Gründungsmythos erzählt vom Kampf gegen feindliche Mächte – für Erdoğan steht außer Frage, dass es sich bei der Gülen-Organisation um Marionetten der USA und anderer westlicher Mächte handelt.

Jahrelang hatte Erdoğan erzählt, dass die »schwarzen Türken«, wie die Soziologin Nilüfer Göle einst die fromme Unterschicht nannte, von den kemalistischen Eliten, den »weißen Türken«, marginalisiert wurden; seit der Gründung der Republik, vor allem aber nach der Militärintervention von 1997, die ihn für vier Monate ins Gefängnis brachte. In den Jahren an der Macht hatte sich dieses – nicht völlig falsche – Narrativ abzunutzen begonnen. Der 15. Juli schafft einen neuen Opfermythos und zugleich eine Heldenerzählung: Erdoğan, die Verkörperung des »nationalen Willens«, wurde angegriffen. Doch das Volk hat diese Verschwörung vereitelt und dafür mit 250 Todesopfern bezahlt.

Das ist das Heroische wie Tragische dieser Nacht: Da gab es die über hundert Abgeordneten aller Fraktionen, die trotz des Luftangriffs im Parlament blieben, und die Hunderttausenden Menschen, die sich friedlich den Putschisten entgegenstellten. Doch die meisten waren nicht auf der Straße, um Demokratie und Menschenrechte zu verteidigen, sondern um die Herrschaft ihres *reis* zu retten.

Der hatte in den Neunzigerjahren erklärt: »Die Demokratie ist eine Straßenbahn, von der wir abspringen, wenn wir am Ziel sind.« Nach der Abspaltung von der islamistischen Milli-Görüş-Bewegung sprachen er und seine damaligen Weggefährten davon, den politischen Islam mit der Demokratie zu versöhnen, aus der AKP eine »muslimische Version der europäischen Christdemokratie« zu formen und das Land in die EU zu führen. Auf die Abweisung aus Europa und der Entmachtung innenpolitischer Gegner folgten eine neoosmanische Außenpolitik und eine Rückbesinnung auf islamisch-konservative Werte.

Schon Juntachef Evren hatte die »Türkisch-Islamische Synthese« zur Staatsideologie erhoben und, im Zeichen des Antikommunismus, den Aufstieg des politischen Islam begünstigt. Nun liefert Erdoğan seine Version davon: In der neuen Phase, die außenpolitisch mit einer »eurasischen« Orientierung einhergeht, spielen Osmanenkult und Islam weiterhin eine Rolle. Aber nun als Teil eines nationalistischen Narrativs, das historische Antagonisten wie Sultan Abdülhamid II. und Atatürk eingemeindet – Letzteren freilich nur als Militärbefehlshaber, nicht als säkularen Revolutionär und Kämpfer für die Gleichberechtigung der Frauen.

Am 15. Juli 2016 ist Erdoğan aus der Straßenbahn abgesprungen. Aber nicht so, wie er es sich selber wohl einst vorgestellt hat. Die Demokratie, seit seiner »Reformerphase« ein Schlüsselbegriff seines Diskurses, steht weiterhin im Zentrum. Doch das meint allein die Akklamation der bestehenden Herrschaft, während alles andere, das eine Demokratie auszeichnet – eine pluralistische Gesellschaft, die Teilhabe der Opposition, Raum für außerparlamentarische Opposition, die Existenz einer freien Presse –, nicht vorgesehen ist. Ein Machtwechsel ist ausgeschlossen und wird mit allen Mitteln verhindert, notfalls mit Manipulation, Gewaltandrohung, sogar Wahlannullierung. Die sozioökonomische Grundlage: ein mafiöses System aus Loyalitäten, Begünstigungen und Korruption, das bis in die feinsten Kapillaren der Gesellschaft reicht.

Erdoğan ist das Volk und das Volk ist Erdoğan, und wer gegen ihn ist, ist Volksfeind, Putschist und Terrorist. Eine Verschmelzung von Führer und Masse in einer autoritären Herrschaft, die die permanente Mobilisierung gegen äußere und innere Gegner erfordert. Die Folge: eine Polarisierung, wie sie die Türkei nie zuvor erlebt hat. Der blutige Konflikt zwischen Linken und Rechten in den späten Siebzigern verlief größtenteils innerhalb einer Generation, die heutige Polarisierung durchzieht die ganze Gesellschaft und macht vor zwischenmenschlichen Beziehungen nicht halt.

Letztlich dient alles einem Ziel: zu verhindern, dass Erdoğan und seine Entourage eines Tages in Silivri landen. In diesem Selbstzweck liegt der »Pragmatismus« des Regimes verborgen. Wenn es nützlich scheint, kann morgen zum Freund erklärt werden, wer heute noch Feind ist, und umgekehrt. Allerdings wird erst die Geschichte zeigen, wie mächtig Erdoğan tatsächlich ist und wie einflussreich die Kräfte des Ancien Régime und deren Mittelsmann Bahçeli sind.

Bei den Feiern zum ersten Jahrestag des Putschversuchs erklärt Erdoğan, dass man den »Verrätern« den »Kopf abreißen« müsse. Als aus der Masse Rufe nach der Todesstrafe ertönen, erwidert er: Ihm sei egal, was »George und Hans« meinten, ihn interessiere nur, was »Ahmet und Ayşe« sagten. Wenn das Parlament die Todesstrafe beschließen sollte, werde er dies ratifizieren.

Aber das erzählt er seit einem Jahr, beim Verfassungsreferendum im April hat er sogar darüber eine Volksabstimmung in Aussicht gestellt. Doch auch er weiß, dass man die Todesstrafe für Putschisten nur zu dem Preis anwenden könnte, gegen eine universelle Rechtsnorm, nämlich das Rückwirkungsverbot, zu verstoßen. So, wie diese Rufe aus dem Publikum gesteuert sein dürften, dient dieses Gerede nur dazu, sich als volksnaher Führer zu inszenieren und Europa zu provozieren. Wollte man wirklich die Todesstrafe einführen, man hätte die nötige Verfassungsänderung längst in Angriff genommen (was Erdoğan in einer politischen Notlage natürlich immer noch machen kann).

Dennoch ist Dilek von diesem Gerede beunruhigt. Ich finde es fatal für die politische Atmosphäre im Land, ansonsten lässt mich das kalt.

Doch an diesem Abend fügt Erdoğan etwas hinzu, das mich alarmiert: Er greift die Diskussion um das »Hero«-T-Shirt auf und sagt: »Diese Leute sollten wir künftig wie in Guantanamo in Einheitskleidung vor Gericht bringen.«

Das würde eine Eskalation in den Gefängnissen bedeuten, der ich mich nicht entziehen könnte. »Höchstens fünf Monate«, hatte mir Veysel zugeflüstert. Seither sind viereinhalb Monate vergangen. Es wird Zeit, dass ich rauskomme.

Doch in den folgenden Tagen überschlagen sich im deutsch-türkischen Verhältnis die Ereignisse: In der Nacht vom 17. auf den 18. Juli wird für Peter Steudtner und die meisten anderen Menschenrechtsaktivisten U-Haft verhängt. Der Vorwurf: Mitgliedschaft in einer Terrororganisation – wobei nie bekannt wird, welche das eigentlich sein soll. Mag ihre Festnahme einer zufälligen Denunziation geschuldet sein – der Dolmetscher, der eine ähnliche Rolle spielte wie bei Dilek der Cafébetreiber –, die weitere Entwicklung ist es nicht. Selbst wenn Erdoğan zu diesem Thema nichts mehr sagen wird, kann man davon ausgehen, dass das Hafturteil mit ihm abgestimmt ist.

Bei den türkischen Aktivisten geht es um die Einschüchterung der Opposition. Selbst Vertreter internationaler NGOs, so die Botschaft, sind nicht mehr sicher. Und Peter ist eine weitere deutsche Geisel. Er war als Experte für Datensicherheit eingeladen, hat aber weder familiären noch beruflichen Bezug zur Türkei. Er war bloß zur falschen Zeit am falschen Ort. Sein Fall zeigt endgültig, dass eine Sache nichts zu meiner Verhaftung beigetragen hat: mein türkischer Pass.

Andererseits sind diese Verhaftungen eine derart unnötige weitere Eskalation, dass sich die Frage aufdrängt, ob da etwas außer Kontrolle geraten ist oder womöglich gewisse Kräfte daran arbeiten, die Türkei endgültig aus der westlichen Welt herauszulösen, und dabei Erdoğan vor sich hertreiben.

Dies gilt erst recht für einen Vorfall, über den tags darauf die *Zeit* berichtet: Türkische Behörden haben dem Bundeskriminalamt (BKA) eine Liste mit 68 Firmen und Einzelpersonen übergeben, die Verbindungen zur Gülen-Organisation unterhalten und als Terrorunterstützer gelten würden. Auf der Liste stehen eine Dönerbude und ein Spätkauf, aber auch Großkonzerne wie Daimler und BASF. Kurz darauf wird das *Handelsblatt* nachlegen: Tatsächlich sei die Zahl deutlich höher, 681 deutsche Firmen würden der Terrorunterstützung verdächtigt.

Sofern es sich nicht um eine gezielte Subversion handelt, demonstriert diese Liste, wie unzurechnungsfähig dieser Staatsapparat geworden ist und Beamte oder ganze Behörden aus Fanatismus oder Angst um das Wohlgefallen des Staatspräsidenten wetteifern. Aber hierbei haben sie ein Prinzip übersehen, das Erdoğan stets beachtet hat: Politik ist Politik, Geschäft ist Geschäft.

Am nächsten Morgen, am 20. Juli, berichtet die *Bild*, dass Erdoğan mich »diskret« im Austausch für zwei nach Deutschland geflüchtete Ex-Generäle angeboten habe. Das Auswärtige Amt will das weder dementieren noch bestätigen, erklärt aber: »Auf so einen Handel können wir uns natürlich nicht einlassen.« Für mich ist das die letzte Bestätigung dafür, was ich seit dem »Solange ich in diesem Amt bin niemals«-Interview vermute: Er will ein Geschäft nach Gangsterart.

Am selben Tag tritt Gabriel vor die Presse. Medienwirksam hat er seinen Urlaub unterbrochen. »Wer unbescholtene Besucher seines Landes unter wirklich hanebüchenen Begründungen festnimmt und in Untersuchungshaft verbringen lässt, der verlässt den Boden europäischer Werte«, sagt er und verkündet eine mit Merkel abgestimmte »Neuausrichtung« der Türkeipolitik: Die Bundesregierung werde ihre Reisewarnungen für die Türkei »anpassen« und die Hermes-Bürgschaften überprüfen, mit denen die Bundesrepublik Investitionen und Exporte deutscher Unternehmen gegen Zahlungsausfälle absichert. Er könne sich auch nicht vorstellen, dass die EU-Verhandlungen über eine Zollunion ausgeweitet werden könnten. Auch Rüstungsexporte, ergänzt das Kanzleramt, sollen auf den »Prüfstand«.

Ohne die »Terrorliste« wäre das Thema Hermes-Bürgschaften womöglich nicht aufgekommen, ohne Peters Verhaftung womöglich nicht das der Reisewarnungen. Doch beide Ereignisse kamen gewissermaßen im Paket, sodass auch die deutschen Reaktionen im Paket erfolgen.

Gerade diese beiden Maßnahmen sind Volltreffer: Der Tourismus ist eine wichtige Devisenquelle. Im Jahr 2015 stammten knapp 5,6 Millionen der insgesamt 36,2 Millionen Urlauber aus Deutschland, mehr als irgendwoher sonst. 2016 gingen, nicht zuletzt infolge der IS-Anschläge und des Putschversuchs, beide Werte um jeweils 30 Prozent zurück. Jetzt, wo die Türkei, begünstigt von einer schwachen Lira, darum kämpft, diese Urlauber zurückzuholen, und bei den Pauschaltouristen gewisse Erfolge erzielt hat, könnten die Reisewarnungen wehtun.

Auch die Hermes-Bürgschaften könnten wirken. Die türkische Seite möchte von der Bundesregierung, dass diese deutsche Unternehmen zu Investitionen ermuntert. Die macht jetzt das Gegenteil. Und das auch noch öffentlich: »Man kann niemandem zu Investitionen in ein Land raten«, sagt Gabriel, »wenn es dort keine Rechtssicherheit mehr gibt und sogar völlig unbescholtene Unternehmen in die Nähe von Terroristen gerückt werden.«

Das ist endlich nicht bloß appellativ. Darauf habe ich lange gewartet. Allerdings ist mir klar, dass die Türkei nicht am nächsten Tag »Ups, 'tschuldigung«, sagen wird, jedenfalls nicht im Hinblick auf mich und die anderen Geiseln. Vielmehr bedeutet das eine neue Eskalationsstufe. In zehn Tagen wären Veysels fünf Monate abgelaufen. Jetzt wird niemand mehr einen Tipp wagen. Und selbst wenn, würde ich nichts darauf geben. Meine innere Uhr bleibt stehen.

Von schweren Tagen
und wie wir sie leichter machen

Sosehr ich Gabriels Erklärung begrüße, bedeutet sie, im Verbund mit dem Ablauf der fünf Monate: Ich bin am Tiefpunkt. Nicht traurig oder verzweifelt. Aber reizbar und wütend. Und aufgekratzt. Dilek, Veysel oder Birgelen fällt auf, dass es mir nicht gut geht, aber mehr als vorsichtig nachfragen möchten sie nicht. Ich versuche nun noch mehr als zuvor, die Aktionen draußen zu steuern; einmal schreibe ich sogar ein 15-Punkte-Strategiepapier.

»Das ist ja wie eine *Muhtar*-Versammlung«, sagt Dilek in Anspielung auf Erdoğans Marotte, alle paar Wochen 500 ausgewählte Dorf- und Gemeindevorsteher in seinem Präsidentenpalast zu versammeln und – als hätte er nicht so schon genug TV-Liveübertragungen – ihnen die Weltlage zu erklären. Hätte Dilek diesen Spruch nicht im Streit gesagt, er wäre ein guter Witz gewesen.

Lange Zeit frage ich mich, was erstrebenswerter ist: im Knast seine Macken zu überwinden und zu lernen, die richtigen Prioritäten zu setzen – und damit den Knast als Besserungsanstalt zu akzeptieren? Oder dieser Zumutung zum Trotz derselbe Mensch zu bleiben, im Bescheuerten wie im Schönen? Meine Antwort: Besser, man versucht, sich gleich zu bleiben, das ist schwer genug. An gewissen Ähnlichkeiten mit dem *reis*, die ich vorher schon hatte, ändert sich also nichts.

Der erlangt bald nach dem »Gerechtigkeitsmarsch« die Diskurshoheit zurück. Zwar sind Schnelllebigkeit und Vergesslichkeit der türkischen Gesellschaft sprichwörtlich. Aber dass sogar Kılıçdaroğlu, trotz aller persönlichen Strapazen, seine Protestaktion vergessen zu haben scheint, enttäuscht doch. Dabei hat sich an der schreienden Ungerechtigkeit nichts geändert. Nehmen wir Ahmet Şık. Gäbe es in diesem Land einen Wettbewerb für die irrsinnigste Justizgeschichte, er hätte, trotz starker Konkurrenz, gute Chancen auf den ersten Platz.

Im März 2012, nach 13 Monaten, die er unter dem Vorwurf der Mitgliedschaft in der Ergenekon (im Verfahren gegen das Nachrichtenportal *Oda TV*) in Silivri verbracht hatte, erklärte er: »Die Polizisten, Staatsanwälte und Richter, die dieses Komplott geschmiedet haben, werden eines Tages in diesem Gefängnis landen.« Prompt erstatteten 39 Richter und Staatsanwälte, darunter der mächtige Sonderermittler Zekeriya Öz, Strafanzeige wegen Bedrohung und Beleidigung.

Fünf Jahre später hat sich Ahmets Prognose erfüllt: Fast alle, die diese Anzeige erstatteten, sind geflohen oder in Haft. Was er damals nicht vorhersah und wie ein Orwell'sches Szenario anmutet: Er sitzt heute neben seinen früheren Peinigern und wird ebenfalls mit der Gülen-Organisation in Verbindung gebracht.

Immerhin werden im Laufe dieses Jahres der *Oda-TV*-Prozess und das Bedrohungsverfahren mit Freisprüchen enden. Dafür beginnt der *Cumhuriyet*-Prozess. Alle Angeklagten halten beeindruckende Verteidigungsreden. Die offensivste aber stammt von Ahmet. Er zeichnet nach, wie Erdoğan und Gülen zusammen die Macht an sich rissen, ehe sie übereinander herfielen. Seine Ausführungen gipfeln im historischen Satz: »Ich verteidige mich nicht, ich klage an!« Am Ende der Verhandlungswoche werden sieben Kollegen freigelassen. Bei den anderen werden die Auflagen für Anwaltsgespräche aufgehoben.

In den Kabinen sehe ich die *Cumhuriyet*-Leute jetzt häufig: Chefredakteur Murat Sabuncu, ein großer, kräftiger Mann, der jedes Mal mit beiden Händen winkt und so strahlt, als würden wir uns auf einer Strandparty begegnen. Der Stiftungsvorsitzende Akın Atalay, der selbst hier die Aura eines Gentlemans bewahrt. Oder Kadri Gürsel. Er sitzt in der Kabine nebenan, ich drücke eine Notiz an die Glaswand: »Sie haben Geschichte geschrieben. Die Guten schreiben meistens nur dann Geschichte, wenn ihnen Leid widerfährt.« Dann nimmt Ahmet seinen Platz ein. Die Türen aufseiten der Anwälte stehen offen. »Alter, du bist erledigt, dich werden sie nie rauslassen!«, ruft Ahmet. »Ohne deine große Klappe wärst du schon raus«, rufe ich zurück.

Viele der Anwälte, die nun aus Solidarität mit den *Cumhuriyet*-Leuten nach Silivri strömen, besuchen auch mich. Einen ähnlichen Effekt hat die Verlegung der Menschenrechtler nach Silivri. Auch Peters Anwälte Murat Deha Boduroğlu, Alp Tekin Ocak und Olguner Olgun kommen regelmäßig. Zudem haben wir mein Verteidigerteam um die Anwältin Cihan Özgüneş Güngör erweitert.

Kurz vor Beginn des *Cumhuriyet*-Prozesses schicke ich der *Welt* einen Beitrag, in dem ich schreibe, worüber ich jetzt gerne schreiben würde. Der sehnsüchtige und programmatische Titel: »Türkei-Korrespondent müsste man jetzt sein«.

Wie richtig Gabriel mit seiner »Neuausrichtung« liegt, zeigen die Reaktionen der türkischen Regierung: Zuerst bestreitet sie, dass diese »Terrorliste« existiert, dann zieht sie die inexistente Liste zurück und spricht kleinlaut von einem »Kommunikationsfehler«. »Sie versuchen, uns mit ihrem Reichtum zu bedrohen, zu dem sie zufällig gelangt sind«, sagt Erdoğan, was zwar kühn, für seine Verhältnisse aber moderat ist. Zugleich erklärt er: »Die Herzen meines Landes und meines Volkes stehen den deutschen Unternehmen unendlich weit offen.«

Rund 6800 deutsche Firmen haben in der Türkei in Produktionsanlagen im Wert von rund neun Milliarden Euro investiert, wo sie etwa 140 000 Menschen beschäftigen. Bislang haben die deutschen Manager die Abschaffung des Rechtsstaates teilnahmslos hingenommen. Doch die »Terrorliste« hat, wie ich sogar im Gefängnis mitbekomme, auch sie verunsichert.

Eine Woche nach Gabriels Auftritt empfängt Ministerpräsident Yıldırım Repräsentanten deutscher Firmen zum Mittagessen. »Es ist sehr wichtig für uns, dass Sie nicht durch die jüngsten Entwicklungen geschädigt werden«, sagt er. Als Vertreter eines deutschen Unternehmens sitzt mein Anwalt Refik am Tisch; einige Manager erwähnen bei diesem Treffen meinen Namen, was mir sehr gefällt.

Messbare Folgen wird die Überprüfung der Hermes-Bürgschaften übrigens nicht haben. Denn das Bundeswirtschaftsministerium zieht die Obergrenze bei 1,5 Milliarden Euro – wobei sich die Bürgschaften für die Türkei im Vorjahr auf 1,1 Milliarden belaufen hatten. Das ist etwa so, als würden Eltern ihrem unartigen Kind zur Strafe den Nachtisch beschränken – und eine Obergrenze von fünf Eiskugeln ziehen, wo der Nachwuchs nicht mehr als drei Kugeln verdrückt.

Obwohl das bilaterale Verhältnis im Jahr 2017 einen Tiefpunkt erreicht, werden die Exportabsicherungen auf 1,45 Milliarden Euro steigen, rund ein Drittel über dem Vorjahreswert, aber knapp unter der Obergrenze. Das Kind, das mit einer Beschränkung des Nachtischs bestraft wurde, geht mit fast fünf Eiskugeln zu Bett.

Man kann diese Maßnahme für umsichtig halten, weil sie den Interessen der deutschen Wirtschaft nicht schadet – oder aus demselben Grund für bauernschlau. Doch allein das Thema öffentlich anzusprechen, zeigt Wirkung.

Viel mehr kann die Bundesregierung auch nicht tun, sofern sie nicht zu Sanktionen greifen möchte. Für weitere Maßnahmen braucht es die EU-Partner. Einige, die Österreicher etwa, sind sofort dabei, andere, allen voran die Briten, sind abgeneigt. Schließlich kündigt die Europäische Investitionsbank Ende Juli an, ihre Kreditzusagen für die Türkei zu senken, was auch ein Darlehen von 600 Millionen Euro für die Transanatolische Pipeline betreffen könnte, mit der aserbaidschanisches Erdgas quer durch die Türkei nach Westen transportiert werden soll.

Zudem werden die Staats- und Regierungschefs der EU im Oktober beschließen, die Vorbeitrittshilfen für die Türkei zu reduzieren. Allerdings wurden von den 4,45 Milliarden Euro, die für die Anpassung an EU-Standards im Zeitraum von 2014 bis 2020 vorgesehen waren, bis dahin nur knapp 260 Millionen ausgezahlt.

Deutschland ist für die Türkei das wichtigste Exportland; im Jahr 2017 liefert sie Waren im Wert von 16,18 Milliarden Euro – das sind 5,4 Prozent mehr als im Vorjahr und 9,5 Prozent aller türkischen Exporte. Umgekehrt gehen die deutschen Exporte in die Türkei, trotz des Anstiegs der Hermes-Bürgschaften, um 2,2 Prozent auf 21,46 Milliarden Euro zurück, was immer noch einen satten Überschuss bedeutet, aber bloß 1,67 Prozent aller deutschen Exporte ausmacht.

Der bilaterale Handel bleibt also von der politischen Krise unberührt. Anders die Direktinvestitionen. In einer liberalen Wirtschaft könne keine Regierung Unternehmen vorschreiben, wo sie investierten, hatte Wirtschaftsminister Zeybekci Gabriel zugerufen. Das stimmt. Aber diese Rotzigkeit hilft auch nicht. Am Ende werden die deutschen Direktinvestitionen auf 295 Millionen US-Dollar sinken – im Vorjahr waren es 440 Millionen, im Rekordjahr 2013 1,9 Milliarden.

Ich jedenfalls will dazu beitragen, dass diese Investitionen zurückgehen. Ambitioniert, aber mit der deutschen Öffentlichkeit vielleicht machbar. Meine Rechnung: Die Kosten meiner Geiselnahme müssen den eventuellen Nutzen übertreffen. Und Linken, die der Bundesregierung eine zu lasche Türkeipolitik vorwerfen, würden ein paar Marx-Grundkenntnisse nicht schaden: Man muss sich dem Kapital zuwenden, um dessen Gunst auch die Gegenseite buhlt.

So greife ich in dem »Korrespondent«-Text eine Bemerkung von Erdoğan auf, der sich gebrüstet hatte, den Ausnahmezustand zur Niederschlagung von Streiks zu nutzen, und frage an die Adresse des Bosch-Konzerns, »ob die Pressemeldungen zutreffen, wonach in der türkischen Niederlassung von Bosch 25 Mitarbeiter entlassen worden seien, weil sie sich einer Gewerkschaft angeschlossen hätten. Man könnte die Konzernführung fragen, ob sie unter idealen Investitionsbedingungen die Friedhofsruhe einer Diktatur versteht.«

Deutsche Firmen öffentlich zu kritisieren, ist das eine. Noch besser wäre es, sie zu gewinnen. Meine Idee: Der Axel-Springer-Verlag könnte versuchen, die in der Türkei tätigen DAX-Konzerne zu einer Anzeige in türkischen Zeitungen zu bewegen. Hier ein Wort zum Zusammenhang zwischen Investitionen und Rechtsstaatlichkeit, dort eine Bemerkung zum Thema Pressefreiheit. Noch der vorsichtigste Text, der die Unterschrift der führenden deutschen Konzernchefs trägt, würde Eindruck hinterlassen.

Die Axel Springer SE ist selber in der Türkei engagiert, auch wenn sie ihren Anteil an der Fernsehsparte der Doğan-Gruppe (u. a.

CNN-Türk, Kanal D) von anfangs 25 auf 7 Prozent reduziert hat. Ich schreibe Mathias Döpfner, der sofort überzeugt ist. Dass die Idee von mir stammt, behalten wir für uns.

Gut zwei Wochen nach Gabriels Auftritt erhält ein von Siemens geführtes Konsortium einen Großauftrag aus der Türkei. Es geht um die Gewinnung von Windenergie, die Rede ist von Investitionen über einer Milliarde Euro. Die Regierungsmedien feiern das als Vertrauensbeweis – und als Schlag ins Gesicht der Bundesregierung.

Einer der beiden türkischen Partner von Siemens heißt Kalyon, ein hauteng mit der AKP verbundenes Unternehmen. Zum Besitz dieses Mischkonzerns gehört die Mediengruppe Turkuvaz, deren Flaggschiff *Sabah* bei jeder Nazi-Merkel-Attacke vornweg ist, jetzt aber von einem »Sieg gegen die Krisenlobby« spricht. An der Spitze von Turkuvaz steht Serhat Albayrak, für die Auftragsvergabe verantwortlich ist sein Bruder, Energieminister Berat. Wie Panzerbauer Sancak trennt auch Kalyon sehr genau zwischen Schlagzeilen und Geschäften.

Wir erhalten von einigen DAX-Konzernen positive Resonanz. Von der Deutschen Bank etwa, die die Anzeige unterzeichnen würde, sofern auch andere mitmachen. Die meisten aber reagieren reserviert, manche abweisend – aus Sorge um ihre Mitarbeiter, manche mit fadenscheinigen Argumenten.

Als Mitte September die *FAS* über unsere Bemühungen berichtet, hat sich diese Idee erledigt. Womöglich hat jemand die Sache durchgestochen, weil er dachte: »Wenn diese Anzeige ohne uns erscheint, könnten wir in Deutschland in Erklärungsnot geraten. Wenn wir unterschreiben, könnte dies unseren Geschäften schaden. Am besten, diese Anzeige erscheint gar nicht.« Nur ein Gedankenspiel; im Gefängnis macht man sich ja allerlei Gedanken.

Jedenfalls gehört der Opportunismus der deutschen Wirtschaft zu den wenigen Enttäuschungen, die ich im Knast erlebe. Keine persönliche, aber eine politische. So wunderbar das Engagement vieler Bürger, Journalisten, Künstler oder Politiker ist, so bedauerlich finde ich die geringe Bereitschaft der Großkonzerne, an diesem Punkt Verantwortung zu übernehmen. Ich bin nicht dagegen, dass sie in Ländern wie der Türkei investieren. Die Frage lautet nur, ob sie ihre Einflussmöglichkeiten auf verantwortliche Weise nutzen oder sich zu Komplizen machen, gar von der Aussetzung von Grundrechten profitieren.

Auf Veysels Anregung wendet sich die *Welt* nun selber an das türkische Verfassungsgericht und den EGMR. Die Inhaftierung ihres Korrespondenten verletzte auch die Rechte der *Welt*. Eine Beschwerde, wie sie der Hamburger Anwalt Ulrich Börger Anfang August einreicht, hat es zuvor nicht gegeben. Wo es keinen Präzedenzfall gibt, müssen wir ihn halt schaffen. »Wir nutzen alle rechtlichen Mittel, um die Berichterstattungsfreiheit sowohl Deniz Yücels als auch des Verlags zu verteidigen«, sagt *Welt*-Geschäftsführerin Stephanie Caspar.

Meine Stimmung aber bleibt gereizt. Auch Dilek geht es nicht gut. Die Ermittlungen gegen sie haben ihr mehr zugesetzt, als sie dachte. Wir haben weiterhin schöne Momente, aber unsere schlechten werden häufiger. Und heftiger. Mitunter bei den Besuchen, vor allem aber in unseren Schriftwechseln. Nicht in den bunten, petersiliengeschmückten Briefen, sondern in jenen über die Anwälte.

Veysel und Ferat merken, dass wir in einen gefährlichen Strudel geraten. Frühzeitig haben sich beide in unsere Kommunikation eingemischt. Schon vor Monaten sagte mir Ferat mal: »Diesen Brief behalte ich bei mir. Und wenn du nächste Woche immer noch willst, dass ich ihn Dilek schicke, dann mache ich das.« Natürlich wollte ich das nicht mehr. Und Veysel weist schon mal eine wütende Notiz von Dilek zurück: »Das kann ich Deniz nicht geben.« Ihre Interventionen, für die wir dankbar sind, erfolgen nun häufiger. Nur Ferats Besuche werden seltener, und als sich Veysel von der NGO P24 trennt, bleibt er zwar im Prozessteam, zieht sich aber aus der regelmäßigen Betreuung zurück.

Dafür habe ich nun Veysel für mich allein. Er mischt sich nicht nur ein, wenn er etwas beanstandet. Wenn ihm eine Notiz von Dilek gefällt, lobt er: »Oh, das hast du sehr schön geschrieben.« Und wenn ich während unseres Treffens eine Nachricht schreibe, hat er Spaß daran, sich über das Pult zu beugen und mit großen Augen mitzulesen: »Läuft super, weiter so«, sagt er grinsend. Irgendwann merken Dilek und ich, dass wir in Briefen, die über Veysel gehen, vorsichtiger formulieren. So beschließen wir: wenn Meinungsverschiedenheit, dann über Veysel. Unsere ganz private Brief-Lese-Kommission.

»Den dürfen sie bloß nicht verhaften«, sagen Dilek und ich uns, mal beschwörend, mal scherzhaft, aber nicht grundlos. Von der internationalen Öffentlichkeit kaum beachtet, wurden im Ausnahmezustand knapp 550 Rechtsanwälte verhaftet – nicht allein welche mit mutmaßlichen Verbindungen zur Gülen-Organisation und oft unter ähnlich abenteuerlichen Anklagen wie die Journalisten. Auch gegen Veysel wird ermittelt, weil er Ende 2015 in einem Interview gesagt hatte, die türkische Justiz sei »durchgängig gleich gefärbt«. Das Verfahren wurde auf eine Beschwerde aus dem Büro des Staatspräsidenten hin eingeleitet, zur Anklageerhebung wegen Beleidigung der Justiz kommt es erst jetzt, Mitte September.

Am selben Tag wird der bekannte linke Anwalt Selçuk Kozağaçlı verhaftet. Er war Vorsitzender des 1974 gegründeten und nach dem Putschversuch verbotenen Vereins fortschrittlicher Juristen (ÇHD) und vertrat Angehörige von Bergleuten, die beim Grubenunglück von Soma ums Leben gekommen waren, oder die Familie des 14-jährigen Berkin Elvan, der bei den Gezi-Protesten getötet wurde. Zuletzt war er Anwalt von Gülmen und Özakça, den Hungerstreikenden in Ankara. Kozağaçlı kommt in Einzelhaft. Wir sehen uns oft bei den Anwaltstreffen; mal ruft er mir zu, dass er im Frühjahr an einer Solidaritätsveranstaltung im Wiener Schauspielhaus teilgenommen hat, mal ermuntere ich ihn, die Stunde auf dem Sportplatz zu nutzen, selbst wenn er allein ist.

Veysel auf meiner Seite der Anwaltskabinen zu sehen, bleibt uns zum Glück erspart. Mit seinen Interventionen sorgt er zwar dafür, dass die Streitereien zwischen Dilek und mir nicht überhandnehmen. Doch an meiner schlechten Stimmung kann er nichts ändern.

Das übernimmt Doris. Neben ihrem großen Einsatz in der Solidaritätskampagne wird sie mich durch die schwerste Phase meiner Haftzeit führen. Inzwischen hat sie mit der Edition Nautilus über meine Buchidee gesprochen. »Natürlich machen wir das«, schreibt mir Katharina Florian Mitte Juli. Und Doris wird Herausgeberin.

Auf die Idee, ein Best-of zusammenzustellen, bin ich durch die Lesungen gekommen. An einen Roman wage ich mich nach dem gescheiterten Versuch in der Residenz nicht. Und meine Knaststory kann ich nicht aufschreiben, solange ich mittendrin stecke; die Eule der Minerva, sagt Hegel, beginnt erst mit der einbrechenden Dämmerung ihren Flug. Ein Buch mit altem Plunder bedeutet außerdem weniger Aufwand. Glaube ich jedenfalls.

Doris weiß hingegen: Das wird nicht einfach. Sie hat eine genaue Vorstellung, was da angesichts der extrem schwierigen Kommunikation und meiner Pedanterie auf sie zukommen wird. Sie sagt dennoch ohne Zögern zu, weil sie glaubt, dass mir das helfen werde. Und sie hat recht. Die Arbeit an dem Buch lenkt mich ab und gibt mir, nach dem Stehenbleiben meiner inneren Uhr, ein neues Ziel.

Zunächst müssen wir das Material – meine Texte aus fast 20 Jahren *Jungle World*, *taz* und *Welt*, zusammen mehrere Tausend Seiten bedrucktes Papier – in meine Zelle schaffen. Weit mehr als das *Zeit*-Interview, bei dem es außerdem den Erdoğan-Faktor gab. Also: Wie bringen wir die Texte rein?

Die Idee: Wenn ich Briefe und Texte rausschmuggeln kann, indem ich sie als Schreiben an den EGMR tarne, müsste dieser Weg auch umgekehrt funktionieren. So bitte ich die Anwälte, das eine Schreiben, das wir vom EGMR in französischer Sprache erhalten haben (»Ihre Beschwerde ist eingegangen und wird unter dem Aktenzeichen 27684/17 bearbeitet«), zu kopieren und zusammen mit meinen Artikeln binden lassen. Vorne das Schreiben des Gerichts, schön amtlich mit Briefkopf, dahinter meine Texte, getarnt als Gerichtsunterlagen.

Der Trick klappt reibungslos. Nun beginnt eine interessante Reise in meine berufliche Vergangenheit: Ich lese ausgefeilte Reportagen, an denen ich lange gearbeitet habe, ebenso wie eilig zusammengeschriebene Nachrichtentexte. Dazu Kommentare, Essays, Interviews. Glossen, Satiren, Kurzgeschichten, das ganze Programm. Bei manchen Texten staune ich, wie gut sie mir gelungen sind, andere sind mir peinlich. Der schönste Moment: über Witze zu lachen, die ich selber vor vielen Jahren gemacht, aber längst vergessen habe.

Ähnliche Gefühle dürfte jeder Autor erleben, der sich durch sein

Kompendium liest. Aber ich lese das im Gefängnis. Das bedeutet: Ich verfolge den Weg, der mich hierhergeführt hat. Die frühen Texte sind in dieser Hinsicht unproblematisch. Vor der Lektüre meiner Korrespondentenbeiträge in der Welt jedoch ist mir bange: Was ist, wenn sie mir nicht zusagen? Wenn ich eingestehen muss, doch keine so gute Arbeit abgeliefert zu haben?

Aber ich kann diese Konfrontation nicht lange vor mir herschieben. Das Ergebnis: ganz okay. Nur eine Sache, die ich schon länger denke, führt mir die Lektüre deutlich vor Augen: »Der eigentliche Putsch beginnt jetzt erst« lautete die Überschrift meines ersten Textes zum Thema, geschrieben nach einer schlaflosen Nacht, die ich am Taksim-Platz und am Atatürk-Flughafen verbracht hatte.

Eine prophetische Überschrift, weil es bereits zu diesem Zeitpunkt gute Gründe gab zu befürchten, dass Erdoğan den Putschversuch für einen Gegenputsch ausnutzen würde. Und eine symptomatische, weil sie das Augenmerk sofort auf die Folgen lenkte und dabei die ungeheure Gewalt, mit der die Putschisten vorgegangen sind, implizit für nebensächlich erklärte.

Ich will mich nicht hinter anderen verstecken, aber ich vermute, eine wissenschaftliche Untersuchung der Berichterstattung aller westlichen Medien in jenen Tagen würde zu einem ähnlichen Befund gelangen. Das Problem, so denke ich heute, waren nicht absichtliche Verharmlosung oder gar heimliche Rechtfertigung. Es war eher eine Frage der Gewichtung, des Zungenschlags. Auch die meisten westlichen Politiker gingen schnell vom Mitgefühl für die Todesopfer zu den – berechtigten – Sorgen um die Zukunft der türkischen Demokratie über.

Dafür gab es viele Gründe: die autoritäre Politik, die lange vor dem Ausnahmezustand begann, die Ungereimtheiten der Putschnacht, die Erfahrungen mit der Glaubwürdigkeit dieser Regierung, die Berichte über Lynchjustiz und Folter, die martialischen Töne, die Erdoğan sofort anschlug, die Stimmung auf den allabendlichen Siegesfeiern, die auch bei vielen türkischen Oppositionellen das Gefühl hinterließen, hier werde die Errichtung eines neuen Regimes (und die Eroberung des Taksim-Platzes) bejubelt. Trotzdem war dieser Zungenschlag falsch.

Bis Journalisten und Politiker diese Schieflage korrigierten, dauerte es ein paar Tage, auch bei mir. Doch bei vielen Türken blieb der Eindruck, der Westen zeige keine Empathie. Die Verbitterung hierüber hat zur antiwestlichen Stimmung beigetragen, auf der die AKP ihre Referendumskampagne aufbaute.

Die Arbeit am Buch muss ich beenden, bevor Erdoğan mit der Uniform ernst macht. Anfang August schwingt sich der Mann, der Staatspräsident, Oberkommandant, Chefankläger und einige Chefs mehr ist, zum Chefdesigner auf: Die Gefangenenkleidung werde »mandelkernfarbig« ausfallen, erklärt er und deutet an, dass man diese Farbe auch mit anderem organischem Material assoziieren könne. »Die Putschisten werden Overalls anziehen, die übrigen, also die Terroristen, Hose und Jacke. So werden sie der Welt vorgeführt.«

Tragen sollen die Gefangenen die Uniform bei Transporten zum Gericht oder ins Krankenhaus. Unklar ist, ob sie diese auch bei Besuchen von Anwälten und Angehörigen anziehen müssen. Zudem heißt es, in offenen Justizvollzugsanstalten würden 50 000 Uniformen hergestellt, was in etwa der Zahl der »Terrorhäftlinge« entspricht. Gut möglich, dass man jedem Gefangenen eine Uniform aushändigt. Und schon wäre ich mittendrin in diesem Konflikt.

In manchen deutschen Haftanstalten gibt es Gefangenenkleidung, in anderen nicht. 2003 urteilte der EGMR, diese verletze zwar Persönlichkeitsrechte, sei im Dienst der öffentlichen Sicherheit aber vertretbar. In einem anderen Urteil finden sich Indizien, dass die Straßburger Richter es für eine unzulässige Vorverurteilung halten könnten, wenn Angeklagte vor Gericht Gefangenenkleidung tragen müssten. Explizit mit dieser Frage hat sich der EGMR bislang nicht befasst.

Für mich spielt das ohnehin keine Rolle. Denn in der Türkei wurde dieser Kampf bereits geführt. Als politischer Gefangener in diesem Land stehe ich in einer historischen Kontinuität, zu der ich mich verhalten muss. Und das würde ich, ob ich die Uniform akzeptiere oder nicht. »Wir können uns unsere Traditionen nicht aussuchen, aber wir können wissen, dass es an uns liegt, wie wir sie fortsetzen«, meint Jürgen Habermas.

Wenn sich die türkische Regierung entscheidet, diese Tradition der Junta fortzusetzen, werde ich mich für die des Widerstands entscheiden – und zwar unabhängig davon, was mich mit den jungen Linksradikalen verbindet, die diesen Kampf in den Achtzigerjahren geführt haben. Bei Walter Benjamin gibt es die Formulierung, sich »einer Erinnerung zu bemächtigen, wie sie im Augenblick einer Gefahr aufblitzt«. Das nehme ich jetzt wörtlich.

Dass die Gülenisten die Gefangenenkleidung ablehnen werden, glaube ich nicht. Ob sie mit dem konspirativen Teil der Organisation zu tun hatten oder nicht, als gute türkische Konservative sind sie autoritätshörig. Leute aus der kurdischen Bewegung und der Linken hingegen werden Widerstand leisten. Und was ich von linken Journalisten oder Menschenrechtlern höre, sehen sie das ähnlich. Wenn man mir diesen Kampf aufzwingt, werde ich ihn führen – auch zum Preis, dass ich auf unbestimmte Zeit jeden Kontakt zur Außenwelt verliere.

Diese Aussicht beunruhigt mich. Einige Male erwähne ich das im Gespräch mit Dilek, die aber nichts dazu sagt. Und ich traue mich nicht nachzufragen. Meine Entschlossenheit bei diesem Thema ist eng mit meiner gesamten Persönlichkeit verbunden; wenn Dilek das nicht versteht oder für Kinderei halten sollte, wie könnte sie mit mir zusammenbleiben? Und ich mit ihr?

Für das Buch bedeutet diese Gefahr: Ich muss alles, was ich hierzu sagen will, von der Textauswahl bis zum Vorschlag für den Klappentext, jetzt schon aufschreiben. Falls Doris und Nautilus das ohne mich zu Ende führen müssen, will ich ihnen eine detaillierte Handreichung mitgeben – nicht damit sie alles genau so machen, aber damit sie in jeder Einzelheit wissen, was ich darüber denke.

So erläutere ich meine Ideen zu verlegerischen Fragen, diskutiere, was für oder gegen bestimmte Texte spricht, und beginne, die Texte zu überarbeiten: hier ein paar Dinge kürzen, dort ein paar ergänzen, die seinerzeit aus dem Text gekürzt werden mussten oder aus heutiger Sicht zur Einordnung nötig sind, dazu viele kleine stilistische Verbesserungen und – was Doris besondere Freude bereiten wird – türkische Sonderzeichen bei Personen- und Ortsnamen einfügen. Das mache ich bei der gesamten Vorauswahl, obwohl ich weiß, dass es nur etwa die Hälfte dieser 99 Texte ins Buch schaffen wird. Viel unnötige Arbeit für Doris und mich. Aber ich muss damit rechnen, dass unser Kontakt jeden Moment abbricht.

Einen Text muss ich weglassen: eine Kolumne aus der *taz* vom November 2012. Eigentlich richtete sich diese gegen einen vermeintlich antirassistischen Paternalismus, den ich in der fiktiven Figur eines »Ausländerschutzbeauftragten« karikierte. Doch Thilo Sarrazin fühlte sich von einer Randbemerkung derart beleidigt, dass er gegen mich klagte – wenngleich nicht so sehr beleidigt, um etwas dagegen zu unternehmen, dass die inkriminierte Formulierung seither durchs Internet geistert und von seinen Fans ständig zitiert wird. Das Landgericht Berlin sprach ihm eine Entschädigung von 20 000 Euro zu, und da die *taz* ihren Einspruch zurückzog, wurde dieses Urteil rechtskräftig.

Unabhängig davon war meine Formulierung, die ich hier nicht wiedergebe, falsch. Man sollte niemandem, auch keinen rassistischen Schnöseln, Unheil wünschen, sondern auch ihnen, wie ich damals in meiner Entschuldigung in der *taz* schrieb, ein möglichst langes Leben frei von Krankheit wünschen, »damit sie die Chance gewinnen, etwas dazuzulernen und von Irrtümern abzulassen«. Ansonsten gefällt mir der Text immer noch gut. Doch in der irrigen Annahme, die Unterlassungsverfügung gelte für die gesamte Kolumne, verzichte ich auf sie.

Ein anderer Beitrag, den ich im Gegensatz dazu in die Vorauswahl aufnehme, hat ebenfalls, wenngleich indirekt, mit Sarrazin zu tun. Dieser Text erschien unter dem Titel »Super, Deutschland schafft sich ab« im August 2011 in der *taz* und enthält so kalendertaugliche Sätze wie: »In der Mitte Europas entsteht bald ein Raum ohne Volk.« Oder: »Der baldige Abgang der Deutschen aber ist Völkersterben von seiner schönsten Seite.«

Entstanden war dieser Text aus einem Scherz auf der Redaktionskonferenz. Ein Kollege erzählte, dass irgendein Institut für Studien eine neue Studie zum Thema Geburtenrückgang veröffentlicht habe, und schlug vor, dies zu kommentieren. Die Fachredakteurin entgegnete: »Ach, wir hatten in der letzten Zeit so viel dazu, ich weiß gar nicht, was wir dazu Neues sagen sollten.« Darauf sagte ich: »Wir könnten es zur Abwechslung ja mal gut finden, wenn sich Deutschland abschafft.« Im allgemeinen Gelächter bekam ich den Auftrag.

Der Text ist kein Plädoyer, sondern begrüßt eine Entwicklung: »Was im vergangenen Jahr noch als Gerücht die Runde machte, ist nun wissenschaftlich (so mit Zahlen und Daten) und amtlich (so mit Stempel und Siegel) erwiesen: Deutschland schafft sich ab!« Zu diesem Kollektiv, das sich abschafft, gehören auch die Neudeutschen, also auch die Einwanderer und deren Nachkommen, selbstverständlich auch der – by the way: damals wie heute kinderlose – Verfasser.

Beeinflusst ist dieser Beitrag von Autoren wie Wolfgang Pohrt, die in den Achtzigerjahren antideutsche Texte schrieben, als die antideutsche Strömung der deutschen Linken noch gar nicht erfunden war, und überdehnt zugleich diese Position ins Alberne. Wer will, kann den Text in eine noch ältere Tradition einreihen, die von Hölderlin über Tucholsky zur Punkband Slime reicht. Das Hadern mit Deutschland ist jedenfalls deutsch, darum ist auch dieser Text deutsch. (Übrigens ist es genauso deutsch und zudem extrem verkrampft, alle naselang einen »unverkrampften Umgang« mit der Nation zu fordern.)

Und eigentlich ist dieser Text bloß eine Fingerübung gegen das hysterische Gerede von der »Selbstabschaffung Deutschlands«. Ich nehme ihn in die Vorauswahl, weil er sich flott liest, vermerke aber, dass ich ihn für einen Streichkandidaten halte. »Auf keinen Fall, das ist jetzt schon ein Klassiker«, antwortet Doris und erzählt, wie Anhänger der AfD im Internet immer wieder Zitate aus dem Text heranziehen, um mich zu diskreditieren.

Dass die Klemmnazis diesen Text nicht verstehen – geschenkt. Die können ja kein Deutsch, sie sind nur schwer dafür. Dass es in Deutschland eine solche Diskussion gibt, hatte ich gar nicht mitkommen. Allein Özlem hatte dies in einigen Briefen angedeutet, woraus ich erleichtert schloss, dass diese Leute es mir erspart hatten, mir ihre Solidarität zu verbitten. Das hätte auch anders kommen können; schließlich dient so manchem die Kritik an Erdoğan dazu, seinen ordinären Rassismus als Sorge um die Menschenrechte zu verbrämen.

Ansonsten ist diese Diskussion für mich nicht relevant. Aber wenn Doris meint, dieser Text muss rein, dann machen wir das natürlich.

Nicht immer gestaltet sich die Auswahl so einfach. Bei der Frage, ob wir diese oder jene Reportage aus den kurdischen Gebieten nehmen, bitte ich zusätzlich Daniel und Özlem um Rat; bei den satirischen Texten, die ich in der *Jungle World* als Kunstfigur Bayram Karamollaoğlu verfasst habe, konsultiere ich Leo Fischer und meinen alten Freund Thomas Blum, Feuilletonredakteur beim *neuen deutschland*.

Außerdem bitte ich Daniel und eine Istanbuler Freundin, die auch im Zusammenhang mit meiner Verteidigung Recherchearbeiten übernommen hat, einige Fakten zu überprüfen. (»Heißt der Song von Velvet Underground *Waiting For the Man* oder *Waiting For My Man*?«) Ein zweiter Faktencheck kann nicht schaden. Kurz: Auch hiermit halte ich jede Menge Leute auf Trab – und ich bin ihnen sehr dankbar, dass sie mich nie zurückweisen.

Die weit größte Arbeit mache ich Doris. Nicht nur bei der Auswahl, sondern auch damit, meine Überarbeitungen einzutippen. Zum Running Gag wird das fehlende Leerzeichen zwischen einem Gedankenstrich und dem anschließenden Wort, das ich mehrmals einzufügen bitte, Doris aber partout nicht finden kann.

Einen Beitrag schreibe ich neu. Zudem verfasse ich eine Vorbemerkung zu dem Protokoll aus dem Polizeigewahrsam, in der ich erzähle, wie ich diesen Bericht im *Kleinen Prinzen* rausgeschmuggelt habe. Zum Erscheinen des Buches wird diese Geschichte in der *Welt am Sonntag* und in einer von mir angefertigten türkischen Fassung in der *Cumhuriyet* erscheinen, sogar mit Abbildungen aus dem Manuskript. Auch den Buchtitel entnehme ich diesem Text: *Wir sind ja nicht zum Spaß hier*. Ist doch wahr, sind wir nicht.

Außerdem schreibt Dilek einen kurzen, poetischen Beitrag: »Deniz, mein Herz, unsere Himmel können sie nicht trennen.« Auf einem grasgrünen Blatt Papier, das sie mir auf dem offiziellen Postweg zur Übersetzung schickt. Das einzige Stück des Buches, das wir der »Brief-Lese-Kommission« nicht vorenthalten.

Und Doris hat recht: Die Arbeit an dem Buch beschäftigt mich, meine

Laune wird viel besser. Nur körperlich tut mir das nicht gut. Sport mache ich keinen mehr, auch die Zelle lasse ich verwahrlosen. Nie schaffe ich es, eine Seite mit einem Mal fertig zu schreiben; meist brauche ich mehrere Anläufe. Ich schlafe am späten Abend zwei, drei Stunden und genauso so viel um die Mittagszeit. An Schwielen und Wunden habe ich mich gewöhnt. Aber das schmerzende Handgelenk bereitet mir Kummer. In Pausen kühle ich meine Hand in einem Joghurtbecher mit kaltem Wasser. Sie muss durchhalten, die Hand, sie muss.

Eine andere Folge ist, dass sich in meiner Zelle jede Menge Papier sammelt: die alten Artikel, mein Manuskript, die Zeitungsschnipsel, die ich weiterhin archiviere. Einige Mal sprechen die Aufseher bei den Razzien den Papierberg an. Das wird nicht gerne gesehen, man könnte das ja anzünden. »Ich arbeite an meiner Verteidigung«, sage ich. »Na gut. Aber geben Sie alles raus, was Sie nicht mehr brauchen«, antwortet der Verantwortliche und wendet sich dem Puzzle zu.

Ende Juli kommt meine Mutter mit Dilek zum offenen Besuch. Meinem Vater Ziya war die Anreise von ihrem Ferienhaus zu schwer gefallen. Umso mehr staune ich, wie gefasst Esma das alles trägt.

So beschäftigt ich bin, bekomme ich immer noch alles mit. Eines Tages Mitte August lese ich im Nachrichtenband von CNN-Türk von einem Interview, das Gabriel dem Onlinemagazin *Buzzfeed* gegeben hat. »Die Türkei hält Yücel als Geisel«, hat er gesagt. Deutsche wie türkische Oppositionspolitiker hatten dies schon frühzeitig festgestellt, und ich sage das auch selber. Doch dann folgt etwas, das mich fast vom Stuhl haut: »Wir haben letztlich nur diplomatische und wirtschaftliche Mittel. Die setzen wir auch ein. Wir können ja nicht in der Türkei einmarschieren.«

Es ist bloß eine saloppe Bemerkung. Aber *einmarschieren*? Das bedient exakt jene Neurosen, die so sehr zu diesem Land gehören wie der schwarze Tee und der weiße Käse. »Seinetwegen will Deutschland in die Türkei einmarschieren? Dann marschieren wir erst mal in seine Zelle ein«, könnte jemand sagen. Daran hat Gabriel sicher nicht gedacht. Aber daran muss er denken. Wenn jetzt auch Erdoğan diese Vorlage aufgreift …

Doch ich habe Glück: Am selben Augusttag ruft der türkische Staatspräsident die Deutschtürken dazu auf, bei der Bundestagswahl »weder die CDU noch die SPD oder die Grünen« zu wählen. Alle diese Parteien seien »Feinde der Türkei«. Die nächste Bombe im bilateralen Verhältnis. Und die ist so heftig, dass Gabriels Spruch aus den Nachrichten verschwindet.

Als mich kurz darauf Botschafter Erdmann besucht, teile ich ihm mein Entsetzen mit. »Die Bundesregierung soll sich also vorsichtiger zu Ihrem Fall äußern?«, fragt er. »Nein«, antworte ich, »nicht vorsichtiger. Sorgfältiger.« Sonst übermitteln er oder Birgelen ihre Notizen ans AA; an diesem Tag diktiere ich eine Nachricht: »Mir steht es fern, mir anzumaßen, der Bundesregierung zu sagen, wie sie sich öffentlich äußert. Aber in Sätzen, in denen mein Name fällt, bitte ich dringend um größere Sorgfalt. Jede unbedachte Äußerung kann Folgen für meine Sicherheit und körperliche Unversehrtheit haben.«

Am Tag nach Erdoğans Boykottaufruf wird im spanischen Granada der Schriftsteller Doğan Akhanlı festgenommen. In den Siebzigern und Achtzigern saß er in türkischer Haft, 1991 kam er nach Deutschland. 2010 wurde Doğan, der nur noch die deutsche Staatsbürgerschaft besitzt, bei einer Reise in die Türkei verhaftet und verbrachte wegen angeblicher Teilnahme an einem 20 Jahre zurückliegenden Raubmord vier Monate in Untersuchungshaft.

Die spanische Polizei hatte ihn festgenommen, weil die Türkei eine *red notice*, ein Festnahmeersuchen, gestellt hat. Er wird am folgenden Tag freigelassen, darf aber Spanien vorerst nicht verlassen. Merkel wirft der Türkei »Missbrauch« von Interpol vor. Doğan wird in seinem Buch *Verhaftung in Granada* schreiben, sein Fall habe gezeigt, wie die Türkei Interpol zur Verfolgung »missliebiger Exiltürken« zweckentfremde, was die europäischen Politiker bis dahin ignoriert hätten.

Am selben Tag, an dem Doğan dem Haftrichter vorgeführt wird, antwortet Erdoğan auf die scharfen Reaktionen auf seinen Boykottaufruf. Bei einer Rede im südwesttürkischen Denizli erzählt er zum x-ten Mal seine Story, dass Merkel die »Akten von 4500 Terroristen« unbeachtet gelassen, aber die Auslieferung einer Person verlangt habe – und greift im Anschluss Gabriel persönlich an: »Wer bist du, dass du mit dem Präsidenten der Türkei redest? Beachte deine Grenzen! Wie lange bist du schon in der Politik? Wie alt bist du überhaupt?«

In den folgenden Tagen gehen in der Zahnarztpraxis von Gabriels Ehefrau Anke Drohungen ein, wofür Gabriel öffentlich Erdoğan verantwortlich macht – ein wohl beispielloser Vorgang in der internationalen Politik. Die türkische Regierung buhlt um deutsche Investoren, für das politische Verhältnis aber ist das Wort »angespannt« inzwischen ein Euphemismus.

Ein paar Tage später wird per Notstandsdekret die maximale Dauer der U-Haft von fünf auf sieben Jahre erhöht. Das ist nicht schön. Aber selbst wenn ich mir innerlich keine neue Frist setze, wird es für mich nicht so lange dauern, oder?

Eine andere Bestimmung des Dekrets Nr. 694: Aus »Gründen der nationalen Sicherheit oder der Interessen des Landes« ist es nun mit Zustimmung des Staatspräsidenten möglich, Gefangene abzuschieben oder einzutauschen. Ein Wellensittich-Dekret.

Unterdessen gibt Merkel mitten im Bundestagswahlkampf den *taz*-Redakteuren Georg Löwisch und Anja Maier ein langes Interview. Sie berichtet von den Bemühungen der Bundesregierung und resümiert: »All das hat leider bisher noch nicht zur Freilassung Ihres Kollegen geführt, aber nichts würde ich mir mehr wünschen als das.« Ansonsten dreht sich das Gespräch um Schwarz-Grün, Flüchtlingspolitik oder Dieselfahrzeuge. In der Türkei kommt aber nur dieser eine Satz an, der die ohnehin vorhandenen Begehrlichkeiten stärkt: Ihren größten Wunsch wird sich die Kanzlerin ja wohl etwas kosten lassen.

Beim Rededuell überrascht ihr SPD-Herausforderer Schulz mit der Ankündigung, er werde als Kanzler die EU-Beitrittsverhandlungen mit der Türkei sofort abbrechen. Man kann also nicht nur in der Türkei Wahlkampf gegen Europa machen, sondern auch in Europa Wahlkampf gegen die Türkei. Wobei das hier bloß ein stümperhafter Versuch ist. Nicht nur, dass diese Forderung Erdoğan recht kommt, sie entspricht auch der alten Position der CDU/CSU. Und natürlich weiß Schulz, dass keine Bundesregierung darüber allein entscheiden kann. Mir könnte das egal sein, würde dieser Vorschlag nicht Gabriels »Neuausrichtung der Türkeipolitik« untergraben. Die hatte Erdoğans Sprecher Kalın als Wahlkampf abgetan – und damit indirekt auch die Forderung nach der Freilassung der deutschen politischen Gefangenen. Vor der Bundestagswahl dürfte es keine Fortschritte geben.

Vorher, am Sonntag, dem 10. September, werde ich 44 Jahre alt. In der Nacht beschließe ich, das Datum zu ignorieren, es könnte sonst deprimierend werden. Doch weiter als bis zur Zeitungslektüre komme ich damit nicht. In der *Evrensel* haben meine Freunde eine ganzseitige Anzeige geschaltet – und schon sind alle drei zur Stelle: die Rührung, die Melancholie, die Einsamkeit.

Doch allein bleibe ich nicht. Veysel ist eigens nach Silivri gefahren. Dilek begleitet ihn, darf aber nicht rein. Sie hat ein Album mit kurzen Texten und Fotos zusammengestellt, von uns beiden und von Şahit Hanım, die uns genau ein Jahr zuvor gefunden hat. Ich kann das Album betrachten, aber nicht mitnehmen. Ebenso das Heft *Gedichte an den Mann von 43 Jahren,* das sie bei meinem vorigen Geburtstag angelegt und nun dem *Mann von 44 Jahren* umgewidmet hat. Hierin hatte sie ihren ersten Heiratsantrag geschrieben. Auf einer neuen Seite steht: »Jetzt bin ich vor der Tür und mein Leben lang an deiner Seite.«

Außerdem hat mir Veysel schriftliche Glückwünsche von Freundinnen und Freunden aus Deutschland mitgebracht. Und Ausdrucke der ganzseitigen Geburtstagsgrüße, die in der *taz* und der *Welt* erschienen sind.

In der *taz* sind es Leser, die mir gratulieren, eine wunderbare Idee. Die Kollegen in der *Welt* haben Ballons in den Himmel fliegen lassen und eine Seite mit Geburtstagsgrüßen organisiert: Dilek, Daniel, Ulf, Paula, Ilkay … Aber nicht nur sie, worauf Özlem in ihrem Beitrag abzielt, der mich sehr zum Lachen bringt: »Jetzt sieh Dir das an, wer Dir hier alles zum Geburtstag gratuliert: der Vorstandsvorsitzende von Axel Springer, der Bundesaußenminister, ja sogar der Chef des Bundeskanzleramts. Noch mehr Establishment geht nicht, und dafür musst Du nichts anderes tun, als blöd im Knast rumzuhocken.« Dabei ist ihre Aufzählung nicht mal vollständig, zu den Gratulanten gehören zudem Justizminister Maas, die Bundeskulturbeauftragte Monika Grütters, ferner Böhmermann, Özdemir und Friedman. Ich fühle mich sehr geehrt; auch mein Ärger über die Bundesregierung verfliegt.

»Den nächsten Geburtstag feiern wir zusammen«, schreibt meine Nichte Aylin. Und aus Doris' Gruß erfahre ich, was an diesem Tag noch in Berlin los ist: »Die Kanzlerin kommt vielleicht vorbei. Jedenfalls hab ich sie eingeladen zu Deinem Geburtstagskorso. (…) Es wird trotz allem Torte geben. Das ist okay, oder?«

Merkel, das werde ich später Zeitungsberichten entnehmen, wird nicht am Korso teilnehmen. Aber 500 andere Menschen sind da. »Ja, Deniz ist eingesperrt. Aber er bleibt ein Journalist. Darin verbirgt sich die größte Anklage gegen den türkischen Staat«, sagt Mely in einer großartigen Rede.

Gekommen sind auch Meşales Bruder und Christian Zeiske, Pfarrer der Berliner Gethsemane-Kirche, der Peter angehört. Seit dessen Verhaftung organisiert Zeiske unter dem Motto »Wachet und betet« täglich Fürbittgebete. Auf der Kundgebung sagt er: »Es kotzt mich an, wenn deutsche Firmen mit der Türkei Geschäfte machen, als sei nichts gewesen.« Man dürfe keine Angst davor haben, dass die Türkei den Flüchtlingsdeal aufkündige: »Sollen die Flüchtlinge doch kommen, sie sind uns herzlich willkommen!«

Ich arbeite fast manisch an dem Buch. 402 handschriftliche Seiten werden es am Ende: Anmerkungen, Änderungen, Korrekturen, neue Texte – das übersteigt noch Doris' schlimmste Befürchtungen.

Wenn ich schon so viel Text auf einmal rausschmuggle, will ich die Gelegenheit für ein paar persönliche Briefe nutzen. Also schreibe ich einigen Freunden, an Dilek, Ilkay und meine Nichten Aylin und Defne. Außerdem war man so freundlich, mich gemeinsam mit Aslı Erdoğan mit dem Leipziger Medienpreis auszuzeichnen. Auch meine Dankesrede füge ich bei. Alles zusammen 511 Seiten, lose in blaue Schnellhefter aus dem Knastladen gelegt. Der Trick mit dem EGMR hat sich ja bewährt. Aber fünf prallvolle Hefter?

Ich brauche eine Tarnung. Wie tarnt man einen großen Papierstapel? Mit noch mehr Papier: also den Schnellheftern mit den Zeitungsschnipseln und meinen alten Texten, die ich nicht mehr brauche. Zusammen rund 20 Hefter, die ich mit dem Manuskript in drei große Plastiktüten packe.

Diesen Versuch kann ich nur einmal unternehmen. Selbst wenn mir ein wildfremder Anwalt gegenübersitzen sollte, werde ich ihm das Manuskript geben. Das Risiko, es zurück in die Zelle zu nehmen und später wieder rauszutragen, ist viel größer. Das würde drei weitere Kontrollen bedeuten, und bei jeder würde die Gefahr drohen, dass die Sachen beschlagnahmt werden. Ein Verlust würde mich umwerfen.

Eines Morgens werde ich ungewöhnlich früh zum Anwaltsgespräch gerufen. Es könnte Cihan sein, die meist recht früh kommt. Ich stehe in der Mitte des Raumes. Blick auf den Aufseher: Okay, keiner, der mir je unangenehm aufgefallen wäre. Blick auf die transportbereiten Plastiktüten neben der Tür: Das ist echt viel. Ich zögere kurz, dann packe ich die Tüten.

Der Aufseher staunt nicht schlecht. Ich bin bepackter als an jenem Tag, an dem ich hier einzog. Ich sage meinen Standardsatz vom Europäischen Gerichtshof und ergänze mit Blick auf die zwei Tüten mit den Tarnordnern: »Diese Sachen brauche ich nicht mehr. Ihre Kollegen haben gesagt, dass ich die rausgeben soll.« Ich hoffe, dass das pflichtbeflissen klingt, und versuche, mir die Nervosität nicht anmerken zu lassen. Der Aufseher blättert jeden Hefter durch. Wenn er anfängt, die leeren Rückseiten nach versteckten Botschaften zu untersuchen, wird meine Aufregung als lautes Lachen aus mir herausplatzen. Zum Glück unterlässt er das und gibt mir die Tüten wortlos zurück.

Bei den Anwaltskabinen sagt er: »Ich muss diese Sachen zur Kontrolle vorlegen.« »Das können Sie gerne machen«, antworte ich so freundlich wie spontan. »Aber das hier ist meine Verteidigungsschrift, die muss ich mit meinem Anwalt besprechen.« Die Überrumplung gelingt. Der Aufseher bringt die Tüten, die ich nur zur Tarnung dabeihabe, seinen zuständigen Kollegen. Auch um diese Sachen würde ich kämpfen, aber ihr Verlust wäre verschmerzbar. Doch mein Manuskript gebe ich nicht mehr aus der Hand.

Der Anwalt ist niemand aus meinem Team, aber jemand, den ich kenne. Er wollte kurz Hallo sagen, jetzt muss er ein paar Kilo Papier zu Dilek bringen. Er ist überrascht, gibt mir aber das Gefühl, dass er mir gerne diesen Gefallen tut. Auch das übrige Zeug kann er mitnehmen. Für unsere digitalen Kommunikationswege ist das zu viel. Ein Kurier wird das Manuskript zu Doris nach Berlin transportieren.

Auch wenn sich die ganze Aktion wie ein Krimi anfühlt, es sind keine Waffen oder Geheimdokumente, die ich auf diese Weise rausschmuggle. Es ist bloß die detailversessene Kommunikation eines Autors mit seiner Herausgeberin. Abenteuerlich wird die Aktion allein durch die Umstände. Und die habe ich wieder einmal überlistet. Ein verdammt gutes Gefühl.

Besondere Ereignisse trage ich immer im Abreißkalender ein: erstmals Briefe angekommen, erstmals Sportplatz usw. An diesem Tag schreibe ich nur: 511!

Jetzt ist erst mal Doris an der Reihe. Auf der Frankfurter Buchmesse gibt es eine Lesung. Zudem werden FreeDeniz-Plakate versteigert, die – eine große Ehre – der Künstler Daniel Richter erstellt hat. In Berlin organisiert das Zeichnerduo Elias Hauck und Dominik Bauer eine Cartoon-Lesung, an der sich zehn weitere Karikaturisten beteiligen. Und die *taz* veranstaltet ein »Rauchen für Deniz«.

Ende September kommen Esma und Ziya zusammen zu Besuch. Ich hatte gehört, dass mein Vater seit Wochen mit einem Husten kämpft. »Du siehst gut aus«, begrüße ich ihn. Meine Eltern wollen zurück nach Deutschland. Als sie in der folgenden Woche erneut kommen, bin ich überrascht. Schon bei den wenigen Schritten meines Vaters, die ich aus der Gesprächskabine sehe, merke ich, wie schwer sie ihm fallen. »Du musst mir versprechen, dass du endlich diese Rückenoperation machen lässt«, sage ich.

Vorher, Mitte September, wird der französische Journalist Loup Bureau freigelassen und abgeschoben. Kurz nach meiner Verhaftung waren in der Türkei der italienische Reporter Gabriele del Grande und später der französische Fotograf Mathias Depardon festgenommen worden. Sie verbrachten zwei bzw. vier Wochen in Abschiebehaft.

Bureau hingegen kam in ein reguläres Gefängnis; knapp zwei Monate hat er im südosttürkischen Şırnak in Isolationshaft verbracht.

Freigelassen wird er kurz vor einem Treffen zwischen Erdoğan und dem französischen Staatspräsidenten Emmanuel Macron. Zur Verärgerung der USA hat die Türkei in diesen Tagen mit Russland den Kauf von vier Batterien des Luftabwehrsystems S-400 im Gesamtwert von 2,5 Milliarden US-Dollar vereinbart. Zugleich sollen türkische Firmen gemeinsam mit dem französisch-italienischen Konsortium Eurosam ein neues Luftabwehrsystem herstellen. Bislang hat die französische Regierung diesem Geschäft im Wert von drei Milliarden Euro nicht zugestimmt. Nun berichtet das Wirtschaftsmagazin *Challenges*, die Verhandlungen über diese Rüstungskooperation habe Bureaus Freilassung »beschleunigt«.

Womöglich beflügelt von diesen Verhandlungen, erklärt Erdoğan Ende September bei einer Rede in Ankara: »Sie sagen: ›Gebt uns den Priester.‹ Aber wenn wir antworten: ›Ihr habt auch einen Priester, gebt uns den und wir geben euch den anderen‹, heißt es: ›Haltet den da raus.‹ Was soll das?« Das richtet sich nicht an Deutschland, sondern an die Adresse der USA; Thema ist Andrew Brunson, ein evangelikaler Pastor, der seit 20 Jahren in der Türkei lebt, im Oktober 2016 wegen Mitgliedschaft in der Gülen-Organisation und Spionage verhaftet wurde und seither in einem Gefängnis bei Izmir sitzt. Der andere »Priester«, den Erdoğan im Austausch verlangt, ist Fethullah Gülen. Nie zuvor hat er die Wellensittich-Nummer so offen ausposaunt.

Inzwischen ist es mir gelungen, aus zwei verschiedenen Quellen den erwähnten Bericht der *Bild* zu verifizieren, wonach die türkische Seite auch mich im Austausch angeboten hat – im Knast zu sitzen, ist keine Entschuldigung für mangelnde Recherche. Nur, ob diese Offerte von Erdoğan persönlich kam, kann ich nicht verifizieren, ebenso wenig, ob Namen fielen.

Soweit bekannt, haben die geflohenen Ex-Offiziere regulär Asyl beantragt. Aber sie sind nicht die Einzigen, die die türkische Regierung in Deutschland vermutet. Bereits 2016 hatten türkische Medien berichtet, dass sich die früheren Sonderstaatsanwälte Zekeriya Öz und

Celal Kara, die sich bereits vor dem Putschversuch ihrer drohenden Verhaftung entzogen hatten, in Deutschland aufhielten. Im Sommer 2017 wird das Gleiche über Adil Öksüz behauptet, den mutmaßlichen Drahtzieher des Putschversuchs. Auf das offizielle Auslieferungsgesuch für die Ex-Staatsanwälte hat die Bundesregierung geantwortet, ihr sei nichts über deren Aufenthalt in Deutschland bekannt. Das Gleiche sagt sie nun über Öksüz.

Allerdings habe ich nach meiner Freilassung aus einer sicheren Quelle erfahren, dass sich einer dieser drei wenigstens zeitweise in Deutschland aufgehalten hat. Auch bei den anderen gibt es dafür ernst zu nehmende Hinweise. Unklar ist nur, ob sie regulär politisches Asyl beantragt haben, mit falschem Papier untergetaucht sind oder sich der Gastfreundschaft des BND erfreuen.

Auch dafür gibt es Indizien. Mitte März, bald nach meiner Verhaftung, hatte BND-Präsident Bruno Kahl mit einem Interview in der Türkei für Empörung gesorgt. Die türkische Regierung habe »auf den verschiedensten Ebenen versucht«, die Bundesregierung von der federführenden Rolle der Gülen-Organisation beim Putschversuch zu überzeugen. Gelungen sei ihr das bislang nicht. Und auf die Frage, ob es sich hierbei um eine »islamistisch-extremistische oder gar terroristische« Gruppierung handle, erwiderte Kahl: »Die Gülen-Bewegung ist eine zivile Vereinigung zur religiösen und säkularen Weiterbildung.«

Das aber ist bloß *ein* Gesicht der Gülen-Bewegung, ein konservativ-islamisches obendrein. Dass der Chef des deutschen Auslandsgeheimdienstes das andere, konspirative, Gesicht nicht kennt, glaubt in der Türkei niemand, zumal die Bundesregierung diese Darstellung zwar nicht übernimmt, aber auch nicht zurückweist. Erst ab Sommer 2018 wird sie zu einer Neubewertung der Gülen-Organisation und ihrer Rolle beim Putschversuch übergehen. Dennoch vermutet die Linken-Abgeordnete Ulla Jelpke, dass sich der BND »diese Truppe als mögliche Alternative zur Erdoğan-Diktatur warm halten« wolle – eine Einschätzung, die einige deutsche Oppositionspolitiker teilen.

Jenseits von alledem gilt: Wer als Gülen-Anhänger in Deutschland Asyl beantragt, dürfte vor einer Abschiebung sicher sein. Nicht, dass

Deutschland keine politisch Verfolgten in Unrechtsregime abschieben würde – der bekannteste Fall: Cemal Kemal Altun, der 1983 angesichts seiner drohenden Auslieferung an die Militärdiktatur mit einem Sprung aus einem Berliner Gerichtsgebäude Suizid verübte und dessen Schicksal zur Entstehung des modernen Kirchenasyls beitrug. Doch heute wäre so etwas im Fall der Türkei unwahrscheinlich.

Zwischen 2013 und 2018 stiegen laut BAMF nicht nur die Asylanträge türkischer Staatsbürger von 1768 auf 10 655, sondern auch die Summe aus Asylanerkennungen und sonstigen (vorläufigen) Schutzmaßnahmen von 9,5 auf 41,4 Prozent. Nicht mal während der Militärjunta war die »Gesamtschutzquote«, in der positive Gerichtsurteile noch gar nicht enthalten sind, so hoch. Das heißt nicht, dass in der Türkei heute alles schlimmer wäre als in den Achtzigerjahren, sondern zeigt, dass sich in Deutschland wenigstens für den Moment etwas verändert hat.

»Gib den Priester, nimm den Priester« oder »Bei euch gibt es viele Deniz« – mir ist klar, dass diese Rechnung nicht funktioniert. Meinen Streit mit der *Welt* hatte ich, als ich Erdoğan deutlich machen wollte, dass ich keine Auslieferung fordere. Vielleicht war es naiv zu glauben, dass ich ihn erreichen könnte. Aber ich musste es versuchen. Wie richtig ich darin lag, diesen Punkt für den entscheidenden zu halten, zeigt sich nun bei einem Treffen in Istanbul.

Anfang Oktober, eine Woche nach der Bundestagswahl, reist Gerhard Schröder in die Türkei. Im Frühjahr hatte er auf Bitte von Stefan Aust in meinem Fall vorgefühlt, war aber nicht weit gekommen. Nun kommt er im Auftrag der Bundesregierung. Gabriel hat ihn gebeten, Merkel hat zugestimmt, das war Schröder wichtig. Er soll mit Erdoğan über die zwölf Deutschen reden, die dem Auswärtigen Amt zufolge aus politischen Gründen in der Türkei inhaftiert sind.

Sich an Schröder zu wenden, ist ein bemerkenswerter Zug. In den vergangenen Monaten war Gabriel immer polternder geworden und hatte sich zuletzt von der reinen Symbolpolitik zu handfesten Maßnahmen bewegt. Jetzt schlägt er abermals eine neue Saite an: die stille Diplomatie. Gabriel kennt Schröder aus gemeinsamen Zeiten in Niedersachsen. Der wiederum hat gute Kontakte zu Autokraten in aller

Welt. Ein Türöffner. »Ich vermisse diese Zeit«, hat Erdoğan im Interview mit di Lorenzo über Schröders Kanzlerschaft gesagt.

Was die beiden besprechen, weiß ich nur ungefähr. Jedenfalls überzeugt Schröder Erdoğan, dass die Forderung nach unserer Freilassung nicht nur Wahlkampfgetue ist. Und vor allem macht er ihm klar, dass selbst er als Bundeskanzler keinen Austausch veranlassen könnte, wie er Erdoğan vorschwebt. Im *Zeit*-Interview hatte Erdoğan deutlich gemacht, dass er an keine Unabhängigkeit von Medien glaubt. Das Gleiche denkt er über die Justiz – und schließt von sich auf andere. Darum glaubte er Merkel und Gabriel nicht, als sie ihm versicherten, sie könnten keinen solchen Austausch anordnen. Schröder hingegen vertraut er. »Nicht mal du könntest das?« – »Nicht mal ich könnte das.«

Kurz darauf reist auch Kanzleramtsminister Altmaier nach Istanbul. Von diesen Treffen werde ich einige Wochen später erfahren; von einigen Details erst nach meiner Freilassung. Schröders Mission ist ein Wendepunkt in meiner Geschichte: nicht der einzige, aber der erste, ab dem nicht alles schlimmer wird.

Zunächst kommt bei mir nur ein Echo dieses Treffens an: Peter und Meşale würden noch vor Silvester rauskommen. Nur mein Fall sei schwieriger. Obwohl uns dieses Gerücht von verschiedenen Quellen zugetragen wird, gebe ich nicht viel darauf, weil es mich an Einschätzungen aus der Anfangszeit erinnert: »Dich können sie nicht verhaften.« Doch, konnten sie. »Dich können sie nicht länger als ein paar Monate im Gefängnis lassen.« Doch, konnten sie auch.

Dann aber erscheint ein Interview mit Mevlüt Çavuşoğlu, das Maximilian Popp für den *Spiegel* geführt hat. Mein Fall sei »in Deutschland aufgebauscht« worden, sagt der Außenminister, die türkische Öffentlichkeit interessiere sich nicht für mich – was zwar nach den Schlagzeilen und dem ständigen Gerede des Staatspräsidenten gewagt ist, man aber auch als Beginn einer Exitstrategie deuten kann.

»Deniz Yücel ist seit 2015 nicht mehr in der Türkei als Journalist akkreditiert«, fährt Çavuşoğlu fort. »Erzählen Sie mir nicht, dass er wegen seiner journalistischen Arbeit verhaftet wurde. Die Vorwürfe gegen ihn sind schwerwiegend und weitreichend.« Die Sache mit der

Akkreditierung ist Augenwischerei, das Folgende der übliche Bullshit, der keinem Blick ins Hafturteil standhält. Den letzten Satz aber finde ich interessant: »Schwerwiegend und weitreichend« klingt schwerwiegend und weitreichend, aber schon weniger schwerwiegend als »Terrorist« und nicht so weitreichend wie »Agent«.

Kremlogie nannten Journalisten und Wissenschaftler zu Sowjetzeiten die Kunst, aus Nuancenverschiebungen bei Parteifunktionären und in *Prawda*-Artikeln politische Kursveränderungen abzulesen. Tayyipologie ist eine schwierigere Disziplin, weil sie einen gewissen Unberechenbarkeitsfaktor beim Staatspräsidenten berücksichtigen muss. Aber hier spricht der Außenminister, vielleicht deutet sich tatsächlich ein Ende der extremen Konfrontation an. In diese Richtung lässt sich auch eine weitere Aussage deuten: »Ich habe meinem Freund Sigmar Gabriel schon vor der Wahl gesagt: Lass uns gemeinsam nach vorn blicken. Wenn ihr einen Schritt auf uns zugeht, gehen wir zwei auf euch zu.«

Wie andere deutschen Kollegen, die während meiner Haftzeit führende türkische Politiker interviewen, bitte ich Max darum, mir zur vertraulichen Kenntnisnahme die ungekürzte und nicht autorisierte Version der Passagen zu schicken, in denen es um mich geht. Außerdem bitte ich die Kollegen um ihre Einschätzung: Wie wirkte ihr Gesprächspartner, als sie über mich sprachen? Ich bin ihnen dankbar, dass sie dieser ungewöhnlichen Bitte nachkommen. Und was mir Max berichtet, ist interessant. Vielleicht ist an dem Gerücht doch etwas dran.

Kurz darauf, Mitte Oktober, legt die Staatsanwaltschaft die Anklageschrift gegen Peter und die anderen Menschenrechtler vor. Drei Monate für ein Verfahren mit elf Angeklagten sind wenig. Als das Gericht zudem innerhalb von wenigen Tagen die Anklageschrift annimmt, anstatt die Frist von zwei Wochen voll auszuschöpfen, als der Verhandlungstermin in acht Tagen anberaumt wird, anstatt, wie sonst in Verfahren gegen Oppositionelle üblich, in drei oder vier Monaten, als das Gericht schließlich die Auflagen für Anwaltsgespräche aufhebt, was sonst bestenfalls nach der ersten Verhandlung geschieht, bin ich mir sicher, was das bedeutet. Als ich ihn in diesen Tagen in der Anwaltskabine sehe, rufe ich ihm im Vorbeigehen zu: »Du kommst bald frei, Peter!«

Für ihn muss das alles viel schlimmer sein. Er ist zufällig in etwas geraten, kann sich nicht mit den Aufsehern verständigen, braucht selbst für die einfachsten Dinge die Hilfe seiner Zellengenossen, kann keine Zeitungen lesen … Auch wenn mir seine Anwälte erzählen, wie tapfer er sich schlägt, wünsche ich Peter sehr, dass er das so schnell wie möglich hinter sich lassen kann.

Zuvor beginnt endlich das RedHack/Albayrak-Verfahren. Am Ende des Prozessauftakts wird einer der drei Inhaftierten, Ömer, freigelassen. Ich freue mich für ihn. Mit mir aber hat dieses Verfahren fast nichts mehr zu tun. Nicht juristisch, aber politisch relevanter ist für mich der Büyükada-Prozess. Der beginnt tags darauf, am 25. Oktober. Am Abend werden Peter und die übrigen sieben freigelassen. Er und Ali Gharavi können, obwohl das Verfahren weiterläuft, ausreisen, was sie sofort tun.

Als die Verhandlung läuft, ist Dilek in Berlin. Die Grünen-Fraktion hat sie zur konstituierenden Sitzung des Bundestags eingeladen. Ich bitte Omid Nouripour, sich um Dilek zu kümmern und sie mit Politikern aller Parteien bekannt zu machen – jenen, die sich oft zur Türkei äußern, und besonders den potenziellen neuen Außenministern, die aus der FDP oder den Grünen kommen dürften. »Vielleicht triffst du sogar Abla«, sage ich, womit ich aber nicht rechne.

Omid entschuldigt sich, findet aber jemanden, der diese Aufgabe übernimmt. Als Dilek Regierungssprecher Seibert vorgestellt wird, fragt sie nach der Kanzlerin. Seibert hält Rücksprache, kurz darauf sitzt Dilek bei Merkel. Davon erfahre ich am nächsten Tag aus den Zeitungen: Sie war bei Abla! So, wie sie es schon in ihrer Notiz nach Metris angekündigt hat.

Auf dem Foto redet die Kanzlerin, während Dilek konzentriert und fragend zuhört, als würde sie denken: »Abla, das ist alles ja schön und gut, aber meiner sitzt immer noch im Knast.« Entstanden ist das Foto in Merkels Bundestagsbüro. Eine schlichte Sitzgruppe, im Hintergrund ein Metallschrank. In der Türkei, wo jeder Leiter der örtlichen Forstbehörde ein repräsentativeres Büro besitzt und der Staatspräsident in einem illegal errichteten Tausend-Zimmer-Protzpalast residiert, fällt das auf – den einen negativ, den anderen positiv.

Später erzählt mir Dilek, wie es zu diesem Foto kam: Gemacht hat es Seibert, der jedoch Dilek versichert hat, dass er es nur mit ihrer Zustimmung veröffentlichen würde. Mich konnte Dilek nicht fragen, also konsultierte sie Veysel, der die Idee gut fand. Ich sehe das genauso: Das ist eine Botschaft an die Gegenseite. Und Seiberts Vorgehen finden wir sehr rücksichtsvoll. Noch beeindruckter ist Dilek nur vom Gespräch mit der Kanzlerin. Da sie über dessen Inhalt Stillschweigen vereinbart haben, will ich dazu nur Folgendes sagen: Dilek ist sehr gerührt, als Merkel sie fragt: »Wie geht es Ihnen denn?« »Das kam so herzlich und spontan, dass mir die Tränen in die Augen stiegen«, erzählt Dilek später.

Markierte Peters Verhaftung den Tiefpunkt meiner Haftzeit, bedeutet seine Freilassung vielleicht einen Wendepunkt. Sicher bin ich mir jedoch nicht. Auch wenn Çavuşoğlu seine Bemerkung über die »zwei Schritte« nicht wörtlich gemeint haben dürfte, könnten Peter, Meşale und womöglich weitere deutsche Gefangene (deren Namen nicht öffentlich bekannt sind) freikommen. Im Gegenzug könnte die türkische Regierung bei mir Härte demonstrieren wollen. Denn nur bei mir hat sich Erdoğan öffentlich festgelegt. Und selbst wenn Peters Freilassung den Beginn einer Entwicklung markiert, die irgendwann auch mich erreicht, weiß ich nicht, wie lange dies noch dauern und was bis dahin passieren wird.

Trotz aller Vorsicht ist das ein gutes Zeichen, das erste seit meiner Verhaftung. Erstmals habe ich begründete Hoffnung. Die vergangenen drei Monate waren die schwerste Zeit. Die Arbeit an dem Buch, die noch nicht beendet ist, hat mir sehr geholfen, sie zu überstehen. Doch jetzt erreicht mich eine ganz andere schockierende Nachricht.

Zu Beginn der Woche, in der sie Merkel trifft und Peter freigelassen wird, kommt Dilek zum offenen Besuch. Ein Treffen, vor dem sie sich gefürchtet hat und vor dem sie sich professionell beraten ließ. Sie muss mir etwas mitteilen: Mein Vater Ziya hat sich ärztlich untersuchen lassen. Er hat sich keine hartnäckige Erkältung zugezogen. Er hat Krebs. Kleinzelliges Lungenkarzinom, genannt SCLC. Sich rasch ausbreitend, extrem aggressiv, unheilbar. Im besten Fall kann er etwas Zeit gewinnen, ein, vielleicht zwei Jahre. Es kann aber auch schnell gehen.

Erfahren haben sie es vor vier Wochen; zwischen den beiden Besuchen meiner Eltern Ende September. Dilek war dabei, als die Diagnose erstellt wurde, und hat Ziya schon in Flörsheim besucht. Die Chemotherapie hat angefangen, die ersten zwei Sitzungen hat er gut überstanden. Hinter der Trennscheibe wollte sie mir das nicht sagen. Jetzt hält sie eine Stunde lang meine Hand fest. Ich stelle ein paar Fragen, mir steigen Tränen in die Augen. Zwischendurch reden wir über Themen wie ihre Berlin-Reise, die wir nur bei offenen Besuchen besprechen.

Das Krankenhaus, in dem mein Vater behandelt wird, hat Daniel organisiert. Daniel! Bis in die kleinsten Details ist er über jeden unserer Schritte informiert und will stets, darin ähneln wir uns, alles ausdiskutieren. Mit Gewissenhaftigkeit und Fürsorge, ja Hingabe, ist er nicht nur an juristischen und politischen Dingen beteiligt, sondern hilft, wo er kann; erst kürzlich hat er mit dem geschäftsführenden *Welt*-Redakteur Thomas Exner einige finanzielle Angelegenheiten für mich erledigt. Auch solchen Kram muss ja jemand übernehmen, so wie sich meine Freunde um meinen Briefkasten in Berlin kümmern. Jetzt hat Daniel Ilkay bei der Suche nach der richtigen Fachklinik unterstützt. Später wird er Ziya am Krankenbett besuchen, ebenso wie andere Freunde. Unter den vielen Freundschaftsdiensten, die sie mir erweisen, ist dies der schwerste.

Erst als ich zurück in meiner Zelle bin, überrollt mich die Nachricht mit ihrer ganzen Wucht. Und was, wenn wir uns nicht wiedersehen?

Ich muss an Freunde denken, deren Väter verstorben sind. An Ziyas eigene Geschichte: Im Juni 1971, sieben Monate, nachdem er als Gastarbeiter nach Deutschland gekommen war – erster Arbeitsplatz: Bremer Wollkämmerei –, verstarb sein Vater Hüseyin im Alter von 55 Jahren an Kehlkopfkrebs. Meine Großmutter wollte auf meinen

Vater warten, doch irgendwer drängte dazu, gemäß islamischer Sitte die Beerdigung sofort vorzunehmen – mit traumatischen Folgen für meinen Vater. Wird sich diese Familiengeschichte wiederholen?

Natürlich ist das eine Situation, vor der fast jeder Mensch irgendwann steht und vor der sich fast alle fürchten. Ob diese Angst bei mir besonders stark ausgeprägt ist, kann ich nicht sagen. Ich weiß aber noch, wie ich als Abiturient Peter Weiss' Erzählung *Abschied von den Eltern* lesen wollte und mehrmals schon am Cover gescheitert bin. Auch wenn das dort beschriebene schwierige Vater-Sohn-Verhältnis mit mir nicht viel zu tun hat – kein anderes Buch hat mich jemals allein durch seinen Titel so verstört wie dieses.

In die Angst mischt sich ein anderes starkes Gefühl: die Reue. Warum bin ich nie mit meinem Vater nach Mazedonien gefahren? 1954, im Alter von zwölf Jahren, war mein Vater mit seiner Familie nach Istanbul ausgewandert, wie fast die gesamte türkischsprachige Minderheit, die zu diesem Zeitpunkt noch im damaligen Jugoslawien lebte. Doch *memleket*, Heimat, nannte er nicht Deutschland, wo er mehr als die Hälfte seines Lebens verbracht hat, auch nicht die Türkei, in dessen Sprache, Geschichte und Literatur er bewandert ist wie in der keines anderen Landes. *Memleket* war für ihn immer dort. Nichts Abstraktes wie Jugoslawien oder Mazedonien, sondern etwas Erlebtes: sein Geburtsdorf Kişina, die umliegenden Dörfer, die Kreisstadt Veles am Vardar, die zur osmanischen Zeit Köprülü hieß und zu jugoslawischer Zeit Tito Veles.

Das Dorf ist längst verlassen. Trotzdem fuhr Ziya in den letzten Jahren immer häufiger dorthin, mal allein, mal mit Esma, seiner Kindheitsliebe aus demselben Dorf, mal mit Freunden. Ich hingegen kannte das Dorf nur aus Erzählungen – und von dem großen Foto im Wohnzimmer meiner Eltern. Gerne zeigt mein Vater Gästen, wo sich das Theater und die Bibliothek befanden und bei welcher Ruine es sich um die Schule handelt, in der einst Alexander der Große von Aristoteles unterrichtet wurde. Dafür benutzt er die neben dem Foto hängende mazedonische Hirtenflöte, die *kaval*, als Zeigestock und freut sich jedes Mal kindlich, wenn seine Gäste ihm diese Geschichten abnehmen, was sie, dank der Gelehrsamkeit und Ernsthaftigkeit seines Vortrags, fast immer tun.

Schon vor Jahren hatte ich mir vorgenommen, mit ihm nach Veles zu fahren und die Ruinen des Dorfes zu besichtigen. Aber irgendwas war immer. Und jetzt werde ich vielleicht nie mehr die Möglichkeit dazu bekommen.

Das Gleiche gilt für ein anderes Vorhaben: Ich wollte mit ihm ein langes Interview führen, vielleicht, um es für etwas zu verwenden, sonst nur für mich und die Familie: die Erfahrung, als Kind aus den mazedonischen Bergen in die Großstadt zu ziehen und sofort zu arbeiten. Der Wagemut, den es erforderte, mit 28 Jahren in ein Land aufzubrechen, von dem er zuvor nicht einmal ein Foto gesehen hatte. Seine Politisierung im Zuge der 68er-Bewegung, als er zu lesen anfing und in den folgenden 50 Jahren keine drei Tage am Stück ohne ein Buch in der Hand verbracht hat. Wie er zu einem Arbeiterintellektuellen wurde. All das wollte ich mit ihm besprechen und aufzeichnen.

Vielleicht wollte ich damit auch etwas gegen ein Gefühl unternehmen, das mich zum ersten Mal vor gut 20 Jahren beschlich. Die Abnabelungskonflikte, die zu jeder gesunden Eltern-Kind-Beziehung gehören, hatte ich da bereits hinter mir und gerade angefangen, an der Freien Universität Berlin Politikwissenschaft zu studieren. Ich erinnere mich, wie ich zum ersten Mal die Unibibliothek besuchte: die Regale, in denen sich die Bücher bis zur Decke stapelten, die engen Gänge, in denen man minutenlang laufen konnte, ohne jemandem zu begegnen, und in denen es nach bedrucktem Papier roch … Ich musste an meinen Vater denken: Was hätte er wohl daraus gemacht, wenn sich ihm solche Möglichkeiten eröffnet hätten? Bestimmt mehr als ich; schließlich war er klüger, fleißiger und witziger. Aber die Chance, eine gute Ausbildung zu erwerben und sich auszuprobieren, hatte das Leben nicht ihm geboten, sondern mir. Mehr noch: Nicht nur, aber vor allem durch ihn hatten sich mir diese Chancen eröffnet.

Von diesem Gefühl habe ich ihm nie erzählt, er hätte es bestimmt auch abgewimmelt. »Kümmre dich um deinen Kram, ich bin mit meinem Leben zufrieden«, hätte er gesagt. Trotzdem. Als Journalist habe ich unzählige Interviews geführt. Nur dieses eine nicht. Auch dazu werde ich vielleicht nicht mehr kommen.

Am frühen Abend werde ich zum Anwaltsgespräch gerufen. Soll ich ablehnen? Nur Veysel würde ich gerne sehen. Gekommen ist zwar nicht er, aber ein anderer Vertrauter. *Cumhuriyet*-Anwalt Tora Pekin, der stets etwas Herzliches ausstrahlt. Ich falle ihm um den Hals und beginne zu weinen, laut und schluchzend. Zum ersten Mal weine ich hier aus einem anderen Grund als aus Rührung.

Als ich mich wieder etwas beruhigt habe, sehe ich Peter und seinen Anwalt Deha in einer Nachbarkabine; in einer anderen einen weiteren Bekannten. Jetzt ist es mir peinlich, dass sie mich so aufgelöst gesehen haben. »Weinen soll'n sie dich nicht hören« heißt es in Sabahattin Alis *Gefängnislied V*. Und die Leute können ja nicht wissen, was mich bekümmert. Dann denke ich: Das ist nicht wichtig. Wichtig ist, dass Tora da ist und ich einen Menschen zum Ausweinen habe. (Viel später werde ich erfahren, dass auch die anderen die Nachricht von meinem Vater gehört hatten; im Gefängnis verbreitet sich so etwas schnell.)

In der Nacht schreibe ich einen langen Brief an Dilek, bei dem mir folgender Gedanke kommt: Ich bin stets mit der Zuversicht durchs Leben gegangen, dass mir nichts wirklich Schlimmes, nichts Unwiderrufliches passieren wird. Selbst nach meiner Verhaftung hat sich daran nichts geändert – come on, letztlich reden wir über ein paar Monate, oder? Jetzt wird mir klar, dass dieses Grundgefühl nicht nur daran liegt, dass ich in einer liebevollen Familie aufgewachsen bin, sondern in meiner alltäglichen Umgebung etwas nie da war: der Tod.

Natürlich kannte ich Menschen, die verstorben sind. Und gerade als Korrespondent wurde ich oft zum Zeugen von Leid. Aber ganz nah war der Tod nie zu mir vorgedrungen. Jetzt klopft er an meine Tür. An eine beschissene, verschlossene Stahltür. Hier ist jeder Tag einer zu viel. Doch künftig könnte jeder Tag auf ganze andere Weise einer zu viel sein: auf eine unumkehrbare, tödliche Weise.

Für schmutzige Deals
stehe ich nicht zur Verfügung

Meine Lieblingsstelle in den Gerichtsunterlagen beginnt wie folgt: »Die nachfolgenden Sätze hört und liest man oft von Fußballexperten: ›Nachwuchs ist wichtig.‹ ›Ohne Nachwuchsarbeit kein Profifußball.‹« Zwei Seiten über die Strukturprobleme des türkischen Fußballs, erschienen im linken Nachrichtenportal *Sendika*. Doch was sucht das in den Akten?

Das kam so: Etwa einmal im Monat findet eine Haftprüfung statt. Davon erfahre ich durch die Aufseher, die mit dem Ruf »Amtliche Zustellung!« die Türklappe öffnen. Bloß eine Formsache. Dennoch blitzt in den Sekunden zwischen dem Öffnen der Türklappe und der Unterschrift, mit der ich den Empfang quittiere, Hoffnung auf: Vielleicht hat ja doch ... Nein, niemals. Hinterher ärgere ich mich, dass ich mich zu diesem Hoffnungsschimmer habe hinreißen lassen. Aber im Knast verhält sich die Hoffnung wie die Ameisen, die in meinem zubetonierten Hof nisten: Irgendeine Ritze, durch die sie krabbeln können, finden sie immer.

Angehört werden wir bei den Haftprüfungen nicht. Gegen die Urteile können wir aber Widerspruch einlegen, was Veysel und Ferat so unermüdlich wie vergeblich tun. Wir glauben, dass unsere Widersprüche ungelesen abgelehnt werden. Doch einen Skandal zu vermuten, reicht nicht, man muss ihn auch beweisen können.

»Füg beim nächsten Mal ein paar Seiten ein, die nichts mit dem Thema zu tun haben«, schlage ich Veysel vor. »Was mit Fußball oder so.« Falls das jemand bemerke, könne er behaupten, dass seinem Praktikanten ein Versehen passiert sein müsse. »Das könnte man als Beleidigung der Justiz auslegen«, antwortet Veysel. Erst als ich versichere, dass ich das nicht sofort öffentlich machen, sondern für die Hauptverhandlung aufheben würde, ist er einverstanden.

Beim nächsten Mal, zwischen unseren üblichen materiellen und formellen Argumenten gegen die U-Haft, platziert er unter Punkt 5 diesen Text. Am 17. Oktober lehnt Yasin Karaca, Richter am 3. Istanbuler Untersuchungsgericht, den Widerspruch ab, ohne das Fußballzeug zu beanstanden. Beweis erbracht.

»Ich muss so tun, als herrsche das Recht«, hat Mehmet Altan gesagt. Wir halten das genauso. Und an anderer Stelle könnte uns dieser Beweis durchaus nützen: vor dem Europäischen Gerichtshof für Menschenrechte. Dort hat der Menschenrechtskommissar des Europarats, Nils Muižnieks, eine Stellungnahme zu den Beschwerden von 19 Journalisten aus der Türkei eingereicht. Diese Verhaftungen, so schreibt er, seien »Teil einer breiteren Repressionswelle«. Ähnlich fallen die Stellungnahmen von David Kaye, dem UN-Sonderbeauftragten für Meinungs- und Pressefreiheit, und in meinem Fall von PEN-Geschäftsführer Carles Torner aus, die dieser im Namen von elf internationalen Menschenrechtsorganisationen abgibt. Diese Interventionen sind wertvoll; einigen gingen Gespräche voraus, die Veysel, Daniel, Sascha und der Brüsseler *Welt*-Korrespondent Christoph Schiltz geführt haben.

Der Menschenrechtskommissar kann sich zu jedem EGMR-Verfahren äußern. Dass die Straßburger Richter auch die anderen Stellungnahmen erlaubt haben, ist nicht *nur* ein positives Signal. Mit diesen Maßnahmen versucht der EGMR, wie schon mit seinem Entschluss, unsere Beschwerden bevorzugt zu behandeln, den Druck auf das türkische Verfassungsgericht zu erhöhen, um nicht selber über unsere Beschwerden entscheiden zu müssen. Aus grundsätzlichen Gründen scheut sich der EGMR, über Fälle zu urteilen, bei denen der inländische Rechtsweg nicht ausgeschöpft ist. Und aus politischen möchte man eine Konfrontation mit der Türkei vermeiden – keine makropolitischen Gründe, sondern welche, die mit dem Europarat als Subsystem im Luhmann'schen Sinn zusammenhängen.

Seit 2016 gehört die Türkei zu den sechs Ländern, die Jahresbeiträge von mehr als 30 Millionen Euro bezahlen. Auch Russland gehörte dazu, ehe Putin im Sommer 2017 beschloss, die Zahlungen auszusetzen – eine Revanche dafür, dass die Parlamentarische Versammlung den russischen Abgeordneten wegen der Annexion der Krim das Stimmrecht entzogen hat. Auch mit der Türkei gab es Streit, weil die Versammlung nach dem Referendum entschied, das Land nach 13 Jahren wieder unter Beobachtung zu stellen. Ende 2017 reduziert die Türkei ihre Beiträge auf 14 Millionen Euro. Das Budget des Europarats von 437 Millionen Euro (2019) mag im Vergleich zu den 165,8 Milliarden der EU ein Klacks sein. Aber auch dieses Geld, mit denen der Betrieb des EGMR finanziert wird, muss irgendwoher kommen.

Auch an anderer Stelle zeigt sich die Umsichtigkeit des EGMR gegenüber der Türkei: Dreieinhalb Monate hatte die türkische Regierung Zeit, sich zu meinem Verfahren zu äußern. Kurz vor Ende dieser Frist am 24. Oktober beantragt das Justizministerium eine Verlängerung um sechs Wochen. Der EGMR bewilligt drei. Als die neue Frist abläuft, will die Türkei weitere vier Wochen, bekommt aber zwei. Diesmal erklärt der EGMR, dass dies die letzte Verlängerung sei.

Diese Zeitschinderei wiederholt sich in allen Verfahren von Journalisten und Abgeordneten. Offenbar verbucht die türkische Regierung jeden Tag, den wir mehr hinter Gittern verbringen, auf ihrer Habenseite. Aber letztlich wird sie die Urteile des EGMR nicht ignorieren können. Denn die Botschaft, dass in diesem Land keine Rechtssicherheit herrscht, würde auch an die Adresse von BASF oder Unilever gehen. Und das kann sich die Regierung nicht leisten. (Außer vielleicht bei Siemens, die kommen auch so klar.) Nur bei einer Person, vermute ich, wird man sich über ein Urteil aus Straßburg hinwegsetzen: Selahattin Demirtaş. Ihn fürchtet Erdoğan persönlich.

Kurz: Das Verfahren vor dem EGMR geht langsamer voran, als wir nach der ersten Antwort gehofft haben. Aber es geht voran.

In unserer Beschwerde berufen wir uns auf folgende Artikel der EMRK: Artikel 3 (Folterverbot), 5 (Recht auf Freiheit und Sicherheit), 6 (Recht auf faires Verfahren), 10 (Meinungsfreiheit) und 18 (Begrenzung der Rechtseinschränkungen). Einen Verstoß gegen Artikel 18 festzustellen, würde vereinfacht ausgedrückt bedeuten: Ich wurde aus politischen Gründen verhaftet.

Wir argumentieren, dass die türkische Regierung mich als Geisel hält, was Gabriel ja auch schon gesagt hat. Doch die Bundesregierung kann dies nicht nur behaupten, sie könnte es bezeugen – indem sie in ihrer Stellungnahme darstellt, wie die türkische Seite mich im Austausch angeboten hat.

Im Herbst 2017 ist das ein Hauptthema meiner Treffen mit Birgelen. Auch über andere Kanäle tragen wir diese Bitte vor. Doch in Berlin lehnt man ab: Die Bundesregierung könne dies nicht ausführen, weil es immer nur Andeutungen gegeben habe, nie ein explizites Angebot.

Na ja, mit einem Erpresserbrief aus Zeitungsbuchstaben hatte ich auch nicht gerechnet. Aber die Gegenseite hat weder Skrupel davor, abenteuerliche Dinge über mich zu behaupten, noch den Inhalt vertraulicher Gespräche mit der Bundeskanzlerin in die Welt zu posaunen. Und es ist ein offenes Geheimnis, zuletzt hat der *Spiegel* Anfang Dezember berichtet, Erdoğan habe bei seinem Treffen mit Schröder mich im Austausch für gesuchte Ex-Generäle angeboten. Die Bundesregierung möge detailliert und überzeugend schildern, wie das lief. Ob das ein belastbarer Beweis ist, muss das Gericht entscheiden, sage ich zu Birgelen.

Veysel findet, dass wir mit Erdoğans öffentlichen Vorverurteilungen auch so gute Argumente haben. Doch ich will unbedingt, dass diese Offerte, die »an einen Geiselaustausch unter Kriminellen erinnert« (*Spiegel*), gerichtskundig wird. Schließlich drohe ich, diesen Vorgang öffentlich zu machen. Aber ich weiß: »Bundesregierung verweigert eingesperrtem Journalisten Unterstützung« wäre eine Hammer-Nachricht gewesen. Das hier ist zu sehr Detailfrage.

Auch im Rückblick halte ich meine Bitte für berechtigt. Aber ich denke, dass ich im Laufe der Zeit ungerecht gegenüber der Bundesregierung geworden bin. Aggressionsverschiebung: Weil der Urheber dieser Situation für mich nicht erreichbar war, habe ich meinen Frust ersatzweise an der Bundesregierung ausgelassen. Wenn ich im Gespräch mit Birgelen oder Erdmann fuchsig wurde – wobei es nie gegen sie persönlich ging –, konnte ich mich darauf verlassen, dass das einen Widerhall in Berlin finden würde.

Noch häufiger habe ich nur Dilek angefaucht – und sie mich. Heute erscheinen mir viele unserer Streitereien als unnötig oder überzogen. Aber wir alle – ich, Dilek, meine Anwälte und Freunde und meine Zeitung – sind in eine ziemlich große Sache geraten; selbst die Bundesregierung betrat in vielerlei Hinsicht Neuland. Auch wenn alle Beteiligten nach bestem Wissen und Gewissen für ein gemeinsames Ziel gearbeitet haben, waren angesichts der unterschiedlichen Rollen, Interessen und Charaktere Konflikte unausweichlich – zwischen einzelnen Beteiligten, mitunter sogar innerhalb einzelner Gruppen. Bei mir war es die Bundesregierung, auf die ich Frust verlagerte, bei anderen waren es andere.

So milde und selbstkritisch sehe ich das heute. Im Herbst 2017 aber bin ich sauer. Das liegt nicht nur an dieser EGMR-Sache, bei der ich hoffe, dass wir die Stellungnahme rechtzeitig zur Ansicht erhalten. Wirklich übel nehme ich der Bundesregierung etwas, das nicht damit, sondern mit Ziya zusammenhängt.

Die Nachricht von seiner Erkrankung war ein Schock. Ich habe Birgelen davon erzählt und mich in mehreren Briefen an Dilek damit beschäftigt. Und natürlich habe ich meinem Vater geschrieben: »Laz Ismail, du darfst dich nicht ergeben! Wir wollen doch noch zusammen in die Heimat.« Doch ich kann nichts tun, und ständig daran zu denken, würde mich nur quälen. Nach vielleicht einer Woche beschließe ich, weniger daran zu denken. Zum Glück hat mein Vater die Chemotherapie gut vertragen, keine Selbstverständlichkeit für einen 75-Jährigen.

Vier Wochen später teilt mir Refik eine Idee mit, auf die man anscheinend im Auswärtigen Amt gekommen ist: Die Bundesregierung könnte sich dafür einsetzen, dass ich Hafturlaub für einen Krankenbesuch erhalte. Und dann könnte ich einfach in Deutschland bleiben. Ich bin sprachlos: Wie kann man bloß so naiv sein? Darüber reden können wir nicht mehr, gleich kommt Birgelen.

Erst viel später werde ich erfahren, dass die Idee aus der *Welt* stammt. Im Auswärtigen Amt fand man sie gut; Ilkay vertraute dem AA. Nur Dilek reagierte entgeistert: »Wir sollten Deniz nicht mit etwas behelligen, das er niemals akzeptieren würde.« Aber sie konnte niemanden überzeugen, nicht einmal Daniel. Veysel, der diese Idee auch aus rechtlichen Gründen für unmöglich hielt, hat sie beruhigt: »Reg dich nicht auf, sollen sie sich selber eine Absage holen.«

Als mir Birgelen diese Idee vorträgt, kennen wir beide diesen Vorlauf nicht. Würde er mir mitteilen, dass sich ein paar Fallschirmjäger auf eine Befreiungsaktion vorbereiteten, ich würde es ernster nehmen. Darüber lachen kann ich aber nicht. Ich denke daran, wie Erdoğan mehrfach öffentlich von seinem Gespräch mit Merkel erzählt hat – und daran, wie er seine Anhänger die Mutter von Berkin Elvan ausbuhen ließ, des 14-Jährigen, der bei den Gezi-Protesten von der Polizei getötet worden war. Die Vorstellung, er könnte meinen kranken Vater ähnlich diffamieren, ist unerträglich. Soweit mein Aufgewühltsein dies zulässt, erläutere ich, warum ich diese Idee ablehne, sage aber auch: »Ich erlaube es nicht, dass die Bundesregierung der türkischen Seite von meinem Vater erzählt.«

Dabei habe ich die eigentlich Schuldigen nicht vergessen. Gegen die will ich Strafanzeige erstatten. Wegen Freiheitsberaubung und Bildung einer kriminellen Vereinigung. Gegen die ganze Bande: Gefängnisdirektor Demirtaş, Staatsanwalt Yılmaz, Haftrichter Çakar, die Justizminister Bozdağ und Gül, Außenminister Çavuşoğlu und – wegen Rädelsführerschaft – Staatspräsident Erdoğan.

Der Internationale Strafgerichtshof in Den Haag ist nur für schwerstmögliche Straftaten zuständig, wie sie in den Nürnberger Prozessen verhandelt wurden. Aber eine Anzeige in Deutschland müsste möglich sein. Das BKA definiert organisierte Kriminalität als »von Gewinn- oder Machtstreben bestimmte planmäßige Begehung« von erheblichen Straftaten, wenn mehr als zwei Beteiligte arbeitsteilig »a) unter Verwendung gewerblicher oder geschäftsähnlicher Strukturen, b) unter Anwendung von Gewalt oder anderer zur Einschüchterung geeigneter Mittel oder c) unter Einflussnahme auf Politik, Massenmedien, öffentliche Verwaltung, Justiz oder Wirtschaft zusammenwirken«. Das hätten wir doch, oder? Und ich bin mir sicher: Das würde wirken.

Denn bei Erdoğan ist nicht nur die Angst des Parvenüs allgegenwärtig, alles Erreichte wieder zu verlieren, sondern auch die Furcht, so zu enden wie sein Vorbild Adnan Menderes.

Dieser hatte sich einst mit seinen Weggefährten von der Staatspartei CHP getrennt und 1946 die Demokratische Partei (DP) gegründet. Er unterhielt sogar gute Kontakte zu linken Intellektuellen wie den Sertels. Nach dem Wahlsieg der DP 1950 leitete er eine Liberalisierung der Wirtschaft, ein Ende des strikten Laizismus und eine politisch-militärische Westbindung ein. Sein Versprechen auf Demokratisierung aber wich bald einer autoritären Politik. Zum Verhängnis wurde ihm, dass er versuchte, die Macht der Militärs einzuschränken.

Im Mai 1960 ergriff eine Gruppe jüngerer links- und rechtsnationalistischer Offiziere aus der zweiten Reihe die Macht. Dieser Putsch bescherte der Türkei die demokratischste Verfassung ihrer Geschichte, leitete aber auch eine unselige Tradition von Staatsstreichen ein. Menderes wurde vor ein Sondergericht gestellt und 1961 mit zwei vormaligen Ministern hingerichtet.

Am Anfang seiner Amtszeit lebte Erdoğan in der Angst vor einem Putsch. Tatsächlich spielten damals – Ergenekon hin oder her – manche Generäle mit Umsturzgedanken, was im April 2007, als die Nachfolge des kemalistischen Staatspräsidenten Ahmet Necdet Sezer verhandelt wurde, in einer offenen Putschdrohung gipfelte. Bald danach holten AKP und Gülenisten zum Gegenschlag aus.

Die Aussicht, irgendwann vor Gericht zu landen, gilt nicht nur für die Türkei. Nach dem Ende des syrischen Bürgerkriegs könnte ein UN-Tribunal nach den Vorbildern Ex-Jugoslawien und Ruanda eingerichtet werden – und jemand auf die Idee kommen, nach der türkischen Rolle beim Blutvergießen in Syrien zu fragen, die leider nicht allein darin bestand, Millionen Flüchtlinge aufzunehmen.

Sicher würde das, wie vieles im Völkerrecht, von Machtverhältnissen abhängen. Doch Erdoğan reagiert auf keine Kritik so empfindlich: Der Geheimnisverrat, der Dündar, Erdem Gül und Berberoğlu vorgeworfen wird, betrifft die Unterstützung der Dschihadisten. Und wegen zwei Artikel in der englischen *Wikipedia* zum selben Thema wurde im April 2017 in der Türkei das Onlinelexikon gesperrt.

Die Erfolgsaussichten finde ich zweitrangig, die Eröffnung eines Strafverfahrens würde mir genügen. Diese Nachricht würde Erdoğan nicht kaltlassen. Auch die anderen könnte dies für einen Moment verunsichern. Keine Diktatur besteht allein aus Strukturen, sondern wird stets auch von Individuen getragen. Und nicht nur die Oberen, jeder Einzelne ist für sein Handeln verantwortlich.

Veysel widerspricht meinen Ausführungen nicht. Aber er schaut mich ernst an: »Das könnte Folgen für dich haben«, sagt er. »Mir egal«, antworte ich. »Ich will diesen Kerl an seinen tiefsten Ängsten angreifen.« »Du würdest damit Dilek und mich gefährden«, meint Veysel. Ich sage nichts, rücke aber nicht ab.

Mit nichts bringe ich meine Leute so sehr in Not wie mit dieser Idee. Dilek ist entsetzt, als sie davon hört, ebenso sind es Daniel, Ulf und Imran. Özlem fragt: »Denkt er nicht an dich?« »Nein«, antwortet Dilek. Und ich muss einräumen: Was mögliche Folgen meines Tuns anbetrifft, hat sie recht. Ich habe den Kampfmodus auf die Höchststufe geschaltet. Keine Angst, keine Rücksicht.

Wieder einmal ist es Veysel, der eine Lösung findet: »Lass dir nicht anmerken, dass du davon weißt«, rät er Dilek. »Und wenn Deniz das anspricht, sag nur ›Ja, ja‹ und wechsle das Thema.« Würde sie mir deswegen Vorwürfe machen, ich würde auf stur schalten. Doch Veysel will diese Sache einfach aussitzen. Und ich bemerke das nicht einmal. Sehr geschickt, Herr Rechtsanwalt.

Aber er soll das ja nicht machen. Vielleicht finden wir prominente Juristen in Deutschland, die sagen, sie hätten von sich aus Anzeige erstattet. Doch auch die deutschen Anwälte, die ich frage, raten ab: Zwar könnten Verbrechen an deutschen Staatsbürgern im Ausland auch in Deutschland verfolgt werden. Aber bei den von mir genannten und strafrechtlich nur schwer zu beweisenden Delikten sei dies sehr schwierig. Vermutlich würde die Staatsanwaltschaft erst gar keine Ermittlungen aufnehmen. Ich muss mich geschlagen geben.

Ein bisschen Entgegenkommen zeigt Veysel dann doch: Eine Anzeige gegen den Staatsanwalt könnte er sich vorstellen – allerdings wegen Verfahrensverschleppung. Auch davon raten Ulf und Dilek ab. Veysel beschließt, das zu vertagen, bis wir mit der EGMR-Sache fertig sind.

Parallel dazu arbeite ich weiter mit Doris an dem Buch, das längst zu unserem gemeinsamen geworden ist. Mehrmals gehen die Texte hin und her; stets liste ich neue Änderungen auf, in denen ich, etwa bei einem *taz*-Kommentar zum Anschlag auf *Charlie Hebdo,* einen Gedanken aus einem anderen Beitrag zum Thema einfüge. Das meiste sind Kleinigkeiten, aber davon gibt es sehr viele. Ein Komma durch einen Punkt ersetzen oder umgekehrt. Geduldig arbeitet Doris alles ein. »Der macht mich fertig«, denkt sie manchmal, sagt es aber nie.

Als Dilek an einem Telefontag in Berlin weilt und ihr Handy an Daniel weiterreicht, kommt mir eine Idee. Wir könnten die Briefe an mich, die per Mail an die *Welt* geschickt werden, ja auf demselben Weg reinschmuggeln: oben das Schreiben des EGMR, dahinter die Leserpost. Die Zuständigen bei der *Welt* leiten fortan alle Briefe weiter. Die Hasspost filtern sie raus. Und ich bitte, alle Smileys zu löschen. Nicht dass ich wegen eines ☺ auffliege.

Von den über 2000 Briefen, die an die *Welt* geschickt werden, wird mir auf dem offiziellen Weg keiner zugestellt. Mit diesem Trick, den wir für uns behalten, bekomme ich alle. Dennoch arbeiten die Dolmetscher weiter. »Wenn wir sagen, dass wir die Briefe übersetzen lassen und zur Post bringen, dann machen wir das«, meint Daniel.

Die Post direkt ans Gefängnis bekomme ich weiterhin nicht. Dafür bin ich inzwischen über die Anwälte mit vielen Freunden in Kontakt. So sind es größtenteils mir fremde Menschen, deren Post ich als Gerichtsakten getarnt erhalte.

Es sind wundervolle Briefe. Viele Leser der *Welt* sind unter den Verfassern, aber nicht nur. Die älteste Absenderin ist 82 Jahre alt, die jüngste acht. Manche kennen meine Texte seit der *Jungle World*, andere haben meinen Namen erst nach meiner Verhaftung gehört. Einige verbinden meine Geschichte mit Gefängniserfahrungen, die sie selber oder ihre Angehörigen in der DDR, im Iran oder in Eritrea gemacht haben, andere erzählen mir von schönen Dingen und Orten. Manche versichern, dass auch sie als »ganz normale Leute« an meinem Schicksal Anteil nehmen würden, wieder andere schreiben, dass meine Verhaftung ihnen verdeutlicht habe, wie wichtig die Pressefreiheit sei. Mögen im Internet AKP- und AfD-Anhänger ihren Hass auskotzen, hier regnet es Freundlichkeiten.

Wenn ich unter all diesen Zuschriften einen hervorheben müsste, meine Wahl würde auf einen langen Brief von Klaus Helms fallen. Schon der Einstieg ist märchenhaft: »Wir sind drei ältere Männer, die eine über hundertjährige Sägemühle in Gang halten. Die Mühle gehört zu einem Wasserschloss am Fuß des Teutoburger Waldes.«

Im Folgenden beschreibt er technisch präzise, wie die Mühle funktioniert, und schildert sie mit einer bewundernswerten Anschaulichkeit: das Rauschen des Baches, das Gluckern, mit dem sich das Wasser im Wehr staut, das laute »Wusch«, mit dem es sich in die Fächer des Mühlrades ergießt, das Quietschen des Gewindes, das Rumpeln der ganzen Apparatur, das Kreischen der Säge, das Schnattern der Gänse und Enten, der Geruch von Holz und Harz ... was für eine Symphonie, die mich für einige Minute aus der Einöde meiner Zelle entführt!

Diese Briefe tragen dazu bei, die Folgen der Isolationshaft zu lindern, können aber den fehlenden sozialen Umgang nicht ersetzen. Die meisten Insassen von Silivri Nr. 9 sind in Dreierzellen untergebracht, mit einem Aufenthaltsraum im Erdgeschoss und einem Schlafraum in der ersten Etage. Die Nachteile der Einzelhaft liegen auf der Hand. Von Kollegen, die in diesen Dreierzellen leben, höre ich wiederum, dass ihnen die Enge zu schaffen mache. Als im Frühjahr Oğuz Güven, der Onlinechef der *Cumhuriyet*, verhaftet wurde, haben die Anwälte der Zeitung erfahren, dass es hier eine weitere Unterbringungsform gibt: jeweils drei Einzelzellen, die mit einem gemeinsamen Hof verbunden sind.

Güven wurde wegen eines über den Account der *Cumhuriyet* verschickten Tweets verhaftet. Den Hof teilte er sich mit Gökmen Ulu, Izmir-Korrespondent der säkular-nationalistischen Zeitung *Sözcü*. Er war im Mai verhaftet worden, weil er am Nachmittag des 15. Juli 2016 über Erdoğans Urlaubsort in Marmaris berichtet hatte. Damit habe er, so der absurde Vorwurf, den Putschisten den Aufenthaltsort des Staatspräsidenten verraten. Nachdem Gökmen und eine Kollegin festgenommen wurden, erschien *Sözcü* mit der Schlagzeile »Sonderausgabe zur Pressefreiheit« und komplett leeren Seiten.

Der Dritte im Bunde ist Oğuz Usluer, von dem ich nur weiß, dass er Quasi-Chefredakteur des Nachrichtensenders Habertürk war. Der Sender und die gleichnamige Zeitung gehören zum Ciner-Konzern. Keine AKP-Kampfpresse, sondern jene Kategorie von regierungsnahen Medien, die weniger aggressiv auftreten und so tun, als würden sie ausgewogen berichten.

Erdoğans Mann bei Ciner hieß Fatih Saraç, Chef der Mediensparte und Oğuz' direkter Vorgesetzter. Der breiten Öffentlichkeit wurden sie Anfang 2014 durch zwei Telefonmitschnitte bekannt: Im ersten forderte Erdoğan Saraç auf, die Übertragung einer Rede seines damaligen Kontrahenten Bahçeli zu beenden; im zweiten gab Saraç diese Anweisung an Oğuz weiter. Erdoğans Anrede »Hallo, Fatih« wurde zur Chiffre für die Kontrolle der Medien.

Oğuz Güven wurde nach einem Monat freigelassen. Wir wissen, dass seine Zelle leer geblieben ist, und haben uns die Nummer besorgt: C 67. Ein paarmal habe ich Dilek erzählt, dass ich gerne dorthin wechseln würde, weil diese Zellen eine Mischung aus Privatsphäre und sozialem Kontakt versprechen.

Doch einen Antrag darauf stelle ich nicht. In einem langen Kampf habe ich mir die Erlaubnis erstritten, einen zweiten Besenaufsatz zu kaufen, weil ich für den Spatzenmist im Hof und für meine Zelle nicht denselben benutzen wollte. Alles Weitere übersteigt die Kompetenzen der Gefängnisleitung. Diese Dinge werden, zumindest in prominenten politischen Fällen, in Ankara entschieden.

Im Oktober spricht Dilek, die stets den Dialog sucht, mit Vize-Justizminister Bilal Uçar. Er zeigt sich überrascht, dass selbst die meisten türkischsprachigen Briefe nicht zugestellt werden, und notiert sich die Nummer der Zelle, in die ich wechseln möchte. Außerdem möchte Dilek, dass wir bei den offenen Besuchen nebeneinandersitzen können. Das machen wir immer, aber früher oder später schreiten die Aufseher ein, die hinter einer verdunkelten Glasscheibe die Besuche verfolgen.

Beim nächsten Mal dürfen wir nebeneinandersitzen, bleiben aber nicht ungestört. Jetzt nimmt ein Aufseher in einer Ecke des Raumes Platz, ein junger Typ mit spitzem Gesicht. Kaum hat uns Dilek dieses klitzekleine Recht erstritten, wird es uns madiggemacht. Auf meinen lauten Protest antwortet der Mann: »Reg dich nicht auf, ich hör euch doch auch beim geschlossenen Besuch zu.«

Schon vor Monaten hatte ich schriftlich Auskunft verlangt, ob unsere Gespräche über die Sprechanlage aufgezeichnet und ausgewertet werden. Die Antwort, die ich nicht bekam, konnte ich mir denken. Doch dass jemand so feist und so beiläufig zugibt, dass wir abgehört werden, macht mich wütend. Ich brülle den Mann an, seine Kollegen stürmen rein, nur mit Mühe gelingt es Dilek, einen vorzeitigen Abbruch zu verhindern. Als beim folgenden offenen Besuch derselbe Typ in der Ecke Platz nimmt, rufe ich fröhlich: »Sie sitzen so weit weg, rücken Sie doch näher.« Was wir nicht verändern können, können wir auslachen.

Irgendwann in dieser Zeit klären Dilek und ich eine Frage, über die wir seit Monaten diskutieren: Wo werden wir künftig leben? Ich verstehe, dass sie etwas Neues aufbauen möchte und wir meine Wohnung in Beşiktaş schon aus Sicherheitsgründen nicht behalten können; sie versteht, dass ich zuallererst mein geraubtes Leben und damit meine Wohnung zurückwill. Und ich gehe davon aus, dass ich nicht ohne Ausreisesperre und Meldeauflagen freigelassen werde. Auch weil die Wohnung polizeibekannt ist, werden wir sie erst mal behalten.

Wir reden über Zukunftspläne, obwohl sich an der Situation im

Land nichts geändert hat. Kurz nach der Freilassung von Peter und seiner Gruppe wird der Unternehmer, Mäzen und Menschenrechtler Osman Kavala verhaftet. Andererseits kam Kadri Gürsel bereits Ende September frei. Im Spätherbst folgen Inan Kizilkaya, Tunca und Mahir und Ende Dezember Meşale.

Das Bild scheint widersprüchlich. Aber selbst wenn man die Fälle mit internationalem Bezug beiseitelässt, gibt es ein Muster: Anders als die Junta der Achtzigerjahre und ähnliche Diktaturen in aller Welt zielt dieses autoritäre Regime nicht auf eine Friedhofsruhe. Man muss sich Wahlen stellen, so unfair die Bedingungen sein mögen, unter denen diese stattfinden. Auch darum gehört die permanente Spannung zum Herrschaftsprinzip. Wer gerade verhaftet oder freigelassen wird, ist meist zweitrangig, eine gewisse Zirkulation nutzt sogar dem Schein von Rechtsstaatlichkeit. Hauptsache, man erzeugt ständig neue Feinde.

Anfang November trifft Gabriel seinen Amtskollegen Çavuşoğlu. Ein informelles Gespräch, zu dem der türkische Außenminister in seine Heimatstadt Antalya eingeladen hat. Vor seiner Abreise hat Gabriel Dilek angerufen, die ihm noch einmal unsere Forderungen genannt hat: 1. Anklageschrift. Bis dahin 2. Ende der Isolationshaft. Auch die Nummer der Zelle, in die ich wechseln will, hat er sich notiert. Çavuşoğlu sagt ihm, dass er in Sachen Anklageschrift nichts versprechen könne. Dann wenigstens eine Verbesserung der Haftbedingungen, fordert Gabriel. Das lasse sich machen, antwortet Çavuşoğlu.

Kurz darauf sagt mir Dilek, ich solle eine Verlegung beantragen. Mitte November wird Gökmen freigelassen, jetzt ist nur noch Oğuz Usluer dort. Und ich habe mich daran gewöhnt, zu essen, zu arbeiten und zu schlafen, wann mir danach ist. Die Vorstellung, engen Umgang mit einem fremden Menschen zu haben, bereitet mir plötzlich Panik. Diese Angst vor einem Ende der Isolationshaft ist ihrerseits Folge der Isolationshaft. Das erkenne ich, kann es aber nicht ändern. Ich ziehe meinen Antrag zurück. Erst danach schreibe ich dies Dilek.

Meine Notiz erreicht sie unmittelbar vor einem Termin, den sie mit Daniel und Veysel im Auswärtigen Amt hat. Nach allen Anstrengungen, die sie in dieser Sache unternommen hat, kommen ihr vor Zorn die Tränen. Zugleich bereitet ihr mein Zustand Sorgen. Den Diplomaten erzählt sie von meinem Meinungswechsel, doch gemeinsam beschließen sie, dies der türkischen Seite zu verschweigen. Die Bundesregierung stünde blöd da, wenn sie sagen müsste: »Sorry, der Sportskamerad will doch nicht mehr.«

Meistens ärgere ich mich, wenn man draußen nicht auf mich hört. In seltenen Fällen wie diesem bin ich hinterher froh. Keine leichte Aufgabe, vor die ich Dilek und alle meine Leute stelle.

Meine Stimmungsschwankungen liegen auch daran, dass immer noch keine Anklageschrift vorliegt. Das bedeutet auch, dass mir die Möglichkeit vorenthalten wird, mich vor Gericht gegen die Vorwürfe zu verteidigen. Darum melde ich mich noch häufiger öffentlich zu Wort. Dilek versteht das, sie findet das meiste auch gut. Doch im ersten Moment bereitet es ihr jedes Mal Herzrasen, wenn sie die Nachricht erhält: »Deniz hat etwas geschrieben.«

Während der Arbeit am Buch sind Doris und ich auf die Idee gekommen, ein Interview zu führen. Doris schickt ihre Fragen, ich antworte, sie stellt Nachfragen, so entsteht fast ein Gespräch. Das Interview, das am 11. November in der *taz* erscheint, ist mein erstes aus dem Knast. Wir reden über meinen Alltag, Politik und Solidarität. Die wichtigste Aussage aber lautet unverändert: »Ich will einen fairen Prozess. Und den am besten gleich morgen.«

Zur fehlenden Anklageschrift hat der CHP-Abgeordnete Sezgin Tanrıkulu kurz zuvor eine Anfrage gestellt. Das Justizministerium wird sie nicht beantworten – was ehrlicher ist als die Antwort, die zuvor Feleknas Uca erhalten hat. Die aus Celle stammende HDP-Politikerin wollte wissen, auf welcher Grundlage mich der Staatspräsident als »Agentterrorist« bezeichnet habe. Eine Antwort wurde abgelehnt. Die humorvolle Begründung: fällt unter Datenschutz.

In Deutschland hat derweil die FDP die Koalitionsverhandlungen mit den Grünen und der Union abgebrochen. Zu Gabriel haben wir persönlich Kontakt, auch ein Außenminister Özdemir hätte mir gefallen. Ansonsten kann es mir egal sein, wie der deutsche Außenminister heißt und welcher Partei er angehört. Von Joschka Fischer stammt das Diktum: »Es gibt keine grüne Außenpolitik, sondern nur eine deutsche.« Demokratietheoretisch bedenklich, auch nicht ganz richtig, in meiner Lage aber beruhigend.

Ende November reicht die türkische Regierung ihre Stellungnahme beim EGMR ein – nachdem das Gericht einen weiteren Aufschub abgelehnt hat. Darin heißt es, der EGMR sei für meinen Fall nicht zuständig, da vor einem türkischen Gericht ein Verfahren laufe – ein peinlicher Copy-and-Paste-Fehler, es gibt kein Verfahren, nicht mal eine Anklageschrift. Ansonsten schließt sich die Regierung den Vorwürfen der Staatsanwaltschaft an, selbst die Übersetzungsfehler wurden komplett übernommen. Die türkische Regierung hat Partei gegen mich ergriffen; die Behauptung, mein Fall sei allein Sache einer unabhängigen Justiz, ist fortan auch in formaler Hinsicht eine Lüge.

Verfasst hat die Stellungnahme ein leitender Beamter mit dem sprechenden Namen Hacı Ali Akgül. Ich stelle mir vor, wie sie im Justizministerium gesagt haben: »Oho, schwierigere Sache, da muss der Hacı dran, der kann auch super Englisch.« Und herausgekommen ist dieses erbärmliche Schreibschreib.

Danach liefern wir uns mit dem Justizministerium einen schriftlichen Schlagabtausch, der sich bis Mitte Januar ziehen wird. Zugleich reicht die türkische Regierung ihre Stellungnahme beim Verfassungsgericht ein. Etwas Neues weiß sie auch dort nicht zu berichten. Und Anfang Februar geht beim EGMR die Stellungnahme der Bundesregierung ein. »Wir werden nichts unversucht lassen, um uns für ein rechtsstaatliches Verfahren für Deniz Yücel einzusetzen«, erklärt Justizminister Maas. Doch zum Austauschangebot fällt kein Wort; ich habe mir umsonst den Mund fusselig geredet.

Am Samstag, dem 2. Dezember, erfahre ich aus den Zeitungen, dass Merkel am Donnerstagabend mit Erdoğan telefoniert hat. Die Kanzlerin habe, so erklärt Seibert, »noch einmal mit Nachdruck auf die Situation der deutschen Gefangenen hingewiesen«. Ob sie im Detail meine Haftbedingungen angesprochen hat, weiß ich nicht.

Das musste sie auch nicht. Dilek und Gabriel haben bei Uçar bzw. Çavuşoğlu Vorarbeit geleistet; nur die Zustimmung des Chefs fehlte.

Noch am Nachmittag klopfen die Aufseher an meine Tür: »Sachen packen, Zellenwechsel!« Nie zuvor habe ich am Wochenende so viele Wachleute auf einmal gesehen. Die Anweisung muss von einer Stelle gekommen sein, die man nicht auf Montag vertrösten konnte. Ich verabschiede mich von Mithat und Salih Bey. Als ich mit dem Handkarren an dessen Zelle vorbeiziehe, steht er, wie so oft, am Fensterchen seiner Zellentür. Ein letztes Mal lächeln wir uns zu.

Offenbar hat man nicht nur die Nummer meiner Wunschzelle vermerkt, sondern auch die Namen der Nachbarn. Denn nach Gökmens Freilassung hatte Oğuz seine Zelle gewechselt, jetzt muss er schon wieder packen.

Meine neue Adresse lautet: Block A, Reihe 11, Zelle 81. Auf der anderen Seite eines Hauptkorridors und ebenfalls in der der letzten Zellenreihe. (Da sich die Sportanlagen im B-Block befinden, hat dieser nur sechs Reihen.) Meine neue Zelle entspricht exakt meiner bisherigen, nur der Hof ist mit knapp 13 Metern dreimal so breit wie mein voriger. Die Zelle nebenan bezieht Oğuz.

Die dritte ist verlassen. Doch in der Zelle liegen, wie wir durch das Fenster sehen können, Sachen des Insassen. Es handelt sich um einen Ex-Offizier, der sowohl in Istanbul als auch im Putschisten-Hauptverfahren in Ankara angeklagt ist, wohin er nun gebracht wurde. Wir werden ihn nie zu Gesicht bekommen. Zu gerne hätten wir gefragt: »Herr General, was war das denn?«

Der A-Block ist der vom Eingang am weitesten entfernte Block. Unsere ist die letzte Reihe des letzten Zellenblocks. Als ich erfahre, wer in der letzten Zelle der letzten Reihe sitzt, bin ich schockiert: Abdulkadir Mascharipow, der Mann, der in der Silvesternacht, als ich in der Residenz untergetaucht war, das Massaker im Reina angerichtet hat. Mit so einem Massenmörder werde ich im wörtlichen Sinn in eine Reihe gestellt. Es ist zum Schreien.

Doch das Ende der Isolationshaft ist befreiend und Oğuz ein wunderbarer Nachbar. Er ist 41 Jahre alt, mit seinem dunkelblonden Vollbart und der Stirnglatze, vor allem aber mit seiner gleichmütigen und freundlichen Art ähnelt er kein bisschen dem Typ türkischer Medienmanager, wie ich ihn kenne.

Ein humorvoller, ruhiger Mensch, der mir guttut – und an dem ich monatelange Isolation auslasse. Ich rede und rede. Bis er mal zu Wort kommt, vergehen Tage. Dank Oğuz gewöhne ich mir wieder einen halbwegs regelmäßigen Tagesrhythmus an, den ich über die Arbeit am Buch verloren hatte. Frühstücken zum Beispiel, was wir immer in seiner Zelle machen.

Jetzt kann ich endlich auch das verbotene Backgammonspiel zum Einsatz bringen, das ich gebastelt habe. Das Feld auf zusammengeklebten Papierblättern, als Spielsteine rote und grüne Deckel von Cola- bzw. Mineralwasserflaschen und der Clou: als Würfel ein abgeschnittenes Stück Würfelzucker. In meiner Einsamkeit hatte ich das angefertigt, aber dann versteckt. Fußball oder Memory geht alleine einigermaßen, Backgammon nicht.

Oğuz hat sein Berufsleben in Nachrichtenredaktionen großer Fernsehsender verbracht. Als Chef von Habertürk war er dafür verantwortlich, dass der Sender aus Sicht der Regierung über die Gezi-Proteste vom Frühjahr 2013 berichtete. Ein halbes Jahr später beim Korruptionsskandal versuchte er, es besser zu machen. Die für einen regierungsnahen Sender viel zu kritische Berichterstattung kostete ihn den Job. Danach arbeitete er frei, Ende 2016 wurde er verhaftet.

Er freut sich zwar, wenn er in der *Cumhuriyet* oder *Evrensel* über verhaftete Journalisten liest, erwartet aber keine Solidarität mit ihm persönlich. Er findet es sogar larmoyant, dass sich einige inhaftierte Journalisten, die einst in damals regierungsnahen Massenmedien arbeiteten, über mangelnde Unterstützung in oppositionellen Medien beklagen: »Was haben diese Leute je für eine Zeitung wie die *Cumhuriyet* getan, die damals auch schon Probleme hatte?«

Diese Aufrichtigkeit ist umso bemerkenswerter, da er ein traumatisches Erlebnis hinter sich hat: Ende März 2017 begann der Prozess gegen ihn und über 20 weitere Angeklagte, zumeist Ex-Mitarbeiter Gülen-naher Medien. Wegen der abgeschlossenen Beweisaufnahme beantragte der Staatsanwalt für Oğuz, den mit ihm angeklagten Atilla Taş und elf andere das Ende der U-Haft. Das Gericht gab dem statt und verfügte für acht weitere Angeklagte die Freilassung.

Während Oğuz und die anderen ins Gefängnis gebracht wurden, um ihre Sachen zu packen, und ihre Angehörigen aufbrachen, um sie am Gefängnistor zu empfangen, empörten sich AKP-Trolle auf Twitter. Dann schalteten sich andere Leute ein, die veranlassten, dass Oberstaatsanwalt Irfan Fidan persönlich eingriff. Bei den acht Angeklagten, die das Gericht von sich aus freigelassen hatte, war die Sache einfach: Die nächste Instanz gab dem Widerspruch des Oberstaatsanwalts gegen ihre Freilassung statt. Schwieriger war es bei Oğuz' Gruppe. Der Oberstaatsanwalt konnte ja nicht gegen den Antrag des Staatsanwalts vorgehen. Also leitete er ein neues Ermittlungsverfahren ein.

Noch auf dem Gefängnisgelände wurden die Journalisten der Polizei übergeben. An ihren Angehörigen vorbei schleuste man sie ins Präsidium; nach 14 Tagen Gewahrsam wurden sie erneut verhaftet. Zuvor waren sie wegen Mitgliedschaft in einer Terrororganisation angeklagt, wofür die Höchststrafe 15 Jahre beträgt. Jetzt haben sie auch noch eine Anklage wegen Putschversuchs am Hals, der neue Staatsanwalt fordert für jeden zweimal lebenslang unter erschwerten Bedingungen.

Damit nicht genug, wurden die an der gescheiterten Freilassung beteiligten Richter und der Staatsanwalt suspendiert. Selbst für die Erdoğan-Justiz markiert diese Episode einen Tiefpunkt – und für mich und andere eingesperrte Journalisten eine traumatische Erfahrung. Wie muss das erst für die Betroffenen gewesen sein? »Furchtbar«, sagt Oğuz und lächelt. Er hat wirklich etwas von der Gelassenheit eines buddhistischen Weisen.

Das Ende der Isolationshaft ist der erste große Fortschritt in meiner Haftzeit. Und die Umstände, unter denen dies erfolgte – Samstagnachmittag! –, könnten auf mehr hoffen lassen. Veysel strahlt, als er am nächsten Tag davon erfährt. Und Maas kommentiert: »Welch eine großartige Nachricht! Endlich bewegt sich was!«

In der Regierungspresse war mein Name in den vergangenen Wochen kaum noch aufgetaucht. Jetzt berichtet *Sabah* über meine Verlegung und zitiert Maas. Vor ein paar Monaten hätte das Blatt so etwas wie »Deutscher Minister tanzt Bauchtanz, weil Terrorist verlegt wurde« getitelt. Jetzt lautet die Überschrift: »Deutscher Minister: Yücel ist nicht mehr in Isolationshaft«. Kein Agent, kein Terrorist, kein Zufall. Das ist tatsächlich ein Wendepunkt!

Aus türkischer Sicht wiederum gibt es in Deutschland positive Entwicklungen: So werden Anfang Dezember die Spionageermittlungen gegen die Ditib-Imame eingestellt, zugleich kommt Öksüz, der mutmaßliche Drahtzieher des Putschversuchs, auf die Fahndungsliste. Und es mehren sich Berichte, dass die deutsche Polizei bei Demonstrationen gegen das Zeigen von Öcalan-Postern oder Fahnen der syrisch-kurdischen PYD bzw. YPG vorgeht.

Auch wenn diese in Deutschland nicht illegal sind, ist es keine Propaganda-Erfindung der türkischen Regierung, dass es sich bei der PYD bzw. deren Miliz YPG um den syrischen Ableger der PKK handelt. Für ihren Kampf gegen den IS hatten die Kurden im Westen Anerkennung erfahren. Nun könnte man sagen: Die Kurden haben ihren Dienst als Infanterie des Westens gegen den IS erfüllt, jetzt lässt man sie wieder fallen, wie so oft in ihrer Geschichte. Doch das internationale Prestige, das die PKK ab 2014 mit in der Schlacht um Kobanê oder der Rettung von 30 000 Jesiden aus dem nordirakischen Sindschar-Gebirge gewonnen hatte, hat sie nach dem Ende des Friedensprozesses in der Türkei, mit dem Städtekrieg und den Terroranschlägen, selber verspielt.

Die türkische Regierung nimmt die Berichte über die neue Härte der deutschen Polizei erfreut zur Kenntnis. Was ihr ebenfalls gefallen dürfte: Die deutschen Kriegswaffenexporte in die Türkei sind, wie später bekannt wird, trotz der angekündigten restriktiven Kontrollen gestiegen. Im Jahr 2017 exportierte Deutschland Kriegswaffen im Wert von 62,3 Millionen Euro. 2016 waren es noch 49, im Jahr 2015 26,5 Millionen Euro.

Allerdings dürfte ein erheblicher Teil dieser Exporte bereits vor dem Krisenjahr 2017 bewilligt worden sein. 2017 hat die Bundesregierung Rüstungsexporte im Wert von knapp fünf Millionen Euro in die Türkei abgelehnt – mehr als in andere Länder, aber nur ein Siebtel der bewilligten Ausfuhren im Wert von 34,2 Millionen Euro. Das allerdings ist weniger als die Hälfte der Rüstungsexporte von 83,9 Millionen Euro, die noch 2016 bewilligt wurden. (Zum Verständnis: Bei den tatsächlichen Exporten werden nur Kriegswaffen erfasst, bei den Genehmigungen auch andere militärisch relevanten Güter.)

Nun wird bekannt, dass der Bundessicherheitsrat eine Vorgenehmigung erteilt hat, um 120 türkische M60-Kampfpanzer aus US-Produktion zum Schutz vor Minen und Sprengfallen mit speziellen Panzerplatten nachzurüsten. Deutsche Medien werfen die Frage auf, ob es einen Zusammenhang zu Peters Freilassung gab, die kurz nach dieser Entscheidung erfolgte. Eine solche Modernisierung will die Türkei auch für ihre rund 350 Leopard-2-Panzer – und womöglich eine Genehmigung für Rheinmetall, sich am Bau der Panzerfabrik zu beteiligen.

Ende 2017 habe ich den Eindruck, als könnte Erdoğan von seiner Austauschidee abgerückt sein. Überhaupt hat er seit Monaten nicht mehr öffentlich über mich geredet. Das muss nicht heißen, dass die türkische Seite keine Gegenleistung für meine Freilassung mehr fordert. Aber vielleicht ist es so: Sie fahren in einen Laden am anderen Ende der Stadt, um diese eine perfekt sitzende Jeans zu kaufen, müssen aber feststellen, dass sie ausverkauft ist. So schauen Sie, ob Sie wenigstens am Grabbeltisch ein paar T-Shirts mitnehmen können. In meinem Fall heißt die Auslegware: ein paar Panzer oder wenigstens Panzerplatten.

Während sich in den Beziehungen zu Deutschland zaghaft Entspannung andeutet, verschärfen sich die Spannungen mit den USA. Die Hoffnungen, die man in Ankara mit Donald Trump verbunden hatte, wurden enttäuscht. In Syrien setzt der US-Präsident die Unterstützung der YPG fort und zeigt, wie schon die Obama-Regierung, keine Anstalten, Fethullah Gülen auszuliefern. Zugleich fordern die USA die Freilassung des Pastors Andrew Brunson. Als Anfang Oktober ein türkischer Mitarbeiter des US-Konsulats in Istanbul verhaftet wird, setzen die USA die Vergabe von Visa für türkische Bürger aus. Die Türkei kontert mit derselben Maßnahme für US-Bürger, was aber nur trotzig wirkt.

Und dann ist da der Prozess gegen den dubiosen türkisch-iranischen Geschäftsmann Reza Zarrab, einer Schlüsselfigur des Korruptionsskandals. Vier Jahre zuvor konnte Erdoğan die Ermittlungen niederschlagen. Jetzt holen sie ihn wieder ein. Auch wenn das New Yorker Gericht nicht Korruption, sondern Verstöße gegen Sanktionen gegen den Iran verhandelt, ist dieser Prozess peinlich.

Kurz vor dessen Auftakt Ende 2017 wird bekannt, dass Zarrab als Kronzeuge aussagen wird. Auf der Anklagebank sitzt nur noch Hakan Atilla, der Ex-Vizechef der staatlichen Halkbank, über die Zarrab Milliardengeschäfte mit dem Iran abwickelte: Öl gegen Gold, unter Umgehung der UN- und US-Sanktionen, aber mit Wissen der türkischen Regierung. Zarrab berichtet von Schmiergeldzahlungen, vor allem an den damaligen Wirtschaftsminister Zafer Çağlayan.

Diese Spannungen – und die drohende Milliardenstrafe für die Halkbank – treffen die türkische Wirtschaft in einer schwierigen Lage. Der US-Dollar steht knapp unter 4 Lira und der Euro um 4,70 – Rekordwerte. Hinzu kommt eine steigende Inflation; 11,92 Prozent wird die Rate für 2017 betragen, nur im ersten Jahr der AKP-Regierung war die Inflation höher.

Dem steht für 2017 ein beeindruckendes Wirtschaftswachstum von offiziell 7,6 Prozent gegenüber – mehr als China (6,9), als Deutschland sowieso (2,2). Einige Branchen profitieren zwar vom Verfall der Lira, doch gibt es Indizien, dass diese Wachstumsrate teilweise auf Rechentricks zurückgeht. Ein weiterer Teil ist auf Pump errichtet, resultiert also auf höheren staatlichen Investitionen und Investitionskrediten. Die offizielle Arbeitslosenrate beträgt unverändert 10,9 Prozent, was sich mit dem Bevölkerungswachstum allein kaum erklären lässt.

Außerdem importiert das Land mehr, als es exportiert; zunehmend auch Lebensmittel. 47,1 Milliarden Dollar, 5,5 Prozent des BIP, beträgt das Leistungsbilanzdefizit. Das BIP-pro-Kopf liegt der Weltbank zufolge bei 10 546 US-Dollar. Das ist deutlich mehr als beim Regierungsantritt der AKP im Jahr 2002 (3660), sinkt aber seit dem Rekordwert von 2013 (12 543) stetig.

Schließlich erreichen die ausländischen Direktinvestitionen (ohne Immobilien) mit 7,4 Milliarden US-Dollar den niedrigsten Wert seit sieben Jahren – was angesichts dessen, dass die türkische Regierung mit fast aller Welt im Clinch liegt, immer noch beachtlich ist. Kurz: Ende 2017 zeichnet sich bereits die Wirtschaftskrise ab, die das Land im Sommer 2018 mit voller Wucht treffen wird.

Angesichts dieser für die Türkei düsteren, für mich guten Aussichten könnte ich Krimis lesen und abwarten. Tue ich aber nicht. Am 10. Dezember, am Tag der Menschenrechte, steht ein Jubiläum bevor: 300 Tage Knast. Ulf hat hierfür eine wunderbare Idee: Die *Welt* soll im Originalmaßstab den Grundriss meiner Zelle abdrucken. Wer die Zeitung auseinanderfaltet und die Rückseiten nach Plan auf dem Boden auslegt, erhält eine maßstabsgetreue Zeichnung meiner Zelle.

Ich finde: Den Grundriss – 4,18 mal 3,10 Meter, 12,96 Quadratmeter – abzubilden, ist gut. Noch besser ist: Wir füllen die Fläche mit dem Inventar. Aber wie messe ich das ohne Lineal oder Messband? Nun, ich bitte Dilek auszumessen, wie breit eine Doppelseite der *Hürriyet* ist. (Die kann sich ja auch mal nützlich machen; außerdem bedeutet *Hürriyet* »Freiheit«.)

Jetzt zerschneide ich die Zeitung in Streifen: eine halbe, eine Viertel- ... bis zu einer Zweiunddreißigstel-Doppelseite. Mein Bett etwa misst in der Länge zwei ganze Doppelseiten, eine halbe, eine Viertel- und eine Zweiunddreißigstel-Doppelseite. Die Summe wandle ich in eine Dezimalzahl um: 2,78125 Doppelseiten *Hürriyet*. Das wiederum multipliziere ich mit dem Millimetermaß der Zeitung (669 mm). Mein Bett ist demnach 1,86 Meter lang.

Auf diese Weise messe und errechne ich von Hand Längen, Breiten und Höhen. Wände, Möbel, Zeug, das in der Zelle rumliegt (Aschenbecher, Schlappen usw.). Und die Abstände. So beträgt der Abstand zwischen der Westwand und dem Kühlschrank eine halbe, eine Achtel- und eine Sechzehntel-Doppelseite = 0,6875 *Hürriyet* = 0,46 cm. So ungefähr jedenfalls.

Zwei Tage bin ich damit beschäftigt. Dann kommt mir die Idee, als Orientierungshilfe eine Skizze beizufügen. Jetzt fällt mir das Heft mit kariertem Papier ein, das ich mal gekauft, aber nie benutzt habe. Ich fische es aus meinem Papierstapel. Zumindest die kleinen Maße hätte ich mit dem Karopapier leicht messen können.

Diese und weitere Detailskizzen (Tisch, Spülzeile usw.) zeichne ich mit feinen Bleistiftlinien ins Notizheft, die beim Durchblättern nicht auffallen. Das könnte man ja für einen Fluchtplan halten. Erst in der Anwaltskabine ziehe ich die Linien nach. Am Ende sind es 24 Seiten mit Skizzen und Maßangaben. Die Kollegen aus der Produktion und die Grafikerinnen Katja Fischer und Juliane Schwarzenberg und ihr Team haben alle Hände voll zu tun.

Etwas schreiben will ich für diese Ausgabe auch. Da die *Welt* inzwischen alles von mir druckt, teile ich Daniel nur mit: »Ich brauche 20 000 Zeichen. Wird super.« Aus den Briefen an die *Welt* wähle ich einige aus und tue so, als handle es sich dabei um die vereinzelten Briefe, die ich auf amtlichem Weg erhalten habe, und antworte mit Miniaturen, in denen ich über mich oder den Knastalltag erzähle.

Das hört sich so an: »Liebe Petra H., es war schön, Ihren Bericht vom Stones-Konzert in Hamburg zu lesen. (…) Arno Frank schrieb einmal über neue Platten meiner Lieblingsband Motörhead, dass diese wie die U-Bahn seien: ›Verpasste die eine, nimmste die nächste.‹ Seit Lemmy Kilmister vor zwei Jahren verstarb, ist die letzte U-Bahn leider abgefahren. Wie gut, dass wenigstens die Rolling Stones weiterspielen. Wenn man im Knast sitzt, hat dieser Gedanke etwas Versöhnendes: Bayern wird Meister, Merkel wird Kanzlerin, die Stones geben Konzerte, eine U-Bahn folgt der nächsten … Das Leben da draußen geht weiter und bleibt sich doch gleich. Ich weiß selber, dass das nicht stimmt. Aber es tröstet.«

An dem Tag selber warten türkische Zeitungen, also die üblichen drei, mit einer Überraschung auf: Der Freundeskreis hat mit der Unterstützung der *Welt* eine neue Anzeige geschaltet, die auch in deutschen Zeitungen erscheint. Zu den Unterzeichnern gehören die Literaturnobelpreisträger Swetlana Alexijewitsch, J. M. Coetzee, Elfriede

Jelinek, Herta Müller und Orhan Pamuk, die Regisseure Wim Wenders, Volker Schlöndorff und Fatih Akin, außerdem Sting, Bono, Die Toten Hosen oder Slavoj Žižek, ziemlich alle deutschen Chefredakteure sowie Freunde und Kollegen.

Über 200 Namen; sehr, sehr schön. Es sei immer wieder beeindruckend, »dass es in Zeiten der Fragmentierung gelingt, für eine gemeinsame Sache so unterschiedliche Menschen zu gewinnen«, kommentiert Imran.

Kurz darauf legt Hertha BSC nach: Bei einem Bundesligaspiel leuchtet »FreeDeniz« auf den LED-Banden des Berliner Olympiastadions. »Für uns ist jeder Tag ein Tag der Menschenrechte«, schreibt der Club auf Twitter. Zuvor hatten sich Fans von Werder Bremen, RB Leipzig oder St. Pauli mit mir solidarisiert, aber keine Führung eines Bundesligaclubs. Als ich später höre, dass mein bisheriger Lieblingsverein Leverkusen eine solche Geste abgelehnt hat, bin ich nur halb enttäuscht. Diese Versager. Ich bin jetzt Hertha-Fan.

Seit dem Hafturteil hat Staatsanwalt Yılmaz Refiks Gesprächsanfragen erst ignoriert und ihn dann an Oberstaatsanwalt Irfan Fidan verwiesen, der wiederum ans Justizministerium. Birgelen bat schließlich die Botschaft in Ankara, einen Termin bei Fidan zu beantragen. Auch wenn dieser sich kurzfristig vertreten lässt, kommt das Treffen mit Refik und Birgelen, an dem auch Yılmaz teilnimmt, Mitte Dezember zustande. Der Tisch ist mit türkischen und deutschen Fähnchen dekoriert, es gibt Tee, Gebäck und die üblichen Ausflüchte. Egal, allein die Bereitschaft ist ein Signal.

Zu seinem nächsten Besuch kommt Birgelen mit einem neuen Vorschlag: Nächstes Jahr feiert das deutsch-türkische Gymnasium Istanbul seinen 150. Geburtstag. Gabriel und Çavuşoğlu könnten die Schule besuchen. Für ein solches Zeichen der Normalisierung aber müsste ich vorher freikommen.

Eine echte Diplomatenidee. Und eine gute. Birgelen wiederum ist überrascht, als ich ihm sage: »Es ist bald vorbei.« Die allgemeine politische und wirtschaftliche Lage plus die vielen kleinen und großen Signale, außerdem das Verfahren vor dem EGMR – all das macht mich sicher. Ich könnte nicht sagen, ob es noch ein paar Wochen oder Monate gehen wird, aber wir sind, da bin ich mir sicher, in der Endphase angelangt. Wie in einem Tunnel, an dessen Ende man das berühmte Licht sieht, ohne genau sagen zu können, wie weit die Strecke noch ist.

Es darf nur nichts dazwischenkommen. Doch in der Nacht des 24. Dezember kommt etwas dazwischen: das Notstandsdekret Nr. 696, das Straffreiheit für alle Handlungen gegen den Putschversuch gewährt. Die Lynchaktionen gegen Soldaten auf der Bosporusbrücke, die bereits kapituliert hatten, werden ungeahndet bleiben – nicht, weil Gerichte in einem rechtsstaatlichen Prozess mildernde Umstände anerkennen, sondern pauschal, per nächtlichem Dekret.

Straffrei sollen nicht nur Handlungen gegen »den Putschversuch und die terroristischen Taten des 15. Juli« bleiben, sondern auch solche gegen »die Fortführung dieser Aktivitäten«. Was aber hat die Regierung nicht schon als »Fortführung« des Putsches bezeichnet: Kılıçdaroğlus »Gerechtigkeitsmarsch«, das Seminar der Menschenrechtler ... Auch wenn Justizminister Abdülhamit Gül betont, dass »Fortführung« nur den Morgen des 16. Juli meine, ist diese Formulierung so vage, dass selbst Ex-Präsident Abdullah Gül entgegen seiner sonstigen Zurückhaltung eine Korrektur fordert. Vergeblich. Auch dieses Dekret wird später vom Parlament gebilligt werden und dauerhaft Gesetzeskraft erlangen. Eine Lynchlizenz für die paramilitärischen Truppen der AKP.

In der Aufregung geht eine andere Bestimmung fast unter: die Gefangenenuniform. Das Thema schien vergessen, jetzt taucht es in diesem Dekret wieder auf. So, wie es Erdoğan angekündigt hatte: Putschangeklagte sollen vor Gericht »mandelkernfarbige« Overalls tragen, Terrorangeklagte graue Hosen und Hemden. Innerhalb von 30 Tagen muss die Ausführungsvorschrift folgen. Was das für mich bedeuten könnte, scheint in Deutschland niemand so recht zu erkennen.

Anderes wird sehr wohl wahrgenommen. »Wir müssen die Zahl der Feinde verringern und die Zahl der Freunde erhöhen«, sagt Erdoğan bei einer Afrika-Reise am Ende des Jahres. »Erdoğan braucht

Freunde – gut so«, kommentiert Ulf in der *Welt*. Die Bundesregierung solle »die ausgestreckte Hand nicht wegschlagen«. Ulf weiß, dass er nicht nur als Journalist wahrgenommen wird, sondern immer auch als mein Chef. Entsprechend sorgfältig wählt er seine Worte.

An Neujahr ist es Çavuşoğlu, der sich in einem *dpa*-Interview mit Can Merey freundlich gibt. Über mich sagt er: »Er wurde nicht wegen Journalismus inhaftiert, weil er ohnehin nicht akkreditiert war.« Das ist die bekannte Scheißhauslogik. Der folgende Satz aber überrascht: »Auch ich bin nicht sehr glücklich darüber, dass es noch immer keine Anklage gibt.« Die Regierung könne nur dazu ermutigen, das Verfahren zu beschleunigen, was sie bereits getan habe. Die Staatsanwaltschaft habe jedoch mitgeteilt, dass die Lage »sehr komplex« sei.

In Verbindung mit dem, was mich Can über dieses Interview wissen lässt, ist die neue Tonlage unüberhörbar. Aber ich habe diesen Schwachsinn so satt, dass ich eine kurze Replik an *dpa* und den türkischsprachigen Dienst der Deutschen Welle schicke: »Das hat mich sehr bekümmert«, schreibe ich. »Aber ich kann ihn trösten: Wenn ich mich daran gewöhnt habe, seit fast einem Jahr ohne Anklage als Geisel gehalten zu werden, dann schafft er das auch.«

Erstmals antworte ich einem türkischen Politiker aus Gereiztheit. Nur mein letzter Satz folgt einer strategischen Überlegung: »Jungs, eure Uniform passt mir nicht. Niemals.« Klingt nach Kampfansage, ist aber eine verklausulierte Botschaft an die türkische und die deutsche Regierung: Wenn ihr das Problem, das ich für die bilateralen Beziehungen darstelle, lösen wollt, dann beeilt euch!

In der deutschen Version lautet meine Anrede an Çavuşoğlu »Jungs«; in der türkischen schreibe ich *hacı*; eigentlich ein Ehrentitel für eine Person, die die Pilgerreise nach Mekka unternommen hat, der umgangssprachlich aber auch als Anrede für Leute genutzt wird, die man nicht ganz ernst nimmt. Diese milde Herablassung ist Absicht, missfällt aber Dilek. Das würde, schreibt sie mir, auf mich zurückfallen. Veysel sehe das genauso. Na gut, wenn sie meinen.

Das Thema wäre erledigt, wenn Dilek nach ihrem Hinweis keine allgemeine Suada angestimmt hätte: meine Härte, meine Rücksichtslosigkeit und überhaupt ... Ach Dilek, das ist jetzt unnötig – so unnötig, wie ich vor einigen Wochen nach einem Streit unser Telefongespräch ausfallen ließ. Dabei wollte Dilek mir an diesem Tag die neue Platte meiner zweiten Lieblingsband LCD Soundsystem vorspielen. Als mein Anruf ausblieb, bekam sie erst Panik und wurde dann, als sie von den Anwälten erfuhr, dass ich verzichtet habe, tieftraurig.

Am Freitag, dem 5. Januar, unterzeichnen Erdoğan und Macron in Paris ein Abkommen über das Luftabwehrsystem, das mit der Freilassung von Loup Bureau in Verbindung gebracht worden war. Auf der Pressekonferenz herrscht Erdoğan einen *Reuters*-Reporter an, der nach türkischen Waffenlieferungen nach Syrien gefragt hatte, und bezeichnet inhaftierte Journalisten als »Gärtner des Terrorismus«. Ein gelungener Auftritt. Doch auf dem Rückflug diktiert er mitreisenden Journalisten: »Wir müssen schnell unsere Beziehungen zu Europa verbessern.«

Tags darauf empfängt Gabriel Çavuşoğlu im Wintergarten seines Privathauses in Goslar. Von dem Treffen wird zunächst nur ein Foto verbreitet, das die türkischen Regierungsmedien genüsslich aufnehmen: Gabriel, der mit leicht gebückter Haltung seinem Gast aus einem türkischen Service Tee einschenkt. Cem Özdemir wird das Foto kritisieren, weil die Bildsprache Servilität signalisiere. Dem Außenminister eines Landes, das »deutsche Staatsbürger willkürlich gefangen hält«, dürfe man nicht öffentlich mit so einer Geste empfangen.

Als einer dieser gefangenen deutschen Staatsbürger finde ich es gut, dass Cem und die Opposition die Bundesregierung in Manndeckung nehmen. Doch diese Kritik teile ich nicht. Solange Gabriel mit dem Tee reinen Wein einschenkt, soll's mir recht sein.

Nach dem Vieraugengespräch besuchen die Außenminister die Kaiserpfalz, wo ein Statement für die Presse geplant ist. Die Mikrofone sind so aufgestellt, dass die Kameras hinter den Rednern ein Wandbild aufnehmen würden, das den Sieg Friedrich Barbarossas über den seldschukischen Sultan Kılıç Arslan II. im Jahr 1190 beim Dritten Kreuzzug darstellt. Der deutsche Kaiser hoch zu Ross, die Truppen des türkischen Fürsten zermalmend – keine glückliche Kulisse, um

Freundlichkeiten auszutauschen. In letzter Sekunde kann Gabriel eingreifen.

Bei der Liveübertragung höre ich, wie er im Anschluss an die Pressekonferenz, aber bei angeschalteten Mikrofonen zu Çavuşoğlu sagt: »By the way, the German school in Istanbul will have anniversary. Maybe we should go together.« Und Çavuşoğlu antwortet: »You should come. I forgot to invite you. It was in my note.« Damit es ja jeder mitbekommt, wiederholt Gabriel das ins Mikrofon. Birgelens Idee nimmt Gestalt an. (Im September wird dieser Besuch stattfinden, dann aber mit dem neuen Außenminister Maas.)

Schon vorab hatte Çavuşoğlu für einen »Neustart« in den bilateralen Beziehungen geworben. In ihren Statements haben die Minister nette Worte gewechselt, gelächelt und sich gegenseitig auf die Schultern geklopft – kein Vergleich zur eisigen Stimmung bei Gabriels Ankara-Reise im Juni. Mein Name ist nicht gefallen. Auch dafür wird Gabriel Kritik ernten. Aber mir muss niemand erklären, was das bedeutet: Sie haben ausgemacht, meinen Fall bald zu lösen, und dafür verabredet, nicht mehr so viel Aufhebens darum zu machen. Erst auf die Nachfrage eines Journalisten, ob sie über mich gesprochen hätten, sagt Gabriel: »Da können Sie sicher sein.«

Und ich könnte zufrieden sein – gäbe es da nicht etwas, von dem ich durch die Pressekonferenz erfahre: »Die Türkei ist NATO-Partner und Partner im Kampf gegen den IS«, hat Gabriel in einem Interview mit dem *Spiegel* gesagt. »Trotzdem hat die Bundesregierung eine sehr große Anzahl von Rüstungsexporten nicht genehmigt. Dabei wird es auch bleiben, solange der Fall Yücel nicht gelöst ist.«

Im Sinn hat er, wie er nun auf Nachfrage andeutet, die Modernisierung der Leopard-2-Panzer zum Schutz vor Minen und Sprengfallen. Es sei eine »moralische Verpflichtung«, diese »defensive Schutzausrichtung« an die Türkei zu liefern. Für Soldaten, die einen Panzer bedienen, mag ein Minenschutz defensiv sein; der Panzer ist definitiv nicht defensiv. Und womöglich hält es Gabriel für eine gute Idee, die Erpressungsnummer der Türken umzudrehen: ohne Yücel keine Panzerplatten. Auf der Pressekonferenz bestreitet er, einen Zusammenhang zwischen mir und Rüstungslieferungen hergestellt zu haben. Doch gesagt ist gesagt.

Ein halbes Jahr später wird Gabriel in seinem Buch *Zeitenwende – Mehr Verantwortung in der Weltpolitik* darlegen, warum er, trotz der »berechtigten Kritik« an der innenpolitischen Lage, Waffenlieferungen an die Türkei befürwortet: Es liege im Interesse Europas, die Westbindung der Türkei aufrechtzuerhalten. Andernfalls werde sich die Türkei Russland zuwenden und nach der Atomwaffe greifen. Und am Beispiel Radpanzer für Ägypten argumentiert er: Es sei ein Dilemma, diese zu liefern, ohne sicher zu wissen, ob Präsident as-Sisi diese Waffen gegen IS-Terroristen auf dem Sinai oder gegen friedliche Demonstranten auf dem Tahrir-Platz in Kairo einsetze. »Man kann sich immer schuldig machen, ob man Waffen liefert oder nicht liefert.« Er jedenfalls habe sich dafür entschieden.

Darüber ließe sich diskutieren – aber nicht darüber, dass Gabriel meinen Namen in einem Satz mit Waffenlieferungen genannt hat.

Ich habe nie bezweifelt, dass die Bundesregierung mich unterstützt. Ab und zu habe ich zwar gedroht, etwas öffentlich zu machen. Doch das war bloß ein Druckmittel. Tatsächlich habe ich Kritik nur intern geäußert. Ich hatte nichts dagegen, dass mein Name im Zusammenhang mit Reisewarnungen oder Hermes-Bürgschaften fiel. Aber Panzer? Panzer kann ich nicht unwidersprochen lassen.

Tags darauf ist Dilek-Tag. Seit ihrer Kritik an meiner Antwort auf Çavuşoğlu haben wir uns nicht gesehen. »Ein kurzes Wort hätte genügt«, sage ich. »Alles, was danach kam, war unnötig und verletzend.« Dilek schaut mich liebevoll an. Es tut ihr leid.

Nun entspinnt sich ein Gespräch, in dem wir die großen Missverständnisse und gegenseitigen Kränkungen der vergangenen Monate durchgehen. Die Gefangenenbekleidung? Schon im Sommer habe sie zu Veysel gesagt: »Deniz wird das nicht anziehen.« Sie habe nicht mit mir darüber gesprochen, weil mich das Thema belastet habe. Aber genau nach diesem einen Satz Zuspruch habe ich mich gesehnt. Mein Vorwurf, dass sie Angst habe? »Ich weiß, wie viel Unrecht ich dir damit getan habe«, sage ich und schäme mich dafür.

Ihr Eindruck, dass ich nichts auf ihr Urteil gebe? Im Gegenteil. Wie oft war ich in den vergangenen Monaten stolz auf das, was sie gesagt und geschrieben hat. Aber seit ihrer flapsigen Reaktion auf meinen Bericht an den EGMR hatte ich umgekehrt den Eindruck, dass sie sich nicht für meine Gedanken und Überzeugungen interessieren würde. Sie habe das unüberlegt dahingeschrieben, weil sie sich über etwas geärgert hatte. »In Wahrheit habe ich beim Lesen dieses Textes jeden Moment mit mir gelacht und mit dir gelitten.«

Erst jetzt, fast ein Jahr später, können wir all diese Missverständnisse aufklären. Wäre uns das gleich gelungen, wir hätten uns viele Konflikte erspart und uns bei den übrigen nicht so zerfleischt. Wir sind ganz schön bescheuert.

Noch bescheuerter aber ist diese Trennscheibe, die verhindert, dass wir uns jetzt umarmen. Nie habe ich diese Scheibe so gehasst. Und nie bin ich nach einem Gespräch mit Dilek so berauscht in meine Zelle gegangen. Natürlich hatten wir viele schöne Momente bei unseren Treffen und in unseren Briefen. Aber irgendwo lag immer dieser ganze Schrott. Der ist jetzt weg. An diesem 8. Januar erleben wir unser vorweggenommenes privates Happy End.

Am selben Tag wird bekannt, dass auf der Autobahn bei Aachen auf das Auto des deutsch-türkischen Fußballers Deniz Naki geschossen wurde. Ob es einen politischen Hintergrund gibt, bleibt unklar, ist aber angesichts der Verfahren gegen Naki, der mittlerweile in Diyarbakır spielt und sich immer wieder zu den Rechten der Kurden äußert, nicht auszuschließen. Dilek hat recht: Für meine Zeit nach dem Gefängnis kann ich Sicherheitsfragen nicht weiter verdrängen.

Ihr habe ich erzählt, dass ich Gabriel antworten werde. Sie hat genickt; seine Interviewaussage hat sie ebenfalls empört. Zuvor muss ich etwas anderes erledigen: meine letzten Änderungen am Buch, die ich an Doris schicke. Wir haben es geschafft, unser Buch wird zum einjährigen Knastjubiläum erscheinen.

Für mich ist die Arbeit erledigt, für Doris nicht. Mit dem Freundeskreis organisiert sie die Präsentation und gibt als Herausgeberin etwa hundert Interviews, selbst noch dem kalifornischen Uniradio, bis sie sich, wie sie sagt, wie »eine Dauerwerbesendung« fühlt – weil ich allen eingeschärft hatte, dass zum Knastjubiläum nur Doris über das Buch reden solle, aber auch, damit ich ihr später nicht vorhalte, etwas unterlassen zu haben. Nicht immer so vorteilhaft, was meine Freunde über mich denken.

Jetzt zu Gabriel. Mit meiner spöttischen Antwort an Çavuşoğlu hatte ich Can Merey gesagt, dass wir irgendwann mal ein ausführliches Interview machen könnten, worauf er mir sofort seine Fragen geschickt hat. Zuvor wäre Fatih Polat, der Chefredakteur der *Evrensel*, an der Reihe. Jetzt mache ich beide Interviews fertig, gebe der *Evrensel* aber einen Tag Vorsprung. Fatih steht da selber in Ankara vor Gericht, sorgt aber dafür, dass sein Interview ganzseitig in der *Evrensel* erscheint. Tags darauf veröffentlicht *dpa* Cans Interview.

Meine wichtigste Botschaft ist in beiden identisch: Ich möchte, so schreibe ich, meine Freiheit nicht »mit Panzergeschäften von Rheinmetall oder dem Treiben irgendwelcher anderen Waffenbrüder befleckt wissen«. Und: »Für schmutzige Deals stehe ich nicht zur Verfügung.«

Klar ist das hochtrabend. Formal bin ich aufgrund eines Gerichtsurteils im Knast, und formal werde ich abermals mit einem Gerichtsurteil rauskommen. So, wie man bei meiner Verhaftung nicht meine Zustimmung eingeholt hat, wird man dies bei meiner Freilassung auch nicht tun. Ich könnte zwar sagen: »Solange ich mir nicht sicher bin, ob es irgendwelche Deals gab, gehe ich nicht.« Aber ich weiß auch, was man mir antworten würde: »Raus hier, Spinner!« Ich kann nur sagen, was ich von solchen Deals halte. Aber das laut und deutlich.

Ob das Konsequenzen für die laufenden Verhandlungen haben könnte, ist mir egal. Ich glaube es zwar nicht. Und selbst wenn: Ich will nicht für den Rest meines Lebens Schuldgefühle mit mir tragen. Das ist eine Frage der Moral und der Selbstachtung. Und das ist wichtiger als ein paar Monate Knast mehr.

So ziemlich alle deutschen Medien bzw. ihre Onlineausgaben übernehmen den kompletten Wortlaut oder die Zusammenfassung. *dpa* wird später von einem »weltweit beachteten Interview« sprechen.

Noch am Erscheinungstag am 17. Januar antwortet Gabriel: »Ich habe das gelesen von Herrn Yücel, ich verstehe aus seiner Sicht sein Interview.« Jedoch gebe es keine »schmutzigen Deals«. Jetzt steht die Bundesregierung im Wort. Und ich darf mir einbilden, es ihr abgerungen zu haben.

Can hatte mir geschrieben, dass er womöglich das Interview kürzen müsse und mir das Ergebnis zur Autorisierung vorlegen werde. Doch das fand ich zu aufwendig. Stattdessen habe ich markiert, welche Fragen und Antworten ich für unverzichtbar halte. Alles andere kann er bei Bedarf streichen. Zum Beispiel, was ich dazu sage, dass ich in einer Umfrage des deutschen *Playboy* nach den »Männern des Jahres 2017« im Bereich Politik hinter Bundespräsident Steinmeier auf dem zweiten Platz gelandet sei. (Antwort: »Allen danken, die mich gewählt haben, dem Sieger gratulieren und im nächsten Titelkampf voll angreifen.«)

Ulf und Daniel haben dieses Interview vorab erhalten. Meine Formulierung über den »schmutzigen Deal« finden sie riskant. Nach unserem Streit um meine Antwort auf Erdoğan Ende April (»Kein Austausch«) hatten wir nie wieder einen solchen Konflikt. Doch jetzt bittet Ulf die *dpa*, mit der Veröffentlichung zu warten.

Ein »Zensurversuch« ist das freilich nicht, anders als einige Journalisten später schreiben werden, die sich übrigens selber ohne die Erlaubnis ihrer Chefredaktion erst gar nicht interviewen lassen dürften. Das Einzige, das Ulf will, ist etwas Zeit, um mit mir darüber zu reden. Doch *dpa*-Chefredakteur Sven Gösmann beruft sich auf das Verfahren, das ich mit Can ausgemacht habe. »Man kann Deniz nichts verbieten«, wird Ulf später sagen. Leicht resigniert, aber mehr noch mitfühlend und anerkennend.

Daniel hat mir eine Presseauswertung zu diesem *dpa*-Interview geschickt. Alle deutschsprachigen Onlinemedien haben dieselbe Überschrift gewählt. Die Sache mit den »schmutzigen Deals«, na klar. Nur meine eigene Zeitung titelt: »Zigarette anzünden. Durchatmen« – meine Antwort auf die Frage, was ich nach meiner Freilassung zuerst machen würde. Daniel braucht mir gar nicht zu berichten, was in den vergangenen Tagen in der Redaktion los war, diese Überschrift reicht. Ich schmunzle über diese Fürsorge. Und ich finde sie liebenswert.

In Dilek haben die Kollegen diesmal keine Verbündete gefunden: »Deniz hat recht«, hat sie Mathias Döpfner gesagt. »Panzer und Deniz in einem Satz geht nicht. Wer über ihn spricht, sollte sorgfältig formulieren.« Ungefähr das wird sie auch Gabriel persönlich sagen. Döpfner schreibt mir nun, dass ihn dieses Statement besorgt habe, und bittet mich in dieser Phase, wo eine Lösung nahe scheine, um Zurückhaltung. »Keine Sorge, das war erst mal meine letzte Wortmeldung«, antworte ich. Und das ist nicht beschwichtigend.

Tatsächlich habe ich in letzter Zeit sogar für meine Maßstäbe ganz schön viel geredet. So persönlich wie in meinen Antworten auf die Briefe kann ich so schnell nicht wieder werden, politisch kann ich das letzte Statement kaum überbieten. Ich habe einen Text im *Kleinen Prinzen* versteckt, über 500 handschriftliche Seiten auf einmal und eine Skizze meiner Zelle herausgeschmuggelt, habe unzählige Male die Kontrollen überlistet und immer wieder deutlich gemacht, dass ich weder verstumme noch mich fürchte. Für mein Selbstwertgefühl war das ungemein wichtig. Doch allmählich erschöpft sich dieser psychologische Effekt.

Jetzt kann ich mich der Verteidigung zuwenden. Daniel habe ich schon vor einiger Zeit um Materialien gebeten: zu Artikeln in der internationalen Presse nach dem Putschversuch und zu den im Namen der TAK ausgeführten Terroranschlägen, zum Bericht des UN-Kommissars für Menschenrechte zum Massaker in Cizre …

Aber wenn die Anklageschrift nicht bald kommt, werde ich mit dieser Forderung in einen unbefristeten Hungerstreik treten. Das einzige Mittel, mit dem ich aus dem Knast den Druck erhöhen kann. Doch zunächst behalte ich diese Idee für mich. Den Jahrestag am 14. Februar und die Buchpräsentation will ich abwarten, danach werde ich meine Leute darüber informieren.

Am 20. Januar, drei Tage nach der Veröffentlichung des *dpa*-Interviews, starten die türkischen Streitkräfte mit Einheiten der Freien Syrischen Armee (FSA) und islamistischen Milizen einen Angriff auf die syrisch-kurdische Enklave Afrin. Die Türkei begründet den Angriff mit Sicherheitsinteressen, tatsächlich dürfte es darum gehen, vor dem sich abzeichnenden Ende des Bürgerkrieges die kurdischen Autonomiebestrebungen zu schwächen – und um Innenpolitik.

Denn vorgezogene Neuwahlen liegen in der Luft. Aus Sicht von Erdoğan und Bahçeli ist es sinnvoll, die für 2019 geplanten Präsidentschafts- und Parlamentswahlen vor der absehbaren Verschärfung der Wirtschaftskrise abzuhalten, was im Juni denn auch passieren wird. Ein Sieg über den syrischen PKK-Ableger kann dabei nur nützen. Bald wird klar, dass die Türkei in Afrin Leopard-Panzer einsetzt. Für die Bundesregierung bedeutet das: Die Panzermodernisierung, die Gabriel in Aussicht gestellt hat, ist unter diesen Umständen nicht möglich.

Ein paar Tage vor dem Einmarsch entscheidet das Verfassungsgericht über die Beschwerden des Politikwissenschaftlers Şahin Alpay, des Ökonomen Mehmet Altan und des Journalisten Turhan Günay: Die Untersuchungshaft verletze ihr Recht auf persönliche Freiheit und Sicherheit. Und dass ihnen nichts außer Artikel und Aussagen vorgeworfen werde, verstoße gegen die Meinungs- und Pressefreiheit. Günay, der Literaturchef der *Cumhuriyet*, wurde bereits im Sommer freigelassen; für ihn geht es nur darum, nachträglich die Unrechtmäßigkeit der U-Haft festzustellen. Die beiden anderen aber befinden sich in Silivri Nr. 9.

Der 65-jährige Mehmet Altan, der sich als »marxistisch-liberal« bezeichnet, hat eine brillante kämpferische Verteidigung vorgelegt, Alpay, ein Liberaler, hat sein Bedauern geäußert, »das dunkle Gesicht der Gülen-Organisation« nicht erkannt und in der *Zaman* publiziert zu haben. Das Gericht bat er, ihm zu ermöglichen, die ihm verbleibenden Jahre mit seiner Familie zu verbringen. Manche Oppositionelle haben darüber die Nase gerümpft. Aber ich fand: Niemand hat das Recht, einem 73-Jährigen, der zuvor schon Haft und Exil erlebt hat, diesen Wunsch zu verübeln. Oğuz und ich jubeln über dieses Urteil wie über ein Last-Minute-Tor von Beşiktaş.

Aus diesen beiden Verfahren hat sich Veysel inzwischen zurückgezogen. Aber da er ihre Verfassungsbeschwerden eingereicht hat, beantragt er nun bei den zuständigen Strafkammern für Altan und Alpay ein Ende der U-Haft. Ein paar Tage später fordert er unter Berufung auf dieses Urteil auch meine Freilassung.

Noch am Abend lehnen die zuständigen Strafkammern die Freilassung ab, weil ihnen die Urteilsbegründung des Verfassungsgerichts nicht vorliege. Dieses verweist über Twitter auf seine Internetseite – ein bizarrer öffentlicher Streit zwischen dem höchsten Gericht und untergeordneten Instanzen. Doch die dürften nicht eigenmächtig handeln. Vor dem versuchten Putsch und dem erfolgreichen Gegenputsch wäre so etwas nicht möglich gewesen.

Am nächsten Morgen verkündet Bekir Bozdağ, zuvor Justizminister, inzwischen Vize-Ministerpräsident und Regierungssprecher, ebenfalls per Tweet: »Das Verfassungsgericht hat die von der Verfassung festgelegten Grenzen überschritten.« Mit demselben Argument lehnen im Folgenden die zuständigen Gerichte eine Entlassung ab. Dabei sind gemäß der Verfassung Entscheidungen des Verfassungsgerichts endgültig. Das also ist der berühmte türkische Rechtsstaat: wenn der Regierungssprecher morgens um sechs auf Twitter mal eben die Verfassung und das Verfassungsgericht beiseitewischt.

Wie viele türkische Juristen ist Veysel über diesen Vorgang entsetzt. Das einzig Positive, das er der Sache abgewinnen kann: Jetzt werde der Druck auf den EGMR steigen, endlich über unsere Fälle zu urteilen. Und wenn sich die Regierung auch über die Urteile aus Straßburg hinwegsetzt? »Dann werde ich meine Anwaltsrobe an den Nagel hängen«, sagt er.

Ende Januar kommt Ilkay zum ersten Mal seit langer Zeit. Ich habe sie sehr vermisst. Gleich darauf erwartet mich Veysel mit meinem Freund, dem Berliner Anwalt Tilman Clauß. Dass die Verantwortlichen seinen Besuch ohne Probleme ermöglicht haben, ist ein weiteres Indiz der Entspannung. Tilman und ich haben feuchte Augen, als wir uns sehen; dann plappere ich wie wild drauflos. Auf die schönen Überraschungen folgt eine Niederlage: Der EGMR lehnt die Beschwerde der *Welt* – nicht meine – ab. Einen Versuch war es wert.

Ein paar Tage später, am Montag, dem 5. Februar, fliegt Erdoğan zu einem Treffen mit Papst Franziskus nach Rom. Doch er hat in Rom eine weitere Unterredung. Gabriel ist in geheimer Mission angereist, um mit dem türkischen Staatspräsidenten über die bilateralen Konflikte zu sprechen, natürlich auch über mich. Zuvor hat sich Schröder ein zweites Mal mit Erdoğan in dieser Angelegenheit getroffen, jetzt versucht Gabriel, seit der Bundestagswahl nur noch geschäftsführend im Amt, die Sache zu Ende zu bringen.

Das Gespräch bleibt ohne Ergebnis, man vereinbart ein weiteres Treffen eine Woche später in Istanbul. Kurz danach erklärt SPD-Chef Martin Schulz, dass er Außenminister werden wolle, obwohl er es ausgeschlossen hatte, einem Kabinett unter Merkel beizutreten. Daraufhin beklagt Gabriel die mangelnde Wertschätzung seiner Arbeit durch die SPD-Führung. Auf deren Druck erklärt Schulz nach zwei Tagen seinen Verzicht. Ob Gabriel im Amt bleiben kann, ist unklar. In der Partei nimmt man ihm einen saloppen Spruch über Schulz übel.

Am Ende dieser turbulenten Woche reist Gabriel nach Istanbul. »Es heißt, Deniz Yücel werde als Geisel gehalten«, sagt er zu Erdoğan. »In Wahrheit hält der doch uns als Geiseln. Wir können nichts mehr machen, bei allem kommt uns dieser Kerl in die Quere.« Dass Gabriel selber mich zuvor als »Geisel« bezeichnet hat, spielt keine Rolle, Hauptsache, er kann Erdoğan überzeugen. Und das kann er.

Aber was ist, wenn ich freikomme? »Dann sorge ich dafür, dass er sofort abreist; nicht, dass der hier noch einen Aufstand anzettelt«, versichert Gabriel. Erst nach seiner Rückreise informiert er Merkel über diese Gespräche.

Während diese Treffen von der Öffentlichkeit unbemerkt bleiben, gibt es in den bilateralen Beziehungen eine neue Aufregung: ein Interview, das Michel Friedman für die Deutsche Welle mit Ravza Kavakçı Kan geführt hat, der für Menschenrechte zuständigen stellvertretenden AKP-Chefin. Gebetsmühlenartig verweist sie auf die Unabhängigkeit der Justiz. Doch damit lässt sich Michel nicht abspeisen. In seiner unnachahmlichen Mischung aus Penetranz und Charme fragt er immer wieder nach. »Ein Jahr ohne Anklage, entspricht das den Standards eines Rechtsstaats? Ein Jahr! Ohne Anklage!« Kavakçı Kan gerät in Erklärungsnot. Als Michel am Ende »Die Menschenrechte«

einwirft, antwortet sie »Ja, Menschenrechte«, lächelt verlegen und sagt nichts mehr. Eine Kapitulation.

Diese gut zwei Minuten sind der Höhepunkt des Interviews. In der Türkei ist das eine Sensation. Es ist viele Jahre her, dass ein Journalist mit seinen Fragen einen AKP-Politiker vor der Kamera derart vorgeführt hat. Das Video geht durch die sozialen Medien, auch einige Fernsehsender bringen diesen Ausschnitt. Oppositionelle feiern Michel, für die Regierung ist die Sache peinlich.

Ein paar Tage später, am Dienstag, dem 13. Februar, fällt mittags die Sonne in den Hof. Oğuz und ich haben sie seit Monaten nicht gesehen. Da die Strahlen nicht bis zu uns runterreichen, stellen wir uns auf Plastikhocker und lehnen uns mit ausgestreckten Armen an die Hofmauer. Die Sonnenstrahlen wärmen unsere Gesichter, wir stehen mit geschlossenen Augen da. Schweigend. Glücklich.

Am Nachmittag verfasse ich Grußbotschaften an die Mahnwache in Flörsheim sowie an die Buchpräsentation in Berlin: »Für manches lohnt es sich zu kämpfen.« Dazu schreibe ich einen Brief an Doris, in dem ich von unserem Sonnenbad erzähle – und davon, dass ich ständig *Mensch* vor mir hersinge, seit ich erfahren habe, dass Grönemeyer aus dem Buch lesen wird: »Und der Mensch heißt Mensch, / weil er irrt und weil er kämpft, / weil er hofft und liebt, / weil er mitfühlt und vergibt. / Und weil er lacht und weil er lebt, / du fehlst.«

Am folgenden Tag, meinem Knastjubiläum, gibt es den Autokorso und die Buchvorstellung in Berlin, zugleich strahlt die ARD Pinar Atalays Interview mit Binali Yıldırım aus, in dem er Entwicklungen in naher Zukunft in Aussicht stellt. Tags darauf trifft er Merkel.

Es ist Donnerstag, der 15. Februar. Wie ich diesen Tag bis zur Begegnung mit Dilek verbracht habe, habe ich im ersten Kapitel erzählt. Interessant ist auch, wie es dem türkischen Ministerpräsidenten in Berlin ergeht. Batuhan Yaşar, Hauptstadtbüroleiter der regierungsnahen Ihlas-Mediengruppe und jener Journalist, auf dessen Frage Erdoğan den Satz »Solange ich in diesem Amt bin, niemals« gesagt hat, ist in Yıldırıms Gefolge mitgereist. Seine Eindrücke schildert er in der Zeitung *Türkiye* so:

»Wir waren gerade am Flughafen Tegel gelandet, da gingen die Deniz-Fragen schon los. Als Angela Merkel vor die Kameras trat, begann sie mit Deniz Yücel und beendete ihre Rede mit Deniz Yücel. Auf der Pressekonferenz durften die deutschen und die türkischen Journalisten jeweils zwei Fragen stellen. Beide Fragen der Deutschen drehten sich um Deniz Yücel. In ihren Fragen tauchte ich weiß nicht wie oft der Name Deniz auf. (…)

Mit der Verhaftung von Deniz Yücel waren die bilateralen Gespräche festgefahren. Wenn die Türkei FETÖ sagte, antwortete Deutschland mit Deniz Yücel. Auch beim Thema PKK und PYD bestand die Antwort aus zwei Worten: Deniz Yücel. Visumsfrage, EU-Beitrittskapitel … womit Sie auch kamen, die Deutschen sagten Deniz Yücel und nichts Anderes. Da wir gerade dabei sind: Man muss die deutsche Presse loben: Sie stand wie eine Wand hinter ›ihrem Mann‹. Das sollte uns ein Vorbild sein.«

Dem letzten Satz kann ich mich nur anschließen. Auch sonst zeigt dieser Beitrag, der nach meiner Freilassung erscheinen wird, was wir geschafft haben: ich, Dilek, meine Anwälte, meine Freunde und meine Schwester, meine Zeitung, die anderen Medien, die Zivilgesellschaft, die Regierung und die Opposition: ein großes Orchester – oder ein Riesen-Autokorso –, in dem jeder seiner Rolle und seinem Charakter entsprechend verschiedene Töne anschlug, die sich, trotz einiger Misstöne, zu einer gemeinsamen Melodie zusammenfügten. Weniger blumig ausgedrückt: Wir sind der Gegenseite mächtig auf die Nerven gefallen. (Okay, manchmal auch uns gegenseitig.)

Jetzt sitzt mir Dilek gegenüber, das Angebot zu meiner Freilassung liegt vor. Doch dass ich mich dagegen sträube, hat außer den bisher erzählten Ereignissen einen weiteren Grund. Im Laufe dieses Tages, zwischen den Gesprächen mit Veysel, Oğuz und dem stellvertretenden Generalkonsul Graf, merke ich, wie eine verdrängte Erinnerung in mir aufsteigt. Erst langsam, dann immer deutlicher. Eine Erinnerung, für die ich noch einmal fast ein Jahr, in meine ersten Tage im Gefängnis Silivri Nr. 9, zurückkehren muss.

Unter Folter

»Beuge nicht den Kopf vor ihnen / Steh still, mein Herz, steh still«, beginnt Sabahattin Alis wunderschönes, kaum ins Deutsche übersetzbares *Gefängnislied V*, das er 1933 im Gefängnis Sinop schrieb. Ich habe es gesungen mit Haydar im Polizeigewahrsam, mit Cengiz in Metris, allein in meiner Zelle in Silivri. Ein Jahr lang war die Vertonung des Folkrockmusikers Edip Akbayram Dileks ständiger Begleiter.

Doch ich habe es getan. Ich habe den Kopf gebeugt. Zwei Tage lang.

Am Freitag, dem 3. März 2017, spricht Erdoğan erstmals öffentlich über mich: »Agent«, »Terrorist«, »Agentterrorist«. Auch seine Kampfpresse ist voll damit.

Am folgenden Montag werde ich zum Anwalt gerufen. In den fünf Tagen, die ich bisher in Silivri verbracht habe, wurde ich zweimal zu Treffen mit Abgeordneten sowie zur ärztlichen Erstaufnahme gebracht. Der Ablauf: Ein Beamter A, welcher der Krankenstation (den Anwaltskabinen etc.) zugeteilt ist und mich dorthin begleiten wird, kommt zum Tisch im Hauptkorridor, an dem die Beamten sitzen, die für meinen Block zuständig sind und die Schlüssel aufbewahren. A und ein Beamter B von der Tischaufsicht kommen an meine Zelle. B schließt auf, A durchsucht mich. Nach dem Treffen mit dem Arzt (Anwalt etc.) tastet mich A erneut ab. Zusammen laufen wir zur Tischaufsicht, dann zu dritt, also mit B, zu meiner Zelle. B schließt auf. Und jetzt durchsucht er mich. Ein System, das auch der gegenseitigen Kontrolle des Personals dient und strikt eingehalten wird.

Doch an diesem Vormittag stehen vor meiner Tür nicht zwei Aufseher, sondern sechs. Kaum dass ich die Zelle verlassen habe, beginnt die Leibesvisitation – mit einer Grobheit, wie ich sie bisher nirgends erlebt habe. »Arme hoch, Mistkerl«, brüllt einer, während der andere mich ruppig abtastet. Die Übrigen beschimpfen mich, wie zuvor Erdoğan, als »Agent« und »Terrorist«. Auf dem Hauptkorridor schreit einer: »Kopf runter!« Ich bin überrumpelt, auch verängstigt. Gesenkten Hauptes laufe ich los. »Lauf schneller!«, brüllt einer, »Mach langsam!«, fast im selben Moment ein anderer.

Veysel und Ferat merken sofort, dass etwas nicht stimmt. »Du bist ja kreidebleich«, sagt Ferat. Zuweilen hört man aus Gefängnissen in der Provinz von Übergriffen auf Gefangene, seltener auch aus Silivri Nr. 9, wobei es meist um Gefangene aus der DHKP-C geht, die sich bestimmten Maßnahmen widersetzen. Aber bei jemandem, der in der Öffentlichkeit steht? Die beiden sind überrascht. Danach versucht Veysel, Gefängnisdirektor Demirtaş zu sprechen. Vergeblich.

Zurück bringen mich dieselben sechs Aufseher. Sie müssen einige Wortfetzen aus unserem Gespräch aufgeschnappt haben. Jetzt höre ich, wie sie sich miteinander unterhalten, ich soll das wohl auch hören: »Der hat sich über uns beschwert.« – »Soll er machen, der wird noch sein blaues Wunder erleben.« Und zu mir gewandt: »Ey du, hast du dich über uns beschwert?« Ich antworte nicht.

Dass meine Zelle in der letzten Reihe und so weit von den Anwaltskabinen entfernt liegt, fand ich angenehm, stoße ich doch im Hof nach wenigen Schritten an die Mauer. Doch jetzt wird diese lange Strecke zur Tortur.

Wieder muss ich meinen Kopf beugen. An der Tischaufsicht vorbei steuern wir auf meine Zelle zu. Das übliche Verfahren ist außer Kraft gesetzt; *sie* haben den Schlüssel bei sich. Auch die abschließende Leibesvisitation übernehmen sie.

Zurück in der Zelle, hole ich tief Luft: Was war das denn? Gerade habe ich meine Beruhigungszigarette aufgeraucht, als die Klappe aufgerissen wird. Einer der sechs steht an der Tür. »Wenn man dich etwas fragt, dann antworte gefälligst«, ruft er. »Sonst schneide ich dir die

Zunge ab.« Er ist der Erste aus dieser Gruppe, dessen Gesicht ich mir merke. Ein quirliger, eigentlich hübscher Typ Mitte 20. Später werde ich seinen Namen erfahren: Bilgican Kodal.

Mithat Bey ist zu diesem Zeitpunkt noch nicht in unserer Reihe. Aber Salih Bey. Kurz nach dieser Situation an der Tür ruft er nach mir. Er will wissen, was los war. Mir ist es peinlich, dass er alles mitgehört hat. Vielleicht wäre es einfacher, wenn wir uns sehen könnten. Aber so schaffe ich es nicht, ihm zu antworten.

Bei der Abendzählung ist wieder alles normal. Ich verbringe eine unruhige Nacht. Aber ich träume nicht von dem, was ich an diesem Tag erlebt habe, so wie ich mich während der gesamten Haftzeit so gut wie nie im Traum im Gefängnis sehen werde. Ich träume von Schlimmerem: von der Folter, die Cengiz erlitten hat. Schon in den ersten Nächten nach unserem Gespräch in Metris hatte ich davon Albträume bekommen. Jetzt kehren diese Dämonen zurück.

Geister und Dämonen, heißt es bei Freud, seien nichts als die Projektionen von Gefühlsregungen. Doch diese Projektion hat einen weiteren Effekt: Sie erinnert mich daran, dass in diesem Land und in anderen Teilen der Welt unzählige Gefangene unvorstellbare Dinge ertragen mussten und bisweilen heute noch ertragen müssen. Daneben verblasst das, was ich erlebt habe und womöglich noch erleben werde, zur Nichtigkeit.

Und vielleicht ist der Spuk ja bald vorbei. Auch die Morgenzählung verläuft normal. Kurz danach werde ich zum Familienbesuch gerufen. Dilek darf noch nicht, aber Ilkay ist gekommen. Veysel und Ferat haben erzählt, was los war; auch Daniel und Doris, die sich in Istanbul aufhalten, sind angespannt. Am nervösesten aber ist Ilkay. Als sei es nicht Belastung genug, mich erstmals im Gefängnis zu besuchen, kommt diese unerwartete Bedrohung hinzu. Was ist seit gestern passiert? Hat sich die Lage beruhigt? Oder verschlimmert? Alle warten unruhig auf die Nachrichten, die sie mitbringen wird.

Wieder dieselben sechs. Die Sonderbehandlung ist nicht vorbei. Und damit sind diese Typen beauftragt. Jetzt fallen mir zwei weitere auf: Der eine heißt Adem Yada, ein hochgewachsener, schmallippiger Kerl Anfang 30. Er übernimmt die Leibesvisitation. Gestern hat er mich nur ruppig durchsucht, heute geht Yada weiter. Er schlägt mich fast, als er mich abtastet. Und mit dem Kommando »Füße auseinander!« tritt er gegen meine Füße.

Der andere, ein untersetzter Mann mit feistem Gesicht von Mitte 40 namens Mustafa Aydın, ist der Ranghöchste der Gruppe: »Wie heißt du?«, brüllt er. Ich sage erst nichts. Dann denke ich, dass dies womöglich als Regelverstoß gewertet werden könnte, und sage meinen vollen Namen: Ilker Deniz Yücel. Das ist das Einzige, das ich diesen Typen je sagen werde. »Du heißt Ilker Deniz. Aber du bist kein Türke«, antwortet Aydın. »Ab jetzt heißt du Hans.« Unter dem Gelächter der anderen machen wir uns auf den Weg.

Sie zwingen mich abermals dazu, den Kopf zu beugen. Und sie fordern mich auf, so eng an der Wand entlangzulaufen, dass ich mit dem linken Arm an der Mauer schleife. »Der wollte Davutoğlu provozieren und weiß nicht mal, wie viele Länder es auf der Welt gibt«, sagt Kodal. In verbaler Hinsicht ist er der Aggressivste. Einer, der sich für besonders schlau hält. Er hat gegoogelt und ist auf meinen vermeintlichen Fehler auf der Pressekonferenz von Davutoğlu und Merkel gestoßen, wovon er den anderen erzählt. Als wir an einem Mülleimer vorbeikommen, holt er mich ein: »Ich werde dich den Mülleimer grüßen lassen«, droht er. »Du wirst sagen: ›Hallo, mein Bruder Müll.‹ Denn du bist auch Müll.« Es bleibt bei dieser Drohung, zum Versuch, mich dazu zu nötigen, kommt es nicht.

Auch so ist das ein weiterer Schock: Als Esat Oktay Yıldıran, der diabolische Kommandant des Foltergefängnisses Diyarbakır Nr. 5, in den Achtzigerjahren die Gefangenen zwang, seinem Schäferhund zu salutieren, war dieser Kerl noch nicht geboren, vermutlich weiß er nicht einmal, dass seine Drohung ein Zitat ist. Aber gerade darum ist diese Kontinuität des Bösen erschreckend. Doch gleich kommt Ilkay, ich muss mich zusammenreißen.

Von den politisch motivierten Beschimpfungen erzähle ich ihr, die Sache mit dem Müll lasse ich weg; das ist so erniedrigend, dass ich mich nicht überwinden kann, es zu erzählen. Auch sonst versuche ich, mir nicht anmerken zu lassen, dass mich diese Situation verängstigt. Es gelingt mir nicht.

Zwischen uns ist die Trennscheibe; auf meiner Seite wird der Raum abgeschlossen. Während wir reden, reißen die Aufseher ein paarmal die Tür auf. Nicht, um mitzuhören; das können sie über die Sprechanlage auch so. Außerdem unterhalten wir uns auf Deutsch. Reiner Psychoterror. »Einfach ignorieren«, sage ich.

Meine kleine Hoffnung, dass sich die Dinge von selbst beruhigen könnten, ist verflogen. Ich sehe zwei Möglichkeiten, die ich Ilkay mitteile: Entweder wir machen das öffentlich. Oder wir suchen nach einer politischen Lösung. Für den Moment jedenfalls sollten wir das diskret behandeln. Sie sollen sich draußen beraten, ich werde ebenfalls nachdenken. Dann werden wir sehen.

Auf dem Rückweg gehen die Beschimpfungen wie »Vaterlandsverräter« weiter. »Was ist an dir so besonders, dass du so die Öffentlichkeit beschäftigst?«, fragt einer der anderen drei, von denen mir zwei namentlich bekannt sind: Osman Andıç und Fırat Koçoğlu. Diese drei verhalten sich im Rudel, ohne individuell aufzufallen. »Wir sollten ihn besuchen«, sagt Kodal. »Ja, genau«, antwortet ein anderer, womöglich der Anführer Aydın. »Wenn er am wenigsten damit rechnet.«

Zwei, drei Stunden später, ich habe mich vor Erschöpfung schlafen gelegt, wird meine Hoftür aufgerissen. Die sechs stürmen rein.

Eine routinemäßige Razzia habe ich bislang nicht erlebt; weder weiß ich, dass sich Razzien mit dem Abklopfen der Gitterstäbe ankündigen, noch, dass sie im Beisein der Gendarmerie stattfinden. Aber dass dies kein Routinevorgang ist, verstehe ich auch so. Sie hatten sich ja angekündigt.

In den Innenhöfen sind, ebenso wie auf den Korridoren, Kameras installiert. Aber nicht in den Zellen. Dieser Raum ist mein Schlafzimmer, meine Privatsphäre. Und hier bin ich jetzt allein mit diesen Typen. Allein und ungeschützt.

Mir blitzen Geschichten aus Diyarbakır Nr. 5 durch den Kopf, aus Evin in Teheran, Esma in Buenos Aires, Fetzen aus Solschenizyns *Der Archipel Gulag*, Bilder aus Abu Ghraib, alles, was ich jemals über

Folterstätten gelesen und gehört habe. Sie könnten mich jetzt schlagen, vergewaltigen, was sie wollen. Panik.

Doch dann denke ich an Cengiz – und daran, was mich an seiner Erzählung am meisten beeindruckt hat: seine Kraft, inmitten der schlimmsten Qual den Feind zu analysieren: Was macht er? Was bezweckt er damit? Ich muss cool bleiben.

An einer Wand hängen eine Karte der Türkei und eine Weltkarte, Beilagen in einer Zeitung, die ein voriger Insasse angeklebt hat. In meinen ersten Tagen habe ich darauf Reisen mit dem Zeigefinger unternommen, wie ich es als Kind liebend gerne gemacht habe. Diese Karten haben alle Razzien überstanden. Doch jetzt fordert Aydın mich dazu auf, sie abzureißen: »Was sucht eine Türkeikarte bei einem Vaterlandsverräter wie dir?«

Trennen muss ich mich auch von einigen Zeitungsartikeln aus den vergangenen Tagen: Aydın Engin in der *Cumhuriyet*, Bülent Mumay und Erk Acarer in der *Birgün*, Fatih Polat in der *Evrensel*. »Unter den 39 Fragen, die Deniz Yücel an Cemil Bayık gestellt hat, war keine einzige Gefälligkeitsfrage«, hat Fatih geschrieben. Und Bülent hat erzählt, wie ich im Spätsommer 2015, als ein AKP-Mob vor dem Gebäude seiner damaligen Zeitung, der *Hürriyet*, randalierte, in dieser Nacht der einzige externe Journalist überhaupt gewesen sei, der alle Absperrungen überwunden und die Redaktion besucht hätte.

Zu diesem Zeitpunkt ist meine Zelle kahl und fremd. Keine Briefe von Dilek, keine geschmuggelten Notizen, keine Fotos, nicht mal Minze und Petersilie. Ich besitze nichts von ideellem Wert – außer den bunten Wäscheklammern und diesen Artikeln. Ich habe sie mehrfach gelesen, die Zeitungsseiten liegen unter meinem Bett. Jetzt muss ich sie in eine Mülltüte legen und diese vor die Tür stellen.

Die Aufseher durchwühlen den Spind mit der Kleidung. Meine Notizen auf dem Tisch blättern sie nur oberflächlich durch. Yada tritt ein paarmal gegen meine Füße und boxt mir gegen Brust und Rücken. Dabei bleibt es. Nach einer Viertelstunde verschwinden sie.

Dass ich die Zeitungsseiten wegwerfen musste, treibt mir Tränen in die Augen. Aber das ist Nebensache. Jetzt kann ich in Ruhe Feindanalyse betreiben: Sie wollen mich demütigen und einschüchtern. Die physische Gewalt dient diesen Zwecken. Dass sie selbst hier, an diesem unbeobachteten Ort, diese Grenze nicht überschritten haben, verschafft mir Erleichterung – zumindest für den Moment.

Doch es gibt keine Garantie dafür, dass die Grenze, die sie heute einhalten, morgen noch Bestand hat. Es gehört zum Wesen der Folter, dass das Opfer ihr völlig ausgeliefert ist. Seine Würde, sein Körper, sein Leben – der Folterer kann darüber bestimmen, wie es ihm beliebt. Auch darum zweifle ich keine Sekunde, was mir widerfährt: Ich werde gefoltert. Bislang nicht nennenswert in körperlicher, aber in seelischer Weise.

Es ist nicht nur die Gewalt, die mich von Folter sprechen lässt; wäre es körperliche Gewalt allein, ich würde schon aus Respekt vor dem Leid, das Cengiz und so viele andere in diesem Land erfahren haben, auf diesen Begriff verzichten. Und ich bin keine Mimose, bei Polizeieinsätzen auf Demonstrationen, bei Prügeleien mit Neonazis oder simplen Kneipenschlägereien habe ich mehr Gewalt erfahren als hierbei (nicht oft, aber eben mehr). Doch das hier ist etwas anderes als spontane, rohe und gegenseitige Gewalt und macht etwas anderes mit mir. Eine organisierte, auf Verletzung meiner Würde abzielende Gewalt, die mir verdeutlichen soll, dass ich meinen Peinigern völlig ausgeliefert bin. Darum: Folter.

Die UN-Antifolter-Konvention definiert Folter als »jede Handlung, durch die einer Person vorsätzlich große körperliche oder seelische Schmerzen oder Leiden zugefügt werden, zum Beispiel um von ihr (…) ein Geständnis zu erlangen (…) oder aus einem anderen, auf irgendeiner Art von Diskriminierung beruhenden Grund, wenn diese Schmerzen oder Leiden von einem Angehörigen des öffentlichen Dienstes (…) verursacht werden«. Ausgenommen sind »gesetzlich zugelassene Sanktionen«. Aber ich biete ihnen nichts, das sie als Vorwand für eine zulässige Bestrafung auslegen könnten.

Besonders beunruhigend: Diese Typen mögen aus ideologischer Verblendung so handeln oder weil ihnen das Allmachtgefühl Lust bereitet. Doch sie handeln nicht eigenmächtig.

Da ich ein wenig erkältet bin, hatte ich am Montagmorgen, vor Beginn dieser Tortur, eine medizinische Untersuchung beantragt. Am Mittwoch, dem 8. März, kann ich zum Arzt. Mich überrascht es nicht mehr, dass dafür dieselben Typen gekommen sind.

Nach einer ruppigen Durchsuchung und den üblichen Beschimpfungen laufen wir los. Abermals kommt der Befehl, den Kopf zu beugen. Zum ersten Mal widersetze ich mich dem. Wortlos, aber entschlossen. Es ist der dritte Tag, ich bin nicht mehr so überrumpelt wie am Anfang. Und als sie in meine Zelle gestürmt sind, haben sie mir den größten Schreckensmoment bereitet, aber mir auch Gelegenheit gegeben, ihr Verhalten in einer Extremsituation zu studieren. Ich weiß nun, woran ich bin – selbst wenn sie ihre Grenzen jederzeit verschieben können.

Ein paarmal wiederholen sie ihr Kommando »Kopf runter«. Aber ich bleibe dabei. Irgendwann sagt Aydın: »Na gut, dann lasst ihn halt.« Nur Kodal gibt sich nicht zufrieden. Mehrmals droht er den Weg über: »Ey, runter mit dem Kopf oder oder ich mach das.« Sein Vorgesetzter greift nicht ein, ich beuge mich nicht, so laufen wir zur Krankenstation in der zweiten Etage. Im Treppenhaus sind keine Kameras angebracht. Jetzt ist es erneut Yada, der mich körperlich angreift. Er und zwei andere drücken mich mit dem Oberkörper gegen die Ecke, Yada schlägt mir auf den Hinterkopf.

Der Arzt hat einen anderen Patienten in Behandlung. In diesem Fall muss man sonst vor der Krankenstation warten. Doch jetzt drängen sie mich in den Bibliotheksraum, der sich an demselben Flur befindet. Die Aufseher, die in der Bibliothek arbeiten, hatte ich bereits gesehen, zwei freundliche und gebildete junge Männer. Einer ist da, als wir den Raum betreten. Er merkt sofort, dass die Situation nicht normal ist und versteckt sich hinter den Bücherregalen.

Meine Begleiter setzen mich auf einen Stuhl und bauen sich um mich herum auf. Yada verpasst mir mit der Rückseite seiner Hand einen harten Schlag ins Gesicht, während Kodal stichelt: »Was zahlen dir die Deutschen dafür, dass du dein Vaterland verrätst? Sprich oder ich reiß dir die Zunge raus.« Aber ich, ich bin gar nicht hier. Ich liege mit Dilek am Strand von Kaş, sitze mit ihr am Bosporus, laufe mit ihr durch München.

Yada schlägt mich noch mal, dann fährt er sanft mit der Handfläche über meine Wange. Zum ersten Mal haben sie mir ins Gesicht geschlagen. Ich kann mich tatsächlich nicht darauf verlassen, dass die heutige Grenze morgen noch gilt. Aber ich bin ja nicht hier.

Dann gehen wir zum Arzt, alle sechs quetschen sich mit mir in das kleine Behandlungszimmer.»Dieser Mann hat mich geschlagen«, sage ich sofort und zeige auf Yada. Alle widersprechen laut:»Lüge, Verleumdung!« Doch der Arzt, ein freundlicher Mittvierziger, fordert sie auf, den Raum zu verlassen.

»Ich glaube Ihnen«, sagt der Arzt.»Aber sofern jemand keinen Widerstand leistet, habe ich in Silivri Nr. 9 noch nie von so einem Vorfall gehört.« Er ist wirklich überrascht. Aber ihm ist nicht entgangen, dass die üblichen Regeln nicht gelten – sonst hätte nämlich der Aufseher, der auf der Krankenstation Dienst hat und im Raum geblieben ist, mich abholen müssen.

Ich möchte ein Attest, was mir der Arzt zusagt. Doch nach der Behandlung, die ich absichtlich etwas in die Länge ziehe, vergesse ich im Stress, ihn daran zu erinnern. Ob ich wirklich ein Attest bekommen hätte, weiß ich nicht, die Schläge waren nicht so kräftig, dass sie Spuren hinterlassen hätten. Trotzdem ein Versäumnis. Immerhin ein anderer Fehler unterläuft mir nicht: Ich habe sofort angefangen, die Ereignisse zu protokollieren. Auch die Vornamen der beteiligten Aufseher, die ich aufgeschnappt habe, notiere ich in verschlüsselter Form.

Als wir fertig sind, bitte ich den Arzt, mich in die Zelle zu begleiten. Er macht das nicht selbst, beauftragt aber den jungen Aufseher, der zur Krankenstation gehört. Die sechs sind wieder dabei. Der Aufseher aus der Krankenstation läuft vor uns her; wie sein Kollege in der Bibliothek will er so wenig wie möglich mitbekommen. In seiner Anwesenheit werde ich weiter beschimpft, aber wenigstens nicht geschlagen.

Am Nachmittag kommen Ferat und Veysel. Noch beim Öffnen der Zellentür ruft Kodal:»Beschwer dich nicht wieder über uns, das bringt dir nichts.« Er scheint sich seiner Sache sehr sicher. Wieder kommt die Aufforderung, meinen Kopf zu beugen, wieder befolge ich sie nicht. Und wieder droht Kodal, mich den Mülleimer grüßen zu lassen.

Jetzt mischt sich auch Yada in die verbalen Attacken ein: »Warte nur, diesen Finger, mit dem du auf mich gezeigt hast, werde ich dir erst in den Mund stecken und dann ... ich weiß schon, wohin.« Nie beteiligt er sich an den politischen Beschimpfungen. Aber er ist als Einziger gewalttätig. Am Vormittag das Streicheln nach den Schlägen, jetzt diese mit einer sexuellen Fantasie verbundene Drohung ... Es klingt nach Klischee, aber ich vermute: Das ist ein Fall von unterdrückter Homosexualität. Vielleicht kommt seine Gewalttätigkeit daher.

Wo ich sie zu durchschauen beginne – und darum nicht mehr so verängstigt bin –, muss ich mich zwingen, meine Aggression zurückzuhalten. Diese Kerle sind nicht mit mir auf Augenhöhe, mein Gegenüber sind jene, die ihnen die Befehle erteilen. »Dieser Typ ist echt kaltblütig, er zeigt keine Reaktion«, sagt Aydın. »Wenn er bloß eine Reaktion zeigen würde, würden wir ihm schon die richtige Antwort geben«, antwortet ein anderer. Ein Eingeständnis, was sie außerdem bezwecken: mich zu Reaktionen zu provozieren, um ihnen einen Vorwand für weitere Schikanen und womöglich offizielle Strafen zu liefern.

Nur Yada ist in seinem eigenen Film: »Lasst ihn nur. Ich werde ihn dorthin bringen, wo es keine Kameras gibt.« Und zu mir: »Wir haben dich nicht geschlagen, wir haben dich gestreichelt. Du weißt nicht, was Gewalt ist. Aber wenn du willst, zeige ich es dir.« Noch eine sexuelle Drohung.

An den Anwaltskabinen kommt es zu einem kurzen Disput zwischen der Gruppe und dem Aufseher, der dort eingesetzt ist, einem jungen und etwas steifen, aber stets korrekten Beamten, der mich eigentlich hätte abholen müssen. »Sie können übergeben«, sagt er und macht eine Geste, um mich zu übernehmen. Kodal schiebt seine Hand weg: »Für den sind wir zuständig!«

Was tun? »Wenn wir das öffentlich machen, könnte es für dich gefährlich werden, du bist ja weiter in ihrer Hand«, sagt Ferat. Dieses Risiko würde ich eingehen. Es ist immer noch besser, als diese Folter widerstandslos zu erdulden. Mich beschäftigt etwas anderes: die Cengiz-Frage, diesmal nicht mit Blick auf konkrete Handlungen, sondern auf die Ursache: Warum hat man diese Behandlung angeordnet? Und wer hat das getan? Denn dass die Folter allein auf diese Typen zurückgeht, ist ausgeschlossen.

Vor unserem Treffen hat Veysel dem Oberaufseher erneut mitgeteilt, dass er mit Direktor Demirtaş reden möchte. Als er auf eine Zigarette rausging, sagte ihm ein Aufseher, der dieses Gespräch mitgehört hatte: »Herr Anwalt, der Direktor wird nicht mit Ihnen sprechen. Oder glauben Sie etwa, dass er nicht weiß, was hier los ist?«

Selbst ohne diesen Hinweis: Die Vollzugsbeamten sind Foucaults »pausenlos überwachte Überwacher«, überall sind Kameras angebracht. Nur wenn sie körperlich gewalttätig werden, achten diese Typen darauf, dass dies nicht von den Kameras aufgezeichnet wird. Alles andere – die Drohungen, Beleidigungen und Erniedrigungen – passieren vor aller Augen. Und sämtliche sonst strikt eingehaltenen Abläufe sind außer Kraft gesetzt. Dass diese Sonderbehandlung nicht mit Anweisung und Billigung der Gefängnisleitung geschieht, ist unmöglich.

Dass der Gefängnisdirektor dies auf eigene Faust angeordnet hat, kann ich nicht ebenso kategorisch ausschließen, halte es jedoch für extrem unwahrscheinlich. Schließlich ist seit dem Ausnahmezustand die gesamte Bürokratie verunsichert; niemand weiß, wessen Name im nächsten Dekret auf einer Entlassungsliste auftauchen wird. In den Gefängnissen sitzen zuhauf einst ranghohe Beamte. Würde es in einer solchen Situation ein Gefängnisdirektor wagen, in einem Fall, den der Staatspräsident öffentlich zur Chefsache erklärt hat, eigenmächtig zu handeln? Ich meine: nein.

Aber die Verantwortlichen müssen sich doch denken können, dass wir das bekannt machen. Sie haben gesehen, welche Wogen die Nachricht »Deutscher Journalist in der Türkei verhaftet« geschlagen hat. Die Auftrittsverbote für AKP-Politiker waren aus ihrer Sicht eine

Antwort darauf. Wie würde erst das Echo auf die Nachricht »Deutscher Journalist in der Türkei gefoltert« ausfallen?

Ich kann mir das ausmalen – und sie sicher auch. Und womöglich ist genau das ihr Ziel: Wir *sollen* die Sache öffentlich machen, damit sie die vorhersehbar heftigen Reaktionen aus Deutschland in der Referendumskampagne aufgreifen können.

Die orchestrierte Weise, wie die Regierungsseite mit meiner Verhaftung umgegangen ist, hat gezeigt, dass die oberste Staatsführung Regie geführt hat. Sie wollten einen Eklat provozieren, um damit Wahlkampf zu machen. Gut möglich, dass das noch nicht gereicht hat und sie einen Schritt weiter gehen wollen.

Der Zusammenhang zwischen Erdoğans Tiraden und der Folter ist evident. Die politische Verantwortung trägt er so oder so. Und ich vermute: Der Folterbefehl geht auf ihn oder seine enge Umgebung zurück. Natürlich wird er nicht persönlich angerufen haben und sicher wird niemand Details genannt haben. Die Andeutung hätte schon genügt.

Wenn aber diese Hypothese zutrifft, dann würde es zum Plan gehören, dass wir an die Öffentlichkeit gehen. Und genau deshalb sollte ich vielleicht auf den ersten aller Journalistenreflexe – wenn Skandal, dann Bericht – verzichten.

Diese Überlegungen teile ich Veysel und Ferat mit. Hinzu kommt ein weiterer Gedanke: Wenn wir die Folter bekannt machen, würde das jede Menge Staub aufwirbeln. »Bis sich die Aufregung gelegt hat, würde es mindestens ein halbes Jahr dauern.« Meine innere Uhr habe ich da gerade erst auf fünf Monate eingestellt; mit einer längeren Haftzeit rechnen wir zu diesem Zeitpunkt nicht.

Aus diesen Gründen – und nicht, weil ich mich weiterhin in der Gewalt der Staatsmacht befinde – schlage ich folgendes Vorgehen vor: Daniel oder Ulf sollen vor dem Treffen von Gabriel und Çavuşoğlu am nächsten Tag in Berlin persönlich mit Gabriel reden und ihm die Situation schildern. Außerdem sollen sie und Veysel einen bestimmten AKP-Politiker kontaktieren. Ich fordere, dass ich normal behandelt werde und diese Personen nie wieder sehen muss.

Diesen politischen Versuchen gebe ich zwei Tage Zeit. Wenn sich bis Freitag nichts ändert, werden wir die Folter öffentlich machen. »Deine Entscheidung«, sagt Veysel. Außerdem schlägt er vor, Strafanzeige zu erstatten. Gut, machen wir.

Am Ende unseres Gesprächs verlangt er vom Oberaufseher, dass diese sechs von mir ferngehalten werden – es ist der schmierige Typ, der mich eine Woche zuvor hier aufgenommen hat. »Verlassen Sie sich nicht darauf, dass wir heute mit Deutschland im Clinch liegen«, sagt Veysel. »Morgen könnten sich die Politiker wieder versöhnen und alles könnte an Ihnen hängen bleiben.«

Dieser Hinweis bewirkt immerhin, dass Aydın und Yada auf dem Rückweg nicht dabei sind. Im kleinen Gang zwischen Anwaltskabinen und Hauptkorridor, wo ebenfalls keine Kameras angebracht sind, ist es nun Kodal, der mich bedrängt und mir gegen die Schulter boxt. Das erste Mal, dass mich jemand anderes als Yada schlägt, und der erste Faustschlag. »Willst du dich bei den Herren über uns beschweren?«, keift er. Den Platz der beiden anderen nehmen zwei neue Aufseher ein; die Sonderbehandlung ist nicht vorbei.

Auf dem Rückweg beschimpfen sie mich wie gehabt und beziehen nun die Aufseher ein, an denen wir vorbeikommen: »Der hat uns verleumdet, dieser Lügner!« Viele der übrigen Aufseher billigen diese Behandlung nicht. Doch einen persönlichen Eindruck haben sie von mir noch nicht und kennen nur das, was der Staatspräsident und die Regierungsmedien über mich behaupten.

Und jetzt, wo ich mich beschwert habe, setzt ein Korpsgeist ein, wie man ihn auch in Deutschland oft bei Beschwerden über Polizeigewalt beobachten kann. Manche rufen mir »Vaterlandsverräter« und »Agent« hinterher; sogar einige der Aufseherinnen am Anfang des Korridors, die sonst nie mit den männlichen Gefangenen reden. Wenn wir an die Öffentlichkeit gehen, werde ich viel mehr Anfeindungen erleben. Egal. Ich werde mich nicht wie ein Lamm zur Schlachtbank führen lassen.

Das persönliche Gespräch mit Gabriel kommt zustande. Ob und was daraus folgt, weiß ich nicht. Anders bei den Gesprächen mit besagtem AKP-Politiker. Besonders entsetzt ist er, als ihm Veysel von der Sache mit dem Mülleimer berichtet. Offenbar hat er dieselbe Assoziation wie ich: Diyarbakır Nr. 5.

Danach wendet er sich an Enis Yavuz Yıldırım, den Leiter der Gefängnisbehörde, und verlangt, dass man mich so behandelt wie alle anderen auch. Notfalls werde er offiziell intervenieren, um diese »inakzeptable Situation« zu beenden. Ob er sich zuvor an eine andere Stelle gewandt hat, kann ich nicht ausschließen, auch weiß ich nicht, ob Yıldırım seinerseits Rücksprache hält. Jedenfalls antwortet der Chef der Gefängnisbehörde: »Wir haben das Nötige veranlasst, dieses Personal wurde abgezogen.« Dieser Schriftwechsel liegt uns vor.

Am nächsten Morgen werde ich zum Friseur gerufen. Die Tür schließt ein Beamter von der Tischaufsicht auf, in Empfang nimmt mich ein fröhlicher Aufseher aus dem Frisiersalon – und nur er. Bald darauf kommt Refik. Wieder erscheinen routinemäßig nur zwei Aufseher zum Aufschließen, von denen mich einer zum Gespräch bringt. Die sechs Typen sind verschwunden, es herrscht Normalität. Refik gibt die Entwarnung weiter.

Zwei Tage später bricht Familienministerin Sayan Kaya zu ihrer Abenteuerreise nach Rotterdam auf. Der ganz große Eklat, den man womöglich über mich mit Deutschland provozieren wollte, findet nun an anderer Stelle statt. In der Referendumskampagne tauche ich danach zwar weiter auf, aber nicht mehr so oft, wie die Anfeindungen gegen Deutschland hinter jene gegen Holland rücken.

Der AKP-Politiker, der sich damals für uns einsetzte und dem ich dafür sehr dankbar bin, teilt übrigens meine Einschätzung, dass diese Sonderbehandlung nicht von der Gefängnisleitung befohlen wurde. Er glaubt, wie er mir nach meiner Freilassung erzählt, dass sich jemand durch die öffentlichen Attacken dazu berufen fühlte, mich in die Mangel zu nehmen. Sein Verdacht: die Staatsanwaltschaft, die ja auch in den Gefängnissen weisungsbefugt ist.

In den Anklagebehörden sind jede Menge ultranationalistisch gesinnter Leute tätig. Politiker wie dieser, die schon lange bei der AKP dabei sind, akzeptieren Erdoğans neue Allianz mit diesen nationalistischen Kräften nur widerwillig. Für einen AKP-Politiker ist es allerdings leichter, diese Kreise zu verdächtigen, die ihm ohnehin suspekt sind, als den Vorsitzenden seiner eigenen Partei unter Folterverdacht zu stellen.

Freilich kann ich seine Annahme nicht ausschließen, halte sie aber für unwahrscheinlich. Was sollten sich Staatsanwälte davon versprechen? Und die Verunsicherung im Beamtenapparat ist an der Justiz nicht vorbeigegangen. Auch bei den Staatsanwälten kann ich es mir nicht vorstellen, dass sie bei einer Chefsache ein solch eigenmächtiges Handeln wagen würden.

Für mich bleibt es dabei: Ich wurde unter der Verantwortung von Erdoğan gefoltert. Womöglich von ihm gebilligt und veranlasst, zumindest aber unter seiner politischen Verantwortung.

Im folgenden Jahr wird sich derlei nicht wiederholen. Doch die Unsicherheit wird bleiben. Noch lange werde ich bei jedem Aufreißen der Türklappe zusammenzucken. Und erst vor diesem Hintergrund empfinde ich Erdoğans Aussage von Mitte März, wonach »kein Europäer irgendwo auf der Welt sicher einen Schritt auf die Straße setzen« können werde, als persönliche Bedrohung.

Jetzt, wo die Sonderbehandlung aufgehört hat, könnte es mir neue Probleme bereiten, die Sache öffentlich zu machen, mir aber keinen Vorteil verschaffen. Mit den Anwälten beschließen wir, damit bis zur Gerichtsverhandlung zu warten.

Strafanzeige gegen diese sechs Vollzugsbeamten erstatten wir dennoch. Aus den Ermittlungsakten der Staatsanwaltschaft erfahre ich ihre vollständigen Namen. Doch Anfang Januar 2018 stellt Bezirksstaatsanwalt Ahmet Sinan Yağan die Ermittlungen ein, ohne mich auch nur angehört zu haben.

Dagegen legen wir Widerspruch ein. In der Haft werde ich mich an diesem einen Punkt an die Regel halten: keine Aussagen zu einem laufenden Verfahren. Darum ist die Frage, wie man im Gefängnis mit mir umgeht, die einzige, über die ich nicht mehr öffentlich spreche und die ich auch in den Interviews von Doris, Fatih und Can ignoriere. Einen Monat nach meiner Freilassung lehnt Amtsrichter Nurettin Buran unseren Widerspruch ab.

Nun erwäge ich, im Interview, das Daniel und Doris mit mir und Dilek für die *Welt* und die *taz* führen (und die zu den wenigen gehören, die davon wissen), die Folter öffentlich zu machen – und noch einmal, als ich für eine halbe Stunde alleine bei Maybrit Illner im ZDF zu Gast bin. Aus zwei Gründen entscheide ich mich dagegen: Dass ich im Gefängnis misshandelt werden könnte, war die größte Angst meines Vaters. Ich will ihm das nicht am Krankenbett zumuten. Und der richtige Ort, diese Anklage zu erheben, ist der Gerichtssaal. Deshalb werde ich diese Begebenheit erst im Mai 2019 öffentlich machen, als ich die Möglichkeit bekomme, mich vor Gericht zu äußern.

In diesem Zusammenhang überprüfe ich die Namen der Beteiligten, wobei ich feststelle, dass ein Aufseher zu Unrecht in diese Ermittlungsverfahren geraten ist – ausgerechnet jener, der mich einmal aus der Hand dieser Gruppe befreien wollte und beiseitegeschoben wurde. Dessen Namen erwähne ich weder in meiner Einlassung vor Gericht noch hier. Bei den restlichen fünf bin ich mir sicher. Über sie sagt ein Aufseher, zu dem ich Kontakt aufnehme: »Diese Typen sind keine Beamten des Staates, sondern der AKP. Denen traue ich alles zu.«

Und selbstverständlich habe ich diese Erlebnisse bereits Ende März 2017 im Bericht an den EGMR geschildert. Dass ich mich beim Verfassen dieses Berichts so schwergetan habe, hatte keinen anderen Grund.

In jenen Tagen hatte Salih Bey mehrmals versucht, mit mir zu reden. Aber ich konnte ihm nicht antworten. Er war Ohrenzeuge meiner Erniedrigung geworden. Dafür schämte ich mich, obwohl ich wusste, dass ich dazu keinen Grund hatte. Doch Menschen, die Opfer von Misshandlungen wurden, reagieren oft mit Scham. Erst nachdem ich mich überwinden konnte, mir diese Erlebnisse von der Seele zu schreiben, nahm ich den Dialog mit Salih Bey wieder auf und bat ihn um Entschuldigung dafür, dass ich den Kontakt abgebrochen hatte.

Dieser Bericht für den EGMR war für mich weit mehr als ein Dokument für ein Gerichtsverfahren. Es war Therapie. Deshalb habe ich seinerzeit auch so empfindlich auf Dileks saloppe Antwort (»Das ist aber kurz geworden«) reagiert.

Und die Erlebnisse dieser drei Tage waren, wie mir noch deutlich werden wird, in vielerlei Hinsicht prägend für mein Handeln in der Haft, während ich zugleich versucht habe, so wenig wie möglich daran zu denken. Das ist mir gelungen, nicht nur, weil ich stets gut darin bin, Dinge zu verdrängen, sondern auch, weil mir lange Zeit der Anblick der Täter erspart geblieben ist.

Doch etwa ein halbes Jahr später, nach dem Besuch von mehreren CHP-Abgeordneten, nimmt mich plötzlich Kodal in Empfang. Schweigend laufen wir in meine Zelle. Er mustert mich, als wolle er ablesen, was ich denke; ich zeige demonstrativ meine Verachtung. Seine bloße Gegenwart bereitet mir Übelkeit.

Zwischenzeitig muss er irgendwohin versetzt worden sein, wo ich ihn nicht sehen konnte, nun ist er zurück. Dann, eines Montagmorgens, wird die Tür geöffnet. Gleich werde ich Dilek sehen, fröhlich rufe ich »Guten Morgen!«. Erst jetzt erkenne ich, wer mich abholen soll: Kodal. »Guten Morgen«, sagt er grinsend.

Nach einer kurzen Durchsuchung laufen wir los. »Sind wir noch sauer aufeinander?«, fragt er. Was für eine Dreistigkeit! Wie gerne würde ich diesen fröhlichen Morgengruß rückgängig machen. Aber das geht nicht. So beschließe ich, in die Offensive zu gehen: »Ich werde mich gut mit dir stellen«, denke ich. »Du wirst mir alles erzählen, was du über diese Tage weißt, und wirst nicht mal merken, dass ich recherchiere. Ich bin nämlich Journalist, du Arschloch.«

Aber ich will auch nicht so tun, als sei gar nichts gewesen. »Das war nicht okay, was ihr damals gemacht habt, findest du nicht?«, sage ich. »Das ist ein Gefängnis, hier kann so was schon mal passieren«, antwortet Kodal. Dabei belasse ich es. Ich will erst ein bisschen plaudern und Vertrauen gewinnen.

Danach begegne ich einmal Aydın, dem Anführer, aber nicht unter vier Augen. Yada, der Typ mit dem Aggressionsstau, bleibt für mich unsichtbar. Doch Kodal ist der Richtige für diese Recherche. Er ist gesprächig und hält sich für oberschlau.

Tatsächlich erzählt er bei unseren nächsten zwei Begegnungen von sich: woher er stammt, was er studiert hat … Wir sind so weit, bei unserer nächsten Begegnung will ich auf das eigentliche Thema kommen. Doch ein nächstes Mal wird es nicht mehr geben. Vielleicht ist es Zufall, vielleicht hat jemand bemerkt, dass wir vertraut miteinander reden, was hier nicht gerne gesehen wird.

Ein paarmal sehe ich ihn noch auf dem Gang. Wir grüßen beide betont freundlich, aber eine Situation unter vier Augen werden wir nicht mehr erleben. Es ist kein großer Verlust; mehr als den Umstand, dass die Gefängnisleitung im Bilde war, wird er nicht wissen. Allein das Machtverhältnis gedanklich umzukehren, war mir schon Genugtuung – und eine Fortsetzung der Selbsttherapie, die mit dem Niederschreiben des Berichts an den EGMR begonnen hat.

Nach der ersten Verunsicherung habe ich mich weder verängstigen noch provozieren lassen, sondern einen rationalen Umgang mit der Psychofolter gefunden. Ich habe nach einer politischen Lösung gesucht und rechtliche Mittel eingelegt. Dass man mich beschimpft, bedroht und geschlagen hat, sagt etwas über die Täter, nichts über mich. Doch meinen Kopf hätte ich nicht beugen müssen. Immerhin: Am dritten Tag habe ich mich, Sabahattin Alis Empfehlung berücksichtigend, widersetzt. Ein Trost. Aber ich schäme mich noch immer dafür, dass ich in den ersten zwei Tagen meinen Kopf gebeugt habe.

Jetzt, am Abend des 15. Februar 2018, presse ich meine Hand an die Trennscheibe, wo Dileks Hand liegt. Ich möchte hier nie wieder etwas tun, wofür ich mich später schämen werde.

Unter Freunden

Mit dieser Antwort habe ich nicht gerechnet. Nicht von Dilek. Wie oft hat sie bei Belanglosigkeiten überreagiert, wie oft mir vorgeworfen, ich würde mich rücksichtslos verhalten? Nicht einmal Veysel hat es an diesem Tag geschafft, den Druck von mir fernzuhalten. Stattdessen sagt sie diesen so wunderbaren wie entwaffnenden Satz: »Ich verstehe dich, mein Herz.«

»Wie geht es dir?«, fragt sie nach einer Pause: »Ich bin müde. Aber ich werde mich von niemandem herumschubsen lassen. Wie geht es dir?« »Auch müde«, sagt Dilek. Von Veysel weiß ich, dass Vize-Generalkonsul Graf sie in der Nacht angerufen hat und sich die beiden um sieben Uhr morgens zusammen auf den Weg gemacht haben. Das ist zwölf Stunden her; seither warten sie mit dem später hinzugekommenen Veysel in dem Bistro auf dem Gefängnisgelände.

Was ist seither passiert? »Ich habe alle angebrüllt«, sagt Dilek mit verlegenem Lächeln. Wen? »Ulf, Gabriel … Sie haben die ganze Zeit auf mich eingeprasselt: ›Du musst mit ihm reden.‹ ›Du musst dafür sorgen …‹ ›Du musst, du musst, du musst.‹ Und ich habe gesagt: ›Sagt mir nicht, was ich tun muss. Er will ja raus. Aber mit diesem Druck erreicht ihr gar nichts.‹«

Hatte mich ihre Begrüßung schon überrascht, haut mich das um: Leute anzupflaumen, die für mich kämpfen, ist doch sonst mein Part. »Das hast du wirklich gemacht?« »Na ja, gebrüllt habe ich nur bei Ulf«, sagt sie zerknirscht.

Gabriel sei im Kosovo, ihm habe sie gesagt, dass ich mich niemals mit einer Regierungsmaschine ausfliegen lassen würde.»Warum?«, habe er verständnislos gefragt.»Jeder, dem ich das Angebot machen würde, ihn aus einem türkischen Gefängnis auszufliegen, würde sofort angerannt kommen.«»Aber das ist Deniz«, habe sie geantwortet. Ein Regierungsflugzeug hat auch sie abgelehnt:»Das würde alle bestätigen, die Deniz für einen deutschen Agenten halten.«

Sie habe früher kommen wollen. Doch zwischen Gabriel und Graf sei es wohl zu einem Missverständnis gekommen, wer sich um eine Besuchserlaubnis kümmern würde. Bei ihrem zweiten Gespräch am frühen Abend – der Außenminister war inzwischen in Sofia – habe Gabriel gesagt:»Davon höre ich zum ersten Mal.« 20 Minuten später habe sie die Sondergenehmigung bekommen.

Interessant. Gabriel steht also in Kontakt mit jemandem auf der Gegenseite, der dies innerhalb weniger Minuten veranlassen kann. Ich nehme an, dass es sich um Çavuşoğlu handelt, der womöglich Erdoğan auf dem Laufenden hält. (Das Erste wird sich als zutreffend erweisen, das zweite Vermutung bleiben.)

Dilek hat ihre Erzählung auf Türkisch angefangen und ist dann, weil ihr der Gedanke kam, dass wir abgehört werden, ins Deutsche übergegangen. Da ihr Englisch flüssiger ist, reden wir inzwischen auf Englisch.

Was aber sagt Gabriel?»Er sagt: Wenn du die Bedingungen akzeptierst, kannst du jetzt sofort raus.« Jetzt sofort? Das hat sie auf Englisch erzählt. Damit wir uns sicher nicht missverstehen, kehrt sie zurück ins Türkische.»Ja, jetzt sofort«, antwortet sie.»Aber er sagt auch, dass dies die letzte Gelegenheit sei. Wenn das scheitert, könne dies Folgen für die anderen Deutschen in türkischen Gefängnissen haben. Und wenn du dich weigerst, könne die Bundesregierung nichts mehr für dich machen. Dann ist *game over*«, berichtet Dilek. Hat Gabriel das so gesagt?»Ja, genau so.« Und er habe versichert: Es gebe keinen Deal, nur die Absprache, dass ich sofort ausreise.

Ein letztes Mal in dieser Geschichte stehe ich vor der Arno-Schmidt-Aufgabe, aus den Zügen von Weiß auf jene von Schwarz zu schließen. Das ist hier besonders schwierig, weil ich zu diesem Zeitpunkt längst nicht alle Züge von Weiß kenne: Ich weiß nichts von Schröders zweiter Reise und den beiden Treffen zwischen Gabriel und Erdoğan in den letzten Tagen. Und wie die deutsche Öffentlichkeit vermute ich, dass Gabriel um seinen Posten als Außenminister kämpft. »Ich werde mich nicht von Yıldırım als Gastgeschenk präsentieren lassen«, sage ich. »Und die sollen nicht sagen können, dass ich geflohen sei. Außerdem glaube ich nicht, dass die Türken eine solche Bedingung stellen. Und selbst wenn, ist das ein Bluff. Sie haben sich mit den USA verkracht, der Wirtschaft geht es schlecht, vielleicht gibt es bald Neuwahlen. Darum wollen sie ihre Beziehungen zu Europa verbessern. In diesem Kontext steht meine Freilassung. Was ich danach mache, ist in diesem großen Zusammenhang echt egal.«

Dabei haben mich kurz zuvor Zweifel befallen, ob ich mit meiner Einschätzung richtigliege – darum habe ich auf den Zettel, der mir bei der Durchsuchung abgenommen wurde, den Namen eines AKP-Politikers geschrieben. Nach meiner Freilassung werde ich ihn und einen weiteren AKP-Mann fragen, was es mit dieser Bedingung auf sich habe. Sie wissen es beide nicht, halten dies aber für möglich. »Der Staatspräsident hatte sich in Ihrem Fall öffentlich und eindeutig festgelegt, Sie freizulassen, war peinlich genug. Wären Sie in Istanbul geblieben, hätte das diese Blamage nur verstärkt«, wird einer sogar sagen. Ganz abwegig ist die Sache mit dem Gesichtsverlust vielleicht doch nicht.

Im Gespräch mit Dilek aber habe ich meine Zweifel schon wieder verdrängt. »Vielleicht ist das Gabriels persönlicher Zug, weil er mich als Trophäe präsentieren will. Oder er hat gesagt: ›Wenn ihr ihn freilasst, sorge ich dafür, dass er sofort verschwindet.‹ Die haben das akzeptiert. Und jetzt macht er Druck, weil er das Wort, das er selber gegeben hat, für eine Bedingung der Gegenseite hält.«

Dilek vergegenwärtigt sich die Empfehlungen der Psychologin, die sie aufgesucht hatte, ehe sie mir von der Krebserkrankung meines Vaters erzählte, und hört mir ruhig zu. Seit einigen Wochen haben wir uns nicht mehr gestritten. Und selbst Ulfs Strategie, Druck auf sie auszuüben, damit sie diesen an mich weitergibt, zeigt Wirkung – wenngleich anders als geplant: Damit hat er Dilek die Gelegenheit geboten, Dampf abzulassen, jetzt kann sie besonnen bleiben.

»Im schlimmsten Fall«, so ende ich meine Lagebeurteilung, »bleibe ich noch ein paar Monate bis zum Urteil des Europäischen Gerichtshofs für Menschenrechte. Was sollen sie schon machen? Mit Knast können sie mir nicht mehr drohen.« »Das nicht«, antwortet Dilek. »Aber auch das ist eine Form, sich mit der Haft abzufinden und zu akzeptieren, dass du im Gefängnis bist und bleibst.«

Ein Satz, der in mir zu arbeiten beginnt. »Ich verstehe, dass du dich nicht herumschubsen lassen willst«, setzt Dilek nach. »Du willst nicht, dass das passiert, was *die* wollen. Aber damit versperrst du dich auch dem, was *wir* wollen.« Ich schweige. »Deine Freunde sind auf dem Weg nach Istanbul«, ergänzt sie.

Nach dem Streit mit ihr war Ulf entsetzt – und ratlos. Daniel hat darauf vorgeschlagen, Doris, Imran und Mustafa hinzuzuziehen. Vor ein paar Wochen hatte ihm Ulf vertraulich gesagt, dass ich unter Umständen bald freikommen könnte. Doch nach meinem Wort über mögliche »schmutzige Deals« war Daniel klar, dass ich misstrauisch auf jede politische Lösung reagieren würde. Seine Idee für diesen Fall: ein Komitee, das mich abholen und notfalls überzeugen soll.

Daniel hält die Strategie der Bundesregierung, alles mit größter Geheimhaltung zu handhaben, der man bei Springer zustimmt, für falsch, teilt aber die Auffassung, dass ich nicht darauf bestehen soll, in der Türkei zu bleiben, um mich einem rechtsstaatlichen Verfahren zu stellen, das es nicht geben wird.

Bei der Buchpräsentation am Abend zuvor hat er meinem Freund Mustafa – den mit der Wahlkampfidee – seine Überlegungen mitgeteilt. Daniel weiß, dass Mustafa für mich ein Abi ist, will aber auch wissen, ob ein alter Anarcho wie Mustafa seine Einschätzung teilt. »Seh ich auch so«, hat Mustafa gesagt. Daniels Plan steht also längst. Jetzt erhält er die Möglichkeit, ihn in die Tat umzusetzen.

Das Problem: Er kann keinen erreichen. Alle sind von der Buchpremiere übernächtigt. Imran hatte am Morgen eine Präsentation und hat sich danach im Büro aufs Ohr gehauen. Mustafa unterzieht sich einem Langzeit-EKG. Und Doris hat am Morgen noch ein paar Interviews zu unserem Buch gegeben und konferiert nun mit Kollegen der *taz*, was sie im Fall meiner Freilassung machen sollen, die nach dem Yıldırım-Interview vom Vortag nicht überraschend käme. Irgendwann erreicht er Imran, der in Großbuchstaben an Doris schreibt: »Ruf mich bitte an!«

Dann fällt Doris auf, dass sie seit über eine Stunde nicht auf ihr Handy geschaut hat. Auf dem Display: Dutzende Anrufe von Daniel und Imrans SMS. Sie spricht kurz mit ihm und greift mit wackligen Knien nach ihrer Jacke. »Ich muss rüber«, sagt sie nur. Einmal über die Rudi-Dutschke-Straße, von der *taz* zur *Welt*.

»Deniz kann sofort das Gefängnis verlassen, will aber nicht«, eröffnet Ulf das Krisentreffen in seinem Büro. »Warum denn nicht?«, fragt Doris entgeistert. Niemand weiß eine Antwort. Doch alle finden: Ich muss raus. Ulf hofft, eine Telefonverbindung zu mir herstellen zu können. Und er ist nervös. In den vielen Gesprächen, die er und Döpfner mit dem AA und dem Kanzleramt geführt haben, ist der Eindruck entstanden, die Sache müsse bis zum frühen Abend, bis zur Pressekonferenz von Merkel und Yıldırım, geklärt sein.

Zwischen seinen Telefonaten mit der Bundesregierung oder Döpfner will Ulf wissen: »Auf wen würde Deniz hören?« »Mustafa«, weiß auch Doris. Doch den konnten sie eben erst erreichen. Er kommt direkt von seinem Arzttermin, mit blinkendem EKG-Gerät, das er wie einen Pistolenhalfter am Gürtel trägt.

»Wie kriegen wir Deniz in dieses Flugzeug?«, fragt Ulf. Er ist der Nervöseste in der Runde, was weder an seiner Rolle als mein Chefredakteur noch am Druck aus der Bundesregierung liegt. Seit meiner Verhaftung hat er sich, wie er mir später erzählen wird, jeden Tag schuldig und mitverantwortlich gefühlt, weil es seine Idee war, mich als Korrespondenten in die Türkei zu schicken. Er hat Angst, dass dieser Albtraum für mich weitergeht und er daran schuld sein könnte.

Den anderen fällt es leichter, Ruhe zu bewahren: »Deniz wird sich in kein Regierungsflugzeug setzen«, meint Mustafa. »Notfalls müsst

ihr alle Tickets eines Linienflugs kaufen. Und wenn ihr ihn lasst, wird er Istanbul ohne einen Abend mit Fisch und Raki nicht verlassen.«
»Das ist das letzte Zeitfenster«, sagt Ulf. »Du, Ulf, wo es *ein* Fenster gibt, gibt es auch ein zweites«, meint Mustafa. Ulf ist beeindruckt von seiner Coolness, appelliert aber an die Verantwortung aller. Alle schweigen. In die Anspannung piept ein EKG-Gerät.

Am Nachmittag meldet Refik, dass der Richter Dienstschluss habe. Die Entscheidung über meine Freilassung ist auf morgen verlegt. Die Information, dass alles an diesem Abend ablaufen müsse, ist also falsch. Zeit für den Daniel-Plan. »Packen wir's!«, sagt Mustafa. Die vier versprechen Ulf, Stillschweigen zu wahren, und brechen sofort auf. In zwei Stunden geht der letzte Flug nach Istanbul.

Von dort ruft Daniel Ilkay an, die am Morgen mit ihrer Tochter Aylin aus Frankfurt losfliegen wird – mit einem Brief unserer Mutter Esma in der Tasche: »Schau, mein Junge, mach keinen Quatsch. Hier setzen sich alle für dich ein: Dilek, deine Schwester, deine Freunde, dein Arbeitgeber. Aber das wird nicht auf ewig so weitergehen, du wirst allein bleiben. Lass den Trotz.«

Diese Details werde ich erst später erfahren. Schon jetzt rührt es mich sehr, dass meine Freunde meinetwegen kommen. »Wir sind alle erschöpft«, sagt Dilek.

Ihre Argumente geben mir zu denken. Doch das Entscheidende ist: Sie hat von meiner Seite der Trennscheibe auf die Dinge geblickt. Ihre Empathie erlaubt es mir, die Dinge aus ihrer Perspektive betrachten, was ich im Gedanken auch tue. Dann aus der Perspektive von Veysel, Daniel, Ulf, Doris, Imran, Ilkay …, schließlich aus der meiner Eltern. »Ich kann hier noch ein paar Monate bleiben«, sage ich abrupt. »Aber vielleicht hat mein Vater keine paar Monate mehr.«

Ich verweile für einen Moment bei diesem Gedanken. Dann sage ich: »Was würden wir tun, wenn uns niemand drängen würde? Wir würden in Beşiktaş feiern, ein paar Tage entspannen und danach zu meinem Vater fliegen.« »Lass uns das tun«, antwortet Dilek. »Mit einem einfachen Flug, wie ganz normale Leute.«

Wir beraten noch, an welchen Ort in der Umgebung von Istanbul wir fahren könnten (europäische oder anatolische Schwarzmeerküste?) und diskutieren, wie lange wir in der Türkei bleiben wollen (drei oder fünf Tage?). Dann muss ich zur Abendzählung.

Unterdessen sind die Regierungschefs vor die Presse getreten. Mein Fall habe eine »besondere Dringlichkeit«, hat Merkel gesagt. Die Erwartung sei groß, dass es endlich zu einer Anklage komme. Die Gerichte seien überlastet, doch auch er hoffe auf eine baldige Verhandlung, hat Yıldırım erwidert. Auf den Hinweis einer Reporterin, dass ich nicht Teil eines »schmutzigen Deals« sein wolle, hat Merkel geantwortet, die Bundesregierung stelle »keinerlei Verbindung« zwischen den Themen verhaftete Deutsche und Rüstungsexporte her. An welchem Punkt meine Sache tatsächlich steht, haben sie nicht durchblicken lassen.

Zwei Stunden vorher, nachdem ich gegenüber Graf und Veysel jedes Zugeständnis abgelehnt hatte, habe ich Oğuz gefragt, ob ich mich in etwas verrannt hätte. »Nein, du machst alles richtig«, hat er geantwortet. Jetzt, nachdem ich mich im Gespräch mit Dilek auf einen Kompromiss eingelassen habe, frage ich ihn, ob das ehrenrührig ist. »Nein, du machst alles richtig«, ruft Oğuz. Klingt schräg, ist aber das Beste, was er in dieser Situation machen kann: mich in meiner Entscheidung stärken, ganz gleich, wie sie aussieht.

Bald darauf werde ich erneut aus der Zelle geführt. Birgelen ist in Istanbul gelandet und sofort hergefahren. Draußen hat ihn Dilek gebeten, mich nicht weiter zu bedrängen. Ich teile ihm mit, was sie und ich besprochen haben. »Meinetwegen kann die Gegenseite wissen, dass ich in ein paar Tagen abreisen werde«, sage ich. »Mehr Zugeständnisse kriegen die von mir nicht.« »Ich fürchte, so, wie Sie sich das vorstellen, wird das nicht gehen«, antwortet Birgelen. Seit gestern Abend ist er unterwegs, die Müdigkeit ist ihm anzumerken. »Die Bedingung unserer Freunde lautet, dass Sie verschwinden, subito und geräuschlos.«

Es folgt ein Schlagabtausch: »Ich akzeptiere keine Bedingungen.« – »Dann kann die Bundesregierung nichts mehr für Sie tun.« – »Das will ich sehen, dass sie das öffentlich erklärt.« – »In Deutschland wird es niemand verstehen, wenn Sie dieses Angebot ablehnen. Sie verlieren die Unterstützung der Öffentlichkeit.« – »Glaub ich nicht.«

Am Nachmittag war mir die Idee gekommen, den Plan der türkischen Regierung zu durchkreuzen, indem ich ihn öffentlich mache – nicht in der *Welt*, das wäre ausgeschlossen, aber mittels Max auf *Spiegel Online*, der nichts davon weiß, dass ich ihn seit einem Jahr in der Reserve halte. Davon habe ich bald Abstand genommen. Doch das ist so weit weg von Birgelens Hinweis, dass ich mich trotz aller Widerborstigkeit frage: Unterliege ich einer grandiosen Fehleinschätzung?

Jedenfalls erleben wir in dieser späten Stunde eine bemerkenswerte Wendung: Wie oft habe ich in Gesprächen mit Birgelen der Bundesregierung mit der Öffentlichkeit gedroht? Jetzt dreht er dieses Druckmittel um – nicht als gewiefter Diplomat, sondern als besorgter Freund. Nichts anderes hat Esma in ihrem Brief, den ich noch nicht kenne, geschrieben. Bei meiner Panzerreplik war ich überzeugt, dass ich richtiglag. Aber jetzt? Jetzt könnte Birgelen recht haben.

»Wenn Sie hierbleiben, könnte man Sie sofort wieder verhaften«, fährt Birgelen fort. Solche Fälle habe es ja schon gegeben. »Weiß ich«, murmle ich; einer davon ist Oğuz. Er könne meine Einwände gegen ein Regierungsflugzeug nachvollziehen, sagt Birgelen und versichert im Namen der Bundesregierung: »Es gibt keine Deals.« Zum Abschied umarmen wir uns. Doch wir stehen wieder am Anfang, abgesehen davon, dass ich Yıldırıms Show vereitelt habe.

Am späten Abend spricht Dilek mit einer Vertrauensperson im AA: »Wenn Deniz dieses Flugzeug nicht besteigt, wäre dann wirklich *game over*, wie Herr Gabriel sagt?« – »Der Herr Minister ist ein emotionaler Mensch. Natürlich würden wir uns weiter einsetzen. Aber es hat viel Anstrengung gekostet, um an diesen Punkt zu gelangen. Die türkische Seite hat es zunächst unterschätzt, wie ernst wir das meinen. Jetzt haben wir ein Verhandlungsergebnis. Wenn Ihr Mann das ablehnt, wird es sehr schwierig.«

Etwa zur selben Zeit zappe ich zwischen den Polittalks. Thema: Yıldırıms Deutschland-Besuch. Tenor: Die Türkei muss ihre Beziehungen zu Europa verbessern. Sag ich doch. Und ich könnte was essen. Ich nehme das Abendessen, das Oğuz für mich in Empfang genommen hat – grüne Linsen und weiche Nudeln –, bin aber zu müde, um es aufzuwärmen. Widerwillig schlucke ich ein paar Löffel runter und döse ein.

Nach ein paar Stunden wache ich schweißgebadet auf. Ich habe von den Horrortagen geträumt: wie sie in meine Zelle gestürmt sind, wie ich mit gebeugtem Haupt den Korridor entlanggelaufen bin. Es ist drei Uhr. Ich schalte den Fernseher aus. Stille.

Nie zuvor habe ich davon geträumt. Warum jetzt?

Mir beginnt zu dämmern, wie sehr jene drei Tage – das, was ich erlebt habe, und jenes, das ich befürchten musste – danach mein Verhalten geprägt haben, im Kleinen wie im Großen. Dass ich nie irgendwelche Bilder an die Wand gehängt habe – ich wollte nicht dazu gezwungen werden, sie abzureißen. Dass ich Unmengen von Zeitungsschnipsel archiviert habe – die ersten, die mir damals so wichtig waren, wurden mir abgenommen. Dass ich so wütend auf Gabriels Spruch vom »Einmarschieren« reagiert habe – darum. Dass ich im Buchbeitrag nicht nur über Cengiz' Wellensittich, sondern auch über seinen Umgang mit dem Foltertrauma erzählt habe – deshalb.

Schließlich die Razzien: Auch wenn sich diese Gruppe damals nicht mit dem Abklopfen der Gitterstäbe angekündigt hat und ich von Oğuz weiß, dass andere Gefangene die Razzien ebenfalls als unangenehm empfinden – das körperliche Unbehagen, das ich bei diesem »Signal der Macht« stets verspürt habe, geht auf diese Erfahrung zurück. Darum ist Gefängnis für mich weniger ein Ort, aus dem ich nicht *rauskann*, wann ich will, als ein Ort, an dem die Macht zu mir *reinkann*, wann sie will.

Auch für meine engsten Vertrauten war die Folter eine entscheidende Erfahrung. Für Ulf etwa, der sonst wohl nicht so hektisch darauf reagiert hätte, dass ich das Angebot zu meiner Freilassung abgelehnt habe. Oder für Ilkay, die mich hier in meinem schlimmsten Moment gesehen hat. Die Sorge, mir könnte noch einmal Ähnliches passieren, hat alle ständig begleitet.

Ich hingegen habe den umgekehrten Schluss gezogen: Der unbedingte Wille, keine Angst zu zeigen, auch die Rücksichtslosigkeit, die ich gegen mich selber und insbesondere gegen Dilek gezeigt habe, waren eine Folge der Folter. Selbst wenn ich in meinen Wortmeldungen darauf geachtet habe, heiter zu wirken und nicht verbissen, hatte ich immer nur eine Botschaft: Ich beuge mich nicht! Das wollte ich allen beweisen – mir selbst, meinen Unterstützern, der Gegenseite. Für alles andere muss ich mich nicht schämen. Aber meinen Kopf hätte ich nicht beugen müssen. Nicht beugen dürfen. All meine Kämpfe bestritt ich mit dem Ziel, diesen Moment ungeschehen zu machen. Jede Kampfansage, jeder Spott ein nachträglicher Widerstand, jeder herausgeschmuggelte Text ein Ausmerzen dieser Schmach, jedes reingeschmuggelte Dokument ein später Sieg.

Genau darum verweigere ich mich nun jedem Zugeständnis: Nie wieder will ich mich schämen. Das ist viel wichtiger als ein paar Monate mehr oder weniger Knast. Wie ich es vor fast einem Jahr geschrieben habe: »Ich werde dieses Gefängnis nicht durch eine Hintertür verlassen, sondern durch jene Vordertür, durch die ich es betreten habe.«

Etwa eine Stunde dauert diese Selbstanalyse. Dann schlafe ich erschöpft ein. Vom Geräusch der Morgenzählung wache ich mit einer falschen Bewegung auf. Ein Stechen im Rücken, auch das noch.

Am Morgen berichte ich Oğuz von der Folter – und wie diese Erfahrung mich jetzt in dieser Situation beeinflusst. Entsetzt hört er zu. Dann erzählt er von Kollegen aus seinem Verfahren, die gleich nach dem Putschversuch verhaftet worden waren und in jenen Tagen hier mit Ohrfeigen empfangen wurden. »Die haben sich dafür geschämt, bis sie gemerkt haben, dass es allen so ergangen ist«, sagt er. »Du musst dich nicht schämen.« Dieses Wort treibt mir die Tränen in die Augen. Wir umarmen uns.

Jetzt weiß ich genau, was bei mir selber los ist. Alles Weitere kann ich nur abwarten. Qué será, será.

Am Vormittag werde ich zum Anwalt gerufen. Bestimmt Veysel oder Refik, die Neuigkeiten mitbringen. Vor den Kabinen begegne ich Ahmet Şık. »Das ist super! Mach das! Das kannst du benutzen!«, ruft er im Vorbeigehen.

Als er drei Wochen nach mir freigelassen wird, werde ich ihn fragen, was er damit gemeint hat. »Deine Freilassung lag ja in der Luft«, erzählt Ahmet. »Am Tag davor hatte Murat Sabuncu dich beim Anwalt gesehen und dann mir und Akın Atalay erzählt: ›Deniz schien sehr angespannt. Ich glaube, er will nicht auf so eine Weise rauskommen.‹ Als du und ich uns begegnet sind, habe ich gemerkt, dass Murat recht hatte. Aber die Art, wie sie dich freilassen wollten, würde aller Welt zeigen, wie es um das Rechtssystem in diesem Land bestellt ist. Ich dachte: Du solltest das offenlegen. Diese Gelegenheit solltest du nutzen.«

So interpretiere ich seinen Zuruf gleich im ersten Moment. Aus seinem Mund eine ungeheure Bestätigung. Welcher Zufall: Ahmet war der letzte Mensch, den ich in Freiheit sah, ehe der Schlamassel begann. Und nun könnte er einer der Letzten sein, dem ich in Unfreiheit begegne.

Doch gekommen sind nicht meine Verteidiger, sondern eine Anwältin zum Solidaritätsbesuch. Ich tue so, als wüsste ich nicht mehr als die Nachrichten, kann mich aber kaum konzentrieren. Doch ich will nicht unhöflich sein. Und allein wegen der Begegnung mit Ahmet hat sich dieser Gang gelohnt.

Die Orte des Geschehens sind in diesen Minuten andere: der Gerichtspalast Çağlayan, wo Refik dort weitermacht, wo er tags zuvor aufgehört hat, und den Richter bedrängt. Und die Autobahnraststätte Karbey, acht Kilometer vor dem Gefängnis, wo sich alle versammelt haben: Dilek, Veysel, Volkan, Birgelen und die Reisegruppe aus Deutschland, die der Generalkonsul am frühen Morgen auf den letzten Stand gebracht hat. »Wenn er nicht in dieses Flugzeug will, können wir ihn nicht einfach ins Auto packen und nach Bulgarien fahren?«, fragt Imran. »Das ist eine Scheißidee«, meint Birgelen.

Alle sind aufgeregt, ständig klingeln Telefone: Gabriel, Ulf, das AA, die ersten Journalisten, die sich nach Neuigkeiten erkundigen. Dann spricht Daniel mit Gabriel. »Sie garantieren dafür, dass der Yücel sofort das Land verlässt«, fordert dieser. »Das ist ein freier Mann«, gibt Daniel zu Protokoll, »ich kann das nicht garantieren.« »Okay, Sie garantieren mir also, dass …«, antwortet Gabriel. »Hätte Buñuel nicht schöner drehen können«, denkt Daniel.

Kurz darauf spricht der Außenminister mit Dilek. »Die Türken wollen die Sache beenden«, sagt er. »Es wird keine Besuchserlaubnis für Sie oder Ihre Freunde mehr geben. Entweder Sie sagen mir jetzt zu, dass Ihr Mann die Türkei sofort verlässt, oder die Sache ist gelaufen.«
»Wir haben doch gesagt, dass wir ein Regierungsflugzeug ablehnen«, antwortet Dilek. Erst jetzt erfährt sie, dass für diese Frage eine Lösung gefunden wurde. »Wenn's nur das ist, das lässt sich lösen«, hat Döpfner gesagt und ein Flugzeug gechartert. Genauer: Er hat erklärt, dass der Verlag die Kosten der Maschine übernimmt, die das Auswärtige Amt bereits vor drei Tagen reserviert hat.
»Nicht Regierung, Springer! Springer!«, ruft Gabriel. »Wie jetzt?«, fragt Dilek perplex. Dann weiß sie nicht mehr weiter.
»Okay, ich akzeptiere.«
Gleich darauf spricht sie mit Döpfner, der ihr versichert: »Sie können fliegen, wohin Sie wollen.« Nun beschleicht sie eine neue Sorge: Sie hat entschieden, ohne mich zu fragen. Was ist, wenn ich mich hintergangen fühle? Ich könnte für immer mit ihr brechen. Für meine Freiheit nimmt sie das in Kauf.
Ein wenig Bluff ist dennoch dabei: Sie hat allem zugestimmt, damit ich freikomme. Ablehnen könnte ich ja trotzdem. So *alla turca* halt. Allerdings glaubt Dilek inzwischen selber, dass es nicht so gehen wird, wie wir uns das am Abend vorgenommen haben. Nach dem Gespräch mit Gabriel wischt sie sich eine Stressträne aus dem Gesicht. Und ihr kommt eine Idee: »Es gibt ein Springer-Flugzeug. Würdet ihr mit uns irgendwohin fliegen?«, fragt sie in die Runde.
»Wenn Deniz einverstanden ist, klar«, antworten meine überraschten Freunde. Wenn nur sie und ich dieses Flugzeug nehmen würden, denkt Dilek, könnte das nach Flucht aussehen, so hingegen nach Klassenfahrt. Das könnte ich nicht so leicht ablehnen. Doris, Imran und Mustafa wiederum verständigen sich, dass sie keinen Druck auf mich ausüben werden. Wenn ich fliegen will, werden sie mitkommen. Und wenn ich bleiben möchte, werden sie bleiben, zumindest für drei Tage. Mustafa erkundigt sich schon nach einem Rakırestaurant am Bosporus, wo wir in geschlossener Gesellschaft feiern könnten.

Ein paar Minuten danach und etwa eine Viertelstunde nach Dileks Gespräch mit Gabriel wird Refik das Urteil ausgehändigt:
Ich komme frei!

Formal betrachtet ein zulässiger, wenngleich seltener Fall, dass ein Gericht nicht bis zum Prozessauftakt wartet, sondern bereits mit Annahme der Anklageschrift das Ende der Untersuchungshaft anordnet. Doch vermutlich weiß das Gericht um den Vorsitzenden Richter Ömer Günaydın selber nicht, wie diese Entscheidung zustande gekommen ist: Es war Dilek. Ihr Wort an Gabriel, von ihm an Çavuşoğlu, von dort – vermutlich über den Umweg Erdoğan – über Mittelsmänner zum Richter.

Wieder wird Refik zum Boten für gute Nachrichten. »Freilassung«, schreibt er an Veysel und macht sich auf den Weg nach Silivri. »Ja!«, schreit Veysel und knallt vor Freude so kräftig auf den Tisch, dass die Teegläser wackeln. Jubel, Schreie, Freudentränen. Alle, auch Birgelen, fallen sich in die Arme.

Kurz darauf fahren sie schweigend, fast benommen, los. Von unterwegs informieren sie Gabriel, Ulf und Esma. An Ilkay, die gerade im Landeanflug ist, schreibt Dilek, sie möge die Tasche holen, die sie in der Nacht gepackt hat. Und natürlich Şahit Hanım.

Der nächste Halt: das Bistro auf dem Gefängnisgelände, wo zwischen Daniel und Doris eine laute Diskussion entbrennt: Sollen sie die Nachricht schon verkünden? Und wer soll das machen? Die *Welt*, meint Daniel, das sei Veysels Sache, meinen die anderen, irgendwann stimmt Daniel zu. Kurz darauf, gegen 13.15 Uhr Ortszeit, gibt die *Welt* über Twitter bekannt, dass ich frei sei. Doris entdeckt das als Erste und hält Daniel wortlos ihr Handy entgegen, worauf der stets so besonnene Daniel derart heftig auf den Tisch haut, dass seine Armbanduhr zerspringt und die Einzelteile durchs Bistro fliegen. Sofort fordert er die Kollegen dazu auf, das zurückzunehmen. Das ist gegen die Abmachung. Außerdem bin ich ja noch im Knast.

Nur Dilek, die ein Jahr lang am liebsten jedes einzelne Statement zur Autorisierung vorgelegt bekommen hätte, ist diese Aufregung egal: »Er kommt frei«, sagt sie. »Ich habe sie noch nie so strahlen gesehen«, erzählt Doris später. Schließlich postet Veysel auf Twitter: »Und endlich gibt es für meinen Mandanten Deniz Yücel ein Urteil zur Haftentlassung.«

Danach stehen bei niemandem mehr die Telefone still. Doch alle sind sich einig: »Wir haben lange genug für Deniz gesprochen; jetzt, wo er selber wieder frei reden kann, ist unsere Aufgabe erfüllt.« Und sowohl Doris als auch Daniel verzichten darauf, in der *taz* bzw. der *Welt* irgendetwas über die Umstände meiner Freilassung zu berichten. Auch das überlassen sie mir. Sie sind als Freunde gekommen, nicht als Journalisten.

Unterdessen verbringe ich einen recht ruhigen Vormittag. Bald nach dem Gespräch mit der Anwältin haben mir die Aufseher – freitags ist Posttag – einen Stapel bunter Dilek-Briefe übereicht. Ich lege mich aufs Bett und fange an zu lesen, im Hintergrund läuft der oppositionelle Fernsehsender Halk TV. Es könnte ja jederzeit etwas passieren. Ich bin kurz davor einzudösen, als ich im Nachrichtenband sehe: »Deniz Yücel ist frei.« Ich schalte um auf CNN-Türk, dieselbe Eilmeldung. Schlagartig bin ich hellwach und benommen zugleich.

Was tun? Ich wage es nicht, mit dem Packen anzufangen – nicht dass es mir so geht wie den Kollegen nach dem Urteil des Verfassungsgerichts. Ich würde jetzt gerne Oğuz sehen, aber er ist gerade beim Familienbesuch. Dann fällt mein Blick auf den Stapel ungelesener Zeitungen von heute. Ich habe ein sinnloses, aber vollständiges Archiv angelegt. Das sollte doch bis zu diesem Tag reichen. Ich überfliege die Zeitungen und reiße die Berichte aus, in denen es um mich geht. Eine seltsame Form, die letzten Minuten im Knast zu verbringen. Aber etwas Besseres fällt mir nicht ein.

Noch ehe ich damit fertig bin, erscheint ein halbes Dutzend Aufseher. »Einpacken, du kommst frei«, rufen sie durch die Türklappe. Es ist wahr! »Viertelstunde«, rufe ich. Ich will erst die Archivierung erledigen, auf die paar Minuten kommt es nicht an.

Dann packe ich meine Sachen in große schwarze Mülltüten. Die Ordner voller Papier, Kleidung, Bücher und ein paar Andenken: Wäscheklammern, Kaffeetasse, so was. Als die Aufseher nach gut zehn

Minuten zurückkehren, bin ich noch nicht fertig. Sie wollen in meine Zelle kommen, um die Tür zum Hof zu verschließen. »Ich will mich von meinem Nachbarn verabschieden, bitte haben Sie dafür Verständnis.« Darum habe ich getrödelt: wegen Oğuz.

Zum Glück kommt er kurz darauf zurück. Wir umarmen uns im Hof lange, während die Aufseher drängen. Was wir uns sagen, weiß ich nicht mehr. Ich schenke ihm ein paar Sachen: Käse, Kaffee, Granatäpfel; er gibt mir zwei Bund Petersilie, die ich Dilek mitbringen möchte. Zusammen mit meinen zwei Bünden ergibt das einen schönen Strauß.

Kurz darauf wird die Zellentür geöffnet. Ich lade die Mülltüten in einen Handkarren, was mir wegen der Rückenschmerzen, die mich seit dem Morgen plagen, schwerfällt. Ein Blick zurück, nicht ganz frei von Wehmut. Ich habe ein Jahr meines Lebens hier verbracht. Ein bisschen davon werde ich immer bei mir tragen.

In Begleitung der Aufseher ziehe ich den Handkarren rumpelnd über den Korridor. Es gibt ein paar Beamte, von denen ich mich gerne verabschiedet hätte. Doch von denen ist keiner dabei. »Lebt wohl, möge Allah euch befreien«, rufe ich im Gang den anderen Gefangenen zu. Das sagt man halt so.

Dann geht es ins Büro von Gefängnisdirektor Demirtaş, wo sich die Oberaufseher versammelt haben. Alle lächeln, alle sind nett. Als wollten sie Absolution. Auch ich bin nett. Die Anklageschrift, auf die ich sehnsüchtig warte, hat auch der Direktor nicht. Stattdessen überreicht er mir ein drei Tage altes Urteil des 3. Untersuchungsgerichts: Fortdauer der Untersuchungshaft. Und ein Urteil der 32. Strafgerichts vom heutigen Tag: Freilassung. Die sind schon lustig.

Als alle Formalitäten erledigt sind, frage ich: »Wo ist meine nicht zugestellte Post?« Als hätte er darauf gewartet, übergibt er mir drei – drei! – Briefe. »Soll das ein Scherz sein? Hier müssen mindestens 3000 Briefe auf mich warten«, sage ich erbost. Der Direktor beharrt darauf, dass das alles sei. »Entweder haben Sie meine Briefe vernichtet oder Sie enthalten sie mir vor. So oder so ist das rechtswidrig«, fauche ich. »Wir sind eine staatliche Einrichtung, wir verhalten uns nicht rechtswidrig«, antwortet Demirtaş mit heiligem Bürokratenernst. »Dann werde ich Strafanzeige erstatten.« Den Oberaufsehern gefriert das Lächeln im Gesicht, während ich wütend wiederhole: »Ich werde Sie verklagen!« Grußlos stampfe ich aus dem Büro.

Am inneren Gefängnistor übergeben mich die Aufseher der Gendarmerie. Ich soll meine Sachen zu einem Kleinbus tragen. »Jungs, ich habe mir den Rücken wehgetan, könnt ihr das bitte machen?«, sage ich, jetzt wieder freundlich. Nur als einer nach der kleinen Plastiktüte mit der Petersilie greift, halte ich ihn ab: »Die nehme ich selber.« Erst den Anstaltsleiter anschnauzen, dann die Vertreter der Staatsgewalt meinen Plunder schleppen lassen – ein befreiender Abgang.

Normalerweise fährt die Gendarmerie entlassene Gefangene bis zum äußeren Tor der Gefängnisanlage, wo die Angehörigen und in prominenten Fällen Reporter und Kameraleute warten. Doch bei mir war es den Verantwortlichen wohl wichtig, dass ich still verschwinde, weshalb man meinen Leuten erlaubt hat, mit ihren Fahrzeugen bis ans Tor von Nr. 9 zu kommen. Die Gendarmen fahren den Bus mit meinen Sachen dorthin, meine Freunde laden die Mülltüten in die Autos um. Dann laufe ich in Begleitung von ein paar Gendarmen die wenigen Schritte zum Tor.

Frei.

An den Rest kann ich mich nur fetzenweise erinnern. Wie ich Dilek umarme, die zugleich weint und lacht, alle anderen, die ebenfalls feuchte Augen haben, schließlich Imran, der mich umarmt, mir eine nur halb sanfte Backpfeife verpasst – das hat er, wie er später sagt, Dilek versprochen – und mich wieder umarmt. Veysel ist dabei so geistesgegenwärtig, den Augenblick zu fotografieren.

Er, Dilek und ich nehmen in Birgelens gepanzerter Limousine Platz, die anderen in ihrem Mietwagen. Kaum dass wir das Gefängnisgelände verlassen haben, halten wir auf meine Bitte an. Durchatmen und eine Zigarette rauchen, wie ich mir das ausgemalt habe.

Erst jetzt bemerke ich die Zivilpolizisten, die vorhin schon dabei waren. Sie bitten uns weiterzufahren. »Bin ich hier noch auf Gefängnisgelände?«, frage ich. Ein Polizist verneint. »Dann werde ich als freier Bürger dieses Landes auf der Straße dieses Landes eine Zigarette rauchen.« Außerdem können wir so auf Ilkay und Aylin warten, die jeden Moment kommen müssen. Kurz darauf umarme ich meine Schwester und meine Nichte.

Ich gehe davon aus, dass wir in unsere Wohnung fahren. Und »geräuschlos« war noch nie meins. Als wir uns auf die gut 90 Kilometer nach Beşiktaş machen, denke ich laut darüber nach, zu einer Pressekonferenz einzuladen. »Pressekonferenz mit Fernsehteams würde lange dauern«, sagt Dilek. Ihr behagt das nicht. Dann sage ich: »Ich bin darin nicht geübt und zu aufgeregt. Vielleicht sollte ich nur eine Videobotschaft aufnehmen.« Gute Idee, finden Dilek und Veysel. Wir reden auf Türkisch, Birgelen bekommt davon nichts mit.

Auf der Autobahn verlieren wir das dritte Auto, in dem nun Ilkay, Aylin, Daniel und Volkan sitzen, sodass unser Konvoi die nächste Tankstelle anfährt. Ein banger Moment für Dilek, die mir jetzt etwas gestehen muss: »Ich habe eine Überraschung für dich«, beginnt sie zaghaft und immer noch meine Hand haltend. »Es gibt keine Regierungsmaschine. Aber dein Arbeitgeber hat ein Flugzeug geschickt. Wir können einsteigen und fliegen, wohin wir wollen«, sagt sie. Ihr entscheidendes Gespräch mit Gabriel erwähnt sie nicht.

»Wie, wir alle?«, frage ich ungläubig. »Ja«, sagt sie lächelnd.

Wieder frage ich mich: Was würde ich in so einer Situation machen, wenn niemand Druck ausüben würde? Ja klar, würde ich sagen. Also sage ich: »Ja klar.« Dass sich an dieser Stelle der vorbereitete Daniel-Plan und der spontane Dilek-Plan zusammenfügen, weiß ich da noch nicht. Aber ich merke, wie von Dileks Gesicht die Anspannung weicht. Auch meine Freunde grinsen verschwörerisch. Wir machen ein Selfie, das Doris postet. »Wir haben ihn«, schreibt sie.

Dennoch will ich nach Hause. Şahit Hanım abholen, ein paar Sachen einpacken und meine Wohnung mit dem Panoramablick auf den Bosporus ein letztes Mal sehen. Wenn wir wegfliegen, das beginnt mir zu dämmern, wird es so schnell kein Wiedersehen geben. Und da ist ja noch das Video.

Im Auto zeigt uns Veysel die Fotos, die er bei meiner Freilassung gemacht hat. Eine ganze Serie, aus der ein Bild heraussticht. Eigentlich war der Petersilienstrauß ein Scherz; eine Aufheiterung für Dilek, um dem Augenblick die Schwere zu nehmen. Doch jetzt schaue ich mir Veysels Fotos an, als gelte es, ein Titelbild auszuwählen. »Das ist es!«, rufe ich. »Das musst du sofort veröffentlichen!« Dilek guckt, als wollte sie sagen: »Entspann dich mal, das eilt doch nicht.« Aber ich bestehe darauf, sodass Veysel dieses Foto auf Twitter postet.

Als ich nach einer Weile auf der *Welt*-Seite nachschaue, entdecke ich, dass Silke Mülherr in aller Eile einen Text darüber verfasst hat, was es mit der Petersilie auf sich hat: »Blume unserer Liebe«, Raumschmuck, alles richtig. Allerdings hat sie irrtümlicherweise geschrieben, Dilek habe mir die Petersilie mitgebracht.

Die Kollegen haben kurzfristig beschlossen, sechs Seiten zu machen – über meine Freilassung und über jene Journalisten, die weiterhin in Haft sind. Inmitten der Euphorie und der Betriebsamkeit erhält Silke meine Bitte um Korrektur, die Daniel weitergeleitet hat. »Das hat mich wahnsinnig berührt«, wird sie später erzählen. »Ich dachte: Ich weiß noch nicht, was diese Zeit im Gefängnis Deniz angetan hat. Aber auf eine Art wirkte es so, als sei er zum Glück der Alte.«

Nicht nur Silke lacht über diesen ersten Gruß von mir, ich muss selber lachen. Weniger witzig: Birgelen hat einen extrem besorgten Mitarbeiter des AA und zwischendurch einen aufgebrachten Gabriel am Telefon, die darauf drängen, dass wir sofort zum Flughafen fahren. Gestern Mittag habe ich Graf gesagt, dass ich weiter in der Türkei leben möchte. Am Abend haben wir mit Dilek ausgemacht, dass wir noch einige Tage bleiben. Jetzt lasst mir wenigstens diese paar Stunden, denke ich. Am Gefängnistor haben die Zivilpolizisten Dilek gefragt, wohin wir fahren würden, und keine weitere Reaktion gezeigt, als sie »Beşiktaş« sagte. So eilig hat es die türkische Seite offenbar dann doch nicht. Darum sehen Dilek und Birgelen auch keinen Grund zur Panik.

Anders Gabriel. »Er will die Katze abholen«, sagt der Generalkonsul; durch sein Telefon kann ich einen tobenden Gabriel hören. Als sie zwischendurch auflegen, fordere ich ihn auf: »Georg, lass mich mit

Gabriel reden« – im Auto sind wir endlich zum Du übergegangen. Georg lehnt ab:»Das ist mein Job.«

Auch Gabriel hält sich lieber an den Diplomaten, anstatt sich mit mir oder Dilek verbinden zu lassen. In einer Gesprächspause tobt er: »Die Katze! Die wollen die Katze abholen!« Sein Begleiter vom BKA scherzt:»Geben Sie uns die Adresse, wir erledigen das.«

Dass Ilkay eine Reisetasche abgeholt hat und Şahit Hanım bei ihr im Auto sitzt, wissen weder Gabriel und Georg noch ich. Und vom Video habe ich nichts erzählt. Georg könnte dies dem Außenminister nicht vorenthalten und ich möchte ihm nicht noch mehr Stress bereiten. Doch bedeutsamer als unser letzter Streit ist etwas, das wir nicht mitbekommen: Während wir unterwegs sind, hat ein Gericht die Brüder Ahmet und Mehmet Altan und die Journalistin Nazlı Ilıcak zu lebenslangen Haftstrafen verurteilt. Deutlicher hätte man nicht demonstrieren können, was meine Freilassung an der Lage im Land ändert: nichts.

Vor unserer Wohnung warten ein paar Reporter, die meine Adresse herausgefunden haben. Die Kollegen machen ihren Job und werden nicht übergriffig.»Frohes Schaffen!«, rufe ich, ignoriere aber ihre Fragen.

In der Wohnung warten Dileks Mutter Sibel und einige Freunde. Sibel kocht Mokka, ich verteile die Flasche Laphroaig, die seit meinem Aufbruch in die Residenz niemand angerührt hat, in Gläser. Wohin geht's? Nach Deutschland will ich nicht, der Reporterauflauf eben war nur ein Vorgeschmack darauf, was mich dort erwarten würde. Dieses Interesse nehme ich niemandem übel, ein öffentlich-rechtliches Kamerateam ausgenommen, das vor dem Krankenhaus aufschlägt, in dem mein Vater Ziya gerade seine sechste Chemotherapie durchmacht; schließlich waren wir ein Jahr lang froh über das Interesse der Kollegen. Doch schützen will ich mich vor diesem Trubel. Hinzu kommen Sicherheitsfragen. Ich erkläre meinen überglücklichen Eltern am Telefon, dass ich nicht gleich kommen kann.»Hauptsache, du verschwindest sofort«, sagen sie.

Plenum. Ich schlage Sizilien vor. Schön und nicht sehr weit.»Wie findet ihr Palermo?« »Lieber Catania«, meint Daniel. Alle sind einverstanden. Ohne dass ich dies mitbekomme, bittet er Constanze Reuscher, die Welt-Korrespondentin in Rom, uns eine Unterkunft zu organisieren. Dann taucht die Information auf, dass die Piloten des Flugzeugs – eine Cessna Citation der Firma Aerowest (Motto: »Always ready for Take-Off«) – Ruhezeiten einhalten müssten. Wenn wir nicht bald aufbrächen, würden sie keine Starterlaubnis erhalten. So sagen wir den Istanbuler Freunden und Verwandten ab, die zu uns kommen wollen.

Das Video aber muss sein. Auf Deutsch und auf Türkisch. Volkan zückt seine Handykamera. Zeit, mich darauf vorzubereiten, hatte ich nicht. Aber in der Jackentasche habe ich die beiden gegensätzlichen Gerichtsurteile, die man mir im selben Moment übergeben hat. Zu Beginn der Aufnahme zitiere ich daraus. Dann werfe ich mit beiläufiger Abschätzigkeit die Urteile aus der Hand und sage: »Ich weiß immer noch nicht, warum ich vor einem Jahr verhaftet – genauer: warum ich vor einem Jahr als Geisel genommen wurde. Und ich weiß auch nicht, warum ich heute freigelassen wurde. Aber so, wie meine Verhaftung nichts mit Recht, Gesetz, Rechtsstaatlichkeit zu tun hatte, hat auch meine Freilassung nichts mit alledem zu tun.«

Dabei will ich es für den Moment belassen. Im Folgenden danke ich allen, die in dieser Zeit an meiner Seite standen, und ich erinnere an die Kollegen, die weiterhin in Haft sitzen, weil sie nichts anderes gemacht haben, als ihrer Arbeit als Journalisten nachzugehen.

Als ich fertig bin, bricht Applaus aus – nicht nur für das, was ich gesagt, sondern auch für alles, was ich nicht gesagt habe. Alle sind erleichtert, dass ich auf heftigere Worte verzichtet habe. Allerdings wäre es ihnen lieber, wenn wir mit der Veröffentlichung warten würden, bis wir abgeflogen sind. Immerhin war »geräuschlos« Teil der Bedingungen. Dilek und Imran verständigen sich heimlich darauf, die Veröffentlichung hinauszuzögern.

Kurz vor sieben Uhr fahren wir los, mitten im Berufsverkehr. Es regnet, es ist neblig. Alle sind nervös, ob wir rechtzeitig ankommen, besonders Georg. Nervös bin ich auch, allerdings aus einem anderen

Grund: Warum ist die Videobotschaft noch nicht veröffentlicht? Ich frage Imran, der im anderen Auto sitzt. »Tilman kümmert sich um die FreeDeniz-Accounts«, antwortet er. »Der ist gerade in Istanbul gelandet, hat aber Internetprobleme.« Was er mich nicht verrät: Er hat Tilman eingeschärft, mit der Veröffentlichung zu warten, bis wir den türkischen Luftraum verlassen haben.

Mich beschleicht das Gefühl, dass etwas nicht stimmt, ich verzichte aber darauf nachzubohren. In den letzten Stunden – nein: im letzten Jahr – war ich divenhaft genug. Was ich erst später erfahren werde: Tilman hat die Videos an unsere Berliner Freunde weitergeleitet, die nach getanem Korso im Kreuzberger FreeDeniz-Stammlokal Tenur feiern – und dort tatsächlich Internetprobleme haben. So werden die Videos erst kurz vor unserer Landung in Berlin online gehen.

Auf der Fahrt telefoniere ich mit Ulf, der die Redaktion mithören lässt. »Wo bist du denn, Alter, komm einfach mal her«, ruft er. Alle Anspannung der letzten Tage ist verflogen. Jetzt, wo wir zum Flughafen fahren, ist auch Gabriel erleichtert. Als Georg ihn an Dilek übergibt, begrüßt er sie mit einem kecken »Na?«. »Wenn ich jetzt bei Ihnen wäre, hätte ich einen Blumenstrauß dabei«, sagt Gabriel. Dilek lacht.

Ich bekomme von diesem Gespräch nichts mit. Im Nachhinein bin ich Gabriel sehr dankbar. Er hat, trotz unserer gelegentlichen Meinungsverschiedenheiten, einen hervorragenden Job gemacht. Er hat im richtigen Moment die richtigen Saiten aufgeschlagen und am Ende die überzeugenden Worte gefunden. Selbst für das Panzer-Interview bin ich ihm auf gewisse Weise dankbar, weil er mir dadurch Gelegenheit gegeben hat, meinen Standpunkt klarzumachen. Doch an diesem Abend ist es wohl besser, dass wir nicht miteinander reden. Und ich glaube, er sieht das ähnlich.

Das Flugzeug ist zu klein für unsere Gruppe. Doris, Mustafa und Tilman, den wir unterwegs aufgelesen haben, nehmen das erstbeste Linienflugzeug in Richtung Westen. Georg Birgelen begleitet sie bis zur Passkontrolle. Sein letzter Job in einer Mission, die er großartig gemeistert hat.

Am VIP-Bereich hat sich ein Mitarbeiter des AA zu uns gesellt.

Im Flugzeug teilt er uns mit, dass wir nach Berlin fliegen würden. Mal heißt es, wir müssten diesen Beamten dort absetzen, dann, dass unsere Crew nicht nach Catania fliegen könne und wir in Berlin das Flugzeug wechseln müssten. Selbst wenn die Türken auf meine Abreise bestanden haben sollten, kann ihnen das Reiseziel egal sein. Hat etwa Gabriel darauf bestanden, damit er verkünden kann: »Deniz Yücel in Deutschland gelandet«? So wie ich unmittelbar nach dem Hafturteil noch in der Tiefgarage anfing, irgendwelche Dinge zu organisieren, kann ich selbst jetzt, wo wir uns nicht mehr über dem türkischen Luftraum befinden, nicht loslassen. Diesmal zwinge ich mich selber: »Lass gut sein, dann eben mit Zwischenstopp.«

Doch auf eine Sache bestehe ich: Der mitreisende Beamte soll über Satellitentelefon in seinem Ministerium anrufen. Nicht, dass Gabriel mit einer Blaskapelle wartet, die bei unsrer Landung in Tegel *Preußens Gloria* aufspielt. Alles gut, meine Sorge war unbegründet. Und das Flugzeug für unsere Weiterreise steht bereit. Jetzt verputzen wir die Sixpacks, die das Auswärtige Amt spendiert hat, und Şahit Hanım die Leckerlis, an die Sibel gedacht hat. Endlich komme ich in Partylaune und verteile die Knastandenken an meine Freunde. Jedes Stück mit einer Geschichte, logisch.

Von den ersten Reaktionen in Deutschland habe ich nichts mitbekommen. Dass meine Berliner und Hamburger Freunde Jubelkorsos organisiert haben. Dass unzählige Journalisten, Künstler und Politiker ihre Freude geäußert haben, darunter Bundespräsident Steinmeier und Bundeskanzlerin Merkel – Letztere übrigens, wie Margarete Stokowski bemerkt, im »korrekt petersiliengrünen« Blazer. Und dass Ulf und Döpfner mit Gabriel im Newsroom der *Welt* eine Pressekonferenz abgehalten haben, wofür der Außenminister von der Münchener Sicherheitskonferenz angereist ist. Ulf hat es abgelehnt, im Ministerium vor die Presse zu treten. »Dann komme ich eben zu Ihnen«, hat Gabriel kurzerhand geantwortet und die wohl erste Pressekonferenz eines deutschen Ministers in den Räumen einer Zeitungsredaktion abgehalten.

Ulf und Döpfner bedanken sich bei allen Unterstützern, bei Gabriel und der Bundesregierung und den Kollegen aus anderen Redaktionen: »Es ist ein guter Tag für den Journalismus und für die Freiheit«, sagt Döpfner. Und Ulf ergänzt: »Das fast Magische an dieser Erfahrung war, dass wir Kollegen solidarisch miteinander umgegangen sind.« Die Kollegen hätten auch in Situationen, als sie mehr wussten, auf exklusive Geschichten verzichtet, weil sie gesagt hätten: »Wir wollen nicht, dass Deniz was passiert.« In einer Zeit, in der Medien viel zu oft angegriffen würden, »haben wir gezeigt, dass wir gemeinsam Dinge bewegen können«. Der Einsatz für die Pressefreiheit sei nicht vorbei. »Bitte lasst uns weitermachen!« Am folgenden Montag wird die *Welt* mein Foto auf der Titelseite durch die tägliche Rubrik »Free them all« ersetzen: Porträts von Journalisten, die allein wegen ihrer Arbeit in irgendeinem Kerker sitzen.

Gabriel fügt seiner Danksagung Merkel, Schröder, Çavuşoğlu und die Diplomaten auf deutscher und türkischer Seite hinzu und gibt bekannt, dass er sich zweimal in dieser Sache mit Erdoğan getroffen hat. Es sei auch ein Tag der Diplomatie, ohne dass damit die »viel größeren Fragen zwischen Europa, Deutschland und der Türkei« erledigt seien.

Und er sagt: »Ich kann Ihnen versichern, es gibt keine Verabredungen, Gegenleistungen oder, wie manche das nennen, Deals.« Die türkische Regierung habe stets Wert darauf gelegt, dass sie nur das Verfahren beschleunigen, aber keinen Einfluss auf die »unabhängige Entscheidung eines Gerichts« nehmen könne.

Als am selben Abend ZDF-Moderatorin Marietta Slomka im Interview mit ihm nachfragt und meint, meine Freilassung sei eine politische Entscheidung gewesen, widerspricht Gabriel: »Ich bitte Sie um Verständnis, dass ich den Eindruck nicht verstärken kann, es sei eine politische Entscheidung. Für uns ist das eine Gerichtsentscheidung, über die wir froh sind.«

Dass er selber an diesen Befund glaubt, glaube ich nicht. Aber womöglich war dies die wichtigste Abmachung, wichtiger als die Frage meiner Ausreise: dass die Bundesregierung nicht in Triumphgeschrei verfällt und behauptet, sie habe mich rausgeboxt, sondern – und wider besseres Wissen – der türkischen Justiz Unabhängigkeit bescheinigt.

Als nach Peters Freilassung Schröders Mission öffentlich wurde, widersprach die türkische Regierung energisch der Darstellung, das Schröder ihn befreit habe. Ähnlich verschnupft wird die türkische Seite reagieren, als ein halbes Jahr später US-Präsident Trump bei der Freilassung von Andrew Brunson diese Sprachregelung ignoriert. Wie gesagt: Jedes autoritäre Regime, jede Nichtsodemokratie, versucht, den Schein von Rechtsstaatlichkeit zu wahren.

Andererseits befinden sich zum Zeitpunkt meiner Freilassung noch mindestens fünf deutsche Staatsbürger aus politischen Gründen in der Türkei in Haft. Auch sonst sind beide Länder viel zu eng miteinander verflochten, als dass die Bundesregierung – egal welche – mit allzu deutlichen Aussagen einen Abbruch des Dialogs riskieren könnte. Ich verstehe, dass die Bundesregierung – und niemand sonst – darauf Rücksicht nehmen muss, denke aber: Etwas weniger Schwung dabei, der türkischen Justiz Unabhängigkeit zu attestieren, hätte es auch getan.

Am Tag nach meiner Freilassung, als wir uns alle in Sizilien versammelt haben, machen wir ein Gruppenfoto, das ich auf Twitter poste. »Ich bin nicht in Deutschland. Aber ich bin unter Freunden«, schreibe ich hinzu, wobei hier Dilek, Ilkay, Aylin und Veysel natürlich mit gemeint sind.

Der erste Satz ist ein Hinweis, nicht nach mir zu suchen. Der zweite hingegen hat über den Augenblick hinaus Bestand. Ein Resümee: Ich war in Isolationshaft. Aber ich war nie allein. Und dafür werde ich meinen Freunden – denen auf diesem Foto und den vielen anderen – auf immer dankbar bleiben.

Danach

Die größte Sorge, die Dilek und meine Freunde nach meiner Freilassung haben, lautet: Ich könnte dort weitermachen, wo ich im Knast aufgehört habe – im Kampfmodus. Zu ihrer Erleichterung mache ich das Gegenteil und ziehe mich erst einmal zurück.

Doch so ganz anders ist mein Verhalten gar nicht. Noch im Polizeigewahrsam und dann im Hochsicherheitsgefängnis habe ich Wege gefunden, die Überwachung zu überlisten und meine Stimme zu erheben – weil man mir keine Gelegenheit gab, mich vor einem Gericht zu verteidigen, aber auch, weil ich niemandem die Genugtuung verschaffen wollte, mich zum Schweigen gebracht zu haben. Und eben weil ich meine Wut schon aus dem Knast herausgeschrien habe, verspüre ich jetzt nicht das Bedürfnis danach. Ich verspüre nicht mal Wut.

Im Gefängnis habe ich um Würde und Autonomie gekämpft. Und dieser Kampf ist nach meiner Freilassung nicht beendet. Allerdings erfordern dieselben Ziele nun das genaue Gegenteil: nicht mehr, sondern weniger reden; dem Interesse der Öffentlichkeit zwar entgegenkommen, aber nicht *mehr* öffentlich präsent sein als unbedingt nötig. Sich gegebenen Umständen weder unterwerfen noch sich von ihnen treiben lassen. »Freiheit ist nichts, das man besitzt, sondern etwas, das man tut«, hat Carolin Emcke in ihrer Rede in der Paulskirche so wunderbar formuliert. Das gilt für drinnen *und* für draußen.

So gebe ich ein paar Interviews und besuche meine Kollegen in der *Welt* und meine Ex-Kollegen in der *taz*. Mit Dilek statten wir Sigmar

Gabriel und Angela Merkel Dankesbesuche ab, danach treffen wir den Flörsheimer Bürgermeister Michael Antenbrink und einige andere. Ulf lädt zur Feier ins Springer-Haus, der Freundeskreis organisiert mit uns, Doris und Veysel eine Lesung und eine Party im Festsaal Kreuzberg, die wir mit unseren Unterstützern feiern. Und viel später holen wir unser Hochzeitsfest nach.

Doch die ersten Monate verbringe ich größtenteils damit, mit meiner Mutter Esma und meiner Schwester Ilkay meinen schwer erkrankten Vater Ziya auf seinem letzten Weg zu begleiten. So schwierig das ist, kann ich immerhin bei ihm sein. Ich möchte mir nicht ausmalen, wie es gewesen wäre, wenn meine Geiselnahme noch ein paar Monate länger gedauert hätte.

Am 5. Juni 2018, knapp vier Monate nach meiner Freilassung, verstirbt er. Seine letzte Ruhestätte findet er dort, wo er es sich gewünscht hat: in Flörsheim.

Danach verabschieden Dilek und ich uns nach Sizilien. Aus dem spontanen Flugziel machen wir ein dauerhaftes Refugium; die Erde, die unsere Füße berühren sollen, von der Dilek mir in einem Brief ins Gefängnis geschrieben hat, finden wir in der schwarzen Erde des Ätna. Wir züchten Rosen und Lantana, Minze und – na klar – Petersilie, während Şahit Hanım durchs Gras streift, als sei sie in der Savanne auf Zebrajagd. Eine hervorragende Therapie nach einer Überdosis Beton und Stacheldraht.

Zum Zeitpunkt meiner Freilassung hatten wir mehr Zeit getrennt verbracht als zuvor miteinander. Diese gestohlene Zeit möchten wir nachholen. Und irgendwann erlebe ich eine Phase, in der all das, was ich in meiner Haft verdrängt habe, über mich einbricht und ich merke: So ganz spurlos, wie ich selber dachte, sind die Isolationshaft, die Anfeindungen und der Psychoterror nicht an mir vorbeigegangen. Auch die Wut kehrt manchmal zurück.

Im Vergleich zu meinen türkischen Kollegen, die Ähnliches erlebt haben, ist das eine luxuriöse Situation. Aber alle, mit denen ich spreche, sagen das Gleiche, was mir Ahmet kurz vor meiner Freilassung im Knast zurief:»Das ist super! Mach das!«

Einige der Menschen, die in diesem Buch auftauchen, sind weiterhin in Haft. Der frühere Polizeioffizier Mithat Bey wurde in erster Instanz zu einer lebenslangen Haftstrafe unter erschwerten Bedingungen verurteilt, Oğuz und der ehemalige Richter Salih Bey in zweiter zu jeweils siebenhalb Jahren Haft. Eine Gefangenenkleidung wurde bis heute nicht eingeführt. In seltenen Fällen hat die Unberechenbarkeit dieses Regimes positive Folgen.

Im März 2018, nach einem Urteil des EGMR und einem zweiten des türkischen Verfassungsgerichts, wird Şahin Alpay auf freien Fuß gesetzt. 20 Monate hat er im Gefängnis verbracht. Vier Monate nach seiner Freilassung verstirbt seine Frau Fatma Nur Alpay. Späte Gerechtigkeit ist keine.

Eine weitere Entscheidung trifft der EGMR erst im November 2018, als es die Untersuchungshaft für Selahattin Demirtaş für rechtswidrig befindet. Erdoğan erklärt, dass man sich an dieses Urteil nicht gebunden fühle. Doch offenbar scheut das Regime die Konsequenzen eines offenen Rechtsbruchs, sodass man in aller Eile ein fortgeschrittenes Verfahren gegen Demirtaş – nicht jenes, in dem er inhaftiert wurde, sondern ein anderes – zu Ende führt und ihn wegen Terrorpropaganda rechtskräftig zu knapp fünf Jahren Haft verurteilt. Seither ist er Strafgefangener und das Urteil des EGMR nichtig.

Dieser Taschenspielertrick verdeutlicht nicht nur ein weiteres Mal, wie sehr sich dieses Regime um den Schein von Rechtsstaatlichkeit bemüht, sondern zeigt auch: Hätte der EGMR die Beschwerden von Abgeordneten und Journalisten tatsächlich wie angekündigt vorrangig behandelt, hätte sich das Regime nicht so leicht den Urteilen widersetzen können.

Außer Demirtaş befinden sich derzeit acht weitere frühere HDP-Abgeordnete in Haft, dazu Hunderte weitere Funktionäre der Partei. Mehmet Altan oder Enis Berberoğlu hingegen sind inzwischen frei; insgesamt sind derzeit weniger bekannte Namen im Gefängnis als zur Zeit meiner Verhaftung.

Von den 319 Journalisten, die der Organisation MLSA zufolge nach dem Putschversuch verhaftet wurden (bzw. zu diesem Zeitpunkt bereits inhaftiert waren), befanden sich am 30. Juni 2019 weiterhin 133 in Haft. Einige, die zu relativ geringeren Haftstrafen verurteilt wurden, haben sie inzwischen abgesessen. Und zahlreiche Prozesse laufen weiter, darunter das RedHack/Albayrak-Verfahren gegen Tunca und die anderen.

Der *Cumhuriyet*-Prozess führte im Februar 2019 in zweiter Instanz zu Haftstrafen zwischen zweieinhalb und sieben Jahren. Sechs Mitarbeiter haben danach ihre restlichen Strafen angetreten; die zu höheren Strafen verurteilten *Cumhuriyet*-Kollegen – darunter Ahmet Şık, Murat Sabuncu, Akın Atalay und Aydın Engin, dem man die U-Haft erspart hatte – warten auf die letzte Instanz.

Inzwischen muss man sagen: ehemalige *Cumhuriyet*-Kollegen. Denn im September 2018 wurde der Vorstand der Zeitung von einem Gericht abgesetzt; die Führung übernahmen nationalistische Ex-Mitarbeiter, die im Prozess gegen ihre früheren Kollegen als Zeugen der Anklage ausgesagt hatten. Danach wurden einige Journalisten sofort entlassen, viele gingen von selbst. Die Zeitung ist weiterhin oppositionell – aber in den Grenzen, die das Regime zulässt.

Anders schlimm traf es die letzte große, halbwegs unabhängige Mediengruppe: Aydın Doğan erkannte, dass seine opportunistische Publikationspolitik ihn nicht retten würde, und verkaufte die Mediensparte seines Konzerns. Abnehmer: ein mit einem großzügigen Kredit einer staatlichen Bank ausgestatteter AKP-naher Unternehmer. Auch in der *Hürriyet* und bei CNN-Türk wurden zahlreiche Journalisten entlassen oder kamen selber ihrer Kündigung zuvor.

Natürlich gibt es weiterhin unabhängige Sender, Zeitungen und Internetseiten. Doch nach diesen Übernahmen sowie den Schließungen im Zuge des Ausnahmezustandes kontrolliert das Regime nun fast alle Massenmedien.

Dennoch hat die AKP bei der Kommunalwahl im März 2019 fast alle Großstädte des Landes verloren – auch ein Indiz dafür, dass ein wachsender Teil der Bevölkerung die Dauerberieselung satthat. So, wie sich Erdoğan und die AKP einst gegen die Stimmungsmache in den damaligen Massenmedien durchgesetzt haben, garantiert die beinahe vollständige Unterwerfung der Medien keinen Machterhalt. Eine andere Frage lautet freilich, ob dieses Regime sich einfach abwählen lassen würde.

Die Medienmacht ist es nicht allein. Spätestens mit den Maßnahmen im Zuge des Ausnahmezustands hat das Regime sämtliche Bereiche des Staates – Justiz, Militär, Verwaltung – unter seine Kontrolle gebracht. Seit den Wahlen vom Juni 2018, bei der die AKP und die rechtsextreme MHP zusammen 53,7 Prozent holten und Staatspräsident Erdoğan mit einem geringfügig niedrigeren Ergebnis im Amt bestätigt wurde, ist die Ein-Mann-Herrschaft auch verfassungsrechtlich abgesichert. Die kurz danach erfolgte Aufhebung des Ausnahmezustands hat daran nichts geändert. Der Ausnahmezustand war überflüssig geworden, weil man die Ausnahme zur Norm erhoben hatte.

So allmächtig, wie Erdoğan scheint, ist er allerdings nicht. Doch seine neuen Bündnispartner stehen noch weniger für Demokratie und Grundrechte – und selbstverständlich für keine friedliche Lösung des Kurdenkonflikts, ohne die es in der Türkei keinen dauerhaften demokratischen Fortschritt geben wird.

Deutschland und Europa stellt dies vor Aufgaben, die leichter zu formulieren als zu erfüllen sind: die Türkei bei ihrer Abwendung von der westlichen Welt nicht tatkräftig zu unterstützen. Partner bleiben, ohne sich zum Komplizen zu machen. Nie vergessen, dass die Türkei nicht bloß aus Erdoğan besteht, und die türkische Zivilgesellschaft – gerade auch jene in den kurdischen Gebieten – zu unterstützen, ohne dem Eindruck Vorschub zu leisten, die Opposition sei eine fünfte Kolonne des Auslands. Denn die Frage, ob eine Türkei nach Erdoğan – und die wird es so oder so geben – zurück nach Europa findet, entscheidet sich heute.

Das führt zurück zu der Frage: Warum hat man mich freigelassen? Und was habe ich dazu beigetragen?

Nun, meine Wortmeldungen aus dem Knast, alle Kämpfe, die ich geführt habe, dienten nicht nur der Selbstachtung und Autonomie, sondern auch einem strategischen Ziel: Ich wollte die Kosten meiner

Geiselnahme in die Höhe treiben und diesen an die Macht gelangten Kriminellen auf den Keks gehen.

Von verschiedenen Quellen wird mir später zugetragen: Dieses Unterfangen ist mir gelungen – was ohne meine vielen Freunde und Unterstützer niemals möglich gewesen wäre. »Nicht zuletzt die Sturheit des Journalisten Deniz Yücel« habe zu meiner Freilassung geführt, schreiben Maximilian Popp und seine *Spiegel*-Kollegen kurz nach meiner Freilassung.

Die in der Bundesregierung vorherrschende Auffassung, die Free-Deniz-Kampagne sei gut für die Pressefreiheit, aber schlecht für mich gewesen, teile ich nicht. Dass ich ohne diese große öffentliche Aufmerksamkeit ein paar Monate weniger gesessen hätte, bleibt letztlich Vermutung. Und selbst wenn: Mir hätte es nicht gutgetan, lange Zeit stillschweigend auf die Diplomatie zu hoffen. Mein Seelenzustand bemisst sich nicht allein an der Höhe des Stapels mit den abgerissenen Kalenderblättern.

Und aus Sicht der türkischen Machthaber meint Batuhan Yaşar in seinem bereits zitierten Kommentar: »Wegen einer einzigen Person wurde das türkisch-deutsche Verhältnis vergiftet.« »Gewisse Leute« – namentlich nennt er Cem Özdemir und die Gülen-Organisation – hätten meinen Fall »bis zum Äußersten« für ihre Zwecke instrumentalisiert und seien verärgert über meine Freilassung gewesen. Es fehlte nicht viel und der Regierungsjournalist hätte erklärt, meine Verhaftung sei eine fiese FETÖ-Intrige gewesen, die Staatspräsident Erdoğan mit einem genialen Zug durchkreuzt habe.

Ähnlich klingt es bei Außenminister Çavuşoğlu, der über Cem und mich sagt: »Wir sollten es ihnen nicht erlauben, unsere bilateralen Beziehungen als Geisel zu nehmen.« Das wiederum hört sich so an, als hätte ich mich selber verhaftet, um den deutsch-türkischen Beziehungen zu schaden – und ist von Gabriels Argument im Gespräch mit Erdoğan (»Der nimmt doch uns als Geiseln«) abgekupfert.

Das sind Rückzugsgefechte. Aber hat die türkische Regierung eine Gegenleistung für meine Freilassung bekommen? Gab es doch einen Deal, gar Waffenlieferungen?

Dazu, dass die Frage im Raum geblieben ist, haben Gabriel mit seiner Interviewaussage und ich selber mit meiner Replik beigetragen. Aber auch Binali Yıldırım, dem zwei Tage nach meiner Freilassung im Gespräch mit der *dpa* nichts dringlicher schien, als für eine deutsche Beteiligung am geplanten Bau des türkischen Kampfpanzers Altay zu werben.

Zu meinem Bedauern wurden und werden weiterhin deutsche Waffen in die Türkei geliefert. Allerdings gab es nie, auch nicht zum Höhepunkt der bilateralen Krise Mitte 2017, ein generelles Ausfuhrverbot. Die von der türkischen Regierung gewünschte Nachrüstung der Leopard-Panzer aber hat bis heute nicht stattgefunden. Und Anfang 2019 berichtete der *Stern*, dass Rheinmetall sich aus der geplanten Panzerfabrik zurückziehe. Auf Grundlage der vorliegenden Fakten stelle ich fest: Einen Deal »Panzer für Journalisten« hat es nicht gegeben; alles andere ist nichts als Geraune.

Eines aber hat die Türkei, außer meiner Abreise und der Bescheinigung, meine Freilassung sei die Entscheidung eines unabhängigen Gerichts gewesen, bekommen: ein bisschen »Normalisierung«.

So wurde die Begrenzung der Hermes-Bürgschaften, die Gabriel im Juli 2017 verkündet hatte, schon im Jahr darauf fallen gelassen. Den Staatsbesuch von Erdoğan im September 2018 hätte es andernfalls in dieser Form wohl nicht geben können, ebenso wenig wie kurz darauf den Besuch von Peter Altmaier, der als neuer Wirtschaftsminister in Begleitung einer 80-köpfigen Wirtschaftsdelegation in die Türkei reiste. Der Druck der deutschen Öffentlichkeit hätte beidem im Weg gestanden.

Doch diese »Normalisierung« bleibt fragil. So verschärft das Auswärtige Amt nach einer zwischenzeitigen Entwarnung seine Reisehinweise im März 2019 erneut, nachdem der türkische Innenminister Soylu deutsche Staatsbürger bedroht hatte. Auch die türkischen Bemühungen um größere Investitionen aus Deutschland zeigen bislang nur begrenzten Erfolg. Mangelnde Rechtssicherheit und die Krisenhaftigkeit des Regimes scheinen viele Unternehmen derzeit abzuschrecken. Wie gesagt: Ich habe nicht grundsätzlich etwas dagegen, wenn sich deutsche Unternehmen in der Türkei engagieren. Die Frage ist nur, ob sie dabei ihrer gesellschaftlichen Verantwortung gerecht werden.

Unterdessen mischen sich in die große Freude über meine Freilassung ein paar schrille Stimmen, allen voran aus der AfD. »Deniz Yücel ist weder Journalist noch Deutscher«, kommentiert die Fraktionsvorsitzende Alice Weidel und liegt damit nicht nur auf einer Wellenlänge mit der türkischen Regierung, sondern offenbart auch das völkische Denken, das in dieser Partei hinter der notdürftig aufrechterhaltenen bürgerlichen Fassade vorherrscht.

Damit nicht genug, meint die AfD-Bundestagsfraktion sechs Tage nach meiner Freilassung in einem Antrag, die Bundesregierung habe mir »insbesondere im Verhältnis zu Personen mit vergleichbaren Schicksalen« eine »Vorzugsbehandlung« gewährt und verlangt von der Bundesregierung, zwei meiner *taz*-Kolumnen aus den Jahren 2011 bzw. 2012 öffentlich zu »missbilligen«.

Eine Blattkritik im Deutschen Bundestag zu sechs, sieben Jahre alten Texten ist reichlich skurril. Es überrascht mich auch nicht, repräsentiere ich doch als linker (!) Journalist (!!) mit türkischer (!!!) Herkunft alle Feindbilder, mit denen diese verklemmten Rechtsextremisten in den Bundestag eingezogen sind. Und für ein paar Likes auf Facebook sind diese Leute zu jeder Niedertracht fähig. Dazu gehört der Verweis auf weitere Inhaftierte, die sie für ihre Zwecke instrumentalisieren – und über die sie nie wieder ein Wort verlieren werden.

Doch wie der – gut gefüllte – Bundestag diesen Antrag zurückweist, beeindruckt mich: Der CDU-Abgeordnete Alexander Throm spricht von einer »kollektiven Unanständigkeit«, der FDP-Politiker Wolfgang Kubicki von »intellektueller Erbärmlichkeit«. Er könne es der AfD nachsehen, dass sie keine Satire verstehe, aber nicht, dass sie die Bundesregierung auffordere, etwas Verfassungswidriges zu tun, nämlich die »Arbeit eines Journalisten zu beurteilen«. Jan Korte aus der Linksfraktion bezeichnet die AfD als Erdoğans »verlängerten Arm« im Kampf gegen mich und die Pressefreiheit. Und der SPD-Abgeordnete Lars Castellucci ruft ihr zu: »Wissen Sie, was

Deniz Yücel zu Ihrem Antrag sagen würde? Der würde sagen: ›Beste Antrag wo gibt‹.«

Am meisten aber beeindruckt mich Cem Özdemirs später als »Rede des Jahres« ausgezeichneter Beitrag. »Wer sich so gebiert, ist ein Rassist«, sagt er. Und: »Bei uns in der Bundesrepublik Deutschland ist das Parlament keine oberste Zensurbehörde. So etwas gibt es nur in den Ländern, die Sie bewundern.« Cem dreht den Vorwurf, ich sei »deutschlandfeindlich«, um: Die AfD verachte alles, wofür »dieses Land in der ganzen Welt geachtet und respektiert« werde. »Wie kann jemand, der Deutschland, der unsere gemeinsame Heimat so verachtet, wie Sie es tun, darüber bestimmen, wer Deutscher ist und wer nicht Deutscher ist?« Cems Rede ist auch deshalb so fulminant, weil er nicht nur über mich spricht, sondern ausdrücklich auch über sich und implizit über alle, denen die AfD abspricht, Bürger dieses Landes zu sein.

Auf unfreiwillige Weise verdeutlicht die AfD noch mit diesem Antrag, warum meine Verhaftung so viele Menschen in Deutschland bewegt hat: Es ging nicht nur um mich persönlich und nicht nur um die Situation in der Türkei. Grundrechte und Demokratie, die es ohne Presse- und Meinungsfreiheit nicht gibt, sind auch in der EU gefährdet. Nicht die einzige, aber eine große Gefahr für die Pressefreiheit geht von der rechtspopulistischen Welle aus, zu der in Deutschland diese Partei gehört, die von einer Nichtsodemokratie wie der türkischen oder der russischen träumt.

Ach ja, die Anklageschrift, auf die ich ein Jahr lang gewartet habe und die ich erst in Sizilien zu Gesicht bekomme: gerade einmal drei Seiten. Aufgeführt werden acht Artikel aus der *Welt* – ungefähr die, die schon dem Hafturteil zugrunde gelegt wurden. Die Vorwürfe lauten wie gehabt »Propaganda für eine Terrororganisation« und »Volksverhetzung«, Staatsanwalt Yılmaz fordert, jeden Text als einzelne Straftat zu werten. Das heißt: bis zu 18 Jahre Haft.

Zu den inkriminierten Texten gehört das Bayık-Interview, sämtliche Übersetzungsfehler wurden unverändert übernommen. Außerdem wird mir vorgeworfen, ich hätte den Begriff »Völkermord an den

Armeniern« verwendet (was stimmt, ich kann einen Völkermord ja schlecht ein »Basketballspiel« nennen) und das Vorgehen der türkischen Sicherheitskräfte gegen die PKK als »ethnische Säuberung« bezeichnet (was eine glatte Lüge ist). Doch der eigentliche Skandal: All meine Artikel lagen zum Zeitpunkt meiner Verhaftung bereits vor.

Dasselbe gilt für das bescheuerte Gülen-Buch, das man bei der Hausdurchsuchung gefunden und in die Anklageschrift gepackt hat, weil man sonst nichts in der Hand hatte.

Die belastenden Videoaufnahmen, die Erdoğan großmäulig angekündigt hatte, gibt es nicht, woher auch? Das einzig Neue ist eine von der Polizei erstellte Liste von Personen, mit denen ich zwischen 2014 und 2017 telefonischen Kontakt hatte. Keine Gesprächsinhalte, nur die Verbindungsdaten, und selbst aus diesen geht nicht hervor, wer wen angerufen hat und wie oft und wie lang wir miteinander gesprochen haben.

Abgesehen von einigen Namen, die ich nicht kenne, handelt es sich bei den meisten um Kollegen oder um Quellen: Rechtsanwälte, Akademiker, NGO-Mitarbeiter, Abgeordnete und ihre Berater. Da steht dann: »Die Person könnte laut nachrichtendienstlichen Erkenntnissen in Verbindung zur PKK stehen.« Terrorvorwürfe im Konjunktiv – und zwar gegen mich wie gegen diese Menschen. Hat man mich ein Jahr eingesperrt, um herauszufinden, dass ich mit Erol Önderoğlu, dem Türkeivertreter von Reporter ohne Grenzen, telefoniert habe?

Wenn man zwei Personen abzieht, die auf der Polizeiliste irrtümlicherweise doppelt genannt werden, sind dort 64 Personen aufgeführt. In der Anklageschrift hingegen ist von »59 verschiedenen Personen« die Rede. Der Staatsanwalt hat es nicht einmal geschafft, diese Zahl fehler- und unfallfrei zu übertragen. Und noch in dieser Kleinigkeit stellt sich die Frage, ob es die Arroganz der Macht, intellektuelles Unvermögen oder beides ist, die diese Leute so schlampig arbeiten lässt.

Kurz: Die »schwerwiegenden Vorwürfe«, von denen etwa Çavuşoğlu geraunt hat, sind noch lausiger, als ich erwartet habe. Aber gerade diese Telefonliste verdeutlicht mir: Wenn der bloße Kontakt zu mir strafrechtlich relevant sein kann, besteht keine Grundlage dafür, weiterhin in der Türkei als Korrespondent zu arbeiten.

Die Gegenseite hat ebenfalls kein Interesse daran, dass ich am Prozess teilnehme. So bewilligt das Gericht unseren Antrag, dass ich mich vor einem deutschen Gericht zur Anklage äußere – rechtlich möglich, aber in einer Strafsache ungewöhnlich. Ich hätte erwartet, dass man auf meine Anwesenheit bestehen und mich notfalls zur Fahndung ausschreiben würde. Wäre ich dann dieser Aufforderung nicht nachgekommen, wäre das Verfahren bis zur Verjährung in 15 Jahren offengeblieben – kein Urteil, keine Revision, keine Beschwerden im Hauptsacheverfahren beim Verfassungsgericht und dem EGMR.

Um das zu vermeiden, wäre ich notfalls gegen den Rat aller zur Verhandlung gefahren. Doch diese Vorstellung muss der Gegenseite noch mehr Unbehagen bereitet haben als mir und meinen Leuten. Womöglich hat sich jemand gedacht: »Wenn der kommen würde, hätten wir ein Problem: Entweder wir sperren ihn ein und der ganze Stress geht von vorn los. Oder wir sperren ihn nicht ein, er zieht hier eine Show ab und wir stehen dumm da. Am besten, er bleibt weg.«

So mache ich im Mai 2019 im Beisein von Veysel beim Amtsgericht Berlin-Tiergarten eine schriftliche Einlassung zur Sache, in der ich erstmals öffentlich den Vorwurf erhebe, dass ich womöglich auf Veranlassung, sicher aber unter der Verantwortung des Staatspräsidenten gefoltert wurde.

Dann, Ende Juni 2019, kurz bevor dieses Buch in Druck geht, eine überraschende Wendung: Nach 26 Monaten hat sich das türkische Verfassungsgericht mit meiner Beschwerde befasst. Das Ergebnis: Ich war zu Unrecht im Gefängnis. »Durch die rechtswidrige Verhaftung«, so heißt es in der Urteilsbegründung, »wurde das Recht des Beschwerdeführers auf persönliche Sicherheit und Freiheit verletzt.« Zudem haben die Richter einen Verstoß gegen die Presse- und Meinungsfreiheit festgestellt.

Diese zentralen Befunde wurden einstimmig beschlossen, in einigen, allerdings nur formaljuristisch relevanten Fragen stimmten zwei

Richter gegen mich. Einstimmig abgewiesen hingegen wurden andere Punkte, die wir geltend gemacht hatten: die politische Einflussnahme auf die Gerichte, der Verstoß gegen das Recht auf ein faires Verfahren und die Verletzung des Folterverbots, was wir nicht nur mit der dreitägigen Folter, sondern auch mit der Isolationshaft begründet hatten. Kein Kantersieg, aber ein klarer Sieg.

Datiert ist die Entscheidung von Ende Mai, bekannt wird sie aber erst gut einen Monat später, als sie im Stile eines Notstandsdekrets mitten in der Nacht im Internet veröffentlicht wird – nur eine Woche nach einer empfindlichen politischen Niederlage für Tayyip Erdoğan.

Bei der Kommunalwahl Ende März 2019 hatte die AKP Istanbul und Ankara, wo sie bzw. ihre Vorläuferpartei RP seit einem Vierteljahrhundert ununterbrochen an der Macht war, an die CHP verloren. Der zuvor kaum bekannte sozialdemokratische Bewerber Ekrem Imamoğlu setzte sich gegen den AKP-Kandidaten Binali Yıldırım mit 13 000 Stimmen knapp durch.

Diese Wahl hatten die AKP und ihr Bündnispartner MHP zu einer Entscheidung über den Fortbestand von Staat und Nation stilisiert und nach bekannter Manier die Opposition als Terrorsympathisanten und Vaterlandsverräter verunglimpft. Aber ein nennenswerter Teil der Istanbuler war diese ständigen Feinderklärungen leid. Darum – und sicher auch unter dem Eindruck der Wirtschaftskrise – gab sie dem smarten 49-Jährigen und seiner Politik der Freundlichkeit (Parole: »Alles wird gut«) eine Chance.

Zunächst schien sich Erdoğan mit der Niederlage abzufinden. Doch die Clique um Berat Albayrak drängte ihn dazu, das Istanbuler Ergebnis anzufechten: erst durch die Neuauszählung eines Teils der Stimmen, bei der Tausende Bürger in den Wahlbüros übernachteten, um eine Manipulation zu verhindern. Als auch dies nicht half, annullierte die Wahlkommission mit einer abenteuerlichen Begründung die Wahl. Die Kontrolle über die größte und wirtschaftlich wie kulturell mit Abstand wichtigste Stadt des Landes war für die politische Ökonomie des Erdoğan-Regimes zu existenziell, als dass man sie einfach aufgeben konnte.

Dass Erdoğan sich bei der Wahlkommission oder anderen Justizgremien Urteile bestellen kann, als handle es sich um Bestellungen bei einer Dönerbude (»Zweimal lebenslang mit scharf«), steht außer Frage. Doch diese Entscheidung sollte Erdoğan das größte Fiasko seiner politischen Karriere bescheren.

So, wie einst das türkische Ancien Régime mit Erdoğans Absetzung als Istanbuler Oberbürgermeister und seiner Verhaftung dessen Aufstieg nicht verhindert, sondern begünstigt hatte, weil danach viele Bürger aus Gerechtigkeitsempfinden für ihn stimmten, votierten nun viele aus ähnlichen Gründen für Imamoğlu. Bei einer nur geringfügig höheren Wahlbeteiligung (84,4 Prozent) konnte Imamoğlu seinen Vorsprung um 800 000 Stimmen und 9,2 Prozentpunkten auf 54,2 Prozent ausbauen. Und so, wie einst Erdoğans Aufstieg in Istanbul begann, sieht es derzeit danach aus, als könnte auch sein Ende dort beginnen.

Erdoğans offene Drohung, Imamoğlu verhaften zu lassen, half nicht – mit so was macht man Politiker zu Volkstribunen, was der Staatspräsident selber wissen müsste. Bemerkenswert war auch der Versuch, in letzter Minute dem Oppositionskandidaten die entscheidenden kurdischen Stimmen abzujagen: Da die HDP und ihr inhaftierter Ex-Vorsitzender Selahattin Demirtaş ebenfalls Imamoğlu unterstützten, verbreitete die staatliche Nachrichtenagentur Anadolu wenige Tage vor der Neuwahl einen Brief von Abdullah Öcalan, den man als Aufruf zum Wahlboykott deuten konnte. Der Staatssender TRT sendete sogar ein Interview mit dessen Bruder Osman, in dem dieser explizit dazu aufrief, der Wahl fernzubleiben. Osman Öcalan, einst ranghoher Funktionär, hat sich zwar von der PKK getrennt, steht in der Türkei aber weiterhin auf der Fahndungsliste.

Daraufhin beschuldigten Erdoğan und MHP-Chef Bahçeli die HDP, nicht auf Abdullah Öcalan zu hören – in einem Land, wo ein Dutzend ehemaliger Abgeordneter und mehrere Tausend lokale Funktionäre der HDP unter dem Vorwurf im Gefängnis sitzen, sie hätten Anweisungen von der PKK erhalten, ein schwindelerregender Vorgang.

Der erhoffte Effekt blieb aus – so naiv sind die Kurden nicht –, verprellte aber nationalistische Wähler. Doch dieses Manöver zeigte nicht nur, wie immens die Verzweiflung war, sondern auch, dass diesem Regime alle Mittel recht sind. Eine große Erzählung hat Erdoğan nicht mehr zu bieten, weder von Demokratie, Freiheit und EU-Beitritt noch von Wohlstand und Wiedererlangung der alten osmanischen Macht. Es geht um nichts anderes als seine eigene Herrschaft, der alle Ideologie nachgeordnet ist. Wenn man sich Nutzen davon verspricht, ist alles möglich: Politiker einer legalen Partei verhaften oder Schützenhilfe vom Chef einer militanten Organisation erhoffen, Journalisten wegen eines Interviews mit einem Terrorbeschuldigten verhaften oder einen als Terroristen gesuchten Mann im Staatsfernsehen interviewen. Machiavelli wäre beeindruckt gewesen.

Die Macht kann Erdoğan nicht abgeben, weil er weiß, dass ihm in dem Moment, an dem er die Macht abgibt, kein ruhiger Lebensabend in Marmaris erwartet, sondern der Prozess: wegen Korruption, Aufhebung der verfassungsmäßigen Ordnung, wegen der türkischen Syrienpolitik und einigem mehr. Der Unteroffizier in Silivri, der davon träumt, Edoğan in Handschellen abzuführen, steht damit nicht allein.

Die Frage, ob er sich einfach abwählen ließe, ist also weiterhin offen. Doch die Bürgermeisterwahl in Istanbul verdeutlicht einmal mehr, was ein modernes autoritäres Regime von einer Demokratie, aber auch von einer traditionellen Diktatur unterscheidet: Ein autokratischer Herrscher kann, um es mit Althusser zu formulieren, mithilfe aller ideologischen und repressiven Staatsapparate dafür sorgen, dass die wichtigen Wahlen und Abstimmungen zu seinen Gunsten ausgehen, in gewissem Umfang kann er sogar manipulieren. Doch wenn eine nennenswerte Mehrheit der Bevölkerung sich nicht verblenden, korrumpieren oder einschüchtern lässt, ist er machtlos. Darüber kann er sich nicht hinwegsetzen, ohne die Legitimation seiner eigenen Herrschaft zu gefährden.

Das Angstregime jedenfalls, das sich mit dem Ausnahmezustand zementiert hatte, zeigt erstmals deutliche Risse. Offenbar auch beim Verfassungsgericht, das im Frühjahr 2019 zu einigen bemerkenswerten Urteilen gelangt ist – etwa im Fall einer ehemaligen Lehrerin, die wegen des Aufrufs, die Gewalt in den kurdischen Gebieten zu beenden, zu einer Haftstrafe verurteilt worden war. Auch einigen Beschwerden von Journalisten gaben die Verfassungsrichter recht. Doch ein grundsätzlicher Sinneswandel lässt sich daraus noch nicht ablesen.

Denn zur selben Zeit hat das Verfassungsgericht die Beschwerde von Osman Kavala gegen seine U-Haft, der noch länger als ich, nämlich 477 Tage, auf seine Anklageschrift warten musste, und für den die Staatsanwaltschaft nun wegen angeblicher Finanzierung der Gezi-Proteste lebenslange Haft fordert, zurückgewiesen. Ebenso die Beschwerden der weiterhin inhaftierten Journalisten Ahmet Altan und Nazlı Ilıcak sowie – abgesehen von Kadri Gürsel – der ehemaligen *Cumhuriyet*-Mitarbeiter. Besonders interessant ist das Urteil in Ahmet Şıks Verfahren, das bereits Anfang Mai gefällt, dessen Begründung aber gleichzeitig mit dem Urteil in meinem Fall veröffentlicht wurde. Bei Ahmet geht es nicht um Vorgänge in der *Cumhuriyet*-Stiftung, sondern allein um Zeitungsbeiträge und Twitterpostings, weshalb sich sein Fall gut mit meinem vergleichen lässt.

Auch ihm wurde ein Interview mit PKK-Anführer Cemil Bayık zur Last gelegt. Dazu bemerken die Richter, das Interview gehe über die Verbreitung von Informationen hinaus und diene dem Ziel, Propaganda für die PKK zu machen. Die Mühe, sich im Detail mit seinen Interviewfragen zu beschäftigen, haben sie sich nicht gemacht.

Anders in meinem Verfahren. Hier listen die Richter meine kritischen Interviewfragen auf und betonen, dass ich das Interview entlang der Frage geführt hätte, wie man die Gewalt, die gerade wieder ausgebrochen war, beenden könne. Ihr Fazit: »Es finden sich keine Anhaltspunkte dafür, dass der Beschwerdeführer dieses Interview nicht aus journalistischen Zwecken, sondern zur Verbreitung von Terrorpropaganda geführt hat.«

Und grundsätzlich heißt es: »Interviews sind eines der wichtigsten Mittel, mit denen die Presse ihrer Aufgabe nachkommt, die Interessen der Öffentlichkeit wahrzunehmen. Einen Journalisten wegen Aussagen zu verfolgen oder zu bestrafen, die eine andere Person in einem Interview gemacht hat, würde den Beitrag, den Medien zur Diskussion öffentlich relevanter Themen leisten können, erheblich beeinträchtigen.« Es klingt, als hätten zwei verschiedene Gerichte diese beiden Urteilsbegründungen verfasst. Es ist aber dasselbe Gericht, derselbe Zeitraum, es sind ähnliche Interviews mit demselben Gesprächspartner – und trotzdem zwei entgegengesetzte Urteile.

Noch frappierender ist die Widersprüchlichkeit bei den Altan-Brüdern: Beide hatten kurz vor dem Putschversuch in einer Talkshow mit ähnlichen Argumenten Erdoğans autoritäre Politik kritisiert und vor einem drohenden Putsch gewarnt. Bei Mehmet Altan meinten die Richter bereits im vorigen Jahr, die Warnung vor einem Putsch könne nicht als dessen propagandistische Vorbereitung gewertet werden, bei Ahmet Altan kommen sie nun zu dem genau gegenteiligen Befund. Man muss davon ausgehen, dass es bei all diesen Urteilen eine Einflussnahme des Regimes gab.

Die Justitia mit den offenen Augen hat sich also keine Augenbinde angelegt, Sie schaut nur noch genauer hin. Während vor zwei, drei Jahren die niedrigeren Instanzen jeden erst mal wegsperrten und die Verfassungsrichter entweder diese Hafturteile bestätigten (wie bei den HDP-Abgeordneten) oder die Beschwerden ignorierten (bei mir und meinen Kollegen), setzt man nun Prioritäten: Als ehemaliger *Taraf*-Chefredakteur ist Ahmet Altan in nationalistischen Kreisen eine besondere Hassfigur, sein Bruder Mehmet ist es dies nicht im gleichen Maße.

Zugleich dient es dem Schein von Rechtsstaatlichkeit, manchen Beschwerden stattzugeben. Allerdings sind auch die Verfassungsrichter keine homogene Gruppe. Selbst im Fall Ahmet Altan stimmten Gerichtspräsident Zühtü Arslan und vier weitere Richter gegen die Abweisung der Beschwerde. Vor zwei Jahren hätte es wohl auch das nicht gegeben. Wo das Angstregime Risse zeigt, können auch jene Richter, die sich zuvor nicht aus Überzeugung, sondern aus Angst und Opportunismus zum Handlanger des Regimes hatten degradieren lassen, Mut zur Dissidenz zeigen.

Anders als bei Ahmet Altan hegt gegen mich niemand von Rang spezielle Rachegelüste. Im Gegenteil, dieselben Gründe, die maßgeblich zu meiner Freilassung beigetragen haben – der Wunsch, aufgrund der schlechten wirtschaftlichen Situation die Beziehungen zu Europa zu verbessern –, dürften auch bei diesem Urteil eine entscheidende Rolle gespielt haben.

Dass das Gericht damit Erdoğan als Lügner überführt hat, nimmt man in Kauf. Einige Regierungsmedien schäumen über dieses Urteil – »Erlaubnis für Spionage« titelt etwa die Zeitung *Türkiye* –, die meisten Regierungsblätter aber verschweigen es einfach. Viele AKP-Anhänger dürften dieses Urteil also gar nicht mitbekommen haben. Und selbst wenn, gilt Daniels Befund, dass autokratischen Herrschern in gewissem Umfang die Lizenz zum Lügen zugestanden wird. Damals waren diese Lügen eben zur Einschüchterung der ausländischen Medien, für die Referendumkampagne und für die beabsichtigten Austauschgeschäfte nötig, heute gelten andere Prioritäten. Für ein Signal an die europäische Öffentlichkeit aber – seht, auch in der Türkei obsiegt am Ende die Rechtsstaatlichkeit – war wohl kein Verfahren besser geeignet als meines.

Doch wenn es allein darum gegangen wäre, hätten die Verfassungsrichter auch eine vorsichtigere Urteilsbegründung vorlegen können. Stattdessen haben sie das Hafturteil von Untersuchungsrichter Çakar und die weitgehend identische Anklageschrift von Staatsanwalt Yılmaz Punkt für Punkt zerpflückt. Sie haben die vielen Übersetzungsfehler moniert und korrigiert und nicht allein beim Bayık-Interview detaillierte Textanalyse betrieben. So heißt es zu dem Witz über den Kurden, der seine Mutter nicht sehen soll, dies sei keine Volksverhetzung, da sich im Text keine Aufstachelung zu »Hass, Rache oder bewaffnetem Kampf« fände.

Zugleich haben die Richter Feststellungen zum Thema Pressefreiheit getroffen. Ansichten zum Putschversuch oder zur Kurdenfrage, die von der Sicht der Regierung oder der staatsoffiziellen Darstellung abweichen, seien von der Meinungsfreiheit gedeckt, ebenso sei es zulässig, Erdoğans Politik als autoritär zu kritisieren. Zum Thema Völkermord heißt es: »Die Formulierung ›Völkermord an den Armeniern‹ bezieht sich auf ein Thema, das nicht nur in der Türkei, sondern auch auf internationaler Ebene heftig diskutiert wird. Die Verwendung dieses Begriffs allein sollte nicht Gegenstand einer strafrechtlichen Anschuldigung sein.« Und in Sachen Verbindungsdaten, der einzige »Beweis«, der der Staatsanwaltschaft zum Zeitpunkt meiner Verhaftung noch nicht vorlag, stellen die Verfassungsrichter fest: »Ein Journalist kann für seine Nachrichten verschiedenste Quellen nutzen.« Der Kontakt zu (mutmaßlichen) Terroristen könne nur dann zum Gegenstand von Strafverfolgung gemacht werden, wenn »mit konkreten Tatsachen« der Nachweis erbracht werde, dass diese Kontakte anderen als journalistischen Zwecken dienten. In meinem Fall habe die Anklagebehörde jedoch keine solchen Tatsachen vorgelegt.

Ich würde sagen: In your face! Sachlicher ausgedrückt: Den meisten dieser Ausführungen würde ich mich ohne Vorbehalt anschließen. Kein Wunder, hat das Gericht doch in etlichen Punkten eins zu eins die Argumente übernommen, die wir in unserer Beschwerde aufgeführt haben.

Aber warum diese Deutlichkeit und Grundsätzlichkeit der Urteilsbegründung? Das dürfte weniger an die allgemeine europäische Öffentlichkeit adressiert und vermutlich auch nicht vom Regime bestellt worden sein. Da sie einmal freie Hand hatten, haben die Richter meinen Fall vermutlich als Gelegenheit für eine Botschaft an den EGMR genutzt: Meine Beschwerde mit einer oberflächlichen oder verfahrensrechtlichen Begründung anzunehmen, hätte den Ansprüchen der Straßburger Richter wohl nicht genügt. Mit diesem Urteil aber bekommen sie ein neues Argument, um Beschwerden aus der Türkei zu verschleppen: Es existiert ja eine inländische Gerichtsbarkeit, die sogar sehr gute Urteile im Sinne der Meinungsfreiheit fällen kann. Und vielleicht ist dieses Urteil auch als Mahnung an die Staatsanwaltschaften und Untersuchungsgerichte gedacht, sorgfältiger zu arbeiten.

Als Präzedenzfall kann man dieses Urteil derzeit nicht bewerten. Noch immer entscheidet der Maßnahmenstaat »nach Lage der Sache«. Doch wenn das Regime weiter in die Defensive gerät, dann könnte dieses Urteil langfristig sehr wohl Vorbildcharakter zeigen. Nicht umsonst meint der frühere Juraprofessor und heutige HDP-Politiker Mithat Sancar (der mir einst den inkriminierten Kurdenwitz erzählt hatte), dies sei das beste Urteil, das das Verfassungsgericht seit dem Putschversuch gefällt habe.

Und Veysel sagt: Das Verfassungsgericht habe »zu fast allen wichtigen Fragen der Pressefreiheit in der Türkei« Stellung bezogen. »Die Feststellungen in Sachen Kritik an der Regierung, zum Begriff Völkermord an den Armeniern oder Interviews mit Terrorverdächtigen und Kontakten zu solchen Personen, können zukünftig eine Wirkung entfalten, die man nicht unterschätzen sollte.«

Das ist die allgemeine Ebene. Die persönliche lautet: Als ich im Gefängnis saß, wäre ein solches Urteil eine politische Sensation gewesen, die mir die Freiheit beschert hätte. Dieses Urteil ist besser als eines zu meinen Ungunsten. Aber es kommt zu spät. Verspätete Gerechtigkeit ist keine. Das Schmerzensgeld von 25 000 Lira (zum fraglichen Zeitpunkt umgerechnet rund 3800 Euro) sind ein Witz, der nur von der Erstattung der Anwaltskosten übertroffen wird, die das Verfassungsgericht mit 2732,50 Lira (416,09 Euro) beziffert hat.

Gerechtigkeit wird auch dann nicht hergestellt sein, wenn die zuständige Strafkammer oder eine höhere Instanz mich mit Verweis auf das Verfassungsgericht freispricht, vielleicht sogar kurz nach dem Erscheinen dieses Buches. Und selbst wenn mir in meiner parallel laufenden Klage ein deutlich höheres Schmerzensgeld zugesprochen wird, wird dies nichts ändern. Keine Summe könnte Dilek und mir das gestohlene Jahr wiedergeben, keine Summe die Zeit ersetzen, die ich mit meinem Vater noch hätte verbringen können.

Ein bisschen Gerechtigkeit wird erst hergestellt sein, wenn Erdoğan und alle anderen, die an meiner Geiselnahme beteiligt waren, auch seine Handlanger in der Justiz, eines Tages – und in einem rechtsstaatlichen Verfahren – zur Verantwortung gezogen werden. Journalismus ist kein Verbrechen, Rechtsbeugung, Freiheitsberaubung und Folter schon.

So, wie ich das den Menschen, die an meiner Seite standen, nie vergessen werde, werde ich auch den Tätern ihre Verbrechen nie vergessen. Aber ich möchte die nächste Seite in meinem beruflichen und privaten Leben aufschlagen und das Etikett Ex-Gefangener abstreifen. Alles andere hieße das Gefängnis ständig mit mir herumzuschleppen. Es hieße, sie hätten gewonnen. Aber das haben sie nicht.

Zuvor wollte ich meine Geschichte aufschreiben – weil ich sie für erzählenswert halte, aber auch um all das hinter mir zu lassen. Darum dieses Buch.

Deniz Yücel, Trecastagni im Juli 2019

Dank

Viele, wirklich sehr viele Menschen haben sich für mich eingesetzt. Ihnen allen schulde ich Dank. Entsprechend lang und immer noch unvollständig fällt diese Danksagung aus.

Ich danke den vielen Menschen, die mir Briefe ins Gefängnis geschrieben, sich an Veranstaltungen, Autokorsos, Mahnwachen und Protesten beteiligt oder sich, in welcher Form auch immer, für meine Freilassung eingesetzt haben – in Flörsheim, in Kreuzberg, in Istanbul oder wo auch immer. Den vielen, die an den Lesungen meiner Texte, dem Konzert am Brandenburger Tor, der Gala in Hamburg und allen anderen Solidaritätsveranstaltungen mitgewirkt haben (und die ich selbst an dieser Stelle leider nicht alle aufzählen kann).

Ich danke meinen Kolleginnen und Kollegen in der *Welt*, meinen Ex-Kollegen in der *taz* und allen Journalisten in Deutschland, der Türkei oder anderswo, die mich auch dann nicht vergessen haben, als es nichts Neues gab.

Ich danke allen Mitarbeitern des Axel-Springer-Verlages, des Bundeskanzleramtes, des Auswärtigen Amtes, des Bundesjustizministeriums sowie den deutschen Auslandsvertretungen in Istanbul und Ankara, die sich in meiner Angelegenheit auf die eine oder andere Weise engagiert haben.

Ich danke den Politikerinnen und Politikern aus allen demokratischen Parteien, ich danke Reporter ohne Grenzen, dem PEN, dem International Press Institute, Amnesty International, der Kurt-Tucholsky-Gesellschaft, der Deutschen Journalistinnen- und Journalisten-Union, dem Deutschen Journalisten-Verband, dem Börsenverein des Deutschen Buchhandels, dem Bundesverband Deutscher Zeitungsverleger und allen anderen Nichtregierungsorganisationen, die sich für mich und meine eingesperrten Kollegen eingesetzt haben. FreeThemAll!

Ich danke den Mitgefangenen, die mir mit einem Gespräch, einem Witz oder einem Lied durch den Polizeigewahrsam oder die Haft geholfen haben.

Ich danke schließlich all jenen, die mir bei der Arbeit an diesem Buch behilflich waren und mir Fachfragen zu Strafrecht, Außenwirtschaft oder Schach beantwortet haben, insbesondere der Leitung der JVA Berlin-Moabit und der JVA Augsburg-Gablingen, die ich besuchen durfte.

Für ihre Beiträge zu meiner Freilassung, ihre Solidarität, ihre Hilfe bei diesem Buch oder aus anderen Gründen danke ich namentlich: Ahmet Şık, Aleksandar Živanović, Alexander Skipis, Ali Çolak, Aljoscha Weskott, Alp Tekin Ocak, Andreas Michaelis, Andreas Rüttenauer, Angela Merkel, Anna Quattrocchi, Arno Frank, Astrid Welk, Aycan Demirel, Aydın Engin, Aylin Güneş, Barış Altıntaş, Barış Terkoğlu, Barış Yarkadaş, Başak Canbel, Bascha Mika, Benjamin Laufer, Beril Türkoğlu Kanar, Björn von Swieykowski, Britt Holubec, Bülent Mumay, Can Dündar, Can Merey, Canan Coşkun, Carles Torner, Carola Gottas, Carolin Emcke, Caroline Stockford, Cem Özdemir, Cemal Taşdan, Cengiz, Ceren Sözeri, Christian Hellbach, Christian Mihr, Christian Specht, Christiane Beerbom, Christoph Ehrhardt, Christoph Gurk, Christoph Schiltz, Cihan Özgüneş Güngör, Claas-Hendrik Soehring, Constanze Reuscher, Dagmar Rosenfeld, Daniel Richter, Daniel Schulz, Daniela Takac, David Imberman, David Kaye, Defne Güneş, Deniz Yıldız, Ebru Taşdemir, Eiko Grimberg, Elmas Coşkun, Enrico Ippolito, Erinç Güzel, Erol Önderoğlu, Ertuğrul Mavioğlu, Eva Betzwieser, Fatih Polat, Felix Dachsel, Felix Hartung, Ferhan Şar, Frank Überall, Frank-Walter Steinmeier, Frauke Böger, Friede Springer, Georg Löwisch, Gerald Ponesky, Gereon Asmuth, Gerhard Schröder, Gia Quattrocchi, Giovanni di Lorenzo, Gözde Şanlıer, Günter Wallraff, Heiko Maas, Iggy Pop, Ilknur Demirel, Ines Pohl, Ines Wallraff, Ingo Zamperoni, Ismail Mayatürk, Ivo Bozic, Jan Böhmermann, Johanna Adorján, Johannes Boie, Jörg Sundermeier, Juliane Schwarzenberg, Karl Max Einhäupl, Katharina Florian, Katharina Picandet, Katja Diefenbach, Katja Fischer, Kenan Yatıkçı, Konny

Gellenbeck, Konrad Wartenberg, Kristina Faßler, Larissa Sainte-Rose, Leo Fischer, Levent Konca, Lorenz Maroldt, Mahmut Tanal, Malwine Bahlke, Manuela Bojadzijev, Margarete Stokowski, Maria Triandafillidu, Marie Sophie Hingst, Martin Erdmann, Martin Schäfer, Martin Scholz, Matthias Neumann, Maximilian Popp, Maybrit Illner, Mehtap Yücel, Melodi Ünalan, Mely Kiyak, Merve Namlı, Merve Yorgancı, Metin Mayatürk, Michael Antenbrink, Michael Brand, Michael Roth, Michel Friedman, Minez Bayülgen, Murat Deha Boduroğlu, Murat Çınar, Mustafa Yeneroğlu, Nico Meyer, Niddal Salah-Eldin, Niels Annen, Nils Muižnieks, Olguner Olgun, Oliver Kontny, Oliver Michalsky, Oliver Polak, Oliver Welke, Ömer Erzeren, Omid Nouripour, Onur Erem, Özcan Mutlu, Paul Wrusch, Paula Leocadia Pleiss, Peter Altmaier, Peter Steudtner, Pinar Atalay, Pınar Öğünç, Ralf Klüver, Ramona Stöcker, Recai Hallaç, Regina Stötzel, Robert Dölger, Ronald Düker, Rosario di Stefano, Şafak Pavey, Sandra Schleicher, Sascha Lehnartz, Sebastian Brux, Selin Girit, Serap Ünalan, Sevim Dağdelen, Sezgin Tanrıkulu, Shahak Shapira, Shanli Anwar, Sibel Mayatürk, Silke Burmester, Silke Mülherr, Simon Ramirez Voltaire, Stefan Aust, Stefan Graf, Stefan Rudnick, Stefania Maffeis, Stefanie Kron, Steffen Küßner, Steffen Seibert, Stephan-Andreas Casdorff, Tanit Koch, Tanıl Bora, Tarkan Kılıç, Taşkın Aydoğan, Thomas Blum, Thomas Exner, Thomas Kurz, Tilman Clauß, Tim Wolff, Tora Pekin, Tülay Boyunlu, Tunca Öğreten, Turhan Günay, Ulrich Gutmair, Ulrike Schulz, Ulrike Winkelmann, Ümit Kılınç, Volkan Hiçyılmaz, Yasemin Ergin, Yassin Musharbash, Yitzhak Lifshitz, Yonca Şık, Yurdanur Aydoğan, Zeynep Altıok Akatlı, Zeynep Güner, Zeynep Kılıç und Ziya Pir.

Ganz besonders danke ich Oğuz Usluer, mit dem ich in den letzten Monaten der Haft mehr als bloß den Hof geteilt habe. Georg Birgelen und Sigmar Gabriel, die nicht nur ihren Job als Generalkonsul bzw. Außenminister erledigt, sondern meine Freilassung zu einer Herzenssache gemacht haben. Meiner Freundin Özlem Topçu, die stets mit einem Abla-Rat zu helfen wusste. Meinem Freund und Abi Mustafa Ünalan, der stets im entscheidenden Moment zur Stelle war. Meiner Schwester Ilkay Yücel, die für mich sprach, wo ich es nicht konnte.

Meinen Freunden Doris Akrap und Imran Ayata, Boss und Babo, die, zusammen mit denen, die ich bereits genannt habe, eine einzigartige und großartige Kampagne organisiert haben. Es ist ein Glück, solche Freunde zu haben.

Ich danke meinem Chefredakteur Ulf Poschardt und Mathias Döpfner, dem Vorstandsvorsitzenden des Axel-Springer-Verlages, dass sie mich in jeder nur denkbaren Weise unterstützt und mir danach die Möglichkeit gegeben haben, die Erlebnisse in Ruhe zu verarbeiten und viel Zeit mit Dilek zu verbringen. Meinem Freund und *Welt*-Kollegen Daniel-Dylan Böhmer, der vor meiner Verhaftung und lange darüber hinaus für mich da war und mit großer Fürsorge und Gewissenhaftigkeit alles getan hat, das getan werden musste.

Ich danke meinen Anwälten Ferat Çağıl, Refik Türkoğlu und insbesondere Veysel Ok, die den Mann herausgeholt haben, dem angeblich nicht einmal der Papst helfen konnte.

Ich danke Giovanni Quattrocchi für die Warmherzigkeit, mit der er uns in unserem Refugium empfangen hat. Helge Malchow und Martin Breitfeld, die davon überzeugt waren, dass ich meine Geschichte aufschreiben müsse, und allen Mitarbeiterinnen und Mitarbeitern des KiWi-Verlages, die an der Herstellung dieses Buches mitgewirkt haben und die ich mehr als einmal in die Verzweiflung getrieben habe. Meinem ehemaligen Kollegen Stefan Ripplinger für die Schlusskorrektur. Meiner Agentin und Freundin Barbara Wenner, ohne deren Kommentare und Hinweise (und ohne deren montägliche Erinnerungen) dieses Buch niemals entstanden wäre.

Ich danke meiner Frau Dilek Mayatürk Yücel für ihre Liebe und ihre Unterstützung. Diese Schuld werde ich nie begleichen können.

Und schließlich danke ich meiner Mutter Esma, die in den Knast die besten Ratschläge wo gibt geschickt hat, und meinem Vater Ziya Yücel, den ich zum Glück noch einmal sehen konnte. Ihm habe ich unendlich viel zu verdanken, nicht zuletzt, dass er mich mit der Lyrik von Sabahattin Ali und Nâzım Hikmet bekannt gemacht hat, die mich durch die Haft begleitet haben. Ihm ist dieses Buch gewidmet.

Chronologie

1. Mai 2015:
Deniz Yücel beginnt seine Stelle als Türkeikorrespondent der *Welt* in Istanbul.

7. Juni:
Bei der Parlamentswahl verliert die AKP erstmals ihre absolute Mehrheit. Die prokurdische HDP schafft den Sprung über die Zehnprozenthürde.

16. Juni:
Yücel wird mit zwei türkischen Journalisten im Grenzort Akçakale kurzzeitig festgenommen.

22. Juli:
Ende des Friedensprozesses mit der PKK.

23. August:
In der *Welt am Sonntag* erscheint ein Interview, das Yücel mit dem PKK-Anführer Cemil Bayık geführt hat.

2. September:
Das Foto des toten syrischen Flüchtlingskindes Alan Kurdi erschüttert die Weltöffentlichkeit.

5. September:
Bundeskanzlerin Angela Merkel beschließt, die deutsche Grenze für syrische Flüchtlinge zu öffnen, die von der Türkei mit dem Boot nach Griechenland gefahren und von dort zu Fuß nach Ungarn gelaufen sind.

10. Oktober:
Zwei IS-Selbstmordattentäter sprengen sich auf einer Kundgebung von Linken und Kurden in Ankara in die Luft und töten 101 Menschen.

18. Oktober:
Im türkischen Wahlkampf besucht Merkel Staatspräsident Tayyip Erdoğan, um ein gemeinsames Vorgehen in der Flüchtlingskrise zu besprechen.

1. November:
Bei der Neuwahl erringt die AKP ihre absolute Mehrheit zurück.

26. November:
Verhaftung der *Cumhuriyet*-Journalisten Can Dündar und Erdem Gül. Nach drei Monaten ordnet das Verfassungsgericht ihre Freilassung an.

8. Februar 2016:
Nach einer Pressekonferenz der Regierungschefs Merkel und Ahmet Davutoğlu in Ankara wird Yücel in AKP-nahen Medien attackiert.
11. Februar:
Die *Welt* ruft Yücel vorläufig nach Berlin zurück. In Cizre enden die Kämpfe zwischen Sicherheitskräften und der PKK.
18. März:
Das EU-Türkei-Abkommen (Flüchtlingsdeal) tritt in Kraft.
28. März:
Auf eigenen Wunsch und in Absprache mit seiner Chefradaktion kehrt Yücel nach Istanbul zurück.
15. April:
Merkel ermöglicht ein Strafverfahren gegen Jan Böhmermann wegen »Beleidigung eines ausländischen Staatsoberhaupts«.
5. Mai:
Davutoğlu kündigt seinen Rücktritt an. Ministerpräsident wird später Binali Yıldırım.
6. Mai:
Das Presseamt teilt Yücel mit, dass sein Akkreditierungsantrag bewilligt sei. Später wird das relativiert.
2. Juni:
Der Bundestag beschließt, die deutsche Mitverantwortung für den Völkermord an den Armeniern anzuerkennen.
18. Juni:
Yücel lernt Dilek Mayatürk kennen.
15. Juli:
Putschversuch gegen Erdoğan, 250 Menschen werden getötet. Die Regierung macht die Organisation des Predigers Fethullah Gülen verantwortlich.
20. Juli:
Beginn eines dreimonatigen Ausnahmezustands. Siebenmal wird er verlängert und endet nach zwei Jahren. Es folgen zahlreiche Maßnahmen gegen mutmaßliche Gülenisten und andere Oppositionelle.
23. September:
Die Gruppe RedHack verschafft sich Zugang zu den E-Mails von Berat Albayrak, Energieminister und Erdoğans Schwiegersohn, und leitet diese an Journalisten weiter, darunter an Yücel.
1. November:
Festnahmen bei der Zeitung *Cumhuriyet*. Neun Mitarbeiter kommen in U-Haft, zwischenzeitig wächst diese Zahl auf 13.

5. November:
Festnahmen bei der HDP. Neun Abgeordnete, darunter der Co-Vorsitzende Selahattin Demirtaş, kommen in U-Haft. Zwischenzeitig sitzen 16 HDP-Abgeordnete im Gefängnis.

25. Dezember:
Die regierungsnahe Zeitung *Sabah* berichtet von Festnahmen im Zusammenhang mit den Albayrak-Mails. Yücel setzt sich in die Residenz des deutschen Botschafters ab. Die Bundesregierung bemüht sich um eine diplomatische Lösung, Yücel sucht anwaltlichen Beistand.

31. Dezember:
Der *Cumhuriyet*-Journalist Ahmet Şık wird verhaftet.

18. Januar 2017:
Von den sechs im Zusammenhang mit dem RedHack/Albayrak-Verfahren festgenommenen Journalisten kommen drei in U-Haft.

2. Februar:
Bei einem Treffen mit Erdoğan in Ankara spricht Merkel unter vier Augen den Fall Yücel an.

14. Februar:
Yücel sucht in Begleitung des deutschen Generalkonsuls Georg Birgelen und seiner Anwälte das Polizeipräsidium auf. Er wird festgenommen. Der Vorwurf: Mitgliedschaft in einer Terrororganisation (RedHack) und Datenmissbrauch.

17. Februar:
Die *Welt* gibt Yücels Festnahme bekannt.

18. Februar:
In Berlin konstituiert sich der Freundeskreis FreeDeniz, der Solidaritätsaktionen organisiert. Ein weiterer Freundeskreis bildet sich in Hamburg.

25. Februar:
Yücels Schwester Ilkay organisiert in seiner Heimatstadt Flörsheim einen viel beachteten Autokorso.

26. Februar:
In der *Welt am Sonntag* erscheint der Bericht über die Haftbedingungen in Polizeigewahrsam, den Yücel heimlich verfasst hat.

27. Februar:
Ein Gericht verfügt U-Haft für Yücel. Nun wird ihm vorgeworfen, er habe in acht *Welt*-Artikeln Propaganda für eine Terrororganisation (PKK) und Volksverhetzung betrieben. Er kommt ins Gefängnis Metris am Stadtrand von Istanbul.

28. Februar:

In zahlreichen Städten protestieren Menschen gegen Yücels Verhaftung und die Einschränkung der Pressefreiheit in der Türkei. Zahlreiche deutsche Politiker aus Regierung und Opposition schließen sich dieser Kritik an. In einer Anzeige fordern 305 Journalisten und Künstler »Freiheit für Deniz«.

1. März:

Yücel wird in das Hochsicherheitsgefängnis Silivri Nr. 9 verlegt. Er kommt in Isolationshaft. Merkel fordert öffentlich seine Freilassung.

2. März:

Die Stadt Gaggenau untersagt einen Auftritt des türkischen Justizministers Bekir Bozdağ. Weitere Absagen für AKP-Politiker folgen.

2. März:

Die regierungsnahe Zeitung *Star* eröffnet eine Diffamierungskampagne gegen Yücel.

3. März:

Staatspräsident Erdoğan nennt Yücel einen »PKK-Terroristen« und »deutschen Agenten«. Später kreiert er das Wort »Agentterrorist«.

5. März:

Erdoğan wirft Deutschland »Nazimethoden« vor. Diese Ausfälle wiederholt er in den folgenden Wochen mehrfach.

6. März:

In Silivri Nr. 9 beginnt die Psychofolter gegen Yücel, die drei Tage andauern wird.

7. März:

Ilkay Yücel besucht ihren Bruder im Gefängnis.

14. März:

Der Flörsheimer Bürgermeister Michael Antenbrink ruft zu einer Mahnwache auf, was er ein Jahr lang einmal im Monat wiederholen wird.

17. März:

Der Freundeskreis FreeDeniz veranstaltet in Berlin die erste Lesung mit Yücels Texten. Weitere Lesungen in anderen Städten folgen.

22. März:

Bei seiner Antrittsrede als Bundespräsident appelliert Frank-Walter Steinmeier an Erdoğan, Yücel freizulassen.

27. März:

Yücels Anwälte legen vor dem Verfassungsgericht Widerspruch gegen die U-Haft ein.

4. April:
Generalkonsul Birgelen darf Yücel besuchen. Neun weitere Besuche werden folgen.

6. April:
Yücels Anwalt Veysel Ok legt vor dem Europäischen Gerichtshof für Menschenrechte (EGMR) Beschwerde gegen Yücels Inhaftierung ein. Ende Mai beschließt der EGMR, diese und 18 weitere Beschwerden von Journalisten aus der Türkei vorrangig zu behandeln.

12. April:
Yücel heiratet im Gefängnis seine Freundin Dilek Mayatürk, die ihn danach für eine Stunde in der Woche besuchen kann.

13. April:
Erdoğan schließt Yücels Auslieferung nach Deutschland aus: »Solange ich in diesem Amt bin, niemals.«

16. April:
Beim Referendum stimmen 51,4 Prozent der türkischen Bürger für eine Verfassungsreform, die dem Staatspräsidenten weitreichende Vollmachten einräumt. Die Opposition reklamiert Unregelmäßigkeiten bei der Auszählung.

22. April:
Erstmals besuchen Yücels Eltern Ziya und Esma gemeinsam ihren Sohn in Haft.

30. April:
In Istanbul wird die deutsch-türkische Übersetzerin und Journalistin Meşale Tolu festgenommen und kommt in U-Haft.

3. Mai:
Der Freundeskreis FreeDeniz organisiert vor dem Brandenburger Tor ein Solidaritätskonzert, bei dem zahlreiche namhafte Künstler auftreten.

5. Mai:
In der *Welt* erscheint eine Antwort von Yücel auf Erdoğan, in der er erklärt, dass er keine Auslieferung wünsche, sondern einen fairen Prozess. Später folgt ein ähnlicher Text in der *Cumhuriyet*.

12. Mai:
Erstmals wird Yücel Post – Postkarten seiner Schwiegermutter Sibel Mayatürk – zugestellt. Später erhält er auch Briefe seiner Frau. Andere Briefe werden ihm nur vereinzelt übergeben.

15. Mai:
Yücel wird erstmals auf den gefängniseigenen Sportplatz gebracht, den er künftig für eine Stunde in der Woche aufsuchen kann.

19. Mai:
Aus Protest gegen die Festnahme ihrer Mitarbeiter erscheint die Tageszeitung *Sözcü* mit komplett leeren Seiten.

23. Mai:
Zum hundertsten Tag seiner Gefangennahme erscheint ein ausführlicher Text von Yücel in der *Welt*, in dem er von seinen Haftumständen berichtet.

5. Juni:
Außenminister Sigmar Gabriel gibt den Abzug der Bundeswehr vom Luftwaffenstützpunkt Incirlik bekannt. Später sagt er, im bilateralen Verhältnis gebe es »größere Probleme«, und verweist auf den Fall Yücel.

13. Juni:
Der deutsche Botschafter Martin Erdmann kommt zu seinem ersten von zwei Besuchen ins Gefängnis Silivri Nr. 9.

15. Juni:
Nach der Verhaftung seines Parteifreunds Enis Berberoğlu beginnt Oppositionsführer Kemal Kilicdaroğlu (CHP) einen »Gerechtigkeitsmarsch«. Er geht zu Fuß von Ankara nach Istanbul, Tausende schließen sich dem Protest an.

29. Juni:
Die Staatsanwaltschaft legt die Anklageschrift im RedHack/Albayrak-Verfahren vor. Das Verfahren gegen Yücel wird abgetrennt.

5. Juli:
Zehn Menschenrechtler, darunter der deutsche Staatsbürger Peter Steudtner, werden auf den Prinzeninseln festgenommen. Steudtner und sieben weitere kommen später in U-Haft. Erdoğan sagt in einem *Zeit*-Interview: »Sie gehen schlafen, sie wachen auf und sagen: Deniz.«

12. Juli:
Mayatürk ruft in einem *dpa*-Interview dazu auf, Yücel zu schreiben. Die *Welt* richtet eine zentrale Mailadresse ein und lässt die Briefe ins Türkische übersetzen.

15. Juli:
Erdoğan kündigt die Einführung einer Gefangenenkleidung für Terrorverdächtige an.

18. Juli:
Die Bundesregierung beschließt, in Yücels EGMR-Verfahren Stellung zu beziehen.

19. Juli:
Die *Zeit* berichtet, die türkische Regierung habe deutschen Behörden eine Liste mit 68 Unternehmen übergeben, die sie der Terrorunterstützung bezichtige, darunter Daimler und BASF.

20. Juli:
Die *Bild* berichtet, Erdoğan habe Yücel im Austausch mit zwei nach Deutschland geflohenen Ex-Offizieren angeboten. Unter Berufung auf eine andere Begebenheit berichtet Anfang Dezember der *Spiegel* das Gleiche. Als Reaktion auf Steudtners Verhaftung und die »Terrorliste« kündigt Gabriel eine »Neuausrichtung« der deutschen Türkeipolitik an: u. a. Verschärfung der Reisewarnungen und Begrenzung der Exportabsicherungen (Hermes-Bürgschaften).

24. Juli:
Eröffnung des *Cumhuriyet*-Prozesses: »Ich verteidige mich nicht, ich klage an«, sagt Ahmet Şık. Sieben Mitarbeiter kommen frei; die übrigen folgen in den nächsten Monaten; zuletzt der Stiftungschef Akın Atalay im April 2018.

26. Juli:
Yücel und Herausgeberin Doris Akrap beginnen, an dem Buch *Wir sind ja nicht zum Spaß hier* zu arbeiten, eine Auswahl überarbeiteter alter Texte von Yücel plus einiger neuer.

27. Juli:
Ministerpräsident Yıldırım trifft Vertreter deutscher Unternehmen. Die »Terrorliste« wird zurückgenommen.

4. August:
Die Welt legt in der Türkei Verfassungsbeschwerde ein, später auch beim EGMR.

18. August:
Erdoğan ruft die deutschen Staatsbürger türkischer Herkunft auf, bei der Bundestagswahl CDU, SPD und Grüne zu boykottieren.

10. September:
Mit einem Autokorso und einer Kundgebung vor dem Kanzleramt feiert der Freundeskreis FreeDeniz Yücels 44. Geburtstag.

19. September:
In Istanbul beginnt der Prozess gegen Yücels Anwalt Ok. Vorwurf: »Beleidigung der Justiz«.

24. September:
Bei der Bundestagswahl zieht die AfD erstmals in den Bundestag ein. Die Verhandlungen über eine »Jamaikakoalition« scheitern. Die Bundesregierung bleibt geschäftsführend im Amt, ehe am 15. März 2018 eine Neuauflage der Koalition aus Union und SPD den Dienst antritt.

26. September:
Für sein Buch schmuggelt Yücel ein Manuskript von 511 handschriftlichen Seiten aus dem Gefängnis. Die Arbeit daran dauert bis Anfang Januar.

1. Oktober:
Ex-Bundeskanzler Gerhard Schröder kommt mit Erdoğan zu einem Geheimtreffen zusammen, um über die deutschen Gefangenen in der Türkei zu reden. Mitte Januar folgt ein weiteres Treffen.

17. Oktober:
Im Gespräch mit dem türkischen Justizministerium fordert Mayatürk ein Ende der Isolationshaft und erhält die Zusage, bei offenen Besuchen neben ihrem Mann sitzen zu dürfen.

23. Oktober:
Mayatürk informiert Yücel über die Krebserkrankung seines Vaters Ziya.

24. Oktober:
Dilek Mayatürk trifft in Berlin Angela Merkel. Prozesseröffnung des Red-Hack/Albayrak-Verfahrens. Ömer Çelik kommt auf freien Fuß; Anfang Dezember folgen Tunca Öğreten und Mahir Kanaat.

25. Oktober:
Freilassung von Peter Steudtner und den mit ihm verhafteten Menschenrechtlern. Er reist am selben Abend aus.

5. November:
Bei einem informellen Treffen mit seinem Amtskollegen Mevlüt Çavuşoğlu in Antalya fordert Gabriel bessere Haftbedingungen für Yücel.

10. November:
In der *taz* erscheint das erste schriftliche Interview mit Yücel aus der Haft: »Ich will einen fairen Prozess. Und den am besten gleich morgen.«

28. November:
Das türkische Justizministerium reicht seine Stellungnahme beim EGMR ein, in dem es sich den Vorwürfen gegen Yücel anschließt. Bis in den Januar folgt ein schriftlicher Schlagabtausch mit Yücels Anwälten.

2. Dezember:
Nach neun Monaten wird die Isolationshaft aufgehoben. Yücel teilt sich nun mit dem Journalisten Oğuz Usluer tagsüber einen Hof.

9. Dezember:
Zum 300. Tag seiner Haft fordern rund 200 Freunde, Journalisten und renommierte internationale Künstler »Free Deniz!«. In der *Welt* erscheint ein maßstabsgetreuer Grundriss von Yücels Zelle, basierend auf Angaben und Skizzen, die er aus der Haft geschmuggelt hat.

18. Dezember:
Tolu wird freigelassen, muss aber vorerst in der Türkei bleiben.

1. Januar 2018:
»Ich bin nicht sehr glücklich darüber, dass es noch immer keine Anklage

gibt«, sagt Çavuşoğlu zur *dpa*. Yücel antwortet ebenfalls über *dpa*: »Wenn ich mich daran gewöhnt habe, seit fast einem Jahr ohne Anklage als Geisel gehalten zu werden, dann schafft er das auch.«

4. Januar:
Die türkische Regierung reicht ihre Stellungnahme beim Verfassungsgericht ein.

5. Januar:
Die Bundesregierung habe »eine sehr große Anzahl von Rüstungsexporten nicht genehmigt«, sagt Gabriel in einem *Spiegel*-Interview und fügt hinzu: »Dabei wird es auch bleiben, solange der Fall Yücel nicht gelöst ist.«

6. Januar:
Çavuşoğlu kommt mit Gabriel in Goslar zu einem informellen Treffen zusammen. Çavuşoğlu spricht von einem »Neustart«. Auf die Frage, ob sie über Yücel geredet hätten, sagt Gabriel: »Da können Sie sicher sein.«

16. Januar:
In einem schriftlichen Interview mit der Zeitung *Evrensel* antwortet Yücel auf Gabriel: »Für schmutzige Deals stehe ich nicht zur Verfügung.« Dieselbe Aussage wiederholt er tags darauf in einem viel beachteten *dpa*-Interview. »Es gibt keine schmutzigen Deals«, antwortet Gabriel.

1. Februar:
Der EGMR weist die Beschwerde der *Welt* zurück.

5. Februar:
Geheimtreffen zwischen Gabriel und Erdoğan in Rom. Eine Woche darauf folgt ein weiteres Treffen in Istanbul, bei dem ein Durchbruch im Fall Yücel erzielt wird.

14. Februar:
»Ich hoffe, dass er in kurzer Zeit freigelassen wird«, sagt Yıldırım in einem ARD-Interview.

14. Februar:
Zum einjährigen Haftjubiläum erscheint Yücels Buch. In Berlin gibt es einen Autokorso und eine Buchpräsentation mit prominenten Künstlern.

15. Februar:
Beim 32. Istanbuler Strafgericht geht die Anklageschrift ein. Die Staatsanwaltschaft fordert wegen Terrorpropaganda und Volksverhetzung bis zu 18 Jahre Haft. Generalkonsul Birgelen und sein Stellvertreter Graf besuchen Yücel und eröffnen ihm das Angebot der türkischen Regierung: Er werde freigelassen, müsse aber sofort das Land verlassen. Yücel lehnt ab.

16. Februar:
Mayatürk sagt Gabriel zu, dass ihr Mann das Land verlassen werde. Das Gericht ordnet die Freilassung an. Zusammen mit aus Deutschland angereisten Freunden fährt Yücel in seine Wohnung und nimmt dort eine Videobotschaft auf, in der er sich bei seinen Unterstützern bedankt. *Welt*-Chefredakteur Ulf Poschardt, Springer-Chef Mathias Döpfner und Außenminister Gabriel geben in der *Welt*-Redaktion eine Pressekonferenz. »Ich kann Ihnen versichern, es gibt keine Deals«, sagt Gabriel. Yücel fliegt mit seiner Frau und seinen Freunden in einem vom Axel-Springer-Verlag gecharterten Flugzeug über Berlin nach Catania.

»*Ich bin nicht in Deutschland. Aber ich bin unter Freunden*«.
Foto, das Yücel am Tag nach seiner Freilassung veröffentlichte. Obere Reihe: Daniel-Dylan Böhmer, Doris Akrap, Yücels Nichte Aylin Güneş, Veysel Ok, Ilkay Yücel, Imran Ayata. Kniend: Mustafa Ünalan, Dilek Mayatürk, Deniz Yücel, Tilman Clauß.
Foto: Giovanni Quattrochi

Abkürzungsverzeichnis

AA	Auswärtiges Amt
AKP	Partei für Gerechtigkeit und Entwicklung, moderat islamistische Regierungspartei, seit 2002 in der Türkei an der Macht
ANAP	Mutterlandspartei, konservativ-liberale Regierungspartei der Achtziger- und Neunzigerjahre
BAMF	Bundesamt für Migration und Flüchtlinge
CHP	Republikanische Volkspartei, sozialdemokratisch-kemalistisch, größte Oppositionspartei, von 1923 bis 1950 Staatspartei
CMK	Strafprozessgesetz (der Türkei)
DAX	Deutscher Aktienindex
DHKP-C	Revolutionäre Volksbefreiungspartei/-front, linksextreme Untergrundorganisation, in der Türkei und in Deutschland als terroristisch eingestuft
Diha	Nachrichtenagentur Dicle, prokurdisch, 2016 verboten
Ditib	Türkisch-Islamische Union der Anstalt für Religion, von der türkischen Regierung finanzierter Moscheeverband in Deutschland
dju	Deutsche Journalistinnen- und Journalisten-Union
DJV	Deutscher Journalisten-Verband
DP	Demokratische Partei, liberal-konservative Regierungspartei (1950–1960)
DSP	Demokratische Linkspartei, sozialdemokratisch-kemalistisch, von 1997 bis 2002 Regierungspartei
DYP	Partei des Rechten Weges, konservativ, in den Neunzigerjahren mehrfach an türkischen Regierungen beteiligt
EGMR	Europäischer Gerichtshof für Menschenrechte
EMRK	Europäische Menschenrechtskonvention
Etha	»Wirkungsvolle Nachrichtenagentur«, links
EWG	Europäische Wirtschaftsgemeinschaft, Vorläufer der EU
FETÖ	Fethullahistische Terrororganisation, seit dem Putschversuch 2016 in der Türkei Bezeichnung für die Gülen-Organisation
FSA	Freie Syrische Armee, Rebellenorganisation in Syrien

HDP	Demokratische Partei der Völker, prokurdisch-linke Dachpartei
HSYK	Hoher Rat der Richter und Staatsanwälte, Aufsichtsgremium der Justiz (seit April 2017: HSK, ohne das Attribut »Hoher«)
IRA	Irisch-Republikanische Armee, paramilitärische Vereinigung in Nordirland (1969–2005)
IS	Islamischer Staat, dschihadistische Miliz
IYI-Partei	»Gute Partei«, nationalistisch-säkulare Oppositionspartei
Jitem	Geheimdienst und Terrabwehr der Gendarmerie, Sondereinheit des türkischen Militärs, Organ des »Tiefen Staates«
MGK	Nationaler Sicherheitsrat, politisch-militärisches Gremium aus Militärführung und Regierung
MHP	Partei der Nationalistischen Bewegung, rechtsextrem
MIT	Nationale Nachrichtendienstorganisation, türkischer Geheimdienst
MLKP	Marxistisch-Leninistische Kommunistische Partei, stalinistische Untergrundorganisation, in der Türkei als terroristisch eingestuft
MLSA	Media and Law Studies Association, türkische Menschenrechtsorganisation für Pressefreiheit
PEN	Dichter, Essayisten, Romanautoren; internationale Autorenverband
PKK	Arbeiterpartei Kurdistans, in der Türkei und in Deutschland als terroristisch eingestufte kurdische Organisation
PYD	Demokratische Union, syrisch-kurdische Partei, PKK-nah
RP	Wohlfahrtspartei, islamistische Vorgängerpartei der AKP (1983–1998), 1996/97 an der Regierung
SE	Europäische Aktiengesellschaft
SCLC	Kleinzelliges Lungenkarzinom
TAK	Freiheitsfalken Kurdistans, terroristischer PKK-Ableger
TCK	Türkisches Strafgesetz
TKP	Kommunistische Partei der Türkei, 1920–1987, später Neugründungen gleichen Namens
TMK	Gesetz zur Bekämpfung des Terrorismus
TRT	Hörfunk- und Fernsehanstalt der Türkei, Staatssender
UETD	Union Europäisch-Türkischer Demokraten, AKP-Auslandsableger
YPG	Volksverteidigungseinheiten, Miliz der PYD, PKK-nah

Personenverzeichnis

Geänderte Namen kursiv

Abdülhamid II. (Sultan) 60, 156, 233
Acarer, Erk 118, 314
Adorján, Johanna 192
Adorno, Theodor W. 159
Ağbaba, Veli 210
Ahmet 126, 128, 130
Akar, Hulusi 230 f.
Akbaş, Berkay 44 f.
Akbaş, Hasan 29
Akbaş, Salim 44
Akbayram, Edip 309
Akdoğan, Nihat 138
Akgül, Hacı Ali 285
Akhanlı, Doğan 254
Akin, Fatih 294
Akkuş, Ozancan 45
Akrap, Doris 10, 14, 55, 87 ff., 104, 110, 120, 143, 169 f., 172, 196 ff., 211 f., 219, 224, 226, 245 f., 249–252, 257, 259, 279, 284, 300 f., 307, 311, 323 f., 330 ff., 338 ff., 343, 347, 352
Akşener, Meral 209
Aksu, Sezen 121, 156
Aktaş, Rohat 36
al-Assad, Bashar 127
al-Hussein, Seid 36, 303
Albayrak, Berat 48–51, 71, 74, 83, 105, 111, 128, 172, 208, 224, 243, 265, 354, 362
Albayrak, Serhat 51, 243
Alexander (Der Große) 268
Alexijewitsch, Swetlana 293

Ali, Sabahattin 66, 91, 102, 154, 270, 309, 326
Alpay, Fatma Nur 353
Alpay, Necmiye 62
Alpay, Şahin 10, 121, 304, 353
Altan, Ahmet 10, 13, 42, 50, 69, 105, 121, 154, 345, 365 f.
Altan, Mehmet 13, 69, 105, 272, 304, 345, 353, 366
Althusser, Louis 364
Altmaier, Peter 218, 256, 263, 357
Altun, Cemal Kemal 262
Amjahid, Mohamed 173
Andıç, Osman 313
Annen, Niels 87
Antenbrink, Michael 169, 352
Anter, Musa 27
Arınç, Bülent 79, 163
Aristoteles 268
Arslan, Hacer 45
Arslan, Zühtü 366
as-Sisi, Abd al-Fattah 299
Aslan, Mikail 213
Assange, Julian 74
Atalay, Akın 57, 239, 337, 354
Atalay, Pinar 10 f., 307
Atatürk, Mustafa Kemal 59, 64, 79, 102, 112, 164, 173, 183, 232 f.
Atay, Oğuz 95 f.
Atilla, Hakan 291
Aust, Stefan 36 f., 219, 262
Ayata, Imran 14, 88, 155, 197, 204, 219 f.,

226, 278, 294, 330 ff., 337 f., 342, 346 f.
Aydın, Mustafa 312 ff., 316, 318, 321, 325
Aynur 10
Ayşe, Jilet 213
Bahçeli, Devlet 175, 234, 281, 304, 363
Balbay, Mustafa 200, 220
Bartsch, Dietmar 168
Başbuğ, Ilker 9, 52
Bauer, Dominik 259
Bayık, Cemil 106, 113, 130, 172, 179, 225, 227, 314, 359, 365, 367
Bayülgen, Minez 45, 47, 110, 148
Beerbom, Christiane 195
Benjamin, Walter 249
Berberoğlu, Enis 191, 222 f., 278, 353
Berg, Sibylle 192
Bilen, Ismail 100
Birgelen, Georg 14 f., 20, 56 f., 65, 67 f., 72-75, 77 f., 81 f., 110 f., 115, 145 f., 214, 217, 238, 254, 274 ff., 294, 298, 333 f., 337, 339, 342-347
Birgelen, Sibylle 14, 56
Blocher, Christoph 173
Blum, Thomas 252
Boduroğlu, Murat Deha 240, 270
Böhmer, Daniel-Dylan 14, 51 f., 56 f., 61 f., 65 ff., 71, 73-77, 83, 86 ff., 92, 96, 100, 104, 110, 116, 120, 143, 148, 170, 177, 196, 198 f., 206, 211, 226, 252, 256, 267, 272, 276, 278 f., 284, 293, 302 f., 311, 320, 324, 330 ff., 337, 339 f., 343 f., 346, 367
Böhmermann, Jan 74, 168, 192, 197, 257
Bono 294
Börger, Ulrich 244
Bouffier, Volker 167
Bozdağ, Bekir 85, 174 f., 182, 200, 276, 305

Bozic, Ivo 168
Brand, Michael 87, 146
Brecht, Bertolt 175
Brinkbäumer, Klaus 193
Brunson, Andrew 260, 290, 350
Buñuel, Luis 337
Buran, Nurettin 323
Bureau, Loup 259 f., 297

Çağıl, Ferat 69 f., 82, 85 f., 89, 104 f., 143, 148 f., 199, 222, 244, 271, 310 f., 317, 319 f.
Çağlayan, Zafer 291
Çakar, Mustafa 112-115, 117, 167, 276, 367
Çalışkan, Mustafa 78, 81 f., 105, 177
Caspar, Stephanie 244
Castellucci, Lars 358
Çavuşoğlu, Mevlüt 10, 145, 182, 221 f., 263, 266, 276, 283, 286, 294, 296-299, 301, 320, 328, 339, 349, 356, 360
Çeber, Engin 125
Çelik, Ömer 47, 72, 128, 133, 265
Cengiz 126-131, 133, 138, 207, 309, 311, 314 f., 319, 335
Cengiz, Mehmet 91
Clauß, Tilman 305, 347
Coetzee, J. M. 293
Çomak, Ilhan 154
Coşkun, Canan 76, 110, 149

Dağdelen, Sevim 87, 175
Davutoğlu, Ahmet 30, 32, 34 f., 37, 39, 44, 48, 84, 177, 312
Debord, Guy 154
Demir, Gaffar 82
Demirel, Süleyman 121, 181
Demirtaş, Ali 164, 276, 310, 319, 341 f.
Demirtaş, Selahattin 109, 127, 165, 191, 209, 228, 273, 353, 363

Depardon, Mathias 259
Dink, Hrank 27, 78, 80
Dino, Abidin 66
Doğan, Aydın 48, 354
Dölger, Robert 16, 53, 58
Döpfner, Mathias 37, 68, 226, 243, 256, 303, 331, 338, 348 f.
Dorau, Andreas 213
Dündar, Can 30, 33 f., 154, 178 f., 191, 195, 200, 223, 225, 278
Dündar, Dilek 225

Ecevit, Bülent 121, 124
Elçi, Tahir 35
Elvan, Berkin 245, 276
Emcke, Carolin 197, 213, 351
Engin, Aydın 191, 219, 314, 354
Erbakan, Necmettin 79
Erdmann, Martin 15 f., 32, 36 f., 145, 254, 275
Erdoğan, Aslı 62, 257
Erdoğan, Recep Tayyip 11, 17, 21, 25, 27, 30, 35, 39 f., 44 f., 48 ff., 60 f., 64, 68 f., 73, 79-82, 88, 90 f., 93, 101, 104 f., 108 f., 114, 117, 121 f., 125 ff., 142, 154, 156 f., 162, 168, 171-176, 178-181, 183, 185-189, 191, 194, 196, 198 ff., 205-209, 211, 214, 218, 223 f., 227-236, 238 ff., 242, 245-248, 251, 253-256, 260-263, 266, 273 f., 276 ff., 281, 284 ff., 288, 290 f., 295, 297, 302, 304 ff., 309 f., 319-323, 328 f., 339, 349, 353, 355-358, 360-364, 367, 369
Eren, Erdal 121
Ergin, Yasemin 193
Ertuğrul (Gazi) 156
Erzeren, Ömer 110, 211
Eser, Idil 228
Evren, Kenan 120, 122, 125, 233
Exner, Thomas 267

Ferydoni, Pegah 196
Fidan, Hakan 230 f.
Fidan, Irfan 288, 294
Fırat, Hande 230
Fischer, Joschka 285
Fischer, Katja 293
Fischer, Leo 155, 252
Florian, Katharina 245
Foucault, Michel 137, 319
Fraenkel, Ernst 180, 224
Frank, Arno 293
Frank, Reinhold 206
Franklin, Aretha 55
Franziskus (Papst) 214, 305
Freud, Sigmund 154, 180, 311
Friedman, Michel 213, 257, 306 f.
Friedrich Barbarossa (Kaiser) 297
Friedrichs, Hanns Joachim 194 f.

Gabriel, Anke 255
Gabriel, Sigmar 11, 14, 17, 87, 145, 167, 174, 182, 221 f., 227, 236 ff., 240, 242 f., 253, 255 f., 262 ff., 274, 283 f., 286, 294, 297-301, 303 f., 306, 320 f., 327 ff., 334 f., 337 ff., 343 ff., 347 ff., 351 f., 356 f.
Gandhi, Mahatma 223
Garibaldi, Giuseppe 104, 146
Garip 90 f.
Gauck, Joachim 33, 167
Genscher, Hans-Dietrich 181
Gezer, Özlem 173
Gezmiş, Deniz 114
Gharavi, Ali 228, 265
Girit, Selin 28, 51, 76
Göktepe, Metin 27
Göle, Nilüfer 232
Goltz, Colmar von der 64
Gonca 83
Gösmann, Sven 302
Gottschalk, Thomas 197

Graf, Stefan 14–19, 21, 23, 145, 308, 327f., 333, 344
Grande, Gabriele del 259
Grönemeyer, Herbert 10, 307
Grütters, Monika 257
Gül, Abdulhamit 132, 276, 295
Gül, Abdullah 79, 86, 295
Gül, Ali 209
Gül, Erdem 33f., 195, 200, 223, 278
Gülen, Fethullah 10, 79f., 85, 90, 105, 108, 122, 142, 230f., 239, 260, 290, 360
Gülmen, Nuriye 215f., 245
Günay, Elif 154
Günay, Turhan 154, 304
Günaydın, Ömer 339
Güneş, Aylin 162, 257, 332, 343, 350
Güneş, Defne 162, 257
Gürsel, Kadri 115, 117, 239, 283, 365
Güven, Oğuz 280f.

Habermas, Jürgen 114f., 248
Hahn, Johannes 167
Hanım, Şahit 18, 42f., 46f., 120, 148f., 226, 256, 339, 343ff., 348, 352
Hauck, Elias 259
Haydar 84f., 90–93, 104, 208, 309
Hegel, G.W.F. 246
Heinrich 58ff.
Hellwig, Marcus 31, 86
Helms, Klaus 280
Hiçyılmaz, Volkan 63, 145, 148f., 337, 343, 346
Hikmet, Nâzım 65ff., 95, 100, 144, 154, 166
Hill, Henry 65
Hingst, Marie Sophie 169
Hitchcock, Alfred 158
Hölderlin, Friedrich 251
Horkheimer, Max 154
Huber, August 60, 64

Ilıcak, Nazlı 345, 365
Illner, Maybrit 40, 324
Imamoğlu, Ekrem 362f.
Inönü, Ismet 103

Jelinek, Elfriede 293f.
Jelpke, Ulla 261

Kafka, Franz 91, 180
Kahl, Bruno 261
Kahraman, Ismail 60, 190, 231
Kalın, Ibrahim 68, 256
Kálnoky, Boris 59
Kanaat, Mahir 47, 72, 128, 133, 283
Kara, Celal 261
Karaca, Yasin 272
Karlow, Andrej 43
Kavakçı Kan, Ravza 306
Kavala, Osman 191, 283, 365
Kaya, Ahmet 77, 120, 156
Kaye, David 272
Kazim, Hasnain 28, 32, 36, 173
Kempkens, Sebastian 182
Khashoggi, Jamal 188
Kılıç, Akif Çağatay 182
Kılıç Arslan II. (Sultan) 297
Kılıçdaroğlu, Kemal 88, 209f., 223, 238, 295
Kılınç, Ümit 201
Kilmister, Lemmy 293
Kısakürek, Necip Fazıl 154
Kiyak, Mely 168, 172f., 196, 257
Kızılkaya, Inan 135, 138, 283
Klopp, Jürgen 25
Koch, Jens 31, 86
Koçoğlu, Fırat 313
Kodal, Bilgican 311ff., 316ff., 321, 325f.
Kohl, Helmut 181
Kontny, Oliver 226
Korkmaz, Ali Ismail 45
Korte, Jan 358

Kosslick, Dieter 88
Kozağaçlı, Selçuk 245
Kron, Stefanie 168
Kubicki, Wolfgang 358
Küçük, Izzettin 29
Kurdi, Alan 185
Küßner, Steffen 169

Lammert, Norbert 167
Lehnartz, Sascha 37, 52, 56, 73, 170, 193, 211 f., 272
Letsch, Constanze 43
Levi, Primo 140
Levit, Igor 10
Licht, Peter 213
Lindner, Christian 167
Lorenzo, Giovanni di 227, 263
Löwisch, Georg 170, 255
Luhmann, Niklas 273

Maas, Heiko 87 f., 174, 182, 218, 257, 285, 288 f.
Machiavelli, Niccolò 364
Macron, Emmanuel 260, 297
Mahalli, Hüsnü 62, 117
Maier, Anja 255
Mandela, Nelson 12
Martens, Michael 55, 193 f.
Marx, Karl 99, 242
Mascharipow, Abdulkadir 59, 286
Mavioğlu, Ertuğrul 120, 123
Mayatürk Yücel, Dilek 9 f., 12, 14, 18–24, 42, 45 ff., 50–53, 57 ff., 61 f., 65 f., 71, 74–77, 83, 89, 94 ff., 100, 104, 110, 115 f., 119, 133, 143, 146–151, 156, 158 ff., 163–166, 170 f., 177, 188, 191, 199, 202–205, 207, 211, 213–216, 218, 220 ff., 225 f., 229, 234 f., 238, 244 f., 249, 252 f., 256 f., 259, 265 ff., 270, 275 f., 278 f., 281–284, 286, 292, 296 f., 299 f., 303, 307 ff., 311, 314, 317, 324–330, 332 ff., 336–347, 350 ff., 369
Mayatürk, Sibel 163, 345, 348
Mehmet 92–96, 104
Mehtap 35
Meinhof, Ulrike 139
Menderes, Adnan 277
Merey, Can 38, 43, 76, 114, 171, 178, 194, 226, 296, 301 f., 323
Merkel, Angela 11, 16, 20, 22, 32 ff., 37 f., 73 f., 82, 87, 106, 119, 145, 167, 173–177, 179, 181, 184, 198, 218, 236, 243, 254 f., 257, 262 f., 265 f., 274, 276, 285, 293, 306 ff., 312, 331, 333, 348 f., 352
Michael, George 55
Mihr, Christian 195
Mika, Bascha 226
Mithat 141 f., 151, 156, 163, 229, 286, 311, 353
Mohammed (Prophet) 137
Muižnieks, Nils 272
Mülherr, Silke 168, 170, 344
Müller, Herta 294
Mumay, Bülent 52 f., 168, 314
Mumcu, Uğur 27, 137
Musharbash, Yassin 172 f.
Mutlu, Hüseyin Avni 9 f.
Mutlu, Özcan 87, 167
Muzaffer 68 f., 176

Naki, Deniz 300
Namlı, Merve 226
Nazmi 91, 93
Nesin, Aziz 102
Neumann, Matthias 87
Nissenbaum, Dion 62
Nouripour, Omid 87, 265

Obama, Barack 290
Ocak, Alp Tekin 240

Öcalan, Abdullah 52, 85 f., 86, 106 f., 124, 126, 172 f., 289, 363
Öcalan, Osman 363
Öğreten, Tunca 45 ff., 72, 117, 128, 133, 148, 224, 283, 354
Öğünç, Pınar 29
Ok, Veysel 9, 13–16, 19 ff., 69 f., 75, 82 f., 87, 95, 100, 105, 107, 109 f., 113–116, 118 ff., 131, 133, 143, 146, 149, 177 ff., 188, 199–202, 207, 211, 214, 216, 218, 220, 222, 225, 228, 235, 237 f., 244 f., 256, 266, 270 ff., 274, 276, 278 f., 284, 288, 296, 299, 304 f., 308, 310 f., 317, 319 ff., 327, 332 f., 336 f., 339 f., 342 ff., 350, 352, 361, 369
Okatan, Derya 54, 72
Öksüz, Adil 230, 261, 289
Olgun, Olguner 240
Önderoğlu, Erol 69, 360
Orbán, Viktor 185
Orwell, George 239
Osman 92 f., 100 f., 103
Öz, Zekeriya 50, 80, 239, 260
Özakça, Semih 215 f., 245
Özal, Turgut 126, 181
Özdemir, Cem 87, 114, 167 f., 175, 257, 284, 297, 356, 359
Özgüneş Güngör, Cihan 240, 258
Özil, Mesut 173
Öztürk 69 f., 172

Pacino, Al 92
Pamuk, Orhan 121, 186, 209, 294
Pamukoğlu, Osman 52
Papadimitris 26
Pavey, Şafak 145, 148, 188
Pekin, Tora 57, 143, 270
Peters, Jan-Eric 26
Petra H. 293
Pir, Ziya 88, 145
Pleiss, Paula Leocadia 169, 256

Podkowik, Kolja 213
Pohrt, Wolfgang 251
Polak, Oliver 196
Polat, Fatih 110, 301, 314, 323
Popp, Maximilian 212, 263 f., 334, 356
Poschardt, Ulf 14, 25, 37, 56, 65, 68, 73, 76, 87, 170, 186, 211 ff., 226, 256, 278 f., 292, 296, 302, 320, 327, 329–332, 335, 337, 339, 347 ff., 352
Pottmeyer, Traudl 226
Putin, Vladimir 49, 214, 273

Reemtsma, Jan Philipp 159, 177
Regener, Sven 196
Reuscher, Constanze 346
Richter, Daniel 259
Roth, Claudia 87
Roth, Michael 146
Rudnick, Stefan 213
Rutte, Mark 183
Rüttenauer, Andreas 169

Sabuncu, Murat 10, 239, 337, 354
Saint-Exupéry, Antoine de 96, 192
Salih 140 f., 147, 150 f., 157, 162 f., 191, 210, 229, 286, 311, 324, 353
Sancak, Ethem 189, 243
Sancar, Mithat 114, 369
Sands, Bobby 220
Saraç, Fatih 281
Sargın, Eray 72
Sarkozy, Nicolas 184
Sarrazin, Thilo 173, 250
Sartre, Jean-Paul 166
Say, Linda 226
Sayan Kaya, Fatma Betül 182 f., 186, 322
Schäfer, Martin 194
Schäuble, Wolfgang 190
Schiltz, Christoph 272
Schlöndorff, Volker 294
Schmidt, Arno 177, 328

Schmitt, Carl 180
Schröder, Gerhard 18, 183, 187, 219, 228, 262 f., 274, 306, 329, 349 f.
Schulz, Martin 87, 255, 306
Schwarzenberg, Juliane 293
Schygulla, Hanna 10
Seibert, Steffen 17, 74, 87, 176, 198, 218, 229, 265 f., 285
Selçuk, Ilhan 99 f.
Sertel, Sabiha 102 f., 277
Sertel, Zekeriya 102 f., 277
Sezer, Ahmet Necdet 277
Shapira, Shahak 192
Şık, Ahmet 10, 50, 61 f., 80, 106, 133, 138, 171, 177, 239 f., 336 f., 352, 354, 365
Şık, Yonca 171
Şimşek, Mehmet 68, 190
Slomka, Marietta 349
Söhler, Maik 87
Solschenizyn, Alexander 313
Soncan, Emre 140
Souchon, Wilhelm 64
Soylu, Süleyman 215, 357
Soysal, Sevgi 154
Steinmeier, Frank-Walter 56, 198, 302, 348
Steudtner, Peter 18, 145 f., 228, 235 f., 240, 257, 264 ff., 270, 283, 290, 350
Sting 294
Stöcker, Ramona 196
Stokowski, Margarete 192, 348
Ströbele, Hans-Christian 219
Sunal, Kemal 157
Sundermeier, Jörg 195

Tahir, Kemal 95, 145, 154, 226
Takdemir, Ömer 45
Tanal, Mahmut 111
Tanrıkulu, Sezgin 111, 145, 188, 284
Taş, Atilla 137, 161, 288

Taşdan, Cemal 11, 110
Taşdemir, Ebru 173
Throm, Alexander 358
Tolstoi, Leo 162
Tolu, Meşale 12, 117, 146, 221, 257, 263, 266, 283
Topbaş, Kadir 163
Topçu, Özlem 28 f., 31 ff., 37, 39, 55, 62, 68, 76, 114, 171, 173, 193 f., 198, 226 f., 251 f., 256, 278
Torner, Carles 272
Triandafillidu, Maria 10
Trump, Donald 290, 350
Tucholsky, Kurt 251
Türkoğlu, Refik 12 f., 20, 57, 74 f., 77 f., 81 ff., 104 f., 108, 115, 143, 240, 275, 294, 322, 332, 336 f., 339
Tusk, Donald 37

Uca, Feleknas 284
Uçar, Bilal 282, 286
Uhl, Hans-Peter 168, 174
Ulu, Gökmen 281, 286
Ümit, Ahmet 154
Ünalan, Mustafa 110, 169, 219 f., 330 ff., 338, 347
Usluer, Oğuz 11 f., 20 ff., 281, 283, 286 ff., 304, 307 f., 333–336, 340 f., 353
Utku, Bülent 57
Uzatmaz, Ali Deniz 45

Wagenknecht, Sahra 87
Wagner, Franz Josef 43
Weidel, Alice 358
Weiss, Peter 268
Welke, Oliver 197
Wenders, Wim 294
Weskott, Aljoscha 213
Will, Anne 10
Wyschinski, Andrei 191

393

Yada, Adem 311 f., 314, 316 ff., 321, 325
Yağan, Ahmet Sinan 323
Yarkadaş, Barış 111
Yaşar, Batuhan 206 f., 307, 356
Yeneroğlu, Mustafa 40, 171
Yıldıran, Esat Oktay 120, 312
Yıldırım, Binali 10 ff., 15 f., 20 ff., 39, 68, 87 f., 224, 240, 307, 329, 331, 333 f., 357, 362
Yıldırım, Enis Yavuz 322
Yılmaz, Aytekin 123
Yılmaz, Hasan 71 f., 75, 83, 86, 105–109, 111 ff., 224, 276, 279, 294, 359 f., 367
Yılmaz, Mehmet Y. 222
Yoksu, Metin 47, 72
Yücel, Esma 151, 202, 215, 253, 259, 268, 332, 334, 339, 345, 352

Yücel, Hüseyin 267
Yücel, Ilkay 14, 77, 88, 144, 149, 155, 162, 170, 197, 204, 207, 222, 226, 256 f., 267, 276, 305, 308, 311 ff., 332, 335, 339, 343, 345, 350, 352
Yücel, Ziya 66, 138, 144 f., 151, 215, 253, 259, 267 ff., 275 f., 324, 332, 345, 352, 369
Yüksekdağ, Figen 109

Zamperoni, Ingo 168, 197
Zarrab, Reza 291
Zeiske, Christian 257
Zeybekci, Nihat 174, 242
Živanović, Aleksandar 195
Žižek, Slavoj 294

Sascha Lobo
REALITÄTS-SCHOCK

Zehn Lehren aus der Gegenwart

Kiepenheuer & Witsch

Haben Sie auch das Gefühl, die Welt sei aus den Fugen geraten? Damit sind Sie nicht allein. Die meisten Menschen sind heute überfordert: Woher kommt der weltweite Rechtsruck? Warum scheint uns die Klimakrise so schnell eingeholt zu haben? Was ist der Grund für die enorme Macht Chinas? Weshalb gibt es in den sozialen Netzwerken so viel Hass? Dieses Buch zeigt warum, und wie Sie damit umgehen können.

Leseproben und mehr unter www.kiwi-verlag.de

Kiepenheuer & Witsch

Wer dieses Buch gelesen hat, wird
- verstehen, warum Migration dauerhaft ein Thema bleiben wird und welche paradoxen Effekte Integration hat,
- erfahren, woher die extremen Gegenreaktionen kommen,
- erkennen, dass es in Deutschland nie eine bessere Zeit gab als heute und dass wir vor ganz anderen Herausforderungen stehen, als gedacht.

Leseproben und mehr unter www.kiwi-verlag.de

Kiepenheuer & Witsch

»Bewegend, mutig, schön und paradox: Franziska Seyboldt zieht sich aus, aber am Ende steht nicht sie nackt da, sondern ihre Angst – und die wirkt dann gar nicht mehr so bedrohlich.« *Margarete Stokowski*